Madeira

Richtig Reisen

Ulli Langenbrinck

DUMONT RICHTIG REISEN

Inhalt

Vulkangebirge und Blütenzauber

Reisen auf Madeira

Funchal und Umgebung

Der Osten und die Bergwelt

Die Südwestküste

Der Nordwesten und Paúl da Serra

Porto Santo

Inhalt

Serviceteil

Verzeichnis der Karten und Pläne

Vulkan-
gebirge und
Blütenzauber

Madeira: Blumeninsel im Atlantik

Anflug auf Madeira: Aus den Atlantikwellen ragt majestätisch ein rötlich schimmerndes Vulkangebirge auf, überzogen von sattgrünen Wäldern. Dazwischen abgrundtiefe Schluchten und Täler, Dunstschleier hängen über den höchsten Gipfeln. Das Flugzeug zieht eine weite Landeschleife über dem Meer, dann werden weiße Häuser mit terrakottafarbenen Dächern sichtbar, die handtuchschmalen Felder scheinen zum Greifen nah, Palmen nicken wie zur Begrüßung, buntblühende Büsche rasen vorbei, der Pilot bremst kräftig. Man ist gelandet auf einer kleinen Insel im Atlantik, die ›Purpurinsel‹, ›Waldinsel‹ und zurecht auch ›Blumeninsel‹ genannt wird: Ein paradiesischer Flecken, auf dem sogar im ›Winter‹ blaue und weiße Hyazinthen, rote Agaven und überdimensionale Christsterne, dazwischen Strelitzien, Flamingoblumen, Bougainvillea und Hibiskus blühen.

Doch dieser Blütenzauber ist längst nicht alles, was Madeira zu bieten hat. Die Insel lockt auch im Winter mit ihrem sehr milden Klima, und selbst im Sommer wird es nie unerträglich heiß. Sie werden überrascht sein von den vielen Leckerbissen aus Meer und Gebirge, die die Madeirenser Küche auftischt – vom traditionellen *espada*-Fisch über aromatische Rindfleischspieße (der Spieß besteht aus einem frischen Lorbeerzweig), knuspriges Süßkartoffelbrot bis hin zu den fantasievollen Süßspeisen wie ›Nonnenküssen‹ und ›Venuseiern‹ – nicht zu vergessen die zahllosen tropischen Früchte wie Mangos, Guaven, Kaktusfeigen, Papayas und Passionsfrüchte.

Überhaupt kann man auf Madeira viele Spuren der Vergangenheit und der wechselvollen Geschichte entdecken, die die kulturelle Identität der Madeirenser und das ganz besondere ›Inselgefühl‹ geprägt haben. Offiziell wurde Madeira 1418 von den Portugiesen entdeckt, die die Insel als Stützpunkt für ihre Entdeckungsfahrten nach Afrika benutzten. Man erzählt sich jedoch, daß bereits 1346 ein unglückliches Liebespaar aus England nach langer Irrfahrt über den Atlantik in Machico gestrandet war. Eine Zeitlang war Madeira vom Zuckerrohranbau geprägt – schwarze Sklaven verrichteten die schwere Arbeit. Doch nach der Entdeckung Brasiliens verlor dieser Wirtschaftszweig schnell an Bedeutung. Wegen ihrer Lage an den Handelsrouten in die ›Neue Welt‹ wurde die Insel leicht zum Spielball der Nationen: mal besetzten die Spanier sie, mal die Briten – und immer wieder kamen ungebetene Gäste übers Meer: Piraten und Freibeuter aller Nationen überfielen Madeira und Porto Santo, angelockt vom Reichtum des Eilands. Spanier, Engländer und immer wieder Piraten wollten ihre Interessen verwirklichen.

Das milde Klima, die spektakuläre Berglandschaft und der ungeheure Blumenreichtum führten dazu, daß die Engländer seit dem 19. Jh. die Insel sozusagen adoptierten – bekannte Schriftsteller, Dichter, Geschäftsleute und Politiker verbrachten die Wintermonate auf Madeira. Einer der berühmtesten: Winston Churchill. Er kam mit seiner Staffelei und malte am liebsten den pittoresken Fischerort Câmara de Lobos. Die Briten sind mit Madeira seit historischen Zeiten verbunden und engagierten sich vor allem im Weinhandel, z. B. die Familie Blandy, deren Weinhandel den Madeira-

Schon Churchill liebte diese Ansicht des pittoresken Fischerorts Câmara de Lobos

wein weltberühmt und zum britischen Nationalgetränk machte. Wußten Sie, daß sogar Shakespeare den Malvasia so sehr schätzte, daß sein Falstaff in ›Henri IV.‹ für ein Gläschen von diesem Göttertrunk am heiligen Karfreitag seine Seele dem Teufel verkaufte? Und daß Kaiserin Sissi von Österreich sich in der Quinta Vigía in Funchal von ihren Nervenkrisen erholte? Oder daß Kaiser Karl I. von Österreich im Exil auf Madeira starb und in der Kirche von Monte begraben wurde?

Doch trotz aller Prominenz: Höhepunkt einer Madeira-Reise bleibt die einmalige Natur. Atemberaubende Ausblicke auf Steilküsten, bizarre Felsformationen, rauschende Wasserfälle, winzige Dörfer, die aussehen, als wären sie in die Felsen gemeißelt. Romantische Spaziergänge entlang den berühmten Levadas, den Bewässerungskanälen, eröffnen versteckte Schönheit. Ausflüge führen zu den ehemaligen Walfängern von Caniçal, zum Cabo Girão, dem zweithöchsten Kap der Welt; die schönsten Ausblicke hat man zweifelsohne in der wild zerklüfteten Bergregion, dem Herzen der Insel, obwohl die 15 km lange Panoramastrecke von São Vicente bis Porto Moniz durch viele mühevoll von Hand in den Basalt geschlagene Tunnel auch unbestrittenen Reiz ausübt: eine kurvige Märchenlandschaft mit Ausblikken auf die bizarren Formationen der Steilküste und aufs Meer. Unzählige Wasserfälle sprudeln aus den Bergen, was der Strecke den Beinamen ›Waschstraße‹ eingetragen hat.

Die kleine Insel ist reich an landschaftlichen und farblichen Kontrasten: verwunschene Laurazeenwälder mit Flechten, Moosen und Farnen; gelbe Ginsterbüsche, grasende Schafe, Einsamkeit und Wind auf der Hochebene Paúl da Serra; dunkelgrüner Lorbeerdschungel an den nördlichen Abhängen; steil abfallende Klippen, die im Sonnenuntergang

Am Risco-Wasserfall bei Rabaçal stürzt das Wasser aus 100 m Höhe hinab

purpurfarben leuchten. Und dazwischen: Hier ein kleiner Fischerort (Paúl do Mar) mit einer verfallenen Zuckermühle, die an den vergangenen Reichtum der Insel erinnert. Dort ein gemütliches Küstenörtchen (Ponta do Sol), wo man an der alten Promenade mit Musikpavillon und schmiedeeisernen Laternen in einem Café sitzt und auf Lavastrand und Meer blickt. Immer wieder weiße Dörfer, die sich an den steilen Berghängen festzukrallen scheinen – und überall verschwenderisch blühende Blumen, Büsche, Sträucher, Bäume.

Besonderen Charme hat die Inselhauptstadt Funchal. Heute ziehen sich ihre weißen Häuser mit terrakottafarbenen Dächern bis hoch auf die majestätischen Hänge hinauf, so daß die Stadt wirkt, als sei sie ein überdimensionales Amphitheater mit dem Meer als Bühne. Bei einem Spaziergang entdeckt man verschwiegene Winkel und Plätze in der historischen Altstadt *(Zona Velha)*, die Viertel mit schmalen Straßen und eleganten Stadthäusern mit kunstvollen schmiedeeisernen Balkongittern, stille grüne Innenhöfe, traditionsreiche Geschäfte, elegante Cafés und schlichte Fischerkneipen, und unabläßlich, fast in jedem Winkel, wird Geschichte lebendig: Man fühlt sich in die Zeit der Piratenüberfälle versetzt, in die Stadt der kleinen Handwerker und der weltberühmten Stickerinnen, in die Welt der bürgerlichen Salons und der reichen Herrenhäuser, in denen sich die Inselaristokratie abschottete und unberührt an ihren Traditionen festhielt. Und natürlich lernt man auch das Funchal des *british way of life* kennen, die eleganten Teehäuser, die englische Kirche und den Inbegriff teurer englischer Lebenskunst: das exquisite Reid's Hotel. Heute ist Funchal eine quirlige, elegante Stadt, die nur wenige Bausünden zu beklagen hat. Viele Parks und Gärten, baumbestandene Alleen, eine großzügige Uferpromenade laden zum Flanieren ein.

Madeira lebt heute zwischen Tourismus und Emigration (Hunderttausende Madeirenser leben in Südafrika, Venezuela und Brasilien), zwischen Blütenpracht und jenen handtuchschmalen Terrassenfeldern, deren Ertrag kaum eine Familie ernähren kann. Geschichten über den Inselalltag und die Lebensbedingungen z. B. der Fischer in Câmara de Lobos oder der ehemaligen Walfänger in Caniçal, der Strickerinnen und der Korbflechter, der Auswanderer und Daheimgebliebenen, kurz: der ›einfachen Leute‹, zeigen ein Inselkaleidoskop, das weit über das Klischee einer ›Urlaubsinsel‹ hinausgeht.

Ein Wort zu den Stränden: Madeira hat keine Sandstrände! Dieser Umstand wird von manchen Tourismusverantwortlichen als leider nicht zu korrigierendes Manko empfunden, doch wahrscheinlich ist die Insel deshalb bisher vom extremen Massentourismus verschont geblieben. Und: Trotz fehlender Strände muß niemand in Madeira aufs Schwimmen verzichten. Meeresschwimmbäder (mit abgesicherten Zugängen) und meist großzügig geschnittene Hotelpools mit wohltemperiertem Wasser stehen fast überall auf der Insel zur Verfügung. In Porto Moniz kann man im Sommer in natürlichen Meerwasserpools baden, die im Lauf der Jahrhunderte entstanden sind – auch im Winter ist diese merkwürdige Meereslandschaft eine Attraktion.

Auf der Nachbarinsel Porto Santo dagegen – sie gehört mit den unbewohnten Desertas-Inseln zum Madeira-Archipel – verwöhnen ein 8 km langer, goldgelber Sandstrand und warme Atlantikwellen die Besucher. Ein Trip nach Porto Santo lohnt sich aber auch im Winter, denn das winzige Inselchen mit seinen Windmühlen, den weißgekalkten Häuschen, den karg bewachsenen Bergen und den bizarr geformten Küstenfelsen vermittelt ein Gefühl vom ›Ende der Welt‹.

Hinter der Praça de Colombo erhebt sich die Sé-Kathedrale im Zentrum von Funchal

Madeira im Schnelldurchgang

Fläche: 795 km²
Einwohner: 265 000
Hauptstadt: Funchal
Amtssprache: Portugiesisch
Währung: Escudo (Esc./$)
Zeit: WEZ (gegenüber Mitteleuropa im Sommer und im Winter –1 Std.)

Von links nach rechts: die Fahnen von Funchal, Portugal und Madeira

Lage und Größe: Der Madeira-Archipel liegt in der nördlichen Atlantikhälfte, 500 km von der marokkanischen Küste und ca. 900 km vom portugiesischen Festland entfernt (ca. 33° nördlicher Breite, ca. 17° westlicher Länge). Er besteht aus der Hauptinsel Madeira, der Insel Porto Santo, den drei Desertas-Inseln und den Selvagens. Besiedelt sind nur Madeira und Porto Santo. Madeira verfügt über eine Fläche von 741 km², ist 57 km lang und an der ausgedehntesten Stelle 22 km breit. Die höchste Erhebung ist der Pico Ruivo de Santana mit 1861 m. Die zweitgrößte Insel, Porto Santo, liegt 40 km nordöstlich von Madeira, ist 13 km lang und max. 6 km breit und hat eine Fläche von 42 km². Die drei unbewohnten Desertas-Inseln mit ca. 1,4 km² Fläche liegen ca. 20 km südöstlich von Madeira und sind seit 1990 Naturschutzgebiet. Die ebenfalls unbewohnten Selvagens liegen 230 km südlich von Funchal.

Staatsform und Regierung: Der Madeira-Archipel heißt offiziell Região Autónoma da Madeira (RAM) und besitzt als Autonome Region einen Sonderstatus innerhalb Portugals (seit 1976), das seit 1986 EU-Mitglied ist. Staatsoberhaupt ist seit 1976 Dr. Alberto João Jardim (Sozialdemokratische Volkspartei, PSD). Die Sozialistische Partei (PS), das Linksbündnis CDU und die Mitte-Rechts-Partei CDS befinden sich in der Opposition. Die Autonome Region Madeira entsendet fünf Vertreter ihres insgesamt 50

Mitglieder umfassenden Regionalparlaments in das Nationalparlament nach Lissabon. Das Regionalparlament hat die Entscheidungsgewalt über alle Fragen, die den Archipel unmittelbar betreffen, wie Zölle und Steuern, Maßnahmen und Ausgaben im Gesundheits-, Verkehrs-, Sozial- und Bildungswesen. Außenpolitik und Verteidigung werden von Portugal festgelegt. Die Hauptstadt des Insel-Archipels ist Funchal; es gibt elf Landkreise *(concelhos)* und über 50 Gemeinden *(freguesías)*.

Wirtschaft: Der Tourismus ist seit Jahren der wichtigste Wirtschaftsbereich und zugleich die größte Industrie des Archipels (etwa 5000 Arbeitsplätze hängen direkt vom Tourismus ab). Mit einem stabilen Wachstum in den letzten 20 Jahren beträgt die Bettenzahl der Hotels ca. 17 000–20 000, verteilt auf 118 Hotels. 40 % davon entfallen auf Hotels der Vier- und Fünf-Sterne-Kategorie. Insgesamt reisten 1995 530 441 Touristen nach Madeira, davon 118 844 aus Deutschland, 112 094 aus Portugal, 110 195 aus Großbritannien, 27 876 aus Frankreich und 25 342 aus Schweden. In der Landwirtschaft sind ca. 11 % der Beschäftigten tätig, ein wichtiger Wirtschaftszweig sind der Bananenexport nach Portugal und der Weinhandel. Mit Hilfe der EU soll die Fischereiflotte ausgebaut werden, um die nur 12 000 t gefangenen Fisch pro Jahr zu steigern. Weitere Einkommensquellen: Stickerei, Korbwaren, Blumen.

Bevölkerung: Rund 260 000 Einwohner leben auf der Hauptinsel, davon etwa 120 000 in und um Funchal. Auf Porto Santo leben ca. 5000 Menschen, während der Sommermonate vervielfacht sich diese Zahl durch Urlauber und Touristen. Etwa 100 000 Madeirenser wanderten im 19. und 20. Jh. aus, viele von ihnen nach Curacão, Venezuela, Südafrika und in die USA. Jetzige Bevölkerungsdichte der Hauptinsel: rund 350 Einwohner pro km^2.

1930 waren etwa 75 % der erwachsenen Portugiesen Analphabeten, 1970 noch 30 %, heute ca. 15 %. Auf 1000 Einwohner in Madeira kommt ein Arzt (Vergleich Portugal: 2,5 Ärzte auf 1000 Einw.). Jede Gemeinde hat ein ambulantes Gesundheitszentrum, *centro de sáude,* jedoch zu wenig Personal. 1976 wurden Frauen mit Männern gesetzlich gleichgestellt. Scheidung ist erlaubt, aber relativ selten: nur 15 % der Ehen werden geschieden. Das Durchschnittseinkommen liegt bei 450 DM monatlich.

Religion: 99,5 % der Bevölkerung sind römisch-katholisch; außerdem gibt es kleine Gemeinden Anglikaner, Protestanten und Adventisten.

Klima: Insgesamt ausgeglichenes Klima mit sehr milden Wintern und Sommern. Die Jahresdurchschnittstemperatur in Funchal liegt bei 18,8 °C (tiefste Werte im Februar mit 15,9 °C, höchster Wert im August mit 23,6 °C). Die Niederschlagsmenge der Hauptinsel liegt jedoch 10 % höher als in Deutschland; allerdings variieren sowohl die Temperatur wie auch die Niederschlagsmenge je nach Höhenlage und Region: bis ca. 300 m Höhe ›subtropische Zone‹, bis 750 m ›Mittelmeerklima‹, darüber ›kalte Zone‹. Pro 500 m Höhenanstieg muß mit einer Temperatursenkung von ca. 3 °C gerechnet werden. Etwa ein Drittel der Insel liegt oberhalb der 1000-m-Grenze. Im nördlichen Teil ist es durchweg kühler und regnerischer als an der Südküste, besonders sonnenverwöhnt ist die Hauptstadt Funchal. Wassertemperatur in Funchal: höchster Wert im Oktober (22 °C), tiefster Wert im Februar/März (16 °C).

Landschaft und Natur

Um die Entstehung von Madeira ranken sich viele romantische Legenden und wissenschaftliche Vermutungen: Vielleicht ist der Madeira-Archipel ein Trümmerbrocken, der von einem möglicherweise einmal zwischen Europa, Afrika und Amerika gelegenen lemurischen Festland übriggeblieben ist (zu dem auch die Kapverden, die Azoren und Island gehörten). Noch romantischer ist die Legende, derzufolge Madeira der einzige Überrest des sagenumwobenen Atlantis ist, das vor 80 000 Jahren in den Fluten des Atlantik versank. Eines ist immerhin sicher: Jenes mächtige Gebirge ist vulkanischen Ursprungs und schätzungsweise rund 20 Mio. Jahre alt. Vor Vulkanausbrüchen muß sich jedoch niemand fürchten, denn die letzte Eruption mag vor 1000–2000 Jahren stattgefunden haben. Von dem riesigen Vulkanklotz liegen ca. 4000 m unter der Wasseroberfläche, 2000 m ragen über sie hinaus.

Das Insel-Archipel: »Eine Insel mit zwei Bergen ...«

»Man sieht tiefe Talfurchen, steile Wände, rundliche Kappen dicht neben hochaufstrebenden Hörnern; man überschreitet Stellen an jähen Abhängen, wo fast Schwindel den Reisenden überfallen möchte ...« Was den Schweizer Kartographen Jakob Melchior Ziegler zu Anfang des 20. Jh. beeindruckte, übt auch heute Staunen und Begeisterung bei Madeira-Besuchern aus: Der Archipel ist mit seinen 795 km² flächenmäßig zwar recht klein, doch auf diesem klei-

Spektakuläre Aus- und Einblicke vom Weg zum Pico Rivo, dem höchsten Gipfel Madeiras

nen Raum hat die vulkanische Tätigkeit für unzählige spektakuläre Highlights gesorgt. Steil und schroff fallen hohe, zerklüftete Felswände ins Meer ab – größtenteils ist Madeira eine ›uferlose‹ Insel. Diese Formation setzt sich auch unter der Meeresoberfläche fort: Nur wenige hundert Meter von der Küste entfernt ist das Wasser 1500–2000 m tief, und der Meeresgraben zwischen Madeira und Porto Santo fällt sogar auf 2300 m ab. Mit 580 m ist der Cabo Girão an der Südküste das zweithöchste senkrecht zum Meer abfallende Kliff der Welt. Den ›Inselkern‹ bildet ein Bergmassiv aus verwitterten Lava-Riesen, mit dem Pico Ruivo (1862 m) als höchstem Gipfel, dem Pico Arieiro (1818 m), dem Pico do Cedro (1759 m), dem Pico do Gato (1780 m) und dem Pico das Torres (1851 m).

Dieser östliche Teil ist durch den Encumeada-Paß (1007 m) vom westlichen Hochmoor Paúl da Serra (1300 m) getrennt, das sich nicht nur im Winter häufig in Nebelschwaden hüllt. In der weitgestreckten Hochebene entspringen viele Quellen, Flüsse und Bäche, die nach Norden und nach Süden zum Meer fließen und sich ihre Wege durch Felsen gebahnt haben – unzählige reißende Wasserfälle gehören hier zum Landschaftsbild, denn allein die drei Hauptflüsse von Madeira müssen pro Kilometer Höhenunterschiede bis zu 100 m überwinden. Dabei schleppen sie große Mengen an Geröll mit sich, das sich an den Mündungen zu kleinen Hügeln aufgestapelt hat. Flüsse und Bäche haben tiefe schmale Täler in die Berge geschnitten, die mitunter ebenso schroff abfallen wie die Küstenfelsen. Besonders kurios wirkt das fast kreisrunde Kesseltal von Curral das Freiras in der Nähe von Funchal; die Wissenschaft diskutiert noch, ob es durch Erosion oder vulkanische Kraterbildung entstanden ist.

An der Nordküste, bei Porto Moniz, flossen vor rund 2 Mio. Jahren Lavaströme ins Meer, aus denen die Meeresbrandung mit hartnäckiger Arbeit natürliche ›Schwimmbäder‹ geschaffen hat. Vor allem im Nordwestteil der Insel schießen unzählige Quellen und unterirdische Flüsse aus den bizarr geformten Küstenfelsen über die Landstraße. Natürliche Häfen dagegen gibt es auf Madeira nicht, auch keine breiten Flußmündungen. Nur die langgezogene Landzunge Ponta de São Lourenço im Osten der Insel – sie besteht aus Basaltgestein – bietet ein wenig Schutz vor der atlantischen Brandung. Daher ist es nicht verwunderlich, daß die beiden ersten Siedlungen der Insel Machico und Funchal waren: beide liegen in den einzigen, relativ sanft zum Meer abfallenden Hängen und verfügen andeutungsweise über eine windgeschützte Bucht.

Das Kontrastprogramm zur Hauptinsel Madeira findet man auf der winzigen Nachbarinsel Porto Santo (13 km lang, bis zu 6 km breit, gesamt: 45 km^2). Die zweitgrößte Insel des Madeira-Archipels liegt rund 40 Seemeilen nordöstlich von Madeira. Auch Porto Santo ist vulkanischen Ursprungs und stammt aus dem Tertiär. Vorherrschend sind Kalkböden, es gibt jedoch auch Basaltgestein. Der wesentlichste Unterschied zu Madeira und Porto Santos größter Stolz ist der 8 km lange Sandstrand an der Südostküste. Dafür recken sich auf Porto Santo keine hohen Berge in den Himmel, sondern nur Hügel aus vulkanischen Ascheschichten. Fünf Basaltschlote bilden die höchsten Erhebungen der Insel: der Pico do Facho mit

Der Nebeldunst über den Desertas-Inseln hilft bei der Wettervorhersage für Madeira ▷

517 m, gefolgt vom Pico Branco (›weißer Berg‹, 450 m), dem Pico da Atalaia (447 m), dem ›Schloßberg‹ Pico do Castelo (438 m) und dem Pico da Gandaia (413 m). Das Klima auf Porto Santo ist trockener als auf Madeira, und die Temperatur schwankt zwischen den Jahreszeiten um kaum 1 °C. Mehrere unbewohnte Felsinseln ragen um Porto Santo aus den Wellen: der Ilhéu de Cima (›oberes Inselchen‹), der Ilhéu das Cenouras (›Möhreninselchen‹), der Ilhéu de Ferro (›Eiseninselchen‹) und, die größte, der Ilhéu de Baixo (›unteres Inselchen‹) im Südwesten.

Vor der Südküste Madeiras gut zu sehen sind die 20 km entfernten drei Desertas-Inseln (›verlassene Inseln‹). Die größte dieser unbewohnten und süßwasserlosen Inseln liegt in der Mitte und heißt Deserta Grande; sie ist auch die einzige Insel mit einem kleineren Berg (442 m hoch). Flach wie ein Tisch liegt die nördlichste und kleinste Insel, Chão (Boden), im Wasser. Bugío ist die südlichste der Desertas. Seit 1990 stehen die drei Inseln unter Naturschutz. Für den Tourismus sind die Desertas nicht zugänglich; allerdings fungieren sie für die Madeirenser, vor allem für die Be-

wohner von Funchal, als Wetterfrösche: wenn die Inseln zum Greifen nah erscheinen, muß man mit Regen rechnen; sind die Desertas wolkenverhangen, kommt der Wind von Nordost, und demzufolge sind der Westen, der Südwesten und der Nordwesten Madeiras klar, während der Osten bewölkt sein kann. Sieht man die Desertas kaum, ist der Süden Madeiras wahrscheinlich bewölkt und alle anderen Inselregionen klar, erscheinen die Desertas klar und ohne verschwimmende Konturen, ist der Westen Madeiras bewölkt und der Südosten, Nordosten und Osten klar.

Eine weitere, aus Felsriffen bestehende Inselgruppe gehört ebenfalls zum Madeira-Archipel, obwohl sie mit 230 km Entfernung näher an Teneriffa als an Madeira liegt: die Selvagems, die ›wilden Inseln‹. Schon die Phönizier und Karthager kannten diese drei Eilande, und der portugiesische Seefahrerprinz Heinrich gab seinen Kapitänen den Auftrag, von den wilden Inseln Heidekraut und Flechte (*Nemaria rocella* und *Nemaria fuciformis*) zu holen und es nach England und Flandern zu bringen, wo es als roter Farbstoff hohe Preise erzielte. Außerdem setzten die Portugiesen Ziegen

auf den wilden Inseln aus, die sich dort sehr schnell vermehrten. Unter König Manuel wurden die Selvagems dem Christusorden übergeben, der ein wesentlicher Motor für die portugiesischen Entdeckungen gewesen ist, und dieser verteilte die Inseln als Lehen an Adelige, die sich bei Entdeckungen und Eroberungen besonders ausgezeichnet hatten.

Die Selvagems galten wegen der Flechten und der hier nistenden Seevögel als ausgesprochen gewinnbringend. Alljährlich gegen Ende September, wenn die Jungvögel gerade groß genug waren, landeten die Vogeljäger auf den Selvagems und töteten 20 000 bis 30 000 Tiere, kochten und salzten ihr Fleisch gleich vor Ort ein und verkauften es an reiche Madeirenser Haushalte. Die weichen Federn der Jungvögel fanden in England als Füllstoff für Kopfkissen hervorragenden Absatz. Hinzu kamen jedoch immer wieder ›wilde‹ Expeditionen auf die Selvagems, die so viele junge Vögel töteten, daß sich der Vogelbestand immer weiter dezimierte. 1904 verkaufte der letzte adelige Besitzer die Selvagems an den Bankier Luís da Rocha Machado, der sie 1971 – vermittelt durch den World Wildlife Found – dem portugiesischen Staat abtrat. Noch im selben Jahr wurden die Selvagems zum Naturschutzgebiet erklärt, wodurch der systematischen Abschlachtung der Seevögel ein Ende gesetzt wurde. Allerdings fand 1976 ein letzter fataler Übergriff auf die Selvagems statt: Fischer löschten nahezu den gesamten Jungvogelbestand aus, nur 64 Exemplare überlebten. Von diesem Massaker hat sich die Population nur mühsam erholen können.

Um die drei unbewohnten Inselchen Selvagem Grande, Pitão Grande und Pitão Pequeno ranken sich viele Legenden. So soll dort ein legendärer Schatz versteckt sein – der englische Pirat Captain Kidd hatte im 17. Jh. drei spanische Karavellen überfallen, die Gold aus Mexiko geladen hatten. Diesen Goldschatz habe er angeblich auf den Desertas vergraben, um ihn vor offiziellen englischen Schiffen zu schützen. Tatsächlich machten sich so viele britische Schatzsucherexpeditionen auf den Weg zu den Selvagems, wo sie jeden Zentimeter umgruben, daß die portugiesischen Behörden auf Madeira offiziell gegen diese Art von Abenteuerurlaub auf ihrem Territorium protestierten. Gefunden wurde von dem sagenhaften Schatz des Captain Kidd nichts.

Flora

»Madeira! Üppig grünendes Eden,
wo ewiger Frühling
ewiges Grün erzeugt
das Deinen Boden bedeckt ...«
(Pedro Ivo, ›Adeus a Madeira‹)

Madeira sei die »Blumeninsel im Atlantik«, ein »schwimmender Garten«, ein »einzigartiges Naturparadies« – so schwärmten schon vor Jahrhunderten Besucher der Insel. Die Begeisterung über die prächtige und ungemein vielfältige Flora auf Madeira hat gute Gründe: Sie besteht aus 112 Familien mit 760 Arten, von denen 16 % ursprünglich nur auf Madeira existierten. Außerdem hat sich hier der Laurazeenwald erhalten können, der nach der Eiszeit in Südeuropa und Nordafrika verschwunden ist. Das milde Meeresklima auf Madeira hat dagegen diese 20 Mio. Jahre alte Vegetation vor den Auswirkungen der Eiszeit geschützt – ein Grund, aus dem vor allem Wissenschaftler und Botaniker die Insel als einzigartiges Forschungsgebiet schätzen. Diese ursprüngliche Vegetation macht heute immerhin noch etwa

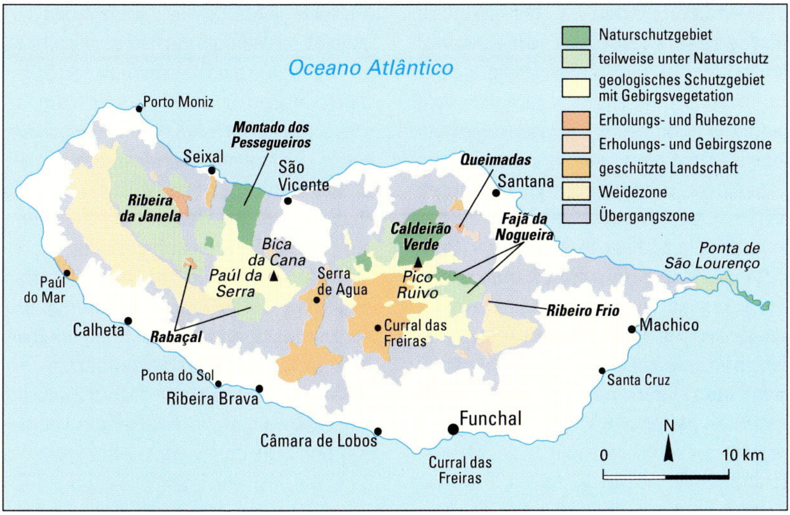

Naturparks auf Madeira

16 % der Inseloberfläche aus, umfaßt Gebiete von insgesamt etwa 12 000 ha und bildet den Kern des unter strengen Schutz gestellten Naturparks. Insgesamt stehen rund zwei Drittel der Insel unter Naturschutz.

Doch auch ohne wissenschaftliches Interesse kann man über die vielfarbige Blütenpracht ins Schwärmen geraten, denn hier scheint einfach alles zu gedeihen: exotische und subtropische Pflanzen und Bäume, kostbare Orchideen, verwirrend duftende Gewächse in allen Regenbogenfarben, Palmen, Zitrusfrüchte, duftende Kräuter. Allerdings sind Höhe und Klima entscheidend für die Vegetationsstufen auf der Insel, die man grob in drei Zonen einteilen kann:

1. Gebirgsflora (über 1200 m Höhe);
2. Lorbeerwald (700–1200 m Höhe);
3. Tiefland- und Küstenregion (0–700 m Höhe).

Zwischen 700 und 1000 m Höhe wurde ein Teil der ursprünglichen Vegetation durch vom Menschen angelegte Pinienwälder, Eukalyptuspflanzungen (von denen allein 800 Arten und Varietäten existieren), Akazien usw. ersetzt. Zu diesen Nutzwäldern jüngeren Datums gehören auch Pflanzungen von Himalaya-Zedern, Douglas-Fichten, Scheinzypressen und Sicheltannen. Außerdem nutzen Bauern diesen Bereich für die Landwirtschaft: Selbst in diesen Höhen findet man terrassierte Felder, zu denen die Bauern auf schmalen, steilen Pfaden hochsteigen müssen.

Zeuge der Evolution: Der Lorbeerwald und was in ihm wächst

Als João Gonçalves Zarco 1419 auf Madeira landete und die unbewohnte Insel für die portugiesische Krone in Besitz nahm, stellte er zu seiner Überraschung fest, daß sie bis zum Meer über und über von Vegetation bedeckt war. »Es gibt hier nicht eine Handbreit Erde, auf der nicht ein mächtiger Baum neben dem anderen wächst ...«, bemerkte der portugiesische Seefahrer Luís Cadamosto im 15. Jh. ›Waldinsel‹ (Holz = port. *madeira*) nannten die Entdecker das Eiland, auf dem die vielfältigsten Blumenarten leuchteten, das von unzähligen Sträuchern, Klettergewächsen, Farnen und riesigen Bäumen überzogen war und dessen größte Bucht an der Südseite ein Dschungel aus duftendem, wildem Fenchel (port. *funcho*) war. Die Wälder waren »so unwirklich gleichmäßig, als wären sie von Hand gemacht, kein Baum überragte den anderen, als hätte die Natur alles daran gesetzt, ihr perfektes Werk noch weiter zu vervollkommnen«, notierte der Chronist Gaspar Frutuoso.

Das sollte sich allerdings schnell ändern, denn die ersten portugiesischen Siedler zerstörten einen großen Teil der dichten Wälder durch Brandrodung. Sieben Jahre lang soll das erste große Feuer gelodert haben, schreibt Frutuoso, was wohl etwas übertrieben erscheint; allerdings dürfte es tatsächlich mehrere Jahre und unzählige Feuer gedauert haben, bis der in Jahrmillionen gewachsene, unzugängliche Urwald in einen ›zivilisierten‹ Lebensraum für die Siedler zurückgestutzt worden war. Das Holz der riesigen Bäume war außerdem ein kostbares Wirtschaftsgut, das in großen Mengen per Schiff nach Lissabon exportiert wurde, wo man es wegen seiner herausragenden Qualitäten als Bauholz für Karavellen schätzte.

Reste des Lorbeerwalds bei Ribeiro Frio

Nur 100 Jahre nach der Entdeckung und Besiedlung von Madeira war ein Teil der Südküste bereits kahl geschlagen, so daß die Inselverwaltung 1515 per Dekret die teilweise Wiederaufforstung befahl: Kastanienbäume und Pinien aus Portugal wurden gepflanzt, und weitere Bäume durften nur mit Genehmigung der Inselverwaltung abgeholzt werden. Der Zuckerboom setzte Madeiras Waldbestand jedoch weiter zu: Für den Zuckeranbau wurden schmale Terrassen in die Berge geschlagen, die Zukkermühlen verschlangen weitere Teile der ursprünglichen tertiären Vegetation.

Im 19. Jh. kamen weitere Feinde hinzu: Die Ziegen und Schafe der Siedler und später die Fabrikation von Holzkohle zerstörten immer größere Teile des Lorbeerwaldes. In den unzugänglicheren Bergen und Tälern im Inselinnern und an der Nordseite dagegen, die außerdem ein kühleres und feuchteres Klima (optimal sind über 85 % Luftfeuchtigkeit) aufweisen, konnte sich zumindest ein Teil der Laurazeenwälder erhalten, die die Wasserversorgung der Insel sichern. Man findet sie noch in den Wäldern von Boaventura, São Jorge, bei Ribeira do Seixal und Fajã da Nogueira, an den Hängen von Ribeira da Janela, in Montado dos Pessegeiros, Caldeirão Verde, Montado da Ilha, Montado do Galhano und Fanal.

Feuchtigkeit, Nebel und regelmäßigen Regen brauchen diese von Flechten überwucherten Baumriesen wie der bis zu 30 m hohe Til (Stinklorbeer, *Ocotea foetens*), der Vinhático (Madeira-Mahagoni, *Persea indica*), der Azoren-Lorbeer *(Laurus azorica)* und der Kanarische Lorbeer *(Apollonias barbujana)*, die dem Lorbeerwald den Namen gaben. Ebenfalls charakteristisch für den Lorbeerwald sind noch fünf bis sechs weitere Baumarten, zu denen der stark duftende Maiblumenbaum *(Clethra arborea)* gehört, dessen helles, biegsames Holz für Spazierstöcke verwendet wird, während die Bauern seine Blätter an das Vieh verfüttern. Die weißen Blüten bilden zwischen August und Oktober hübsche Farbflecken in dem in allen Grüntönen schillernden Wald.

In der feuchten Waldluft gedeihen auch an die 70 Farnarten sowie Sträucher, Gräser und Kräuter: die mehrere Meter hohe Strauchdistel *(Sonchus fruticosus)* mit großen Doldentrauben goldgelber Blüten; der Madeira-Storchschnabel *(Geranium maderense)* mit seinen purpurfarbenen Blüten in bis zu 1,5 m großen Köpfen; die lilablauen ährenförmigen Blütenrispen des Stolz Madeiras *(Echium candicans)*, die zwischen Mai und Juli aufbrechen; der bis zu 3 m hohe Schopf-Fingerhut *(Isoplexis sceptrum)* mit langen, bräunlichgelben Blütentrauben; die ausschließlich auf Madeira verbreitete Musschie *(Musschia wollastonii)*, die besonders die feuchten und schattigen Zonen des Waldes liebt. Mit etwas Glück kann man dort weißblühende Chrysanthemen und die nur auf Madeira wildwachsende Madeira-Orchidee *(Dactylorhiza foliosa)* mit ihren purpurrosafarbenen, traubenförmigen Blüten und die vom Aussterben bedrohte weiß blühende Godiera da Madeira *(Goodyera macrophylla Lowe)* entdecken – besonders zwischen 600 und 800 m Höhe, z. B. entlang der Haupt-Levada in Ribeiro Frio und Queimadas.

Flechten gedeihen nur bei feuchtem Klima

Bergblumen & Co: die Gebirgsflora (über 1200 m)

In den hochgelegenen Zonen muß die Vegetation rasche Klimawechsel, heftige Winde, viel Niederschlag (bis 2000 mm pro Jahr) und sogar Schnee und Graupel ertragen. Aus diesem Grund sieht man hier viele relativ niedrige Gewächse und dichtes Buschwerk. Die Baumheide *(Erica arborea)* allerdings kann mit ihrem dicken Stamm majestätische Ausmaße annehmen. Ihr Holz wurde zu den Zeiten, als man auf Madeira Holzkohle herstellte, in großen Mengen verarbeitet, allerdings haben sich in entlegeneren Gegenden einige jahrhundertealte Exemplare erhalten können. Die unzähligen weißen Blüten der Baumheide lassen manche Bergzüge zwischen April und Mai aussehen,

Die Baumheide blüht im April und Mai

als hätte es plötzlich geschneit. Auf den Basalt- und Tuffdecken wachsen auch der Massaroco *(Echium candicans L. Fil.),* ein Strauch mit samtig-lilafarbenen Blütenkerzen, und die relativ seltene, im Sommer rosafarben blühende Madeira-Grasnelke (*Armeria maderensis,* z. B. am Pico de Arieiro, Pico do Gato und Pico Jorge) – allerdings nur dort, wo kein Vieh weidet.

Die Madeira-Zeder *(Juniperus cedrus Webb u. Berth),* ein hochwachsender Wacholder, ist heute schon eher selten in ihrer natürlichen Umgebung anzutreffen. Ihr Holz war früher sehr begehrt, da es hell, leicht, aromatisch duftend und noch dazu besonders resistent ist – man findet es im Dach der Kathedrale von Funchal und im Alten Zollgebäude. Auf der Hochebene Paúl da Serra (Achado do Cedro) kann man heute noch Wurzeln dieser Bäume entdecken, was beweist, daß früher diese fälschlicherweise ›Zeder‹ genannte Wacholderart auch auf der mittlerweile versteppten Ebene beheimatet war. Noch heute weisen einige Ortsnamen auf Madeira und Porto Santo auf die früher weitverbreitete ›Madeira-Zeder‹ hin: der Pico do Cedro in der Serra de Santo Antonio sowie Achado do Cedro Gordo in Faial, wo einige besonders dicke Exemplare gestanden haben müssen.

Mehr Glück wird man in den hohen Lagen z. B. mit den Strohblumen *(Helichrysum melanophtalmum)* haben: Die holzige Pflanze, etwa 50 cm hoch, mit weißen, wolligen Blättern und Zweigen sowie Blüten mit kleinen, kugeligen Köpfchen findet man in den felsigen Schluchten der Nordküste von Madeira und auf Porto Santo. In manchen Dörfern flechten die Frauen aus den Blüten Armbänder, die bei den sommerlichen Prozessionen getragen werden. Andere nur auf Madeira wachsende Raritäten sind die sonnengelben Blüten des Madeira-Veilchens *(Viola maderensis)* und des Madeira-Augentrosts *(Odontites hilliana)* sowie der weiß blühende Madeira-Steinbrech *(Saxifraga maderensis).*

Farbenprächtiger Blütenzauber im Tiefland und an der Küste

Das Tiefland und vor allem die südliche Küstenregion werden auch stark landwirtschaftlich genutzt, wodurch die ursprüngliche Vegetation größtenteils verschwunden ist. Doch in den letzten 200 Jahren hat man in dieser sonnenverwöhnten Gegend unzählige Bäume und Pflanzen aus Amerika, Afrika, Australien und dem mediterranen Europa angepflanzt und kultiviert. Subtropische und europäische Fruchtbäume wie der Avocadobirnenbaum, Orangen-, Apfel- und Kirschbäume wachsen hier, außerdem Papayas, Cherimoyas (port. *anona*), Guaven, Baumtomaten, Feigen, Granatäpfel, Mangos, Maracujas und Quitten. Überall sieht man die grünen Weinreben, Bananenstauden, hier und da Getreide, hochgewachsene Weiden, unzählige Garten- und Zierpflanzen in Parks und Gärten, an Hauswänden und entlang den Landstraßen.

Prächtige Jacaranda-Bäume *(Jacaranda mimosifolia)* aus Brasilien verwandeln in Funchal die Avenida Arriaga, die Avenida do Infante und die Rua João de Deus zwischen April und Juni in lilablaue Blütenmeere. Auch die größten Exemplare des Brasilianischen Florettseidenbaums *(Chorisia speciosa)* stehen in Funchal: Bis hinauf in die Äste ist er mit starken Stacheln besetzt, die rosafarbenen Blüten werden gut 15 cm groß und bedecken zwischen September und November die ausladende Krone des Baums vollkommen. Das Exemplar im Städtischen Garten hat einen über 1 m dicken Stamm. Sehr beeindruckend sind auch die Tipuana tipu in der Avenida Gonçalves Zarco, vom Pier bis an der Hauptpost vorbei. Von Juni bis September ist die gesamte Krone mit gelben Blüten bedeckt, und wenn sie allmählich abfallen, breiten sie einen gelben Blütenteppich um sich herum aus. In Camacha stehen besonders viele Akazien *(Acacia dealbata)* mit gelben, duftenden Blüten, während ihre kleinere Verwandte *Acacia longifolia* mit ihren sonnengelben Blütenähren von Santo da Serra bis Santa Cruz häufiger vorkommt.

Magnolien *(Magnolia denudata)* zeigen ihre großen weißen und stark duftenden Blüten selbst bis 800 m Höhe von März bis Mai, und ihre Verwandte, die *Magnolia grandiflora,* gehört zu den ältesten und edelsten Bäumen der alten Quintas. Zwischen März und August bringt sie handgroße weiße Blüten und Früchte hervor, die an Tannenzapfen er-

Jacaranda-Bäume verwandeln Funchals Praça do Infante im Frühjahr in ein Blütenmeer

innern und mit korallenroten Samen gefüllt sind. Eines der bemerkenswertesten Exemplare des *Metrosiderus excelsa* aus Neuseeland steht im Garten der Quinta do Palheiro Ferreiro: enorm groß, mit immergrünen Blättern und ziegelroten Blüten mit zahlreichen Staubfäden, die in dichten Trauben angeordnet sind. Doch damit sind noch längst nicht alle Variationen der Farbe Rot ausgeschöpft: Zahlreiche Arten von Korallenbäumen *(Erythrina speciosa, corallodendron, fusca, humeana, senegalensis)* recken im Winter und im Frühling ihre leuchtendroten, röhrenförmigen Blüten in den Himmel, die an völlig kahlen Ästen sitzen; Flammenbäume *(Sterculia acerifolia)* bilden zwischen Mai und Juni blutrote Flecken in der Landschaft; scharlachrote, glockenförmige Blüten bringt zwischen September und Oktober der Afrikanische Tulpenbaum *(Spathodea campanulata)* hervor, einer der schönsten Zierbäume Madeiras, der bis zu 20 m hoch wird. Gelbe Blüten mit rötlichen Strahlen und enorm lange, spiralige Samenschoten hat der *Dolichandrone platycalyx* im Herbst. Australische Silbereichen *(Grevillea robusta)* mit immergrünen, farnwedelähnlichen Blättern und auffälligen sanftgelben Traubenblüten, *Schefflera actinophylla* mit schirmförmigen Fiederblättern und kleinen roten Blüten, Dattelpalmen, Tamarisken, Affenbrotbäume, Kastanien, Palmfarne, Zypressen, Wacholder, Schraubenpalmen, Eichen und Korkeichen – unmöglich, alle auf Madeira beheimateten Bäume aufzuzählen und zu beschreiben.

Besondere Erwähnung verdient jedoch der nur hier und auf Porto Santo wachsende Drachenbaum *(Dracaena draco)*, der leider vom Aussterben bedroht ist. Vor allem auf Porto Santo war der Drachenbaum sehr verbreitet, und – so zumindest überliefern es historische Beschreibungen – dort wuchsen sogar außerordentlich imposante Exemplare. Heute erinnert auf Porto Santo nur noch der Name des Fleckens Dragoal an die-

Blutrote Blüten der Flammenbäume bringen im Frühsommer die Baumwipfel zum Leuchten

Drachenbaum

Der Drachenbaum war vor der Besiedlung durch die Portugiesen der wichtigste Baum auf Porto Santo. Er gehört zur Familie der Liliengewächse, wird bis zu 20 m hoch und bringt im August/September große Blütentrauben hervor. Seine orangefarbenen Früchte sind etwa 1 cm groß. Unglücklicherweise eignet sich sein Holz außerordentlich gut für den Bootsbau, was ein wichtiger Grund für das Abholzen dieser Prachtbäume war. Als besonders wertvoll erachtete man früher sein ›Drachenblut‹ – wenn man den Stamm einschneidet, läuft das rote Harz heraus. Angeblich sollte es Wunden heilen; die gummiartige Substanz wurde in Europa aber auch als Farbstoff für Lacke, Glasuren und Stoffe benutzt und galt als besonders kostbar. Allerdings kann man einem Drachenbaum nicht beliebig viele Schnitte zufügen, dann trocknet er aus und stirbt ab. Genau das geschah mit vielen Drachenbäumen auf Porto Santo. Auch Kolumbus soll mit dem heiß begehrten Drachenblut gehandelt haben, als er nach Porto Santo kam – verbürgt ist dies allerdings nicht.

sen Baum, der im gesamten Archipel umfassend genutzt wurde.

Besonders beeindruckt sind viele Besucher aus dem Norden angesichts der vielen Pflanzen mit auffälligen, exotischen Blüten, für die man in den Blumenläden des nördlichen Europa astronomische Preise zahlt, falls man sie überhaupt in diesen Dimensionen vorfindet. Die Flußbetten Funchals überwuchern violette, rosafarbene, ziegelrote oder weiße Bougainvillea *(Bougainvillea spectabilis)*, die fast das ganze Jahr über blühen und mitunter riesige Farbflecke in die Landschaft tupfen. Scharlachrote oder orangefarbene Trompetenblumen *(Campsis radicans)* klettern Häuserwände hoch, über manchen Straßen liegt der starke Duft des Sternjasmin *(Trachelospermum jasminoides)*, einer immergrünen Kletterpflanze mit weißen, sternförmigen Blüten, die eigentlich in Südchina beheimatet ist. Ebenfalls aus China kommt die sommergrüne Glyzinie *(Wisteria sinensis)* mit violettblauen oder weißen, duftenden Blütentrauben. An den Straßenrändern leuchten die großen Dolden blauer oder weißer Blüten des *Apaganthus africanus*, wild wachsen die Belladonnalilie *(Amaryllis belladonna)* mit ihren rosafarbenen, duftenden Blüten und das verwirrend duftende Geißblatt (*Lonicera etrusca*, weißgelb mit rötlichen Tönen).

Rhododendren und Kamelien können auf Madeira das Ausmaß von Bäumen erreichen: Die *Camelia japonica* zum Beispiel gehört zu den ältesten hier eingeführten Zierpflanzen und ist oft in den Gärten der Quintas und in Parks zu sehen. Kamelien tragen große Mengen von einfachen oder doppelten weißen, blaßroten, dunkelroten oder gestreiften Blüten, und ihre dunkelgrünen, ledrigen

Exotische und bekannte Blüten verzaubern die Parks und Gärten auf Madeira

Blätter sind stark glänzend und werden gern zu Dekorationszwecken benutzt. Nahezu überall auf Madeira wächst der Chinesische Roseneibisch *(Hibiscus rosa-sinensis),* der das ganze Jahr über in verschiedenen Tönen blüht: weiß, gelb, rosa, rot. Auch der Ritterstern ›Amaryllis‹ *(Hippeastrum vittatum)* mit bis zu 20 cm großen eleganten Blüten in Weiß, Rosenrot, Lachsrot und Orange und die kugeligen Hortensien *(Hydrangea macrophylla)* sieht man an Straßenrändern, in Parks und Gärten. Meistens blühen sie wegen des sauren Bodens üppig blau und hellila, es gibt jedoch auch Exemplare mit rosenroten und weißen Blüten.

Im Herbst bringt der Oleander eine Fülle von weißen oder rosaroten Blütenkaskaden hervor, die jedoch von den zwar ähnlichen, aber noch angenehmer duftenden Blüten des Frangipangi *(Plumeria tricolor)* übertroffen werden: Sie sind blaßgelb und rosarot. Zu den beliebtesten und auffälligsten Gewächsen gehört die Paradiesvogelblume *(Strelitzia regina)* aus Südafrika: Ihre große Blüte sieht aus wie ein bunter Vogelkopf. Mit stilisierten Paradiesvogelblumen schmücken sich Hotels und Restaurants auf Madeira, die kuriose Blüte taucht sogar auf den Kacheln *(azulejos)* auf und ist auch als haltbare Exportblume sehr beliebt. Wegen ihrer Farben – orange/gelb/blau – gilt die Strelitzie auf Madeira als ›Nationalblume‹. Besonders viele und schöne Exemplare kann man im Botanischen Garten und auf dem Markt von Funchal bewundern sowie in vielen Blumenläden auch kaufen.

Die auch bei uns bekannte Zimmer-Calla *(Zantedeschia aethiopica)* mit ihren graziös geformten, weißen Spathen wird man überall auf Madeira antreffen, denn sie ist auf der Insel vollkommen eingebürgert und verwildert, meist wächst sie an den feuchten Plätzen der Flußufer. Auch sie spielt eine große Rolle als Schnittpflanze für den Verkauf und den Export, ebenso wie die ganzjährig blühende Anthurie mit ihren herzförmigen weißen und scharlachroten Spathen und die zahlreichen Orchideenarten. Wegen ihrer langen Blütezeit sind auf Madeira besonders die prächtigen Orchideen der Gattung *Cymbidium hybr.* beliebt – häufig sieht man sie als Garten- und Hausschmuck, in Töpfen gezogen. Die Stengel mit 8–10 Blüten von etwa 12 cm Durchmesser sind besonders für den Export begehrt, da sie sehr haltbar sind.

Anders die weißen, gelben, rosenroten und purpurfarbenen großen Blüten der Cattleya-Orchidee. Sie können zwar stattliche 12–30 cm Durchmesser erreichen, vertragen jedoch den Transport nicht gut und werden daher weniger exportiert; als Schnittblumen haben sie

auf den Märkten aber einen hohen Wert. Man zieht sie in gelöcherten Töpfen mit Humus, Farnwurzeln oder Moos, aber auch in hohlen Stämmen anderer Pflanzen, an geschützten und warmen Plätzen in der gesamten Küstenregion. Der kostbare Riesenvenusschuh *(Paphiopedilum hybr.)* dagegen braucht auch auf Madeira den Schutz eines Treibhauses. Die Blätter dieser Orchidee sind denen des gemeinen Venusschuhs *(Paphiopedilum insigne)* ähnlich, jedoch wesentlich breiter, und bilden dunkelrote, grüne, gelbe oder rote Blüten. Der Venusschuh mit seinen merkwürdig geformten Blüten, die pantoffelähnlichen Lippen ähneln, wird auf der ganzen Insel in gewöhnlichem Humus im Freien und sogar an schattigen Orten gezogen.

Aus Mexiko und Guatemala kommt die sehr schöne, jedoch kurzlebige *Sobralia macrantha,* eine Orchideenart, die in Beeten mit leichter Erde Dickichte bildet und im Sommer unzählige, tief purpurfarbene Blüten hervorbringt, die mehr als 15 cm Breite erreichen. Die Blätter dieser Orchidee sind merkwürdig, weil sie einfach zu geraden, bis 2 m hohen Stengeln wachsen, die einem Bambusrohr ähneln.

Neben diesen berühmten und spektakulären Bäumen, Sträuchern und Blumen, die sich noch dazu zum Verkauf eignen (jährlicher Ertrag: ca. 12 Mio. Esc.), wachsen selbst noch auf den Basaltsteinen und auf Felsen direkt am Meer einige Pflanzen, die Aufmerksamkeit verdienen. Vor allem an der sonnigen und relativ trockenen Südküste findet man die Fischer-Wolfsmilch (*Euphorbia piscatoria Ait.*) auf Felsen und Vorsprüngen; ihren giftigen milchigen Saft benutzten die Fischer in den wenigen seichten Gewässern zum Fischen. Hellviolette Flecken leuchten zwischen März und August auf den Felsen: die Blüten der ›Eselsnelke‹ *(Matthiola maderensis Lowe).* Besonders fallen die unzähligen Kakteen bzw. Opuntien *(Opuntia tuna)* auf, die ursprünglich aus Mexiko kommen, wo man sie seit Jahrhunderten zur Schildlauszucht benutzt: Das rötlich-violette Blut der Cochenille-Läuse war bei Azteken und Zapoteken ein beliebter Farbstoff. Ausschließlich auf dem Madeira-Archipel ist dagegen die Musschie *(Musschia aurea)* beheimatet, eine gelbblühende Pflanze mit extrem ausgebildetem Wurzelsystem, das das Basalt- und Vulkangestein durchdringt: Damit krallt sie sich selbst noch auf senkrechten Felswänden fest und bezieht alle Nährstoffe.

Besonders auf der Ponta de São Lourenço hat sich die ursprüngliche Fels- und Küstenvegetation von Madeira ungestört erhalten können, da dort keine ›Fremdpflanzen‹ gesetzt wurden. Dazu gehören der Perrexil oder Funcho Marino *(Crithmum maritimum L.),* der viel Sonne sowie wenig Luftfeuchtigkeit braucht und im Sommer blüht, aber auch eine ganze Reihe von buschigen, niedrigwachsenden Pflanzen. Aus dem Mittelmeerraum kam der Prächtige Natternkopf *(Echium nervosum)* mit hellblauen, kerzenförmigen Blütenständen nach Madeira, der mit dem dunkelblauen ›Stolz Madeiras‹ *(Echium candicans)* verwandt ist. Ebenfalls eingebürgert auf der Insel sind die bis zu 8 m hohe Agave *(Agave americana)* aus der Familie der Sukkulenten mit fleischigen großen Blättern, deren Ränder mit Dornen gespickt sind, sowie die Drachenbaum-Agave *(Agave anttenuata)* mit schwanenkopfartig gebogenen weißen Blütenstämmen – sie ist die erste und letzte Pflanze, die man auf Madeira zu Gesicht bekommt: die Abhänge an der Landebahn des Flughafens in Santa Cruz sind damit bepflanzt.

Fauna

Ganz anders als mit der üppig wuchernden, vielfältigen Pflanzenwelt ist es auf dem Madeira-Archipel mit der Tierwelt bestellt: Nur ein einziges Landsäugetier – die Fledermaus – war auf Madeira beheimatet, als die Portugiesen dort landeten. Sie allerdings brachten Haustiere und Kaninchen mit, die sich so rasant vermehrten, daß sie innerhalb kürzester Zeit die Insel Porto Santo kahlfraßen (s. S. 216f.). Glücklicherweise gibt es keine giftigen Schlangen oder Nattern auf den Inseln und auch keine Tsetse-Fliegen (Malariaüberträger) – nur für den Menschen völlig harmlose Eidechsen, die von den Weinbauern nicht gern gesehen werden, weil sie die Trauben fressen, und im Sommer lästige Stechmücken.

Insgesamt sind die Insekten mit rund 2600 Arten vertreten; unter ihnen fällt der orange-bräunliche Monarch *(Danaus plexipus)* besonders auf, weil seine Flügel eine Spanne von bis zu 14 cm erreichen können – die meisten anderen Insektenarten sind flügellos. Schmetterlinge jedoch sind auch zahlreich vorhanden. Über 40 Vogelarten leben auf Madeira, unzählige weitere benutzen die Inseln als Zwischenstation. Leider jagen die Einheimischen nicht nur die zahlreichen Kaninchen, sondern auch Vögel und Tauben, so daß von der Madeira-Ringeltaube *(Columba palumbus maderensis)* nicht mehr allzu viele Exemplare übriggeblieben sind. Falken und Bussarde kreisen über den Bergtälern, und die Küsten gehören den Möwen, während man auf dem Wasser auch mehrere Sturmschwalbenarten sieht. Ein auf den Selvagens lebender Sturmtaucher *(Puffinus assimilis)* ist bei den Fischern besonders beliebt, da er sich am liebsten von Krustentieren und Tintenfischen ernährt und den Booten die besten Fanggründe zeigt. Ursprünglich muß es auf Madeira eine große Zahl an Mönchsrobben (port. *lobos marinho* = Seehund) gegeben haben – an sie erinnert der Ortsname Câmara de Lobos –, doch heute leben nur noch wenige Exemplare auf den Desertas-Inseln. Zehn vom Aussterben bedrohte Mönchsrobben *(Monachus monachus)* sind gezählt worden. Im nördlichen Teil der Deserta Grande fanden Spinnenforscher die knapp 5 cm große Wolfsspinne *(Geolycosa ingens)*, eine giftige Spinnenart.

In den Gewässern um Madeira leben an die 250 Fischarten, die meisten in Tiefen von 1500–2000 m. Sehr häufig wird man den Schwarzen Degenfisch (port. *espada preta*) antreffen, sowohl auf den Märkten wie auch auf den Speisekarten, denn wegen seines wohlschmeckenden Fleisches ist er ein sehr geschätzter Küchenfisch. Übrigens sind diese bis zu

Unter Wasser ist der gefährlich aussehende Schwarze Degenfisch schillernd bunt

2,5 kg schweren Meeresgesellen in ihrem Lebensraum unter Wasser gar nicht schwarz, sondern schillernd bunt. Erst wenn sie von den Fischern schnell aus tiefsten Tiefen an die Wasseroberfläche gezogen werden und durch den Druck sterben, färben sie sich pechschwarz. Um die kurz *espada* genannten Fische aus dem Meer zu holen, haben die Fischer von Madeira 1500 m lange Angelleinen entwickelt, an denen rund 150 Haken befestigt sind. Köstlich ist auch das Fleisch des nur 10 cm langen Seeteufels *(Melanocetus johnsoni).* In den Fischrestaurants wird man ausschließlich die Weibchen dieser Fischart serviert bekommen, weil die Männchen winzig sind und praktisch nur aus Geschlechtsorganen bestehen. Reich ist auch die Ausbeute an Thunfisch (vier Arten), Degen- und Schellfisch, Seelachs, Rotbarsch, Makrele und Tintenfisch. Krabben und Langusten dagegen werden aus Portugal importiert, denn die auch unter Wasser steil abfallenden Küstenfelsen bieten diesen Meeresbewohnern keinen Lebensraum.

Bleiben die Wale, insbesondere die Pottwale, die 1940–80 von Caniço aus gejagt wurden. 100–200 Tiere erlegte man pro Jahr, verarbeitet wurden sie in einer Fabrik gleich vor Ort. Seit 1981 mußten sich die ehemaligen Walfänger in Walschützer verwandeln, da die Gewässer um Madeira zu Walschutzgebieten erklärt wurden.

Richtig Reisen *Tip*

Ein Dutzend Höhepunkte

Cabo Girão: Das zweithöchste Kap der Welt liegt nur wenige Kilometer von der Hauptstadt Funchal entfernt; windumbraust und mit gigantischem Ausblick auf die Südküste.

Monte: Hoch in den Bergen über Funchal. Die Wallfahrtskirche der Schutzpatronin Madeiras. Herrliche Gärten und ein kurioses Transportmittel: Korbschlitten.

Curral das Freiras: Auf dem Grund eines tiefen Talkessels liegt das Dörfchen ›Nonnental‹, eingeschlossen von nahezu senkrecht aufsteigenden Bergwänden. Spezialität: Kastanienlikör.

Ponta de São Lourenço: Die Landzunge im östlichsten Zipfel der Insel erinnert an die Rückenzacken eines schwimmenden Dinosauriers, die aus den Atlantikwellen herausragen.

Porto Moniz: Im Hafenort an der Nordwestküste liegen die berühmten ›natürlichen Meeresschwimmbecken‹ – über Jahrtausende hat die Meeresgischt die Küstenfelsen ausgespült.

Küstenstraße zwischen Seixal und Porto Moniz: Schmale, in die Felsen geschlagene Straße mit unzähligen Tunneln und spektakulären Ausblicken, an der Nordwestküste.

Encumeada-Paß: Rundum ein atemberaubendes Panorama im Inselinnern: schroffe Felsen, steile Abgründe und winzige Terrassen.

Santana: Berühmt ist das pittoreske Städtchen an der Nordküste für seine traditionellen Häuser, deren Strohdächer fast bis zum Boden reichen.

Pico do Arieiro (1810 m): Majestätisch ragen die Felszacken des höchsten Berges von Madeira in den Himmel – von oben hat man einen fantastischen Ausblick über die ganze Insel.

Quinta do Palheiro/Blandy's Garden: Der schönste Park Madeiras ist ein Englischer Garten mit subtropischer Blütenpracht.

Quinta das Cruzes (Funchal): Ein barockes Herrenhaus mit einem unbedingt sehenswerten archäologischen Park, mitten in einem verwunschenen Garten.

Porto Santo: Die ›Strandinsel‹ verwöhnt mit einem traumhaften, 8 km langen, goldgelben Sandstrand und hat auch sonst einiges zu bieten.

Geschichte

Stürmische Entdeckermythen

Die Frage, wer wann den unbewohnten Madeira-Archipel entdeckt hat, ist nicht gerade leicht zu beantworten. War es João Gonçalves Zarco (auch: Zargo), der hier 1418 als erster Europäer – zufällig? – landete? Oder waren es die Phönizier, Karthager, römische und nordafrikanische Seefahrer, die vor 2000 Jahren oder jedenfalls in nebeliger Vorzeit die Inseln entdeckten? Es ist sehr wahrscheinlich, daß sie die Inseln kannten, doch gesicherte historische Erkenntnisse gibt es darüber nicht, und Spuren haben die frühen Entdecker ebenfalls nicht hinterlassen. Womöglich hatten auch schon italienische und mallorquinische Seefahrer den Madeira-Archipel gesichtet, denn sie fuhren regelmäßig auf die nahegelegenen Kanarischen Inseln.

Wo so wenig historische Belege vorhanden sind, bleibt reichlich Raum für Mythen und Legenden, und die am häufigsten zitierte beginnt in England. Diese erste Version des Entdeckungsmythos wurde 1495–1561 von Valentin Fernandes, einem aus Böhmen stammenden Drucker, in Lissabon aufgeschrieben: In England lebte der Ritter Robert Machyn bzw. Machin, der wegen eines unbekannten Vergehens 1346 verbannt wurde. Also machte er sich mit einem Schiff, ein paar Getreuen sowie einigen Ziegen auf den Weg nach Portugal. Außerdem begleitete ihn seine nicht gerade standesgemäße Geliebte ins Exil. Allerdings wurde das kleine Schiff in einem Sturm Richtung Süden getrieben, und man landete auf Madeira, genauer gesagt in der Bucht des heutigen Machico, das, so will es die Legende, nichts als eine spanische Verballhornung des englischen Namens Machin ist.

Zunächst ließen sich Machin und seine Leute in der Bucht nieder, dann zog der Ritter mit seinem Leibdiener los, um die Insel zu erkunden, die Geliebte sowie die Mannschaft blieben zurück. Als die beiden zurückkamen – sie hatten festgestellt, daß sie sich auf einer unbewohnten Insel befanden – war die Mannschaft verschwunden, leider mit dem einzigen Schiff. Was der Ritter nicht wußte: Seine untreuen Getreuen hatte ein kräftiger Sturm an die marokkanische Küste geschleudert, wo die bösen Mauren sie sofort in den Kerker steckten. Seine Geliebte harrte zwar treu in der Bucht aus, doch sie verzweifelte über die aussichtslose Lage derart, daß sie starb. Robert Machin baute ihr eine provisorische Kapelle und begrub sie dort unter einem Holzkreuz, die Kapelle nannte er ›Heiliges Kreuz‹.

Dann bastelten sich Ritter Robert und sein Diener eine Art Boot und versuchten, doch noch nach Portugal zu gelangen; doch wieder stürmte es, und der arme Ritter wurde an die marokkanische Küste geweht, von den Barbaren festgenommen und traf im Kerker seine ehemaligen Kumpane wieder. Robert tobte und wollte den Verrätern an den Kragen, wodurch dem König von Fez bekannt wurde, daß die Herren sich bereits kannten. Robert Machin berichtete dem König von Fez von der unbewohnten Insel, für die sich der Maure aber nicht interessierte. Statt dessen ließ er Machin frei, und dieser ging nach Spanien und erzählte König João I. von seiner

Entdeckung, doch wieder konnte niemand etwas damit anfangen. Allerdings könnte man auf diese Weise erklären, wieso der gesamte Madeira-Archipel auf einer florentinischen Seekarte auftauchen konnte – und zwar schon 1351 –, und noch dazu mit den bis heute verwendeten Namen: Isola di Legnane (= ›Holzinsel‹) für Madeira, Deserte (= ›Verlassene‹) für die Desertas und Porto Sco (= ›Heiliger Hafen‹) für Porto Santo.

Die zweite Version des Entstehungsmythos wird jedoch am liebsten zitiert, da sie ungleich romantischer ist und sich strikt an die Hollywood-Dramaturgie hält, denn im Mittelpunkt steht eine tragische Liebesgeschichte. In den Nebenrollen werden wieder verdienstvolle Stürme tätig, die nach Kräften blasen. Auch diese Geschichte beginnt in England: Diesmal war Robert Machin ein einfacher Ritter, der sich in ein ebenso schönes wie edles Fräulein verliebt hatte, die in den meisten Berichten Ana de Erfert genannt wird, manchmal aber auch Anne Dorset. Natürlich ist die Liebesgeschichte zwischen Robert und Anne skandalös, weil nicht standesgemäß, und um Schlimmeres zu verhindern, sollte Anne schnell mit einem langweiligen Lord verheiratet werden. Zur Sicherheit wurde Robert ins Gefängnis gesteckt, doch er konnte fliehen und machte sich bei Nacht und Nebel mit seiner Anne auf nach Frankreich.

Dort kamen sie jedoch niemals an, denn ein Sturm jagte das Schiff nach Madeira. Immerhin konnten Anne und Robert es sich in der Bucht von Machico gemütlich machen, bis wieder ein Sturm aufzog – der erstaunlicherweise das in der Bucht ankernde Schiff mitsamt der Besatzung kurzerhand fortwehte und an der marokkanischen Küste absetzte, wo die Briten, wie bereits bekannt, im Kerker landeten. Robert und Anne blieben allein auf Madeira zurück, was an und für sich noch kein Drama gewesen wäre, wenn die Lady nicht nach nur drei Tagen an ›ge-

In der Bucht von Machico sollen die Entdecker von Madeira zuerst gelandet sein

brochenem Herzen‹ gestorben wäre. Ob ihr das Heimweh nach England das Herz brach oder die nicht eben bequeme Unterkunft auf der unbewohnten Insel, erfahren wir leider nicht, denn über diesen Punkt schweigen sich die Legendenerzähler aus.

Anne war also tot, und Robert begrub sie, er schmückte ihr Grab mit Blumen und einem schlichten Holzkreuz. Und er baute sich ein Boot, mit dem er zurück nach Europa schippern wollte. Doch prompt wehte ein Sturm Robert nach Marokko, wo man ihn gefangennahm und er im Kerker landete, just in der Zelle, in der auch seine fortgewehten Getreuen saßen. Robert erzählte einem kastilischen Mitgefangenen die herzzerreißende Geschichte, und dieser berichtete nach seiner Freilassung dem kastilischen König, im Atlantik gebe es eine Insel.

Es läßt sich leicht nachvollziehen, weshalb englische Chronisten diese ersten beiden Versionen des Entdeckungsmythos besonders schätzen – auf diese Weise haben sie einen direkten Anteil an der Entdeckung ihrer Lieblingsinsel. Überliefert wurde die zweite Version von Francisco Manuel de Melos, der sie 1654 in seiner ›Epanáfora Amorosa‹ veröffentlichte, ohne jedoch ernstzunehmende historische Beweise für seine hübsche Geschichte zu liefern.

Doch trotz aller historischen Spekulationen scheint eines klar zu sein: Schon um 1311, also gut 100 Jahre vor der offiziellen Entdeckung von Madeira, kursierten auf der Iberischen Halbinsel und in Italien hartnäckige Gerüchte über die Existenz verschiedener Inselgruppen im Atlantik. Und immerhin versuchte der Genueser Lanzarote Malocelus schon 1311 zum ersten Mal vergeblich, die später nach ihm benannte kanarische Insel zu kolonialisieren. 1342 machte er den zweiten Versuch und wurde von den Einheimischen umgebracht – die Kanarischen Inseln und der Madeira-Archipel liegen so nah beieinander, daß die italienischen Seefahrer letzteren wahrscheinlich genau da vermuteten, wo er sich auch befindet. Das erklärt, weshalb der portugiesische König Dom Dinis 1317 einen anderen italienischen Spezialisten damit beauftragt haben soll, die atlantischen Inselgruppen Madeira, die Azoren und die Kanarischen Inseln für Portugal in Besitz zu nehmen. Ist Manuel Pessanha aus Genua tatsächlich auf Porto Santo und Madeira gelandet und hat den Inseln ihre Namen gegeben? Hat er die dschungelartige Bucht von Machico schlicht mit dem italienischen Namen für Gestrüpp, *macchia,* benannt, woraus dann später Machico wurde? Leider wird auch diese recht realistisch klingende Vermutung durch kein historisches Dokument untermauert. Nur ein Mönch aus Sevilla, der Pessanha auf dieser Reise begleitet hatte, nannte 1345 im ›Libro del Conocimiento‹ die Inseln bereits mit ihren heutigen Namen, was möglicherweise auch erklärt, weshalb Madeira, Porto Santo und die Desertas im berühmten florentinischen Atlas Mideceu von 1351 verzeichnet sind.

Offiziell haben die beiden portugiesischen Ritter João Gonçalves Zarco und Tristão Vaz Teixeira 1418 Porto Santo und 1419 Madeira entdeckt. 1418 baten Zarco und Teixeira, die gerade an der Eroberung des nordafrikanischen Ceuta teilgenommen hatten, den Infanten Prinz Heinrich um Erlaubnis, »eine Flotte gegen die Mauren zu führen«. Mit ihren Schiffen segelten sie über den Atlantik Richtung Süden, denn sie wollten Guinea erobern. Dorthin kamen sie aber nicht, denn sie wurden von einem Sturm überrascht und in die Bucht von Porto Santo geweht. Sie erkundeten die

Nossa Senhora da Conceiçao in Machico

Insel, hielten es für möglich, sie zu besiedeln und für die portugiesische Krone in Besitz zu nehmen, und vergaßen Guinea. Das Eiland tauften sie aus Dank ›Heiliger Hafen‹. Auch Madeira sichteten sie von Porto Santo aus, doch die düsteren Wolken über der dunklen Insel jagten ihnen Angst ein – womöglich ist dies jener sagenhafte ›Höllenschlund‹, der die Schiffe unweigerlich in die Tiefe reißt.

Sie segelten zurück nach Portugal und machten sich ein Jahr später wieder auf den Weg, jetzt mit Bartolomeu Perestrelo an Bord, einem weiteren Edelmann, der schließlich auf Porto Santo blieb. Zarco und Vaz Teixeira aber fuhren diesmal todesmutig weiter Richtung ›Höllenschlund‹ und landeten folgerichtig in der Bucht von Machico. Dort fanden sie das Holzkreuz, unter dem die englische Dame Anne *und* Robert Machin begraben waren, denn in der portugiesischen Version wurden die beiden Liebenden von der treu ergebenen Schiffsmannschaft in ein gemeinsames Grab gebettet. In ein zweites, größeres Kreuz hatten die Gefährten Machins vor ihrer Abreise die Geschichte der beiden eingeritzt, verknüpft mit der Bitte, sollten je Christenmenschen diesen Boden betreten, mögen sie an der Stelle des Grabes eine Kapelle bauen.

Zarco erfüllte diesen Wunsch selbstverständlich und ließ 1420/21 das gewünschte Kirchlein bauen; 1425 war es fertig und somit das erste Gotteshaus der Insel. Aus dem alten Kreuz ließ er ein neues schnitzen, das man in der Kapelle aufstellte. Leider wurde dieser einzige mögliche Beweis für diese Version 1803 durch eine große Überschwemmung vernichtet.

Kein Chronist hat ein umfassendes Protokoll dieser Entdeckungsreise geschrieben. Einige Hinweise findet man in der ›Crónica dos Feitos da Guiné‹ (Chronik der Ereignisse in Guinea) von Gomes Eanes de Azuara, der kurz skizziert, »wie Madeira und die anderen Inseln, die in dem Teil gefunden worden sind, besiedelt wurden«. Erstaunlicherweise berichtet Azuara auch, daß Zarco und Vaz Teixeira gleich bei ihrer ersten Reise ins ›Unbekannte‹ sowohl einige Siedler wie auch Tiere mitgenommen hätten – darf man daraus schließen, daß sie genau wußten, wohin sie fuhren? Und jener Valentin Fernandes, der Ende des 15. Jh. in Lissabon die erste Version des Machico-Mythos aufschrieb, behauptet außerdem, ein Kastilier namens Morales habe die beiden Portugiesen auf die Existenz der Inseln aufmerksam gemacht. Andere Quellen berichten, Morales sei ein von den Arabern versklavter Kastilier gewesen, der Zarco geradewegs auf die Insel geführt habe. Das würde immerhin erklären, weshalb

Zarco und Vaz Teixeira 1419 nicht irgendwo auf Madeira, sondern geradewegs in der Bucht von Machico landeten.

In jedem Fall verknüpft die portugiesische Legende die Entdeckung Madeiras durch zwei portugiesische Ritter galant mit der Geschichte des englischen Liebespaares und gesteht den Briten damit immerhin einen romantischen Anteil an der Historie zu. Und die Frage, warum die portugiesischen Entdecker sämtliche Inseln auf die Namen tauften, die schon 67 Jahre früher in Florenz längst aktenkundig waren, führt schließlich zu der Vermutung, daß die vielen bunten und einander widersprechenden Legenden einem klaren Zweck dienen: daß sie nämlich das Ziel hatten, bestimmte Kenntnisse, die zum damaligen Zeitpunkt in Portugal vorhanden gewesen sein müssen, vor der spanischen und europäischen Konkurrenz geheimzuhalten.

Von der menschenleeren Insel zum Zuckertopf Portugals

Ein Bonmot behauptet, das Aufregendste an Madeiras Geschichte sei seine Entdeckung gewesen – anschließend sei nichts Wichtiges mehr passiert, denn seitdem liege die Insel im Dornröschenschlaf. Tatsächlich hat Madeira fast nie historische Schlagzeilen gemacht. Trotzdem hatte die Insel eine Schlüsselposition für das portugiesische Kolonialreich inne – obwohl geschlagene 500 Jahre kein einziger portugiesischer Monarch auch nur seinen Fuß nach Madeira setzte, war die Atlantikinsel für Portugal ein bedeutender Wirtschaftsfaktor und spielte auch in den Machtkämpfen europäischer Nationen indirekt eine Rolle.

João Gonçalves Zarco und Tristão Vaz Teixeira nahmen also Madeira für die portugiesische Krone in Besitz, Bartolomeu Perestrelo übernahm Porto Santo. Der Insel-Archipel sollte zu einem wichtigen Sprungbrett für die portugiesischen Entdeckungen ausgebaut werden, und dazu war es nötig, ihn zu besiedeln. Zunächst wurden die Buchten von Machico und Funchal brandgerodet – in Machico hatte sich Vaz Teixeira mit seinen Leuten niedergelassen, Zarco ging zunächst in die Bucht des heutigen Câmara de Lobos, weil das Feuer in der Bucht von Funchal nicht zu löschen war. 1425 übersiedelte er in die Bucht von Funchal, da sie mehr Platz bot und wesentlich besser für den Schiffsverkehr geeignet war. Die Siedlung Funchal wuchs rasch zu einem florierenden Handelszentrum heran, denn Getreide, Wein und Zuckerrohr gediehen auf der Holzinsel wesentlich besser als im Mutterland.

Heinrich der Seefahrer teilte Madeira und Porto Santo auf und übertrug die Gebiete als Erblehen dem ›Entdeckertrio‹: Teixeira erhielt 1440 den östlichen Teil von Madeira mit Machico als Zentrum, Perestrelo bekam 1444 Porto Santo und João Gonçalves Zarco 1450 Funchal. Damit wurden die drei Legatskapitäne ermächtigt, ihrerseits Ländereien als Lehen an Untergebene zu vergeben – zunächst hatten die neuen Besitzer fünf Jahre Zeit, um aus Wäldern und Dschungel Zuckerrohrplantagen, Getreidefelder oder Weingärten zu machen, und wenn es ihnen gelang, ging das Land in ihren Besitz über (Sesmaría-System). Die neuen Ländereien prosperierten außerordentlich: In Portugal war man gewohnt, aus einem Scheffel Saatkorn 40 Scheffel Getreide zu ernten – auf dem ungeheuer fruchtbaren Vulkanboden von Madeira konnte man 650 Scheffel ernten.

Die portugiesische Expansion in Übersee

Tatsächlich baute das kleine Königreich Portugal im 15. Jh. in relativ kurzer Zeit ein weltumspannendes Imperium auf. 1418/19 gingen Madeira und Porto Santo in portugiesischen Besitz über, 1432 landeten die portugiesischen Karavellen auf den Azoren, 1434 umsegelte Gil Eanes als erster Europäer das Kap Bojador und 1488 war Bartolomeu Diaz bis Ostafrika gekommen; 1499 kehrte Vasco da Gama aus Indien zurück und 1500 nahm Pedro Cabral Brasilien für die portugiesische Krone in Besitz – die christliche Seefahrt hatte sich gelohnt und Portugal befand sich auf dem Gipfel von Reichtum und Macht. Doch wie alle Mythen hat auch der Mythos von der kühnen Seefahrernation Portugal seine Schattenseiten. Das ›Schwarzbuch‹ der Entdeckungen und Eroberungen, die ›História Trágica Marítima‹ von Fernandes Brito, beschreibt, was die glorreiche Seefahrt für die Beteiligten bedeutete. Tausende von Männern stachen mit leichten Karavellen von den Kais der Tejo-Mündung in See und nahmen die halbe Welt in Besitz – für die portugiesische Krone, die dringend Geld brauchte. Für die angeheuerten Matrosen war das ein Aufbruch ins Unbekannte, denn nur jeder zweite kehrte nach Portugal zurück. Schiffbrüche, Seeschlachten mit Piraten und die Eroberungsfeldzüge dezimierten die Schiffsbesatzung.

An Bord der Schiffe arbeiteten viele Matrosen, die gar keine waren: Häufig handelte es sich um Sträflinge, die unter der Auflage entlassen wurden, die ›Neue Welt‹ jenseits des Atlantiks zu erobern. Oder es waren landlose Bauern aus der Hungerprovinz Alentejo, die die blanke Not auf die Schiffe getrieben hatte. »Ich gehe fort, um die Welt zu entdecken«, heißt es in einem alten alentejanischen Volkslied, »ich gehe fort, um als Seefahrer mit dem Meer zu kämpfen.« Für diese Menschen gab es nur zwei Möglichkeiten: entweder der sichere Tod in der Heimat oder eine kleine Überlebenschance durch die Seefahrt. Da allerdings die Wahrscheinlichkeit, etwa eine Fahrt auf der Indien-Route nicht zu überleben, zu Beginn des 17. Jh. größer war als die Chance, heil zurückzukommen, fand sich bald kaum jemand mehr bereit, auf einem dieser Schiffe Dienst zu tun. Also ließ die Krone die Matrosen zwangsrekrutieren; Menschen wurden regelrecht eingefangen und auf die Schiffe gebracht, und man legte sie so lange in Ketten, bis das Schiff den Hafen verlassen hatte.

Bereits 50 Jahre nach der epochemachenden Fahrt Vasco da Gamas war Portugal nur noch ein Schatten seiner einstigen Macht und Größe; es war zu einem ausgelaugten, von Menschen entleerten Land geworden. In etwa diesem Zeitraum starben 300 000 Menschen – Seefahrer, Matrosen, Soldaten. Tropenkrankheiten, Kämpfe mit Piraten und Eingeborenen und vor allem die unzähligen Schiffskatastrophen haben diesen Bevölkerungsschwund verursacht. Man könnte auch sagen, die Besitzgier der portugiesischen Krone sei eine der Ursachen gewesen. In nackten Zahlen bedeutet dies: Allein im 17. Jh. sanken 20 % der portugiesischen Schiffe – nach vorsichtigen Schätzungen waren dies 100–130 Großschiffe.

Man fragt sich, warum? Eine Ursache sind die tatsächlich in Übersee eroberten Reichtümer – Spezereien, Gold usw. Um so viel wie irgend möglich davon nach Portugal zu transportieren, baute man immer voluminösere Schiffe, die aber nicht besonders seetüchtig waren. Zeitgenössische Kritiker bezeichneten sie als ›hölzerne Berge‹ und ›schwimmende Babylons‹. Die Gigantomanie des portugiesischen Schiffbaus hatte es zuwege gebracht, daß gegen Ende des 16. Jh. bereits Schiffe mit einer Lastigkeit von 1500 t die Indien-Route befuhren. Und diese wurden dann noch so hoffnungslos überladen, daß es der Mannschaft wegen der selbst an Deck gestapelten Kisten und Ballen nicht möglich war, die Segel zu bedienen.

Die meisten dieser manövrierunfähigen Schiffe befanden sich zudem in einem denkbar schlechten Zustand, da man die dringend notwendigen Instandsetzungsarbeiten entweder gar nicht oder nur sehr oberflächlich ausführte. All diese Fakten wären aber kaum imstande gewesen, eine so erschreckend hohe Zahl von Schiffbrüchen nach sich zu ziehen, hätten sich auf den Schiffen ebenso fähige Kapitäne und Besatzungen befunden wie jene, die einstmals mit ihren Karavellen zu den Entdekkungsfahrten aufbrachen. Das war aber leider auch nicht der Fall. Ab der zweiten Hälfte des 16. Jh. wurden die Schiffe der Indien-Route von Männern kommandiert, denen das Amt des Kapitäns meist nur ehrenhalber übertragen worden war und die von Nautik wenig oder gar nichts verstanden.

Modell einer Karavelle im Kolumbus-Museum auf Porto Santo

Die Zuhausegebliebenen verlangten verständlicherweise danach, über diese unerhörten Ereignisse Näheres zu erfahren. Nicht nur die Familienangehörigen, die am Hafen von Lissabon vergeblich auf die Ankunft der Schiffe warteten, auf denen sich ihre Verwandten oder ihr ganzes Vermögen befanden, auch Unbeteiligte waren darauf erpicht, über den Hergang jener Schiffskatastrophen und das Schicksal der Passagiere genauestens informiert zu werden. Dieses Bedürfnis wurde befriedigt: durch Lieder, die über solche Katastrophen verfaßt wurden, und Berichte, in denen Überlebende den Hergang und die Ursachen des erlebten Schiffbruchs schilderten. Die Beliebtheit dieser Schriften war so groß, daß im 17. und 18. Jh. gewisse Verlags- und Druckereiunternehmen in Lissabon ausschließlich solche Berichte veröffentlichten.

Auf diese Weise wurde die Besiedelung und Urbarmachung der Insel rasch vorangetrieben, denn die portugiesische Krone wollte Madeira möglichst schnell als Versorgungsstation für ihre Schiffe nutzen, die auf weitere Entdekkungsreisen gingen. Außerdem sollte die enorm fruchtbare Insel der Hauptlieferant für Zucker werden, damals in Europa ein ebenso teures wie hochgeschätztes Produkt. Für die Arbeit auf den Zuckerplantagen an der Südküste wurden erst Sklaven von den Kanarischen Inseln eingesetzt (es handelte sich um die besiegten Guanchen, die Ureinwohner der *Canarias*), später dann maurische Sklaven und schließlich deportierte Westafrikaner. Sie schnitten im Akkord das ›grüne Gold‹, das anschließend in den Zuckermühlen der Insel weiterverarbeitet und nach Lissabon verschifft wurde, wo es die Händler der Krone den zuckersüchtigen Europäern verkauften.

Reste einer Zuckermühle in Calheta

So einträglich war der Zuckerhandel, daß immer mehr Zuckerrohrplantagen auf der Insel angelegt wurden und der Getreideanbau ins Hintertreffen geriet. Damit gefährdete man die Selbstversorgung der Insel so weit, daß man schon 1466 Getreide von den Azoren einführen mußte. Schließlich brach 1485 eine Hungersnot aus, weil außer Zucker kaum noch andere Feldfrüchte angebaut wurden, obwohl das Pachtsystem eigentlich eine Monokultur verhinderte, denn ein Teil des Pachtzinses mußte in Naturalien (verschiedene Feldfrüchte) geleistet werden.

Doch die führende Gesellschaft Madeiras war im Zuckerrausch, und der Reichtum der Insel zog Siedler aus anderen europäischen Ländern an. Immer mehr Schiffe mit Menschen aus Flandern, Frankreich und Italien landeten in Funchal; viele von ihnen waren arme Emigranten, doch befanden sich auch einige reiche Händler darunter, die vom Zuckerboom profitieren wollten und rasch an die Spitze der Inselgesellschaft aufstiegen. Funchal wurde zu einem so reichen und florierenden Handelszentrum, daß die Geschichte der Hauptstadt (ab 1497) fast identisch ist mit der Geschichte der gesamten Insel (s. S. 96ff.). Für Grundbesitzer, Zuckermühlenbesitzer und – nicht zu vergessen – für die Zuckerhändler, waren die Jahre zwischen 1450 und 1506 ein ›goldenes Zeitalter‹: Die Insel steigerte ihre Zuckerproduktion um 200 %. Doch der Boom hielt nicht an; die ausgelaugten Böden gaben bald nicht mehr viel her, und vor allem gab es Konkurrenz durch eine neue Kolonie. Nach seiner Entdeckung 1500 wurde in Brasilien eine Zucker-Monokultur aufgebaut, und die riesigen Zuckerplantagen in Übersee übertrafen die Produktion auf den Terrassenfeldern von Madeira um ein Vielfaches.

Madeira wird Handels- und Umschlagplatz im Atlantik

Eigentlich hätte die Inselwirtschaft nun zusammenbrechen müssen, da sie im wesentlichen auf einem einzigen Produkt basierte, das im Interesse des Mutterlandes angebaut wurde. Doch 1497 schon hatte König Manuel I. den gesamten Madeira-Archipel in das Königreich Portugal eingegliedert. So wurden die Bewohner zu Portugiesen, was der Insel einen Sonderstatus im portugiesischen Kolonialreich verlieh. Nur deshalb konnte Funchal zum bevorzugten Umschlagplatz für den brasilianischen Zukker avancieren – statt Zucker selbst zu produzieren und zu verkaufen, erwirtschafteten die madeirensischen Händler nun immense Gewinne mit der Zwischenlagerung und dem Verkauf von brasilianischem Zucker.

Ein weiteres lukratives Exportprodukt war schon ab Mitte des 15. Jh. der Wein: Madeira lieferte den Wein nicht nur nach Portugal, sondern auch in die überseeischen Kolonien. Die späteren Handelsverträge zwischen Portugal und England ermöglichten außerdem, daß Madeira seinen Wein nach England und in die Länder des britischen Empire liefern durfte – eine absolute Ausnahme.

Eine weitere Festigung der wirtschaftlichen Grundlage der Inselhauptstadt war das 1643 von König João IV. erlassene Gesetz, wonach jedes portugiesische Schiff auf dem Weg nach Brasilien in Funchal Station zu machen hatte, um die Vorräte (Fleisch, Mehl, Wein, Frischwasser) aufzufüllen. Dasselbe taten auch die Schiffe anderer Nationen, denn Madeira lag als atlantische Zwischenstation ohnehin auf den meisten Routen.

Als 1660 Katharina von Branganza den englischen König Charles II. heiratete, sicherte sich Großbritannien im Heiratsvertrag besondere Rechte für Madeira (um ein Haar wäre die ganze Insel als Mitgift an England gegangen), was deutlich macht, welche besondere Bedeutung das englische Königshaus der kleinen Insel zumaß. Privilegien für englische Weinhändler und Handelshäuser, aber auch für Siedler bewirkten, daß die englische Präsenz auf Madeira immer stärker wurde.

Während der Napoleonischen Kriege besetzten englische Soldaten die Insel erst 1801 für einige Monate und schließlich 1807–14 gleich für sieben Jahre, allerdings nicht als Feind Portugals. Das Ziel der Besatzung war, die britischen (und portugiesischen) Interessen auf Madeira vor dem Zugriff der Franzosen zu schützen und einen Stützpunkt im Atlantik zu gewinnen. Allerdings wandte sich die Bevölkerung von Funchal an das portugiesische Mutterland mit der Forderung, die englische Besatzung endlich zu beenden.

Zeichen des Niedergangs im 19. Jh.

Auch im 19. und 20. Jh. war das politische Schicksal Madeiras eng mit dem portugiesischen verbunden, während die wirtschaftliche Entwicklung der Insel teilweise auch von England mitbestimmt wurde. Jedes politische Erdbeben in Portugal fand seinen Widerhall auf Madeira. So auch die liberale Revolution, die das Mutterland im August 1820 erschütterte. Auch Madeira wurde in zwei Lager gespalten: Die liberalen Konstitutionalisten standen den Absolutisten (Anhänger des Prinzen Miguel I., der nach der Ermordung von König João VI. die Macht an sich riß) unversöhnlich gegenüber. Bis Miguel 1834 gestürzt wurde und sich in Portugal eine liberal geprägte konstitutionelle Monarchie durchsetzte, tobten auf Madeira heftige Kämpfe zwischen den Bürgerkriegsparteien.

Die Gouverneure standen den in Ribeira Brava, Machico und Funchal immer wieder ausbrechenden Kämpfen ziemlich machtlos gegenüber. Mehrheitlich unterstützte Madeira die liberale Position, doch miguelistische Truppen erstickten die Revolte. Eine zweijährige Seeblockade (1826–28) stürzte die Insel in einen wirtschaftlichen Abgrund, und entsetzliches Elend – Hungersnöte und Epidemien – quälte die Bevölkerung.

In der zweiten Hälfte des 19. Jh. zerstörten der aus Amerika eingeschleppte Mehltau (1852) und die Reblaus (1872) den größten Teil der Weinernte auf Madeira. Vor allem der zweite Schädlingsbefall stürzte die Weinproduktion der Insel in eine Dauerkrise. Viele britische Weinhändler schlossen ihre Handelskontore, tausende Madeirenser wanderten aus. Die Initiative der Britin Mrs. Phelps, Stickereien aus Madeira verstärkt in England zu verkaufen und dadurch der Inselbevölkerung ein – wenn auch minimales – Einkommen zum Überleben zu ermöglichen, änderte am wirtschaftlichen Desaster nur wenig (s. S. 77f.).

Das Bürgertum der Insel fühlte sich von Portugal verlassen, die Unzufriedenheit wurde immer lauter. Die Wahl des republikanischen Deputierten Manuel de Arriaga für die Lissaboner Cortes (1882) gegen den offiziellen Kandidaten war ein Ausdruck dieser Unzufriedenheit: Das Mutterland hatte sich nur wenig um den Ausbau einer funktionierenden Infrastruktur auf der Insel gekümmert, es gab kaum Schulen, soziale Einrichtungen, Krankenhäuser, Verkehrswege – und um die dringend nötige Wiederaufforstung von Porto Santo und einigen Tälern auf Madeira hatte sich Portugal auch nicht gekümmert. Außerdem forderten die Insulaner, in Funchal endlich einen modernen Hafen zu bauen, denn die nahen Kanarischen Inseln wurden allmählich mit ihrem Hafenausbau zu einer schmerzhaften Konkurrenz. Dabei optierte Manuel de Arriaga keineswegs für die Loslösung von Portugal, doch er wollte verhindern, »daß die Zentralmacht weiterhin Madeira als eine Art Kongo betrachtet oder als beliebige Besitzung in Afrika, und daß sie sich nur an diese Insel erinnert, wenn es darum geht, aus ihren Tresoren die mit Mühe erarbeiteten Früchte zu entwenden ...« (Zeitschrift ›Islenha‹, Juli/Dez. 1887).

Das Ende der Monarchie und die lange Diktatur

Als der portugiesische König 1910 von einem Anarchisten in den Arkaden der Praça do Comércio in Lissabon erschossen wurde, endete auch für Madeira die Monarchie. In Portugal drehte sich nach Ausrufung der Republik das Regierungskarussell, immer unterbrochen von Aufständen, während es auf Madeira vergleichsweise ruhig zuging. Mehrere fortschrittliche Politiker versuchten zumindest, die Lebensbedingungen der Bevölkerung zu verbessern, die Emigration weniger notwendig zu machen und das allgemeine Bildungsniveau anzuheben. Als der Erste Weltkrieg begann, trat Portugal auf Seiten der Alliierten in den Krieg ein und Madeira wurde zum Angriffsziel deutscher U-Boote, die sich bei den Desertas-Inseln versteckt gehalten hatten. Sie beschossen Funchal und versenkten das französische Kriegsschiff ›La Surprise‹.

In Portugal wurde die Republik am 28. Mai 1926 durch einen Militärputsch beendet. Gegner des neuen Regimes wurden in die portugiesischen Kolonien und nach Madeira verbannt. 1932 übernahm der bis dahin als Finanzminister tätige António Salazar die Macht und markierte den Beginn einer Diktatur, die 40 Jahre dauern sollte – ohne politische Parteien, ernstzunehmende Gewerkschaften, dafür mit dem Segen der Katholischen Kirche, denn die republikanische Trennung von Kirche und Staat wurde postwendend aufgehoben.

Doch schon ein Jahr vor der Machtergreifung Salazars war in Madeira eine Revolution ausgebrochen, der sogenannte ›Hungeraufstand‹. In den Jahren der Militärdiktatur hatten angesehene Bürger aus Madeira, wie Pestana Junior und Vasco Marques, gegen die Beschränkung der Freiheiten protestiert. Als aber 1931 das Regierungsdekret Nr. 19237 ausschließlich den Mühlenbesitzern das Recht übertrug, Getreide zu importieren – was auf jeden Fall eine weitere Verteuerung der Mehl- und Brotpreise zur Folge hatte –, brach der Aufstand los. Pestana Junior und Vasco Marques standen an seiner Spitze. Am 4. April 1931 formierte sich der Hungeraufstand auch als bewaffnete Rebellion – unter der Führung von General Sousa Dias. Vergeblich warteten die Aufständischen auf internationale Unterstützung.

Statt dessen landeten am 28. April Truppen aus Lissabon in Funchal, am 3. Mai galt der Aufstand als niedergeschlagen. An der katastrophalen wirtschaftlichen Lage der Bevölkerung änderte sich auch in den folgenden 36 Jahren der Diktatur Salazars selbstverständlich nichts. Selbst als der Diktator 1968 die Macht an Caetano abtrat, änderte sich auf Madeira wenig. Ab Anfang der 60er Jahre wurden auch die Re-

António de Oliveira Salazar (1889-1970)

kruten Madeiras in die absurden Kolonialkriege geschickt, die Salazar und Caetano in Angola, Mozambique und Guinea-Bissau führten. Erst die ›Nelkenrevolution‹, die am 25. April 1974 der Diktatur und dem Kolonialkrieg ein Ende machte, katapultierte die Insel ins 20. Jh.

Die neue Freiheit

Nach der ›Nelkenrevolution‹, die auch auf Madeira enthusiastisch begrüßt wurde, entstanden auf der Insel wieder politische Parteien, und die politische Szene belebte sich erneut. Kurioserweise bildete sich ausgerechnet nach der Befreiung eine politische Bewegung, die die gewaltsame Loslösung von Portugal auf ihre Fahnen geschrieben hatte: die FLAMA. Einige Bombenattentate und Brandstiftungen werden der FLAMA zugeschrieben, doch isolierte sie sich damit sehr schnell. Insgesamt setzten sich auch auf Madeira die großen Parteien durch: Seit 1980 regieren die Sozialdemokraten auf der Insel.

Zeittafel zur Geschichte

vor ca. 20 Mio. Jahren Vulkanausbrüche unter dem Atlantik bilden den Madeira-Archipel. Vor rund 1,7 Mio. Jahren erlöschen die Vulkane, bald ist die Insel von Vegetation bedeckt.

vor ca. 2000 Jahren Phönizier, Karthager, römische und nordafrikanische Seefahrer kennen den Inselarchipel, kolonisieren ihn jedoch nicht.

1351 Der Madeira-Archipel ist auf einer florentinischen Seekarte mit identischen Namen verzeichnet: Madeira heißt ›Isola di Legname‹ (Holz-Insel), Porto Santo ›Heiliger Hafen‹.

1418–20 João Gonçalves Zarco und Tristão Vaz Teixeira nehmen für die portugiesische Krone zunächst Porto Santo und anschließend Madeira in Besitz. Rasch folgen ihnen Siedler aus Portugal.

Vor der Banco de Portugal in Funchal steht ein Denkmal des Entdeckers Zarco

1440	Tristão Vaz Teixeira wird Legatskapitän des Ostteils von Madeira und Machico wird Hauptstadt.
1446	Bartolomeu Perestrelo erhält die Insel Porto Santo als Lehen.
1450	João Gonçalves Zarco wird zum Legatskapitän des Westteils von Madeira mit der Hauptstadt Funchal ernannt.
1455	Der Weinanbau auf Madeira beginnt.
1479–82	Christoph Kolumbus heiratet Felipa Moniz, die Tochter von Bartolomeu Perestrelo. Auf Porto Santo und Madeira erhält er wichtige Informationen und Anregungen für seine geplanten Entdeckungsfahrten.
1497	König Manuel I. gliedert den gesamten Madeira-Archipel in das Königreich Portugal ein und erklärt Funchal zur alleinigen Hauptstadt. Die Nachfahren Zarcos herrschen als Gouverneure.
1508	Madeira ist durch Zuckeranbau zu einem wichtigen Wirtschaftsfaktor im portugiesischen Reich geworden. König Manuel I. verleiht Funchal Stadtrechte und ein Wappen mit fünf Zuckerhüten.
1513	Bau der Festung São Lourenço in Funchal zum Schutz vor Piratenüberfällen.
1514	Funchal wird Bischofssitz, die Kathedrale Sé eingeweiht. Der Gouverneur schickt eine aus Zucker gefertigte Nachbildung der Peterskirche zum Dank dafür, daß sein Sohn zum ersten Bischof Madeiras ernannt wurde.
1530	Die karibischen und lateinamerikanischen Kolonien Spaniens und Portugals wachsen zu einer ernsthaften Konkurrenz der Zuckerproduktion auf Madeira heran.
1566	Der französische Pirat Bertrand de Montluc und seine Mannen überfallen und plündern Funchal, bevor Lissaboner Militär den Madeirensern zu Hilfe kommen kann. Die Insel ist in einem desolaten Zustand, der Zuckerboom beendet.
1580	König Heinrich I. von Portugal stirbt, ohne einen Thronfolger zu hinterlassen; 1581 läßt sich Philipp II. von Spanien zum König Portugals ausrufen. Portugal und mit ihm Madeira verliert seine nationale Unabhängigkeit und fällt an Spanien.
1588	Die portguiesischen Küsten werden immer öfter von englischen Piraten angegriffen. Auf Madeira baut man weitere Befestigungsanlagen.
1595	Englische Schiffe überfallen Porto Santo und setzen die ganze Insel in Brand. Die übriggebliebenen Bewohner erwägen ernsthaft, die Insel zu verlassen.
1620	Auch die nordafrikanischen Länder sehen begehrlich nach Madeira: Der englische Seeräuber John Ward plündert im

Auftrag des Bey von Tunis Funchal und verschleppt 1200 Menschen nach Nordafrika in die Sklaverei.

1640 Revolution in Portugal: Die Bevölkerung rebelliert gegen die spanischen Herrscher. England unterstützt Portugal beim siegreichen Unabhängigkeitskrieg gegen Spanien.

1662 Die portugiesische Königstochter Katharina von Braganza heiratet den englischen König Charles II. Englische Kaufleute lassen sich auf Madeira nieder und übernehmen den Weinhandel.

1668 Im Vertrag von Lissabon erhält Portugal seine nationale Unabhängigkeit zurück.

1703 Die gesamte Weinproduktion auf Madeira wird nun von den Engländern kontrolliert. Durch den englisch-französischen Krieg und das englische Weinembargo gegen Frankreich avanciert Madeira zu einem wichtigen Weinexporteur innerhalb Europas.

1760 Der portugiesische Regierungschef Marqués de Pombal löst im ganzen Reich den Jesuitenorden auf.

1807–14 In Folge der Napoleonischen Kriege haben die Franzosen Portugal besetzt, und die Engländer stationieren ihre Truppen auf Madeira.

1852–72 Choleraepidemie mit 7000 Toten; fast alle Weinstöcke auf Madeira werden zuerst durch den Mehltau und dann von einer Reblausart vernichtet.

1910 Attentat auf den portugiesischen König, Ausrufung der Republik in Portugal.

1916–17 Deutsche U-Boote beschießen Funchal und versenken im Hafen ein französisches Kriegsschiff.

1931 Hungerrevolte und Generalstreik, vom portugiesischen Militär niedergeschlagen.

1949 Funchal und Southampton werden durch eine Flugbootlinie verbunden.

1960 Eröffnung des Flughafens auf Porto Santo, 1964 auf Madeira (Santa Catarina). Der Tourismus entwickelt sich zu einem wichtigen Wirtschaftszweig.

1974 ›Nelkenrevolution‹ in Portugal gegen die Diktatur Salazar/Caetano.

1976 Madeira erhält als Autonome Region innerhalb Portugals weitreichende Selbstverwaltungsrechte.

1986 Durch den Beitritt Portugals zur EU erhält Madeira Gelder aus Brüssel, mit denen die Infrastruktur und der Flughafen ausgebaut und erweitert werden.

1998 Volksentscheid über die Legalisierung von Schwangerschaftsabbrüchen: Die Konservativen setzen bei geringer Wahlbeteiligung knapp ihre Interessen durch: Der Schwangerschaftsabbruch bleibt illegal.

Wirtschaft und Gesellschaft: Ein allgemeines Panorama

Etwa 11 % der Beschäftigten auf Madeira arbeiten in der Landwirtschaft, und zwar meist in der Exportproduktion für Wein und Bananen. Allerdings sind die Bauern gezwungen, neben der Landwirtschaft einen Nebenerwerb zu suchen, da die Einkommen immer geringer werden. Viele geben ihre kleinen Güter wegen mangelnder Produktivität auch ganz auf, denn mit Billigprodukten aus den USA, Lateinamerika, Afrika und Asien können die kleinen Terrassenfelder auf Madeira auch heute noch nicht konkurrieren. Daher sind die beiden wichtigsten Exportprodukte Wein und Bananen von derselben Konkurrenz bedroht, die schon die Zuckerproduktion zum Erliegen brachte. Hinzu kommt, daß sich die topologischen und klimatischen Bedingungen Madeiras schließlich nicht ändern lassen: Die steilen Hänge ermöglichen nur schmal angelegte Felder, auf denen keine Erntemaschinen eingesetzt werden können. Und die wenigsten Felder liegen so, daß man die Ernte mit Lkws zum Weitertransport schaffen könnte. Also sieht man auch heute noch viele Bauern, die mit ›vorsintflutlichen‹ Ochsengespannen oder Hacken *(enchadas)* die Erde bearbeiten und die Ernte auf dem Rücken transportieren.

Abgesehen davon, daß die meisten für Maschinen kein Geld haben, würden ihnen diese Maschinen auch gar nichts nützen. Immerhin können die Bauern auf Madeira mehrmals im Jahr ernten, da sie die Produkte auf unterschiedlichen Höhen anpflanzen. Genaue Zahlen über die tatsächliche Nutzung der landwirtschaftlichen Anbaufläche gibt es zwar nicht, aber im wesentlichen produzieren sie Obst und Gemüse (ca. 65–90 %), Wein (5–16 %), Bananen (20 %), Zuckerrohr (ca. 3 %) und Weidenruten, Flachs, Tabak, Kaffee (2–10 %). Bisher erfolgt der Anbau von Schnittblumen für den touristischen Bereich und den Export noch nicht in koordinierter Form. Die meisten Blumen werden von kleinen Produzenten angebaut, die unter der Konkurrenz billiger holländischer Schnittblumen leiden – auch auf dem Markt in Funchal findet man diese Importe.

Die Viehzucht nimmt keinen großen Raum ein – das kann sie im Wortsinn auch nicht, denn nur wenige begrenzte Regionen der Insel bieten Platz für Weideflächen. Schätzungsweise gibt es auf Madeira etwa 15 000 Kühe; mehr als ein oder zwei Kühe besitzt ein Bauer jedoch nicht, da er sie in den *palheiros* (s. S. 198) unterbringen und ihnen das Futter täglich bringen muß. Die Fleisch- und Milchversorgung auf der Insel kann nur mit teuren Importen gedeckt werden.

Die soziale Lage auf dem Land: Grundherren und Pächter

»Das Volk leidet, weil das Land nicht bebaut wird, und das Land wird nicht bebaut, weil es nicht frei ist. Befreit das Land, belebt die Arbeit wieder, schafft neue Anreize, das Land zu bestellen – für diese ungezählten jungen Menschen, die die Armut sehr bald in den Müßiggang, ins Laster und ins Verbrechen ziehen wird. Setzt diese Menschen ein; gebt ihnen Mittel an die Hand, sich zu bilden, damit sie der Gesellschaft nützlich sind, beschäftigt sie mit der allernützlichsten Aufgabe, die es gibt, und garantiert ihnen auf diese Weise das Überleben. In einem Wort: Schafft die Landherren ab, und ihr habt einen großen Schritt getan, damit dieses Land sich regeneriert.« (António Correia Heredia, Sekretär der Regierungsjunta von Madeira, 1847).

Der Appell des Regierungssekretärs aus der Mitte des 19. Jh. ist auf den ersten Blick erstaunlich. Ganz Madeira, vor allem die Südhälfte der Insel, ist sattgrün und fruchtbar. Sorgfältig kultivierte und bewässerte Terrassenfelder, *poios,* ziehen sich bis in 800 m Höhe die Hänge hinauf, kunstvoll angelegt und mit Stützmauern gesichert. Jedes noch so kleine Stückchen Land wird genutzt, und fast überall sieht man dunkelrote fruchtbare Erde. Bananenstauden, Weinreben, Kartoffeln, subtropische Früchte und Gemüse wachsen hier im Überfluß. Die katastrophalen Zustände in der Landwirtschaft, die Correia Heredia beklagt, haben nichts mit ›natürlichen‹ Mißständen zu tun, sie entstanden vielmehr aufgrund der feudalen Verhältnisse.

Die vielen tausend kleinen und winzigen Parzellen erwecken den Eindruck, auf Madeira herrsche Kleingrundbesitz vor, Minifundien, die von selbständigen Bauern bearbeitet werden. Das ist ein Irrtum – der Staat unterstützt die Bauern heute zwar mit Krediten und Subventionen, Land zu kaufen, doch immer noch ist mehr als ein Drittel der landwirtschaftlichen Nutzfläche Großgrundbesitz, auch wenn er sich aus unzähligen schmalen Terrassenfeldern zusammensetzt. Die meisten ›Bauern‹ sind nach wie vor Pächter des Grund und Bodens, den sie bearbeiten, und das hat historische Ursachen. Die heutigen Eigentumsverhältnisse auf dem Land sind ein Erbe des feudalistischen Pachtsystems.

Bei der Besiedelung von Madeira übertrugen Zarco und Vaz Teixeira den mitgereisten *fidalgos,* also den Adeligen, Ländereien. Diese wiederum verpachteten das parzellierte Land an die *colonos,* kleine Pächter, die dem adeligen Grundherrn, dem meist auch die Wasserrechte gehörten, die Hälfte der Erträge an den ›wertvollen Feldfrüchten‹ wie Zuckerrohr, Weintrauben und Bananen *(culturas ricas)* abgeben mußten.

Das Haus, das sich der Pächter auf dem Land baute, wurde ebenso wie die Levadas, die Stützmauern, die Ställe und die neu gepflanzten Bäume als ›Verbesserung des Grundstücks‹ *(bemfeitoría)* angesehen. Alle ›Verbesserungen‹ galten als Eigentum des Pächters, und wenn der Grundherr aus welchen Gründen auch immer das Land verkaufen wollte, mußte er dem Pächter dafür eine Entschädigung zahlen, deren Höhe ein unabhängiger Schiedsrichter festsetzte. Dieser Fall trat recht häufig ein – sei es, weil die Ländereien durch Erbteilung nicht mehr genügend Gewinn abwarfen, oder weil die Besitzer verarmten und ihr Grundbesitz von wohlhabenden Engländern aufgekauft wurde. Viele Landbesitzer gingen dazu über, nur noch sehr kleine Parzellen zu verpachten, um bei den Entschädigungen zu sparen.

Auf diese Weise wurde die Landwirtschaft der Insel in zwei sehr gegensätzliche gesellschaftliche Sphären geteilt, die auch die soziale Organisation vollkommen beherrschte. Die Klasse der Landbesitzer, die *senhorios,* war zahlenmäßig in der Minderheit, und der Landbesitz konzentrierte sich auf immer weniger Familien. Ihnen gegenüber stand eine immer größere Zahl von Pächtern,

Am Cabo Girão werden die Terrassenfelder mühsam mit der Hacke bearbeitet

Auch für die Weinbauern in Faial ist Handarbeit unerläßlich

die *colonos,* die ihr Abhängigkeitsverhältnis der jeweils nächsten Generation vererbten. Das gesamte Netz sozialer Beziehungen auf der Insel war vollkommen von dieser feudalistischen Zwei-Klassen-Gesellschaft geprägt. Die Landbesitzer lebten schon seit Generationen in der Stadt, wo sie meist im lukrativen Handel tätig waren. Also lag es in ihrem Interesse, daß die Pächter ausschließlich Wein – oder vormals Zuckerrohr – anbauten, denn der Weinhandel war ihre wichtigste Geldquelle. Getreide zum Beispiel interessierte sie als Handelsobjekt nicht, also verlangten sie von ihren Pächtern, kein Getreide anzubauen. Da auch die portugiesische Krone am Weinexport durch Steuern und Zölle verdiente, unterstützte sie diese Haltung.

Die Pächter wiederum, die die Hälfte ihrer Erträge abgeben mußten, zahlten in Naturalien, ohne Geld dafür zu erhalten, und waren von monetären Zahlungsmitteln fast völlig ausgeschlossen. Sie lebten vor allem von der Erlaubnis, etwas Gemüse und Obst, auch Kartoffeln, direkt am Haus für den eigenen Bedarf anzubauen; doch viel Platz stand ihnen dafür nicht zur Verfügung, und sobald die Familie wuchs, wurden Wohnraum und Anbaufläche knapp und knapper, denn die Söhne teilten das Pachtland jeweils unter sich auf. Durch die erbrechtliche Segmentierung des Pachtlandes kam es zu der paradoxen Situation, daß immer mehr Pächter auf immer kleineren Landstücken leben mußten. Ein weiteres Problem waren die Wasserzuteilungen; viele *senhorios* ließen sich das Wasser von den Pächtern zusätzlich bezahlen. Eine absurde Situation, denn die Pächter kultivierten mit dem Wasser schließlich die Weinreben, welche die Herrschaften mit Gewinn verkauften. Häufig geschah es, daß ein Pächter das Wasser nicht bezahlen konnte; dann mußte er dem Grundherrn auch noch den Most liefern, den er aus seiner Hälfte der Weintrauben herstellte.

Die Behörden kümmerten sich herzlich wenig um die immer drängenderen Existenzprobleme der Landbevölkerung. Eine Lösung für die Dauerkrise in der Landwirtschaft glaubte man 1779 gefunden zu haben: Ein Gesetz zwang die Pächter fortan, jedes Haus und jede ›Verbesserung‹ des Landes vorher vom Grundherrn genehmigen zu lassen. Sofern der Pächter das Gesetz nicht beachtete, hatte er keinen Anspruch auf Entschädigung, denn es könne »nicht angehen, daß sich die Pächter für immer und ewig auf dem gepachteten Land einrichten, indem sie unzählige ›Verbesserungen‹ anbringen«. Was gut hätte geschehen können, denn meistens waren die Grundherren nicht in der Lage, den Pachtvertrag zu beenden, weil sie die fälligen Entschädigungen nicht zahlen konnten. Also schützte die Inselregierung vielmehr die *senhorios,* denn scheinbar waren die Grundlagen dieses Ausbeutungssystems immer noch so stabil und lukrativ, daß weder die Lehnsherren noch das Königshaus über tiefgreifende Änderungen nachdachten.

1817 allerdings geriet das System durch unerwartete Ereignisse ein wenig ins Wanken. Mehrere Jahre hintereinander hatte es im Sommer nicht geregnet. Die verzweifelten Pächter machten ihrem Unmut so lautstark Luft, daß die Grundherren kaum wagten, wie üblich die Hälfte der Ernten zu kassieren. Pächter aus Ribeira Brava zum Beispiel hatten von vorneherein nur ein Drittel abgeliefert, und als der Gouverneur Xavier Botelho davon erfuhr, bezeichnete er das Vorgehen der Pächter als »Mißbrauch fremden Eigentums«. Die *colonos* rechtfertigten ihre Haltung mit einem Brief des portugiesischen Königs aus dem Jahr 1722, der bei den Inselbehörden offensichtlich in Vergessenheit geraten war, und warteten auf eine offizielle Stellungnahme, wie der königliche Wunsch in praktische Gesetze verwandelt würde. Der Gouverneur in Funchal erklärte aber lediglich, das königliche Dekret habe sich niemals auf Madeira bezogen, sondern höchstens auf Porto Santo.

Die Krise setzte sich weiter fort, denn die Produktivität der Landwirtschaft sank von Jahr zu Jahr. Der einzige Ausweg aus dieser Sackgasse wäre gewesen, daß die Pächter das Land, das sie bebauten, auch kauften. Doch das hätte vorausgesetzt, daß die Pächter über finanzielle Mittel verfügten, die sie jedoch nicht besaßen. Hinzu kam, daß in der ersten Hälfte des 19. Jh. eine neue Gesellschaftsschicht entstand, die *arrendatários* (Landmieter). Die kleine Gruppe von Großgrundbesitzern sah sich seit etwa 1820 zusehends ohne Geldmittel und konnte von ihren Pächtern nur Naturalien, kein Geld fordern. Also gingen sie dazu über, möglichst viele Parzellen gegen eine jährliche, in bar zu zahlende Miete an diese *arrendatários* zu verpachten.

Unter diesen ›Landmietern‹ waren auch Mitglieder aus verarmten Adelsfamilien und kleinere Händler. Sie bemächtigten sich nicht nur der bislang brachliegenden Landstücke, sondern pachteten auch die nach dem alten System an *colonos* vermieteten Ländereien. Durch diese neue Schicht verschlechterte sich die Lage der *colonos* noch weiter und wurde schließlich unhaltbar. Immer häufiger kam es vor, daß die *arrendatários* die armseligen Häuser der *colonos* mit einer Hypothek belasteten oder ihnen den Zugang zu ihren Häusern verweigerten, wenn sie nicht zahlen konnten – und zahlen konnten die *colonos* normalerweise nicht, denn das alte Pachtsystem basierte schließlich auf Naturalien. Vielen blieb nichts anderes übrig, als zu fliehen – also unerlaubt die Insel zu verlassen. Dabei ließen sie ihre Häuser und alle *bemfeitorias*, sogar ihre Familie zurück, vertrauten sich Werbern an, die sie in kleinen Booten bei Nacht und Nebel zu ausländischen, häufig englischen Schiffen rudern ließen, um jenseits des Atlantiks in irgendeiner Kolonie ein neues Leben zu beginnen. Für die Grundherren – und die landwirtschaftliche Produktion der Insel generell – stellte die massenhafte Emigration eine große Gefahr dar, denn es gab auf Madeira immer weniger Arbeitskräfte, die das Land bebauten.

Währenddessen wurde die Insel von Hungersnöten (s. S. 56f.) erschüttert, und nach der besonders schlimmen Hungersnot von 1847 schritt der liberale Gouverneur José Silvestre Ribeiro schließlich zur Tat: Er setzte eine Kommission ein, die vorschlug, alle Pachtverträge in Mietverträge zwischen den traditionellen Grundherren und den *colonos* zu verwandeln – also die Zwischenmieter auszuschalten. Das setzte voraus, daß sich jeder Grundeigentümer direkt mit ›seinen‹ Pächtern auseinandersetzte. Immerhin schützte in der Folgezeit ein Dekret die *colonos* davor, bei Zahlungsunfähigkeit von ›ihrem‹ Land vertrieben zu werden.

Über Jahrhunderte gab es noch eine andere Gruppe von Menschen, die auf dem Land arbeiteten, ohne je auch nur ein winziges Stück Boden pachten zu können: die *jornaleiros*. Diese Tagelöhner arbeiteten in den Erntezeiten, fanden aber häufig nur vier bis fünf Monate Arbeit im Jahr und standen gesellschaftlich und ökonomisch noch unter den *colonos*. Die *jornaleiros* waren als Vagabunden de facto rechtlos und vogelfrei: wenn man sie weit entfernt von ihrem eigentlichen Wohnort erwischte, wurden sie eingefangen, auf Schiffe gebracht und als Soldaten in die Kolonien geschickt. Wenn die *jornaleiros* überhaupt ein fortgeschrittenes Alter erreichten, blieb ihnen, sobald sie nicht mehr arbeiten konnten, nichts anderes übrig, als bis zu ihrem Tod zu betteln. Von einigen dieser extremen Fälle nahmen sogar die Stadtarchive Notiz: So starb ein Tagelöhner und Bettler namens Francisco de Aguiar im Alter von 93 Jahren, sein Leidensgenosse Jozé Gomes de Sousa starb 1835 als 83jähriger Greis.

Vor diesem Hintergrund ist es zu verstehen, daß die enorm fruchtbare Insel immer wieder unter Hungersnöten litt, auch wenn keine Dürre oder Schädlingsbefall eintraten. Im Interesse der Landherren lag es, möglichst jede verfügbare Ackerfläche für die jeweilige Monokultur – zunächst Zuckerrohr, ab 1600 Weinreben – zu nutzen. Die *colonos* dagegen waren darauf angewiesen, möglichst viel Getreide zu produzieren und in zweiter Linie Feldfrüchte, Gemüse und Obst für den Eigenbedarf. Häufig waren sie gezwungen, gegen den ausdrücklichen Befehl ihrer Grundherren heimlich Getreide zu pflanzen, um nicht zu verhungern – wenn sie es nicht selbst produzierten, mußten sie es kaufen.

Die enorme Krise im Weinhandel – durch Mehltau war zwischen 1851 und 1856 ein großer Teil der Ernte vernichtet worden und der Export auf nur 60 000 l jährlich zurückgegangen – bewirkte u. a., daß die wirtschaftliche Basis der feudalen Herrschaft ernsthaft ins Wanken geriet. Allerdings wurden dadurch ihre hervorragenden politischen Verbindungen zum Königshaus nur wenig beeinträchtigt; immer schon hatten die jüngeren, nicht erbberechtigten Söhne der Landherren gute Positionen in der

Ansicht des Strands von Funchal um 1900 (Fotografie-Museum ›Vicentes‹ in Funchal)

Verwaltung oder im Handel inne. Und nach der Weinkrise standen den ›verarmten Verwandten‹ die Türen des Staatsapparats weit offen, so daß sie ihre politischen Interessen auch weiterhin durchsetzen konnten. Das klassisch-feudalistische Pachtsystem als ›Gesellschaftsvertrag‹ wurde 1863 durch ein Dekret aufgehoben. Allerdings verbesserte das nicht unbedingt die Lage der kleinen Pächter, denn die Grundfrage – wem gehört und wer bebaut das Land – wurde dadurch nicht berührt. Die Macht der Grundherren wurde lediglich auf eine privatkapitalistische Basis gestellt.

Exportkulturen: Zucker ...

Heutzutage spielt der Zuckeranbau keine Rolle mehr für die Wirtschaft, doch im 15. und 16. Jh. war der Zucker Madeiras wichtigstes Exportprodukt und begründete den enormen Reichtum, der Portgual durch die junge Kolonie zugute kam. Das war auch die erklärte Absicht von Heinrich dem Seefahrer und von Zarco – auf Madeira und Porto Santo sollten Güter produziert werden, die im Mutterland fehlten bzw. deren Erlös die königliche Kasse auffüllte. Von Anfang an war daher die gesamte Wirtschaft der Insel auf die Bedürfnisse der Zentralmacht eingerichtet. Der Zucker spielte dabei die erste Hauptrolle. 1425 testeten die Portugiesen bereits die ersten Stecklinge des Zuckerrohrs, die sie aus Sizilien eingeführt hatten. Das Probefeld befand sich exakt an der Stelle, wo heute die Kathedrale Sé steht, und das Experiment war so erfolgreich, daß schon 1456 die erste Schiffsladung mit Zucker nach Großbritannien ging.

Am Fluß Santa Luzia in Funchal wurde die erste Wassermühle eingerichtet, mit deren Hilfe das Zuckerrohr zerkleinert und ausgepreßt wurde. Da der Handel enorm erfolgreich war, wurden immer mehr Mühlen gebaut – Ende des 15. Jh. gab es schon 120. Für die mühsame Arbeit, die Zuckerstengel knapp über dem Boden per Hand zu schneiden, wurden bedenkenlos Tausende Sklaven importiert. Die meisten von ihnen waren gefangene Nordafrikaner, Mauren und Berber, einige kamen auch von der westafrikanischen Küste. Schon 1496 schufteten 2700 Sklaven auf den Plantagen und schnitten das Rohr. Bis zum Mittelalter hatte man in Europa vor allem Honig zum Süßen benutzt, doch rasch kamen die ›Zuckerhüte‹ *(pão de açúcar)* aus Madeira in Mode: nachdem der Zucker raffiniert war, wurde er zu einem spitzen Kegel geformt, den man in blaues Packpapier einschlug. Um 1500 exportierte die ›Zuckerinsel‹ schon 1500 t Zucker nach Europa, vor allem nach Flandern und England. Auch die traditionellen Zuckerstädte Genua und Venedig, die mit asiatischem Zucker handelten, hatte die florierende Zuckerproduktion auf Madeira rasch überholt.

Zuckerhut und Form im Museu do Açucar

Doch der Reichtum dauerte nur rund 100 Jahre an. Ab 1530 hatte die neue Kolonie Brasilien mit den riesigen und immens produktiven Zuckerplantagen, auf denen Hunderttausende Sklaven arbeiteten, die winzige Zuckerinsel aus dem Feld geschlagen. 1657 war der Zucker aus Madeira völlig von den europäischen Märkten verschwunden. Allerdings sieht man hier und da noch kleine Zuckerpflanzungen, die etwa 1 % der Anbaufläche ausmachen. Die Madeirenser stellen aus Zuckerrohr nämlich den überaus beliebten *aguardente* (Zuckerrohrschnaps) her; auch der Zuckersirup *(mel)* ist ein populäres Produkt, das in keinem Haushalt fehlt, denn ohne *mel* gibt es keinen *bolo de mel,* den allgegenwärtigen Honigkuchen. Beide Produkte sollen nach dem Willen der Regionalregierung *promoted* werden, da die Touristen sie gern als Souvenirs mitnehmen. Und weil der 50%ige Schnaps vielleicht nicht jedermanns Geschmack trifft, läßt man einen Teil der Aguardente-Produktion ein paar Jahre lang in Eichenfässern reifen – dann heißt er ›Alter Schnaps‹ *(aguardente velha)* oder Rum. Auch die EU hat sich engagiert, um die Anbaufläche für Zuckerrohr zu verdoppeln.

… und Bananen

Heute wachsen auf rund 20 % der Agrarfläche Madeiras besonders kleine, süße Bananen, die im wesentlichen für den Export bestimmt sind. Seit 1842 wird die robuste Zwergbanane (Sorte Dwar Cavendish) hier kultiviert; sie ist für die klimatischen Bedinungen auf Madeira besonders gut geeignet: Auch niedrigere Temperaturen können ihr nichts anhaben, und bei nur 2 m Höhe kann der Wind sie nicht einfach abknicken. Außerdem ist diese Sorte besonders resistent gegen die gefürchtete ›Panama-Krankheit‹, eine Pilzinfektion. Allerdings sieht man die Bananenplantagen vor allem in den etwas geschützteren Lagen an der Südküste und in der Bucht von Funchal; das Klima an der Nordküste ist zu rauh für die an tropische Wärme gewöhnten Früchte. Bis Anfang des 20. Jh. pflanzte man Bananen besonders gern als Zierpflanzen in Gärten und Parks und für den Eigenbedarf. Als Exportprodukt wurde die Frucht erst von einem Engländer ›entdeckt‹: 1911 begann der Reeder John Milburn Leacock, auf seiner Frachtschifflinie Funchal–Lissabon Bananen zu exportieren. Dazu war es nötig, die Bananen innerhalb von 24 Stunden verschiffen zu können und sie während des Transports auf maximal 13 °C zu kühlen.

Doch auch der Bananenanbau auf Madeira hat seine Tücken: Die hier angebaute Sorte verlangt viel Handarbeit, ist also sehr arbeitsintensiv und recht teuer. Außerdem muß man für 1 kg Bananen rund 1000 l Wasser über die Levadas auf die Felder leiten – im Vergleich zu subtropischen und tropischen Produktionszentren eine viel zu teure Angelegenheit. Lange Zeit belieferte Madeira mit seinen Bananen ausschließlich den portugiesischen Markt, und die Regierung in Lissabon schützte die Madeira-Bananen, indem sie die Tropenfrüchte aus anderen Anbaugebieten mit hohen Schutzzöllen belegte. Diese Politik konnte jedoch nach dem Beitritt Portugals zur EU nicht mehr aufrechterhalten werden – nun kamen die billigen ›Dollar-Bananen‹ aus der Karibik und Mittelamerika auch in Portugal auf den Markt. Nach heftigen Auseinandersetzungen bot die EU-Kommission der Madeira-Banane zumindest etwas Schutz, indem sie Importkontingente für Chiquita & Co.

Bananen sind v. a. für den Export bestimmt

sowie Schutzzölle festlegte. Allerdings, so kritisieren die Bananenanbauer auf Madeira, reiche dieser Schutz nicht aus, um die europäischen Bananenproduzenten (neben Madeira sind das die Kanarischen Inseln, Kreta und, kurioserweise, auch die beiden französischen ›Überseeischen Départements‹ Guadeloupe und Martinique) auch nur annähernd gegen die tödliche Konkurrenz der Mittelamerika-Importe zu schützen.

Gegen die stromlinienförmigen ›Dollar-Bananen‹ wirken die zwar wesentlich wohlschmeckenderen Madeira-Bananen optisch wie plumpe Karikaturen; ein Teil der Ernte gilt sogar als nicht exportfähig, weil die Bananen einfach kürzer geraten sind, als die europäischen Bananenverordnungen erlauben.

Es nutzte den Bananengenossenschaften auf der Blumeninsel bisher auch nicht viel, daß sie seit 1995 versuchten, die Qualitätsstandards hinsichtlich Ernte, Lagerung und Transport zu verbessern. Sie erhalten zwar seit 1996 pro Kilogramm in den Handel gebrachter Bananen etwa 0,53 DM als Subvention von der EU, doch damit dekken sie meist nicht einmal ihre festen Kosten. 1997 produzierte Madeira etwa 26 000 t Bananen, von denen 19 000 t für den Export auf den kontinentalen Markt bestimmt waren und etwa 9000 t als Bananen ›zweiter Wahl‹ eingestuft wurden. Immerhin bedeutete dies eine Steigerung von 12 % im Vergleich zum Vorjahr. Doch die Bananenbauern Madeiras sehen sich nun erneut bedroht, weil das Europäische Parlament den Schutz für das Spezialkontingent europäischer Bananen aufheben will.

Madeiras Markenzeichen: Der Wein

Gern werden im Zusammenhang mit dem Madeirawein zwei Anekdoten überliefert, die seinen frühen Ruhm begründen sollen. Da wird zum einen Shakespeare zitiert, der das kostbare Getränk in seinem Drama ›Heinrich IV.‹ zweimal auf die Bühne bringt: Erst verspottet Falstaff einen Zechkumpanen als »Bardolph mit seiner vom Malvasia-Wein geröteten Nase«, dann wird Falstaff beschuldigt, er habe für ein Glas Malvasia-Wein seine Seele verkauft. Macht nichts, daß zu Zeiten des historischen Heinrich IV. (1399–1413) höchstens jenes unglückliche englische Liebespaar von der Existenz Madeiras hätte berichten können, Shakespeare schätzte den Malvasia aus Madeira wohl einfach sehr. Die andere Anekdote ist etwas makaber; der englische Herzog George of Clarence soll 1478 auf die Frage, wie er hingerichtet werden wolle, geantwortet haben: Er wünsche, in einem Faß Malvasia-Wein ertränkt zu werden. Der Wunsch wurde höflich erfüllt, und nach dem armen Herzog benannte man einen Madeira-Wein.

Noch heute ist das berühmteste Exportprodukt Madeiras der Wein. Schon die ersten Siedler hatten die aus Kreta bekannte Malvasia-Rebe nach Madeira gebracht und erzielten mit dem Anbau so gute Erfolge, daß man schon in der ersten Hälfte des 15. Jh. systematisch begann, neben dem Zucker auch Wein anzupflanzen. Als die besten Anbaugebiete gelten die Terrassen in 300–500 m Höhe an der Südküste, Seixal und Porto Moniz an der Nordküste und Porto Santo. Der beste Boden für den Weinanbau ist der *saibro,* ein rotes Tuffgestein mit Steingemisch und gutem Humus.

Nach dem Niedergang der Zuckerproduktion wurde wiederum der Wein quasi als Monokultur angebaut, da er ein lukratives Exportgut darstellte: Man lieferte den Wein nicht nur nach Portugal und verkaufte ihn an die Schiffe, die im Hafen von Madeira Station machten. Auch Portugals Handelspartner England hatte sich mit sicherem Gespür von Anfang an intensiv mit dem Weingeschäft verbunden; schon die ersten englischen Handelshäuser auf der Insel exportierten außer Zucker auch Wein.

Allerdings gab es eine kleine Unterbrechung im florierenden Weinexport Madeiras und auch in der britischen Präsenz: 1580–1640 war Portugal mit Spanien in ungeliebter Personalunion verbunden – Spanien war mit England verfeindet, produzierte selbst Sherry und hatte kein Interesse, die Weinproduktion auf Madeira voranzutreiben. Doch sobald Portugal seine nationale Souveränität wiedererlangt hatte, blühte auch der Weinhandel auf Madeira wieder auf, und die Handelsbeziehungen zu England wurden immer enger. Oliver Cromwell verfügte 1651 im ›Navigation-Act‹, der die Ausfuhr nicht-englischer Waren in die britischen Kolonien verbot, für Madeira die große Ausnahme: Die Insel durfte ihren Wein (über britische Handelshäuser, versteht sich) direkt in die überseeischen Provinzen Englands exportieren. Im Gegenzug räumte man den englischen Kaufleuten auf Madeira durch die Heirat von Katharina von Braganza und dem englischen König Charles II. 1660 erhebliche Privilegien ein – der Weinhandel der Insel lag nun de facto in britischen Händen.

Und die Nachfrage nach Madeirawein stieg weltweit – allerdings schmeckte er damals noch völlig anders als heute. Der Wein wurde normal gekeltert und dann auf den ›Madeira-Shippers‹ bis in den letzten Winkel der Erde verschifft. Erst ein glücklicher Zufall brachte um 1700 die erste Qualitätssteigerung hervor: Eine Schiffsladung mit Wein aus Madeira schaukelte über den Äquator in die britische Kronkolonie Hongkong, wurde dort aus welchen Gründen auch immer nicht angenommen (vielleicht wegen unbezahlter

Weinfelder bei Calheta

Wein oder Brot?
Hunger im Garten Eden

Das Jahr 1847 markierte in den Annalen der Insel den Auftakt zu einer ›schwarzen Periode‹. In jenem Jahr brach eine vorhersehbare Hungersnot aus, eine der schlimmsten, die Madeira je erlebte. Ihre Ursache war nicht etwa der ausbleibende Regen. Vielmehr hatte ein vergleichsweise harmloses Element genügt, um aus der Dauerknappheit eine Katastrophe zu machen. Gerade 20 Jahre zuvor waren Kartoffelpflanzen auf Madeira eingeführt worden, die sofort zu einem wichtigen Grundnahrungsmittel der Landbevölkerung wurden. In jenem Jahr war ein Teil der Ernte jedoch durch eine Krankheit zerstört worden. Da alle für den Anbau des teuren Madeiraweins geeigneten Gegenden auf Anweisung der Grundherren intensiv und ausschließlich für die Kultivierung der Reben genutzt werden mußten, herrschte ohnehin Dauermangel an Getreide. Nun fielen auch noch die Kartoffeln weg, und die Pächter hatten keine Möglichkeit mehr, aus eigener Kraft einen Ausweg zu suchen.

Das Ergebnis: Die katastrophalen Zustände auf der Insel ließen sich nur noch mit der entsetzlichen Lage in Irland vergleichen, so die Einschätzung des liberalen Gouverneurs José Silvestre Ribeiro (er war eine rühmliche Ausnahme unter den Gouverneuren Madeiras). In Funchal kursierten bereits Gerüchte, daß die Mehrheit der Landbevölkerung hungere, auch seien schon Menschen Hungers gestorben. Der Gouverneur schickte Kundschafter über die ganze Insel, um die Lage zu protokollieren. Sie brachten aus Santana die Nachricht, in dem Ort könne man höchstens zehn Personen als ›gesättigt‹ ansehen. Die Situation in den meisten anderen Orten sei ebenfalls recht schnell beschrieben: Momentan ernährten die Menschen sich von Jamswurzeln (eine stärkehaltige subtropische Knollenfrucht), und sobald diese aufgegessen seien, gebe es nichts weiter. Außerdem überfielen Hungrige nachts die Felder, um die Knollen auszugraben. Es sei notwendig, die Felder nachts zu bewachen, doch die Gemeinden hatten dazu keine Mittel, denn schließlich zahlte bei einer Hungersnot auch niemand mehr Steuern.

In demselben Maße, wie der Hunger wuchs, erhöhten sich die ohnehin überteuerten Getreidepreise. Außerdem neigte sich die Janswurzeln-Saison ihrem Ende zu, und dann blieben der Landbevölkerung nichts als Wurzeln und Blätter für ihre Kochtöpfe. Der Gouverneur sandte einen Bericht über die unhaltbaren Zustände nach Lissabon, verbunden mit der dringenden Bitte, die Insel mit Lebensmitteln zu unterstützen. Im Februar verdichteten sich Gerüchte in Funchal, die besagten, die hungrigen Pächter wollten in die Hauptstadt ziehen, um die Händler zu zwingen, ihre vollen Getreide- und Maisspeicher zu öffnen. Der Gouverneur versammelte die Großhändler der Stadt im Regierungspalast, um sie zu überreden, ihre Vorräte der Inselverwaltung zur Verfügung zu stellen, um einen Hungeraufstand zu verhindern – die Stadtspeicher waren bereits leer. Währenddessen zog bereits eine aufgebrachte Menge vor den Palast und zwang die Spekulanten, den Anweisungen des Gouverneurs zu folgen. Die Händler unterzeichneten sofort die Verpflichtung, ihre Vorräte zu von der Inselverwaltung festgelegten Preisen an die Bevölkerung zu verkaufen.

Im März gab es dann keine Jamswurzeln mehr. Auf dem Land überfielen die Menschen nun des Nachts die Zuckerrohrfelder. Der Gouverneur befahl, die Zuckerverarbeitung zu verschieben, damit die ausgehungerten Pächter wenigstens Zuckerrohr kauen konnten. Er ließ Armenküchen einrichten, für die er Fleisch und Fisch auf Staatskosten einkaufen ließ. Im April trafen endlich Schiffe mit Lebensmitteln ein – die Knappheit war beendet. Allerdings dauerte der Hunger an – die Mehrheit der Bevölkerung besaß kein Geld für Lebensmittel mehr. Wer Geld besessen hatte, hatte es längst für die wenigen Lebensmittel ausgegeben, die als letzte Reserven zu astronomischen Preisen verkauft worden waren. Der Gouverneur teilte der Zentralregierung mit, es sei auch in Zukunft unabdingbar, kostenlos Lebensmittel an die Bevölkerung zu verteilen.

Während der gesamten Krise flüchteten Tausende illegal über das Meer. Die meisten von ihnen warteten die Versuche des Gouverneurs, Hilfe zu organisieren, nicht mehr ab. Silvestre Ribeiro beklagte öffentlich (gegenüber Lissabon) seine Machtlosigkeit und wies darauf hin, daß man in Kürze Arbeitskräfte aus anderen Ländern ›importieren‹ müsse, um wenigstens genügend Soldaten und Straßenarbeiter zu haben. Im August 1847 befahl er den Gemeinden, jedes Ruderboot zu zerstören, das bei dem Versuch beobachtet wurde, illegal Menschen auf Schiffe zu bringen, die auf dem offenen Meer warten. Doch gegen die englischen Schiffe draußen konnte er nichts ausrichten. Die Briten brauchten in ihrer Kolonie Guyana dringend Arbeitskräfte, denn die Abschaffung der Sklaverei machte sich dort schmerzhaft bemerkbar. Noch auf den Schiffen bekamen die geflüchteten Madeirenser Verträge, um auf den britischen Plantagen bei Demerara in Guyana Zuckerrohr zu schneiden. Das erste Kontingent von 429 Menschen hatte auf diese Weise schon 1835 Madeira verlassen, bis 1882 ließen sich etwa 30 000 Madeirenser nach Demerara einschiffen. Im Madeira des 19. Jh. wurde Demerara zum Synonym für El Dorado.

Zurück zur Krise von 1847: Die Verelendung und der enorme Bevölkerungsschwund bewirkten, daß auch in den folgenden Jahren weniger Wein produziert wurde. Dadurch entstanden der Staatskasse erhebliche Verluste, aber auch die *senhorios,* die im Weinhandel saßen, erlitten heftige finanzielle Einbußen – weshalb sie ihre verbliebenen *colonos* noch hartnäckiger drängten, mehr Wein anzubauen. Eigentlich bedeutete diese Krise bereits den Zusammenbruch des feudalen Produktionssystems. Doch es kam noch schlimmer: 1852 zerstörte der Mehltau die Weinernte, 1873 die Reblaus. Die Emigrationsrate schnellte weiter in die Höhe – gegen Ende des Jahrhunderts war die massive Abwanderung der (Wein)Bauern das zentrale politische Thema. Von 1890–1900 verließen mindestens 6000 Menschen pro Jahr die Insel. (Basierend auf: Jorge Freitas Branco: Camponeses da Madeira. As bases materiais do quotidiano no Arquipélago (1750–1900). Publicações Dom Qixote, Lisboa 1987).

Rechnungen), und die Ladung sollte kurzerhand in den Hafen gekippt werden. Ein ungehorsamer Matrose soll jedoch, so will es die Legende, sich ein paar Gläschen von dem ›umgekippten‹ Wein zu Gemüte geführt und einen Freudenschrei getan haben – ein geradezu göttliches Getränk sei durch die Hitze und das Geschaukel entstanden. Was nun tatsächlich die Ursache war – vielleicht auch das Wasser im Schiffsrumpf oder das Seewasser, das manchmal in die Fässer eindrang – wußte man zwar nicht genau. Doch fortan schickte man die Schiffe mit Madeira-Wein erst einmal über den Äquator, bevor sie in England landeten, und nannte den auf diese aufwendige Weise veredelten Wein *vinho da roda,* also Wein, der einmal im Kreis gefahren ist.

Findige Weinhändler tüftelten rund 100 Jahre an preiswerteren Methoden, um dieselbe Wirkung zu erzielen. Einer hängte die Fässer vor seinem Laden so auf, daß die Kunden den Wein ordentlich schaukeln mußten, bevor sie eintreten konnten; andere experimentierten mit Öfen, in denen der Wein behutsam erhitzt wurde. Diese Methode funktionierte schon eher; 1794 hatte man einen solchen ›Wein-Ofen‹ entwikkelt, doch der portugiesische Staat war noch lange mißtrauisch und hielt die Äquator-Überquerung für das einzig wirksame Mittel. Nur sechs Jahre später, um 1800, bescherte eine eigentlich unglückliche Situation eine weitere Erkenntnis.

In Europa tobten die Napoleonischen Kriege, und Frankreich hatte eine Seeblockade über Madeira verhängt. Im Hafen von Funchal sammelten sich Unmengen Wein an, die nicht verschifft werden konnten – Madeira exportierte in jenem Jahr 9 Mio. l –, und die Weinhändler rauften sich die Haare. In ihrer

In dieser Konstruktion im Museu do Vinho in Funchal wurde der Wein ›verschaukelt‹

Angst, der Wein könnte durch die lange Lagerung verderben, schütteten sie Branntwein hinzu, um ihn haltbar zu machen. Und siehe da, der Wein wurde durch diese ›Verschärfung‹ tatsächlich noch besser. Ein Glücksgriff, ein neues Verfahren, das man sofort zur Veredelung des Weins weiterentwickelte und verfeinerte. 50 Jahre lang boomte der solcherart verdedelte Madeirawein zur enormen Zufriedenheit britischer und einheimischer Händler (zur Lage der Weinbauern s. S. 45ff.). Dann begann die Tragödie. 1852 befiel der aus Amerika eingeschleppte ›echte Mehltau‹ die Reben. Zwar bekämpfte man die Krankheit mit Schwefel, doch 90 % der Weinreben waren bereits vernichtet.

Durchschnittlich sieben Jahre dauert es, bis ein neu angelegter Weinberg Ertrag bringt – eine Katastrophe. Von den 70 britischen Handelshäusern (1850) blieben 1855 nur noch 15 auf Madeira – die meisten britischen Händler gaben auf und zogen nach Spanien. Diese wenigen Händler kauften alte Weine auf und benutzten sie, um sie mit den neuen Ernten zu verschneiden. Doch 1873 kam der nächste Schlag: Dieses Mal zerstörte die amerikanische Reblaus die Reben. Wieder war die gesamte Ernte verloren, und alle Weinberge mußten mit neuen Rebsorten bepflanzt werden, die gegen die Läuse resistent waren. Außer auf Madeira waren auch die Weinstöcke in Südfrankreich und Spanien infiziert, so daß halb Europa seine Weinproduktion umstellen mußte.

Auch die neuen Reben – Riparia X Rupestris und Riparia X Berlandieri – kamen aus Amerika; der Brite John Leacock brachte sie nach Madeira. Allerdings konnte man mit diesen beiden Sorten allein keinen hochwertigen Wein produzieren. Die Qualität zu verbessern gelang erst, als man sie mit der europäischen Weinrebe Vitis Viniferia kreuzte. Die daraus entstandenen Rebsorten der ›amerikanischen Hybride‹ bedecken heute zwei Drittel der Weinanbaufläche auf Madeira. Doch von diesen beiden Katastrophen im 19. Jh. hat sich die Weinproduktion Madeiras bis heute nicht erholt. Bald waren auch die Solera- und Vintage-Weine alter Jahrgänge aufgebraucht, die man für den Verschnitt benötigte, und neue hochwertige Weinsorten zunächst nicht zu erwarten. Also mußten schmerzhafte Qualitätseinbußen hingenommen werden, die den Export erheblich beeinträchtigten.

1979 wurde das staatliche Weininstitut (Instituto do Vinho da Madeira) gegründet, das zum einen die Weinproduktion vom ersten bis zum letzten Schritt überwacht und außerdem neue Fachkräfte ausbildet. Dieses Institut erteilt den vorschriftsmäßig produzierten Weinen auch das Garantiesiegel *(selo de garantia).* Die wichtigsten Vorschriften des Instituts lauten: Es dürfen keine Hybriden für die Produktion von Qualitätsweinen verwendet werden; der Alkoholzusatz darf nur beim Institut gekauft werden; die Hinzufügung von Zukker ist verboten, zum Süßen darf nur Traubensaft *(vinho surdo)* benutzt werden. Ausschließlich Weine, die zu 85 % aus den Madeira-Rebsorten *Malvasia, Verdelho, Bual (Boal)* und *Sercial* hergestellt sind, dürfen sich ›Madeirawein‹ nennen. Das bedeutet für die im großen Umfang angebauten Tinta Negra Mole-Trauben, daß sie nicht mehr für Madeira verwendet werden, sondern nur noch das Etikett ›Tipo Sercial‹ tragen dürfen und damit de facto als ›Küchenwein‹ gehandelt werden. Heute wird auf einer Fläche von 1800 ha Wein angebaut, davon gelten allerdings nur 500 ha als für den Export bestimmter Qualitätswein.

Richtig Reisen *Thema*

Von Reichen und Schönen – Gekrönte Häupter auf Madeira

»Madeira ist für mich, der ich viel von der Welt gesehen habe, ein unübertroffener Höhepunkt meiner Lebensreisen gewesen. Die mystische Vorstellung von einer ›Insel der Seligen‹, auf diesem zauberhaften Eiland gewinnt sie blühende und glühende Wirklichkeit.«

Ähnliche Begeisterung wie Ludwig Fulda (1862–1939) mögen auch andere illustre Madeira-Besucher empfunden haben, die im 19. Jh. hier Erholung suchten. Schon im 18. Jh. lockten das sanfte Klima, die bizarre Landschaft und die Ruhe wohlhabende Erholungssuchende auf die Insel. Madeira war schließlich keine Unbekannte, denn praktisch seit der Besiedlung war der Hafen von Funchal bei Handelsschiffen eine beliebte Zwischenstation.

Vor allem im 19. Jh. erlebte die Insel einen Besucherboom; gekrönte Häupter, unglückliche Prinzessinnen, kurbedürftige Adelige, Bankiers, Künstler, Politiker und wohlhabende Geschäftsleute suchten und fanden auf Madeira Erholung vom heimischen Streß. Es war geradezu in Mode gekommen, einige Monate im Jahr (am besten im Winter) auf der ›Blumeninsel‹ eine Heilkur zu machen – standesgemäße Quintas inklusive Dienerschaft und Mobiliar zu mieten und sich in Hängematten über die Berge tragen zu lassen, eine frühe Form des Abenteuerurlaubs. Nur zu gerne wäre Napoleon 1815 nach Madeira statt nach St. Helena verbannt worden, doch es reichte nur für eine kurze Zwischenstation. Andere brachten mehr Zeit (und einen Teil ihres Hofstaats) mit: die britische Königinmutter Adelaide (1847), Prinz Alexander der Niederlande (1848), Maximilian von Österreich, der Kaiser von Mexiko mit seiner Gemahlin, und schließlich der unglückliche Karl I., Kaiser von Österreich und König von Ungarn und Böhmen – sein Aufenthalt war allerdings nicht ganz freiwillig, denn der abgesetzte Kaiser lebte hier im Exil und wurde nach seinem Tod in der Kirche von Monte (s. S. 131f.) begraben.

An einem stürmischen Novembermorgen 1860 begrüßte Madeira stolz

Fischerei

Die Fischerei spielt heute eine weitaus geringere Rolle, als man vermutet. Rund 12 000 t Fisch werden pro Jahr gefangen, etwa die Hälfte davon Thunfisch, ca. 30 % Degenfisch und 12 % Makrelen. Das soll sich in Zukunft ändern: Die EU unterstützt Madeira mit knapp 3,5 Mio. DM jährlich in dem Bestreben, eine moderne Fangflotte aufzubauen und weiterverarbeitende Industrien zu entwickeln, um Thunfisch und Degenfisch zu exportieren. Immerhin hat sich 1990–96 der Export von Fischkonserven vervierfacht. Außerdem wurde bei der Ponta de São Lorenço, ebenfalls mit EU-Unterstützung, eine Zuchtanlage mit Goldbrassen aufgebaut.

Lebhaftes Treiben am Stadtkai in Funchal zu Beginn des 20. Jh.

die bis dato ranghöchste Besucherin: Kaiserin Elisabeth von Österreich und Ungarn – ›Sissi‹ – landete leibhaftig auf der britischen Königsyacht ›Victoria und Albert‹ im Hafen von Funchal, inklusive 36köpfigem Hofstaat. Offiziell hatte ihr Leibarzt der lungenleidenden Kaiserin eine Kur auf Madeira dringend angeraten, wahrscheinlich war es aber weniger die Lunge, sondern Ehekonflikte und die dominante Schwiegermutter am kaiserlichen Hof in Wien, die ›Sissi‹ quälten. Unterkunft fand die Kaiserin in der luxuriösen Quinta Vigía, doch dort, so überliefert ›Sissi‹-Biographin Brigitte Hamann, langweilte sie sich erheblich. Die Kaiserin ritt einmal pro Tag aus, spazierte durch den prächtigen Park, vertrieb sich tagsüber die Zeit mit Kartenspiel, nahm am gesellschaftlichen Leben nicht teil und ging früh zu Bett. Doch vor allem: Sie aß so gut wie nichts, was ihre Entourage zur Verzweiflung trieb, denn laut Hofprotokoll wurde abgeräumt, sobald die Kaiserin genug hatte. Trotz Langeweile und Hungerkuren wurde die schöne Kaiserin wesentlich gesünder, was den Ruf von Madeira als exquisitem Kurort natürlich noch vergrößerte.

Handwerk und Industrie

Nennenswerte Industrieunternehmen gibt es auf Madeira nicht. Mit Hilfe der EU wurde bei Caniçal eine Freihandelszone *(zona franca)* eingerichtet, die auf ausländische Investoren hofft. Neben der Steuerfreiheit in der *zona franca* winkt Madeira außerdem mit einem niedrigen Lohnniveau. In der Freizone arbeiten rund 6000 Menschen; der moderne Containerhafen ist noch nicht einsatzfähig, daher sind auch die versprochenen 4000 zusätzlichen Arbeitsplätze noch nicht vorhanden.

Anders sieht es beim Handwerk aus; hier verdienen vor allem die beiden traditionellen Handwerkszweige Stickerei

Beim Schälen von Weidenruten

und Korbflechterei (s. S. 140f.) Erwähnung. In beiden Bereichen handelt es sich um Heim- und Handarbeit, an der die ganze Familie beteiligt ist. Das Kunsthandwerk bringt jährlich immerhin rund die Hälfte aller Exportgewinne ein, doch die Bedingungen, unter denen die Menschen arbeiten, sind außerordentlich prekär. Außerdem sind Stickerei und Korbflechterei enorm krisenanfällige Wirtschaftszweige, was sich besonders während der beiden Weltkriege auswirkte. Auch die Konkurrenz asiatischer Billigprodukte macht den hochwertigen *hand-made*-Produkten aus Madeira zu schaffen.

Tourismus

»In meinen Augen ist Madeira einer der beneidenswertesten Orte der Welt. Neben allem erdenklichen Komfort Europas bietet es fast jeden nur vorstellbaren Luxus der Tropen.« (H. N. Coleridge, ›Six Months in the West Indies‹, 1825).

Die ersten begeisterten Reiseberichte über Madeira entstanden schon im 15. Jh. Allerdings waren die (meist italienischen) Autoren keine Touristen, sondern häufig Händler, die der Zuckerboom nach Madeira gebracht hatte. Im 16. und 17. Jh. waren es dann vor allem britische Reisende, die den Zuhausegebliebenen die Schönheiten der Atlantikinsel und das milde Winterklima in den schillerndsten Farben schilderten. Madeiras Klima kam rasch in den Ruf, sich sehr heilsam auf Gicht- und Tuberkuloseerkrankungen auszuwirken, und so suchten und fanden immer mehr wohlhabende Kranke Heilung auf der Insel. Im 19. Jh., als Madeira zum exklusiven Reiseziel europäischer Aristokraten, Politiker und Künstler avancierte, kamen auch viele Deutsche nach Madeira.

Nicht alle Reisenden verfügten über die Mittel, sich für einige Monate hübsche Quintas zu mieten, von denen 1885 mehr als 100 vermietet wurden. Also stieg die Nachfrage nach Hotels und Privatpensionen. Das Hotelangebot entwikkelte sich jedoch erst allmählich; 1840 existierten in Funchal nur zwei Hotels, 1885 waren es immerhin schon sechs (vier davon im Besitz der Familie Reid), und in den 20er Jahren des 20. Jh. boten zwölf Hotels etwa 800 Gästen Platz. Parallel dazu wurden immer weniger Quintas vermietet: 1930 führte ein deutsches Handbuch über Madeira nur noch 50 auf. Bis in die 60er Jahre vergrößerte sich das Bettenangebot auf Madeira kaum, denn Diktator Salazar hatte kein Interesse, die Insel für den Tourismus auszubauen – Madeira sollte ein teures und exklusives Reiseziel der *happy few* bleiben.

Daran änderte sich auch in den ersten Jahren nach der Eröffnung des Flughafens (1964) herzlich wenig; zwar kamen nun mehr Besucher aus Portugal, doch für den internationalen Tourismus war Madeira noch kein bedeutendes Reiseziel. 1968 leitete Salazars Nachfolger Caetano eine vorsichtige Öffnung ein. Er ließ vor allem Luxushotels bauen, wodurch leider auch so manche Quinta verschwand – aufgrund dieser Politik verfügt Funchal wohl über die höchste Konzentration von Luxushotels auf vergleichsweise engem Raum. Erst nach der Nelkenrevolution 1974 öffnete sich Madeira dem (vorsichtigen) Massentourismus. Mittlerweile ist auch das Angebot an Mittelklassehotels enorm gestiegen, und obwohl Funchal nach wie vor das Hotelzentrum der Insel ist, wurden auch Einrichtungen in anderen Orten der Insel geschaffen. Caniço und Porto Santo haben besonders von dieser Entwicklung profitiert.

Mit einer Bettenzahl von rund 18 000 – sie soll auf 20 000 begrenzt werden – steht Madeira im Vergleich zu den Kanarischen Inseln (500 000 Gästebetten) zwar eher bescheiden da, doch die Tourismusverantwortlichen setzen auf qualitativen, hochwertigen Tourismus. Sosehr manche auch den fehlenden Strand auf Madeira beklagen – diese Lücke bietet der Insel die Chance, sich nicht völlig dem Massentourismus zu ergeben. Zwar hat es auch auf Madeira (u. a. durch günstige EU-Kredite) eine recht unkontrollierte Bautätigkeit gegeben, doch die Bausünden halten sich zum Glück in Grenzen. Vielmehr ist man in den letzten Jahren dazu übergegangen, Quintas aus dem 18. und 19. Jh. als kleine, feine Hotels herzurichten. Parallel dazu wurden verstärkt Apartmentblocks mit Ferienwohnungen gebaut und die Nordküste mit einigen Hotels touristisch erschlossen.

Längst hat Madeira auch das Klischee hinter sich gelassen, eine ›Rentnerinsel‹ zu sein: Die zahlreichen sportlichen Aktivitäten wie Wandern, Tauchen, Tennis, Reiten, Golf usw. ziehen verstärkt ein jüngeres (Familien)publikum an.

Kunst und Kultur

Architektur: Von Kirchen und Quintas

Manuelinischer Stil

In Portugal entwickelte sich gegen Ende des 15. Jh. ein besonderer Baustil, wie er nirgends sonst in Europa zu finden ist. Fassaden, Portale und Fensterbögen verwandelten sich in steingewordene Träume, die aus der Eroberung der Meere durch die Portugiesen genährt wurden: wildwuchernde Seilknoten, Bänder, Muscheln, schwere steinerne Ketten, Segel, gitterartiges Astwerk – in Stein zusammengefügt; filigrane Korallen umranden Fenster, auf Arkadenbögen wachsen Seesterne und Krabben, Kraken schlingen sich um Ecken und wuchern über Fassaden.

Das bizarre Phänomen hat einen Namen: **Manuelinischer Stil,** benannt nach Portugals König Manuel I. (1495–1521), den die Portugiesen ›den Glücklichen‹ nannten, weil sie ihm das ›Goldene Zeitalter‹ verdanken. Während seiner Regierungszeit waren portugiesische Karavellen auf so gut wie allen Weltmeeren unterwegs: Vasco da Gama landete in Indien, Pedro Cabral erreichte Brasilien, und die Portugiesen drangen bis China vor. Portugal teilte die Welt zwischen sich und Spanien auf, Lissabon war die mächtigste Hauptstadt des Westens. Das ›Goldene Zeitalter‹ währte nur kurz; geblieben sind nicht der Reichtum, sondern steinerne Zeugen. »Anker, Knoten und die Algen aus Stein sind das, was vom Traum übrigblieb«, schreibt der portugiesische Essayist und Journalist Miguel Esteves Cardoso.

König Manuel I. war besonders an Madeira interessiert, über das er außerdem als Verwalter des Christusordens herrschte. In Funchal ließ er die Kathedrale Sé bauen, das alte Zollhaus, die Festung São Lourenço; in den kleinsten

Fenster mit Verzierungen im manuelinischen Stil im Park der Quinta das Cruzes

Dörfern noch wurden prächtige Kirchen gebaut. Auf Madeira fielen die manuelinischen Bauwerke allerdings viel strenger und schlichter aus als in Portugal; auch die typischen, extrem verzierten Fassaden sieht man auf der Insel nicht. Trotzdem kann man einige Spuren manuelinischer Kunst auf Madeira entdekken. In der Quinta das Cruzes sind beispielsweise zwei steinerne Fenster ausgestellt, die die besondere Verzierung des manuelinischen Stils aufweisen.

Das liegt zum einen daran, daß das zum Bauen verwendete Basaltgestein einfach zu hart war, um es zu bearbeiten. Außerdem stammte der Baumeister Pedro Eanes, der die Kathedrale Sé und einige andere wichtige Bauwerke entwarf, nicht aus dem üppigen, ›manuelinischen‹ Lissabon, sondern aus dem kargen und stark maurisch beeinflußten Alentejo. Auch nach der christlichen ›Rückeroberung‹ von Südportugal und Spanien blieben viele maurische Künstler auf Madeira; sie prägten den strengen geometrischen **Mudejar-Stil,** wie man ihn dort findet: die prächtige Holzdecke der Kathedrale Sé in Funchal, die geschnitzten Decken in den Kirchen von Ponta do Sol und Calheta.

Barock

Die Besetzung Portugals durch Spanien (1580–1640) bedeutete auch auf Madeira eine Unterbrechung der Bautätigkeit. In größerem Umfang wurde erst wieder gebaut, als König João V. (1706–50), genannt ›der Großmütige‹, in Portugal regierte. Was die Ausstattung von Kirchen auf Madeira anging, zeigte sich der Großmütige auch besonders großzügig (die Gold- und Diamantenfunde in Brasilien machten es eine Zeitlang möglich). In seiner Regierungszeit entstanden die kunstvollen, mit Blatt-

Goldüberzogener Barockaltar in der Kirche São Jorge in Funchal

gold überzogenen Holzschnitzereien *(talha dourada)*, die man auf der Insel noch in den Kirchen kleinster Gemeinden findet (z. B. in Câmara de Lobos, Ribeira Brava, Ponta do Sol, São Vicente und Machico). Auch die alten, manuelinischen Kirchen wurden nun renoviert, einige auch wieder aufgebaut, und prächtig ausgeschmückt. So versahen Künstler die Holzdecken mit bunten Gemälden (z. B. in São Vicente) und schmückten die Wände mit Kachelbildern – der Innenraum der Kirche São Pedro in Funchal ist sogar vollständig mit kostbaren Kacheln überzogen.

Zwei neu erbaute Barockkirchen sind die Kollegiumskirche der Jesuiten in Funchal und die Pfarrkirche in São Jorge. Doch auch mit prächtigen Ornamenten verzierte Barockfassaden sucht man auf Madeira vergeblich – das Basaltgestein erlaubt keine barocken Schnörkel. Statt dessen kombinierten die Architekten die dunklen Basalttöne der Fenster mit schlichten weißen Fassaden (z. B. am Rathaus von Funchal) und brachten als einzige Verzierung schmiedeeiserne Balkongitter an, die häufig über die ganze Länge der Fassade verliefen.

Azulejos

Kachelbild mit Weinträgern in der Kirche São Vicente in Funchal

Die bemalten Kacheln an Fassaden und in Innenräumen sind ein für Portugal und Madeira charakteristischer Schmuck. Überall stößt man auf die meist blau-weißen Kacheln, und es ist fast nicht möglich, eine Kirche, einen Palast, ein älteres Restaurant oder auch nur eine steinerne Parkbank zu finden, deren Flächen nicht mit *azulejos* geschmückt sind. Die Außenwände der Handelskammer in Funchal zeigen Kachelbilder, auf denen die skurrilen Transportmittel der Insel und ihre Kunsthandwerker abgebildet sind. Die Markthalle in Funchal ist eine weitere wichtige Station für *azulejo*-Fans; das Postgebäude an der Avenida Zarco zeigt eine moderne Version der alten Kachel-Kunst.

Die Tradition der bemalten Kacheln geht auf die Araber zurück; *al-zulayi* bedeutet ›kleiner Stein‹. Der Begriff ›azulejo‹ hat also nichts mit dem portugiesischen Wort für ›blau‹ zu tun, obwohl sehr viele Kachelbilder in den klassischen Farben Weiß und Blau gehalten sind. Diese Mode entstand erst im 17. Jh., als in Delft die ersten blauen und weißen Kacheln entstanden; Portugal übernahm die Technik jedoch sofort und stellte fortan *azulejos* in diesen Farben her. Zu der Zeit entstanden auch die meisten Bauwerke mit Kachelbildern, später galt die Farbkombination als klassisch und wurde häufig wiederholt. Ursprünglich zeigten die maurisch beeinflußten Kacheln ganz andere Farben: Ocker, himmelblau, sehr dunkles Violett und Cremeweiß.

Die streng geometrischen Muster wurden mit dem Cuerda-Seca-Verfahren hergestellt, das in Sevilla entwickelt worden war: Die Künstler ritzten die Musterlinien in den weichen Ton und markierten sie mit ölhaltigen Fäden, damit die Farben nicht ineinanderliefen. Anschließend wurden die Kacheln gebrannt, wobei das Öl verdampfte und die Fäden verbrannten. Später dann kam eine Technik aus Mallorca in Mode, bei der die glasierten Kacheln zusätzlich bemalt wurden *(azulejos pintados)*. Dabei entstanden meist gelbe und kobaltblaue Töne.

Die ›Lieblingsthemen‹ dieser Kachelmaler aus dem 16. und 17. Jh. kreisten um die weltverändernden Neuigkeiten der Entdeckungsfahrer, die auf fernen Meeren segelten und immer mehr Länder für die portugiesische Krone in Beschlag nahmen. Aber auch Legenden aus dem Leben der Heiligen und Passagen der Bibel wurden auf *azulejos* gebracht. Im 18. Jh. begannen auch die Bürger, ihre Häuser mit Kacheln auszuschmücken oder ganze Fassaden mit *azulejos* vor der aggressiven Seeluft zu schützen. Da es auf Madeira keine Tonvorkommen gibt, werden auch die *azulejos* aus Portugal importiert.

Die Quintas

Die ›Herrenhäuser‹ des Adels und der reichen englischen Händler entstanden größtenteils während des Baubooms im 18. Jh. Eigentlich bezeichnet ›Quinta‹ ein großes Landgut mit einem Herrenhaus *(casa solarenga)*, doch auch die prächtigen Stadthäuser, Residenzen der Oberschicht, werden so genannt. Die Fenster waren mit kunstvoll geschmiedeten Gittern geschützt und die schweren Holztüren mit Eisenbeschlägen, um angreifende Piraten abzuhalten. Der kleine Turm, den die meisten Quintas besaßen, diente als Ausguck – von oben konnte man die Piratenschiffe früher sichten, doch ebensogut die einlaufenden Handelsschiffe.

Das war besonders für die Händler interessant, die ihre Quintas gern mit einem Ausguck ausstatteten, um schneller am Kai zu sein als die Konkurrenz. Einen solchen Wachturm besitzt auch das Rathaus von Funchal, die frühere Residenz der Grafen von Carvalhal. Die Briten bauten ihre Quintas lieber an den Hängen oberhalb der Hauptstadt, weil es dort genügend Platz gab, um rund um die Quinta einen prächtigen Garten oder Park anzulegen. Sie entdeckten auch die kühleren Höhen von Camacha und Santo da Serra als ideale Sommersitze.

Leider wurden in und um Funchal viele Quintas abgerissen, weil neue Hotels entstanden. Erst in den letzten Jahren hat man das Potential dieser herrlichen alten Herrenhäuser entdeckt: eine ganze Reihe von kleineren und großen Quintas wurde zu gepflegten Hotels umgebaut.

Malerei, Bildhauerei ...

In den 20er Jahren des 20. Jh. verschafften sich zwei Künstler aus Funchal einen internationalen Ruf: die beiden Brüder

Henrique Franco (1883–1961) und **Francisco Franco** (1895–1955). Henrique, der Maler, konzentrierte sich auf die Darstellung von Landschaften, und als sein Bruder, der Bildhauer Francisco Franco, berühmt wurde, entdeckte man auch sein Werk. Francisco Franco ging mit 15 Jahren nach Lissabon, um dort an der Königlichen Akademie der Schönen Künste zu studieren. Später verbrachte er einige Jahre in Paris, wo ihn vor allem Rodin beeinflußte. Als der Erste Weltkrieg ausbrach, kehrte er nach Funchal zurück.

Für seine Heimatstadt schuf er in den folgenden Jahren einige Plastiken, wie die Zarco-Büste in Terreiro da Luta, das Fliegerdenkmal am Hafen von Funchal, und zwei Grabmäler, die auf dem Friedhof in São Martinho/Funchal stehen: einen Torso, der an die Beschießung Funchals durch ein deutsches U-Boot 1916 erinnert, sowie einen Engel. 1919 kehrte er nach Paris zurück und hielt engen Kontakt zur Gruppe um Picasso und Maillol. Aus dieser Phase stammt die Skulptur des Sämanns im Santa-Catarina-Park in Funchal. Die Mitte der 20er Jahre des 20. Jh. entstandene Statue von Zarco auf der Avenida Arriaga zeigt bereits deutlich den monumentalen Stil, dem Francisco Franco in den nächsten Jahren treu bleiben sollte. Dieser Monumentalismus trug ihm Sympathien und Aufträge des ›Neuen Staates‹ ein, den der Diktator Salazar in Portugal und auf Madeira durchsetzte. Nach der Nelkenrevolution wurden das Werk und die Rolle von Francisco Franco heftig kritisiert. Seine Arbeiten und die seines Bruders Henrique sind im Museu Henrique e Francisco Franco (s. S. 254) in Funchal zu sehen.

Ein Besuch im Museum für Moderne Kunst in der Tiago-Festung in Funchal macht rasch deutlich, daß es um die Bildenden Künste auf Madeira nicht gerade üppig bestellt ist. Die Mehrzahl der dort ausgestellten modernen Werke stammen von ›Festland-Portugiesen‹. Trotzdem findet man in Galerien und Ausstellungen auch eine kleine Zahl jüngerer Künstlerinnen und Künstler aus Madeira, die im Umfeld der Kunsthochschule Funchal arbeiten. Dazu gehören die junge Künstlerin Maria da Paz Nóbrega und der Maler Carlos Luz, die mit ihren Aquarellen (Landschaftsmotiven) recht bekannt wurden. Außerdem leben einige ausländische bildende Künstler ganz oder zeitweise auf der Insel, vor allem in Caniço. Der bekannteste ist wohl **Siegward Sprotte** (geb. 1913), der hier vor allem im Winter anzutreffen ist (Galerie Inn & Art).

Die herausragendsten Gemälde findet man auf Madeira in Kirchen und im Museu de Arte Sacra in Funchal. Sie stammen aus den Zeiten des Zuckerbooms, als die flämischen Handelshäuser den Madeirenser Zucker mit wertvollen Bildern bezahlten.

… und Fotografie

Der bekannteste Fotograf Madeiras ist zugleich der erste der Insel: **Vicente Gomes da Silva,** 1827 in Funchal geboren, beschäftigte sich schon 1853 mit der Fotografie – also zu einem Zeitpunkt, als diese neue Technik und Kunst noch in den Kinderschuhen steckte. 1865 gründete er in seinem Haus in der Rua da Carreia das erste Fotoatelier Madeiras, die ›Photographia Vicentes‹ (heute das Museu da Photographia Vicentes). Prinzessinnen und Grafen ließen sich von Vicente porträtieren, Barone und Bankiers, kurz: die ganze Inselgesellschaft. Vicente avancierte sogar zum ›Fotograf Ihrer Majestät, der Kaiserin von Österreich‹ und durfte das kaiser-

›Schuhmacher auf Madeira‹, Fotografie aus dem Museu da Photographia ›Vicentes‹

liche Wappen über der Eingangstür seines Ateliers anbringen. Sein Foto von der auf Madeira genesenden ›Sissi‹ ist natürlich das Prunkstück der Sammlung des Museums.

Sein Sohn – er hieß ebenso wie der Vater Vicente, desgleichen alle weiteren Erstgeborenen der Familie – führte ab 1886 das Studio mit ihm zusammen und errang den Titel ›Königlicher Fotograf‹ vom portugiesischen Königshaus. Die malerischen Kulissen für den Hintergrund der Fotos – Berggipfel, elegante Bauwerke der Stadt, der Hafen – malten die Vicentes selbst, die Möbel fertigten sie ebenfalls. Doch Vicente fotografierte nicht nur die Reichen und Schönen und die Fürsten zu Pferde; er holte auch Menschen aus dem Volk ins Studio, Vertreter typischer Berufe, wie die Schlittenführer von Monte mit ihren weißen ›Kreissägen‹ auf dem Kopf, einen *borracheiro* mit seinem weingefüllten Schlauch aus Ziegenleder, Marktfrauen, Bauern mit beladenen Kiepen, Korbflechter. Auch die skurrilen Transportmittel der Insel (s. S. 133ff.) hielt Vicente im Bild fest. Er und seine Söhne hinterließen an die 380 000 Negative, die erst nach und nach ausgewertet werden.

Der Künstler **João Pestana** ist ein würdiger Nachfolger des berühmten Vicente. Pestana gilt als einer der besten – wenn nicht als der beste – Fotograf (und Kameramann) von Madeira. Berühmt sind vor allem seine Aufnahmen von unbekannten Ecken in der Hauptstadt Funchal und der Fischer aus Câmara de Lobos. Dabei geht es João Pestana nicht um Landschaftsfotografie, sondern um soziale Porträts – er bildet auf seinen Fotos ein Ambiente ab, einen Seelenzustand. Selten wurde die Einsamkeit der Fischer und ihrer Familien so behutsam und genau beobachtet wie von João Pestana. Diese Aufnahmen aus den 70er Jahren des 20. Jh. sind in zwei dicken Fotobänden zusammengefaßt, die man mit etwas Glück auch in den Buchhandlungen findet.

Volksglauben

Heiligenfeste und *romarias*

Auf Madeira besitzt fast jeder Ort wenigstens einen Schutzpatron oder Heiligen, dem man wundertätiges Wirken nachsagt. Jeder Heilige hat auch seinen Feiertag, an dem die Gläubigen zu ihm pilgern. Im Laufe des Jahres haben sie den jeweiligen Heiligen um diesen oder jenen Gefallen gebeten und dafür Gelübde abgelegt: ihm ein Tier zu opfern, auf Knien zu seiner Kapelle zu rutschen oder ähnliches. Diese Pilgerzüge, die *romarias,* waren und sind Ausdruck der Volksreligiosität, doch sie dienten nicht nur der Einlösung von Gelübden; immer schon waren ein Heiligenfest und eine *romaria* auch Anlaß für ein rauschendes Volksfest, das die Alltagsmonotonie unterbrach.

Die älteste Beschreibung einer solchen *romaria* auf Madeira stammt aus der Feder des Chronisten Gaspar Frutuoso. Er beschreibt die Wallfahrt zur Heiligen Jungfrau von Faial: »An ihrem Tag, dem 8. September, treffen sich hier Pilger von der ganzen Insel, über 8000 Seelen. Ein Markt mit viel Schweinefleisch und Rinderfleisch (...) wartet auf die Pilger, auch gegrillte Ziegen und viele andere Gerichte stehen bereit, damit die Pilger sich stärken. Denn sie verbringen zwei, drei Tage bei der Jungfrau, allein schon, weil sie sich von dem anstrengenden Weg ausruhen müssen. Zu ihrer Unterhaltung veranstalten sie Spiele, sie führen Komödien auf, tanzen und machen auch sehr viel Musik. Sie führen ihre Gitarren, Flöten und Dudelsäcke (eine Tradition aus Nordportugal, Anm. d. Autorin) mit sich und entzünden große Holzfeuer am Ufer des Flusses, wo sie lagern. Man sagt, daß hier die Jungfrau erschienen sei, genau an dem Platz, wo die Kirche steht.«

Die Jungfrau aus Faial war beileibe nicht die einzige *Senhora,* zu der die Pilger zogen. Wer jeden wichtigen Heiligen der Insel als Pilger besuchen wollte, hatte ein anstrengendes Jahr vor sich: gleich als Auftakt des Jahres, am 15. Januar, das Fest des hl. Amaro in Santa Cruz; zum Heiligen Geist nach Camacha eine Woche vor Pfingsten; am 13. Juni zum hl. Antonius nach Santo da Serra; am 24. Juni zum Fest des äußerst zauberischen Johannes wahlweise in Funchal, Câmara de Lobos, Lombada da Ponta do Sol oder Fajã da Ovelha; fünf Tage später zum hl. Petrus nach Ribeira Brava oder Câmara de Lobos; zur hl. Maria Magdalena nach Madalena do Mar oder

Porto Moniz am 22. Juli ... und so fort. Es wollten gefeiert werden: die Jungfrau von Livramento, die Jungfrau von Remedios, die Jungfrau von Loreto, die Nossa Senhora da Piedade, die Jungfrau vom Rosenkranz – auffällig viele ›Nossa Senhoras‹ schützten die kleine Insel. Die wichtigste aller verehrten Senhoras war und ist Nossa Senhora do Monte, die Schutzpatronin von Madeira, deren Fest am 15. August gefeiert wird (parallel findet auf Porto Santo das Fest der Nossa Senhora da Graça statt).

Nossa Senhora do Monte und die ›tausend Marien‹ Madeiras

Das Heiligtum der ›Jungfrau vom Berg‹ am ›Quellenplatz‹ in Monte beinhaltet alle wichtigen Ingredienzien des Volksglaubens: ein Berg, ein Baum, Felsen und Wasser. Berge sind heilige bzw. magische Orte *par excellence,* schon bei den Phöniziern, Hebräern und den Arabern sowie in der Bibel (›Heiligtum‹ und ›hochgelegener Ort‹ sind Synonyme). In den Bergen, auf den Gipfeln, im Olymp wohnen die Götter, ursprünglich war ein Berggipfel an sich schon das Heiligtum – ein Heiligtum unter freiem Himmel. Dieser vorchristliche Glaube ist traditionell besonders stark in Nordportugal ausgeprägt, einer Gegend, aus der die meisten Siedler Madeiras kamen, und Berge und Hügel hat Madeira im Überfluß. Auch auf der Blumeninsel wird man Kapellen vor allem auf Anhöhen sehen: die Nossa Senhora da Piedade in Caniçal thront auf einem Vulkankegel, die Kapelle der Nossa Senhora da Fátima bei São Vicente auf einem Felsenklotz, die Senhora da Graça bei Portela auf Porto Santo wohnt ebenfalls auf einem steilen Hügel.

»Man glaubt, die Gottheit am ehesten in der größten Einsamkeit zu finden, auf den unzugänglichsten Steilküsten, auf den Gipfeln der Berge, oder, im Gegenteil, in den Tiefen der fruchtbaren Täler, bei den Quellen«, sagt der Religionsforscher Moisés Espírito Santo, Professor an der Universität Lissabon. »Mit der leidenschaftlichen Verehrung der Gottesmutter Maria ist die offizielle katholische Religion bereits mütterlich gefärbt mit einem Schuß ins Matriarchalische, doch das ist noch gar nichts gegen die Volksreligion. Die religiöse Leidenschaft des Volkes beschränkt sich nicht auf eine sterile und gesittete Verehrung einer heiligen Jungfrau. Das Volk hat sich der Grotten und Höhlen, der Steine und Felsen, der Gewässer, der Quellen und Bäume bemächtigt und sie in den Marienkult integriert; denn SEINE Maria ist nicht die aus dem Evangelium – sie ist älter und mächtiger, die Mutter aller

Statue der ›Jungfrau vom Berg‹ in Monte

Marienstatue mit Quelle, Berg und Baum in Terreiro da Luta bei Funchal

Menschen und die Schöpferin der Natur und allen Lebens.«

Die Senhora wird nicht nur identifiziert mit Felsen, Steinen, Bäumen oder Wasser, sie *ist* diese Materie. Unzählige Senhoras, auch die Schutzheilige von Monte in Terreiro da Luta und auf Porto Santo, sind in oder neben Bäumen erschienen, denn die Verehrte ist eine alte Gottheit, die aus dem Baum kommt. Bei den Phöniziern und Semiten wurde die Göttin Astarte von einem Baum verkörpert (oder durch einen Baumstumpf oder Holzpfahl). Baum und Gottheit vermischten sich so stark, daß im Alten Testament die Gottheit und die grüne Pflanze, die sie verkörpert, mit demselben Begriff bezeichnet werden: ›Ashera‹.

Auch die Quelle, das Wasser, fehlt in kaum einer Marienlegende in Madeira und Portugal. Die Senhora nährt oder verteidigt eine Quelle (›ewige Quelle‹) neben ihrer Kapelle (und wo die Kapelle ist, sind der Baum und die Quelle nicht weit). Dabei ist sie nicht ›Beschützerin der Quelle‹, wie man bei oberflächlicher Betrachtung vermuten könnte, sie *ist* die Quelle, das Wasser. Fast immer erscheinen die Senhoras im Zusammenhang mit oder in der Nähe von Quellen, so will es der Volksglauben. Wenn Wasser aus dem Herzen der Felsen oder aus dem Innern der Erde hervorbricht, muß dort etwas Magisches geschehen sein – also eine Erscheinung. Eine Marienerscheinung.

Die Marien der Fischer

»Der Kontakt mit der Größe des Ozeans, mit der Gewalt der Stürme und mit den Geheimnissen der Unendlichkeit hat aus dem Fischer einen Betrachter gemacht, einen Gläubigen. Sein Glaube wurzelt im Meer und wird dort bestärkt, denn das Meer legt den Gedanken an Gott nahe, den er bei Gefahren zu Hilfe ruft und bei glücklichem Ausgang preist. (...) Die Schutzheiligen der Fischer sind ihnen vertraut wie ihre täglichen Kameraden, zu jeder Zeit und bei jeder Fahrt, sie tragen sie als Amulette um den Hals oder eingenäht in ihre Kleidung; sie taufen ihre Boote nach ihnen und rufen ihre Namen, wenn Sturm aufkommt. Allerdings sind sie auch sehr abergläubisch: Neben den Heiligenbildern benutzen sie auch geweihte Gegenstände, um angeblichen Zauber zu bannen. Und wenn sie ein Boot segnen lassen, legen sie Splitter vom Ochsenhuf *(chifre de boi)* dazu, um sich gegen den bösen Blick zu schützen. Wenn sie vom Meer zurückkehren und nichts gefangen haben, gehen sie unverzüglich zu einer Hexe oder weisen Frau, damit sie das Boot entzaubert«, schrieb Eduardo C. N. Pereira in den 30er Jahren (›Ilhas de Zargo‹, Vol. II).

Und wieder spielen die Senhoras eine besondere Rolle in dieser Volksreligiosität, wie man bei den Schiffsprozessionen und Festen in Caniçal, Ponta do Sol und Câmara de Lobos beobachten kann. Das blumengeschmückte Bildnis der Muttergottes, die den Leichnam Christi auf dem Schoß trägt, wird in Caniçal aus der Kapelle geholt, übers Meer gefahren und in die Pfarrkirche gebracht, gefolgt von unzähligen Fischerbooten. Diese Maria der Fischer symbolisiert das sichere Land, die leibliche Mutter und/oder die an Land wartende Ehefrau der Männer, die sich auf die gefährlichen Fluten begeben.

Die Senhora soll die Fischer vor der Ozeanmutter beschützen, die ihre ›Söhne‹ immer wieder verschlingt. Um sie zu besänftigen, streuen die Fischer Blumen aufs Meer, ›zahlen‹ ihr einen Tribut. Dieser vorchristliche Inhalt wurde zwar von der Kirche nie sonderlich unterstützt, doch ließ er sich recht gut in die Marienverehrung einbauen. Wahrscheinlich denkt heute auch kaum ein Festbesucher oder Mitwirkender daran, wenn das große Volksfest zu Ehren der ›tausend Marien der Fischer‹ beginnt – mit Kapellen und Trommelgruppen wie im Karneval, Feuerwerk, gegrilltem Fisch und viel Wein.

Traditionelle Musik

Unter den ersten Siedlern auf Madeira befand sich ein bekannter Troubadour: João Gomes, ein ebenso reicher wie gebildeter Mann, der große Landstücke entlang dem nach ihm benannten Fluß besaß. Die Kunst der Troubadourlyrik stand damals in Portugal hoch im Kurs, João Gomes hatte in Lissabon berühmte Vorgänger – João Zoro, die Könige Afonso ›Der Weise‹, Dom Sancho, Dom Dinis. Im 12. und 13. Jh. war der portugiesische Königshof künstlerische Avantgarde. Kein Wunder, daß João Gomes auf Madeira große Anerkennung genoß. Einige seiner Lieder (höfi-

Feste und Feiertage im Überblick

Die vielen lokalen Feste finden Sie im Gelben Teil unter den jeweiligen Orten.
Karneval im Februar: wird mit lautem Getöse und bunten Masken gefeiert – mit großen Umzügen am Karnevalssamstag und -dienstag in Funchal.

Blumenfest *(Festa das Flores)* Ende April/Anfang Mai, Funchal: ein rauschendes Frühlingsfest, dessen Höhepunkt, eine Parade blumenbekränzter Wagen durch Funchal, viel Publikum anzieht. Junge Madeirenserinnen kostümieren sich dabei fantasievoll als ›Blumen‹ – nahezu alle Blütengattungen der Insel werden vorgestellt.

Fest der Nossa Senhora de Fátima am 13. Mai, Funchal: für die gläubigen Bewohner Funchals ein hoher Feiertag, an dem sie sich zu einer großen Prozession treffen.

Musikfestival im Mai/Juni, Funchal: viele interessante Konzerte im Teatro Municipal und in der Kathedrale (über das aktuelle Programm informiert die Touristeninformation).

Bach-Festival im Juni, Funchal: mit klassischen Konzerten in Kirchen und im Teatro Municipal.

Wein-Ralley, Anfang August: eine der schwierigsten Autoralleys Europas, Start in Funchal.

Festa da Nossa Senhora do Monte, Fest der Schutzheiligen Madeiras in Monte und Funchal am 14./15. August: das größte religiöse Fest der Insel mit Wallfahrt und Prozession. Tausende Pilger erklimmen die Stufen zur Kirche Nossa Senhora do Monte in Monte auf den Knien.

Festa do Vinho Madeira am dritten Sonntag im September: Weinfest in

Funchal und Câmara de Lobos, mit Straßentheater, Folklore und Weinproben. Hier können Sie sogar selbst die Trauben stampfen und sich an allen Weinsorten berauschen.

Das Festa da Imaculada Conceição (Unbefleckte Empfängnis) am 8. Dezember: Der Beginn der Weihnachtszeit wird mit traditionellem Honigkuchen *(bolo de mel)* und fantasievoll bunter Straßenbeleuchtung gefeiert.

Natal (Weihnachten) am 25. Dezember: ist auf Madeira in erster Linie ein Familienfest. In vielen Dörfern gehört das rituelle Schweineschlachten mit dazu. Doch genaugenommen beginnt Weihnachten schon 24 Stunden vorher, am Heiligabend, denn dann macht man in Funchal die Nacht zum Tag. Selbst der Markt hat rund um die Uhr geöffnet. Am Heiligabend um 24 Uhr gibt es eine feierliche Mitternachtsmesse in der Kathedrale.

Silvester: wird mit einem spektakulären Feuerwerk in der Bucht von Funchal begangen; die Schiffssirenen im Hafen tuten, die Glocken läuten, und fast alle Häuser in Funchal sind beleuchtet. Ein opulentes Silvesteressen und reichlich Wein gehören natürlich auch zum Fest.

Gesetzliche Feiertage:
1. Januar: *Ano Novo,* Neujahrstag
März/April: Karfreitag und Ostern
25. April: Tag der Freiheit, *Dia da Liberdade,* der an die Nelkenrevolution 1974 in Portugal erinnert, die den Kolonialkriegen und der Diktatur Caetanos ein Ende machte.
beweglich: *Espíritu Santo,* Pfingsten
1. Mai: Tag der Arbeit
29. Mai: Corpus Christi
10. Juni: *Dia de Portugal,* Nationalfeiertag
beweglich: *Corpo de Deus,* Fronleichnam
14./15. August: *Assunção,* Mariä Himmelfahrt
5. Oktober: *Dia da República,* Tag der Republik
1. November: *Todos os Santos,* Allerheiligen
1. Dezember: Restauração, Tag der Restauration (Ende der spanischen Herrschaft über Portugal, 1640)
8. Dezember: *Imaculada Conceição,* Unbefleckte Empfängnis

Auch sehr junge Madeirenserinnen sind beim farbenfrohen Blumenfest in Funchal schon mit großem Ernst bei der Sache

sche *cantigas d'amigo)* wurden in der Liedsammlung ›Cancioneiro Geral‹ von García Resende 1513 aufgezeichnet und sind deshalb der Nachwelt erhalten.

Als João Gomes 1495 starb, verlagerte sich das Zentrum höfischer Dicht- und Gesangskunst von Funchal nach Machico. Dort führte Legatskapitän Tristão Vaz Teixeira einen opulenten Hof und dichtete auch selbst – man nannte ihn wegen seiner galanten Lieder ›Tristão das Damas‹, den Tristan der Damen. Die Neffen und Söhne des charmanten Tristan lernten vom Onkel und wurden ebenfalls bekannte Troubadoure, so daß man in Madeira stolz von einer ›madeirensischen Troubadourschule‹ spricht.

Brinquinho: Mehr Spielzeug als Instrument

Auch die traditionelle Volksmusik Madeiras ist stark von Strömungen des portugiesischen Festlands geprägt. Die Siedler aus Nordportugal, dem Alentejo und von der Algarve hatten ihre Lieder und Tänze mit auf die Insel gebracht, und so verschieden sie auch voneinander waren, auf Madeira verbanden sie sich im Lauf der Jahrhunderte zu einer eigenständigen Folklore. Hinzu kam die Musik der Sklaven aus Nordafrika; die nach Madeira verschleppten Mauren und Schwarzafrikaner hinterließen einen Tanz, der früher in Ponta do Sol häufig gesehen wurde. Die Tänzer drehen sich im Kreis, mit langsamen, schleppenden Bewegungen und kleinen Schritten, als wären ihre Füße mit Ketten zusammengebunden *(Baile da Ponta do Sol).*

Andere Tänze imitieren symbolhaft Arbeiten, wie sie früher üblich waren: Der ›Tanz der Träger‹ zeigt die Bewegungen von Bauern, die schwerbeladen mit Zuckerrohr über die Berge eilen. Das Weinstampfen in großen Bottichen wurde ebenfalls für würdig befunden, als Tanz verewigt zu werden – das rhythmische Stampfen paßt außerdem gut zur Musik. Viele Instrumente kommen aus Nordportugal, wie die Harmonika und die *braguinha,* eine viersaitige Verwandte der Ukulele, während die Holzkastagnetten, die *trancanholas,* aus dem stark maurisch beeinflußten Alentejo stammen. Ein besonders originelles Perkussionsinstrument ist die *raspadeira,* ein mit gleichmäßigen Kerben versehener Holzstab, auf dem ein geschnitzter Kopf thront.

Eher ein hübsches Spielzeug als ein Instrument ist der *brinquinho:* eine Art Schellenbaum, auf dem bunt kostümierte Püppchen mit Glöckchen und *trancanholas* hoch- und niedergleiten. Recht lebendig ist die Folkloreszene auf dem kleinen Archipel; die Folkloregruppen aus Boa Nova, Camacha, Ponta do Sol und Livramento treten häufig in Hotels, bekannten Restaurants und natürlich bei den zahlreichen Volksfesten auf. Ihre Kostüme wurden in den 30er Jahren vom rührigen Tourismusamt auf der Grundlage echter alter Trachten entworfen.

Da Madeira zu Portugal gehört, wird man dort auch häufig auf Fado-Konzerte treffen. Dieser melancholisch-dramatische Gesang ist eine Art Markenzeichen der portugiesischen Kultur; in den letzten Jahren wurde der Fado zumindest in Portugal etwas von seinem Klischee befreit, nichts als ein fatalistischer, sehnsuchtsvoller Gesang zu sein. Dichter wie José Saramago, Antonio Lobo Antunes und Lídia Jorge sowie Sängerinnen wie Misia, Amélia Muge und andere junge Künstler haben den ›Gesang der Tavernen‹ aufgewertet und neu belebt.

Kunsthandwerk

Gestickte Träume

> Aus den ›Gestickten Gesängen‹ des Dichters Leandro Jardim:
> »Sie gibt ihre Seele dem Reif, hält ihn und dreht ihn. Sie stickt. Bis der Blick verschwimmt.
> Sie schließt den Kreis, kommt an den Punkt, Stich für Stich.«

Wenn man den romantischen alten Kachelbildern oder den hübschen Briefmarken glauben darf, ist das Sticken eine unterhaltsame Arbeit: Die Frauen sitzen im Kreis, jede das Stickzeug vor sich, und plaudern munter oder blicken unangestrengt lächelnd auf ihre Arbeit. Doch man darf ihnen leider nicht glauben. Es ist zwar eine hohe Kunst, die barocken Blütenträume auf die riesigen Tischdecken aus weißem Leinen oder die zarten Blumengirlanden in feine Batistkopfkissen zu zaubern, doch vor allem bedeutet das für die *bordadeiras* ebenso mühevolle wie – immer noch – schlechtbezahlte Arbeit. Mehr als 150–300 DM im Monat kann niemand als Stickerin verdienen. Die meisten *bordadeiras* sind Bäuerinnen, leben auf dem Land und bekommen ihre ›nebenberufliche‹ Heimarbeit von den Agenten oder Agentinnen der Stickereimanufakturen bezahlt.

Schon in der *casa dos bordados* wurden die gewünschten Muster auf die Stoffe aufgepaust und das benötigte Garn ausgerechnet. Die Agenten holen die fertige Arbeit auch wieder ab und berechnen den Lohn pro Stück und nach ›Punkten‹. Dazu fährt man mit einem Kilometer-Kurvenmesser die Stiche ab, um die ›Punkte‹ zu zählen – verschiedene Arten der Stickerei und des Materials sowie gestaffelte Schwierigkeitsgrade ergeben unterschiedlich hohe Punktzahlen. Fehler oder Ungenauigkeiten bedeuten Punktabzug. Für 100 Punkte bekommt die Stickerin eine staatlich festgesetzte Summe; eine am Halsausschnitt bestickte Bluse wird etwa mit 800 Punkten bewertet, während eine kunstvolle Decke aus Lochstikkerei rund 8200 Punkte bedeutet.

Im Geschäft oder in der Fabrik werden die fertig bestickten Decken, Seidenhemdchen, Zierkissen, Batisttaschentücher, Blusen usw. versäubert, mit einer Spezialseife gewaschen, um die blaue Musterfarbe zu entfernen, und gebügelt. Nach einer weiteren Kontrolle erhält das gute Stück das begehrte Siegel des ›In-

In der Stickereifabrik Patricio & Gonveia

stitut für Stickerei, Gobelinarbeiten und Kunsthandwerk auf Madeira‹, kurz IBTAM, das für die Qualität der Arbeit bürgt. Neben den Heimarbeiterinnen gibt es aber auch Manufakturen, die ausgebildete Stickerinnen fest beschäftigen und ihnen ein Gehalt von etwa 350 DM monatlich zahlen – dann braucht die Familie ›nebenberuflich‹ allerdings eine kleine Landwirtschaft, um sich ernähren zu können.

Immerhin bewertet auch die Regionalregierung Madeiras die gestickten Kunstwerke als »Arbeit von höchster künstlerischer Qualität, die als ›ex libris‹ anerkannt werden muß und die großes Interesse bei Touristen hervorruft« (Diário de Noticias, 28. 1. 98). Gleichzeitig wurde nun auch von höchster Stelle anerkannt, »daß der Beruf der Stickerin besonders mühsam ist, weil die Arbeit stundenlanges Stillsitzen bedeutet, wodurch vor allem die Wirbelsäule und die Sehkraft geschädigt werden.«

Seit der Nelkenrevolution 1974 sind die Stickerinnen durch die staatlich festgesetzten Mindestlöhne sowie eine Sozialversicherung wenigstens minimal abgesichert. In die Sozialversicherung traten viele Stickerinnen in den Dörfern allerdings gar nicht oder viel zu spät ein, »weil irgend jemand das Gerücht verbreitet hatte, die Sozialversicherung sei eine kommunistische Angelegenheit«, wie die Gewerkschaft der Stickerinnen beklagt. Ein Gerücht mit fatalen Konsequenzen, denn immerhin sollen die Stikkerinnen ab dem 60. Lebensjahr eine Rente bekommen, wenn sie 15 Jahre professionelle Tätigkeit nachweisen können – durch Einzahlungen in die Sozialversicherung.

Zwar stickten die Frauen auf Madeira schon immer ihre kunstvollen Muster – vor allem in den Klöstern war das Stikken eine verbreitete Beschäftigung –, doch das Verdienst, diese Kunst für den internationalen Markt erschlossen zu haben, steht einer Engländerin zu. Miss Elisabeth Phelps kam Mitte der 50er Jahre des 19. Jh. auf die Idee, Stickereien aus Madeira nach London zu exportieren. Damals war die Insel durch eine Cholera-Epidemie und die durch Rebläuse verlorene Weinernte in einer katastrophalen Lage, und Miss Phelps kaufte den Frauen einige Handarbeiten ab, schickte sie nach London – und war selbst überrascht von dem phänomenalen Erfolg, den die Arbeiten in England hatten.

Die Nachfrage wuchs sehr schnell, die Madeirenser Stickereien gefielen den reichen Londonerinnen so gut, daß Miss Phelps bald rund 1000 Frauen beschäftigen und ein eigenes Geschäft eröffnen konnte. Merkwürdigerweise stagnierte die Ausfuhrquote um 1880 – ob die reichen Londonerinnen der gestickten Dekken aus Madeira überdrüssig geworden waren? Jedenfalls schalteten sich die Deutschen in das Geschäft ein und exportierten ins kontinentale Europa. 1912 arbeiteten 32 000 Stickerinnen auf Madeira in Heimarbeit, weitere 2500 Frauen waren bei Manufakturen angestellt. Während des Ersten Weltkriegs brach der Export nahezu zusammen, denn kein Land war an feinen Stickereien interessiert, solange der Krieg tobte. Während des Zweiten Weltkriegs dagegen hatte Madeira ›Glück‹: Die Konkurrenz aus Asien (Philippinen und China) war durch den Krieg abgeschnitten, und die Madeirenser Stickerei erlebte eine kommerzielle Blüte, die allerdings an der miserablen Bezahlung der Stickerinnen nichts änderte.

Literatur

Bahnbrechende Romane sind, dies sei vorab gesagt, auf Madeira nicht geschrieben worden. Außerdem standen die Literaten der Insel seit jeher im Schatten ihrer portugiesischen Festlandskollegen, was es ihnen noch schwerer machte, vom europäischen Ausland zur Kenntnis genommen zu werden. Eine beliebte Form der literarischen Schöpfung sind Erzählungen, wobei sicherlich eine Rolle spielt, daß diese Kurzform auch in Zeitschriften veröffentlicht werden kann. Doch in erster Linie sind die Madeirenser Dichter (auch dies eine Parallele zur ›grünen Insel‹ Irland und zum madeirensischen ›Mutterland‹ Portugal). In den letzten Jahren erschienen mehrere Studien, die die unzähligen mündlich überlieferten Balladen und Gedichte schriftlich festhalten, die sonst mit den älteren Generationen ›ausgestorben‹ wären. Allein der Umfang dieser Publikationen zeigt, wie reichhaltig diese mündliche Lyrikproduktion ist, die häufig von analphabetischen Dichterinnen und Dichtern improvisiert wurde.

Als frühester Dichter der Insel gilt **Baltasar Dias,** der in der ersten Hälfte des 16. Jh. lebte und wahrscheinlich aus Santana stammte. Eines der wenigen Dokumente seines Lebens ist ein Schriftstück von 1537. Baltasar Dias litt wie andere Balladensänger und Poeten auch darunter, daß skrupellose Buchdrucker seine Verse veröffentlichten, ohne ihm etwas dafür zu bezahlen, und er bat den portugiesischen König um das Recht, seine Poeme selbst herausgeben zu dürfen. In diesem Dokument wird auch darauf hingewiesen, daß Baltasar Dias blind war. Um so bemerkenswerter sind seine Schilderungen des Straßenlebens in Funchal, wo er zwischen Sklaven, vornehmen Damen und Marktfrauen seine Verse vortrug, die die christliche Weltanschauung des Mittelalters spiegeln. Darin verdammt er die Jagd nach irdischen Gütern und schildert die Qualen des Fegefeuers, warnt vor der Lust des Fleisches, die dem spirituellen Fortschritt im Weg stehe. Nach dem Dichter ist das Stadttheater von Funchal benannt.

Ein vielzitierter, aber leider nicht ins Deutsche übersetzter Dichter ist **João Cabral do Nascimento** (geboren 1897 in Funchal, gestorben 1978 in Lissabon). Er verließ Madeira, um 1915 in Lissabon Jura zu studieren, wechselte jedoch nach kurzer Zeit und wurde Lehrer. Zusammen mit seiner Frau Maria Franco übersetzte er englische und französische Literatur, u. a. Verlaine; berühmt ist seine portugiesische Nachdichtung von Edgar Allan Poes ›Der Rabe‹. Cabral do Nascimento war ein von den französischen Symbolisten beeinflußter moder-

Helena Marques – Raquels Töchter

Um eine Frauengeschichte handelt es sich bei dem einzigen bisher veröffentlichten Roman von **Helena Marques** (geb. 1935 bei Carcavelos). Zwar wurde Helena Marques in Portugal geboren, doch als Säugling kehrte sie schon mit ihren madeirensischen Eltern zurück auf die Insel, wo sie die Schule besuchte, englische Literatur studierte und Privatlehrerin wurde. Helena Marques lebt heute in Paris. Ab 1957 schrieb sie für die Zeitung ›Diario de Notícias‹ in Funchal, später lebte sie in Portugal und war Mitherausgeberin des Lissaboner ›Diario de Notícias‹ und von Marie Claire.

1992 veröffentlichte sie den Roman ›Raquels Töchter‹, der auf Anhieb ein großer Erfolg und mit vier bedeutenden Literaturpreisen ausgezeichnet wurde. Ausgehend vom vergilbten Bordtagebuch ihres Urgroßvaters und von Geschichten, die sie noch aus ihrer Jugend kannte, schrieb Helena Marques das Porträt einer wohlhabenden Familie in Funchal. Der Bogen reicht vom Ende des 19. Jh. bis in die heutige Zeit; Hauptfiguren sind die Frauen der Familie, deren Lebensgeschichten Helena Marques erzählend miteinander verwebt. Erst Raquels Urenkelin gelingt es, das geographische und soziale Inseldasein ihres Lebens zu durchbrechen. Helena Marques ist die einzige ›madeirensische‹ Autorin, die auch ins Deutsche übersetzt ist. Es folgt ein Auszug aus dem Buch, in dem die Hauptfigur, Urgroßmutter Raquel, ihren Gedanken nachhängt:

»Glücklicher Marcos, er kann die Monotonie durchbrechen und ihr entfliehen, kann für ein Jahr Marinearzt sein, sobald die Insel-Klaustrophobie ihn zu ersticken droht. Und ich? fragt sich Raquel, am Fenster des Hauses im Vale Formoso lehnend, jenem Fenster, an dem sie ihr Leben lang Tag für Tag lehnt. Und ich? Für mich, die ich als Frau geboren bin, die heiraten und Mutter werden wollte, für mich hat sich seit Penelope nichts geändert. Mein Los heißt warten. Im Haus sitzen. Am Webstuhl. Oder aufs Meer blicken. Sie lächelt, trotz alledem. Sie ist glücklich, trotz alledem. Sie hat den geheiratet, den sie wollte und wie sie es wollte. Sie hat die kleine, köstliche Freiheit erlebt, die fast beleidigende Sicherheit abzuweisen, mit der Marcos zu ihr über Heirat gesprochen hatte. Gesprochen, nicht etwa einen Antrag gemacht. Sie hatte ihn abreisen sehen, ohne ihm die kleinste Geste der Zuneigung zu gewähren, hatte ihn ohne ein Wort der Hoffnung zu einer Famulatur nach London fahren lassen. Vielleicht hätte sie damals schon begreifen müssen, daß dies die erste Flucht war. Der Weg aufs Meer wurde zum Ausweg aus der Hoffnungslosigkeit, zum Heilmittel für die Kränkungen, zum Gegengift für die Eintönigkeit. Und ich, mein Gott? Ist Penelopes Weg wirklich unausweichlich?«

nistischer Dichter, der schon als *newcomer* von Fernando Pessoa, Ikone der modernen portugiesischen Lyrik, sehr gelobt wurde. Als Direktor des Distriktarchivs von Funchal und Begründer der Zeitschrift ›Historisches Archiv von Madeira‹ lebte João Cabral do Nascimento auch lange Jahre auf Madeira.

Das Leben auf der Insel und der Alltag der einfachen Leute ist das übergreifende Thema des Romanciers **Horacio Bento de Gouveia** (geb. in Ponta Delgada 1901, gest. in Funchal 1983). Sein bekanntestes Werk ist der 1959 veröffentlichte Roman ›Lágrimas correndo mundo‹, zu deutsch etwa: ›Tränen rinnen in die Welt‹. Sehr engagiert behandelt der Autor das Schicksal der Stickerinnen auf Madeira. Der sozialkritische Autor geriet mit seinen Romanen immer wieder in Konflikt mit der Zensur; so durfte sein Werk ›Ilhéus‹ (1949), das ebenfalls die Armut thematisiert, zunächst nur zensiert erscheinen; eine unzensierte Auflage wurde 1975 unter dem Titel ›Canga‹ veröffentlicht.

Unfreiwillig ›exportierte‹ Madeira auch einige Dichter und Prosaautoren, die, wie so häufig auf Inseln, zum Studium aufs Festland gingen und dort blieben. Der berühmteste von allen ist **Herberto Helder,** der 1930 als Herberto Helder de Oliveira in Funchal geboren wurde. Zum Studium ging Helder nach Lissabon, wo auch er blieb; im strengen Sinn ist er also kein madeirensischer Autor, doch auf der Insel ist man stolz darauf, zumindest etwas mit dem berühmten Dichter zu tun zu haben. Herberto Helders Werk ist aus den Reihen des Surrealismus gewachsen, wobei er aber Mitte der 60er Jahre zu experimenteller Prosa überging. In Lissabon organisierte er zusammen mit dem ebenfalls aus Madeira stammenden Lyriker **Antonio Aragão** (und Ernesto Manuel de Melo e Castro) zwei programmatische Anthologien mit dem Titel ›Poesia Experimental‹. Ihre experimentelle Poesie sollte die logisch-diskursive Sprache der Lyrik zerstören, da die Dichter diese als Ausdruck der gesellschaftlichen Unterdrükkung betrachteten. In der erstickenden Atmosphäre Lissabons – die Kolonialkriege hatten begonnen, Zensur und Angst lähmten das literarische Leben – bedeuteten diese experimentellen Gedichte eine Provokation.

Short-stories mit philosophischem und satirischem Einschlag schreibt der 1959 in Funchal geborene **João Luis Aguiar.** Seine ›Erzählungen von der Flut‹ sind ein vielversprechendes Debut. Aguiar studierte Philosophie in Porto und arbeitet als Lehrer am Gymnasium in Funchal.

Den umgekehrten, durchaus selteneren Weg – von Portugal nach Madeira – nahm **Maria Aurora Carvalho Homem** (geb. 1938 in Viseu). Die populäre Fernseh- und Radiojournalistin lebt seit langem in Funchal, veröffentlicht Kolumnen in Zeitungen, schreibt für diverse Zeitschriften und ist Autorin hervorragender Erzählungen und Gedichte. ›Para ouvir Albinoni‹, ›Um Albinoni zu hören‹, heißt ihr jüngster Band mit Erzählungen (1995). Die ›Heldinnen‹ ihrer subtilen und häufig auch sehr sinnlichen Erzählungen sind auf der Suche nach einem Glück, das ähnlich schwer zu erreichen ist wie die Quadratur des Kreises.

Viele dieser Gegenwartsgeschichten spielen auf Madeira, an identifizierbaren Orten, deren Schönheit jedoch wenig mit Tourismusprospekten zu tun hat. Eine alte Quinta wird zu einem Ort, an dem eine vergangene Liebe erneuert wird, oder die Insel Porto Santo wird zum Symbol für das Ende einer zerstörerischen Liebe. In ›Reise mit Rückkehr‹

fährt Mariana, langjährige Geliebte eines verheirateten Mannes, nach Porto Santo, um die Vergangenheit abzustreifen:

»Wie kommt es, daß sich die Liebe über so lange Zeit zu einem Traum vom Leben zu zweit ausdehnte, von einer Reise ohne Wiederkehr, die sie vereint unternahmen? War es denn nur sie, die die Zärtlichkeit nährte, die den Wunsch lebendig hielt?

Mariana, du weißt genau, und gib dich keinen Illusionen hin, daß es nicht nur das Problem mit den Kindern und der Frau ist. Du weißt, das es noch andere gibt. Viele andere. Zufällige Abenteuer, die keine Spuren hinterlassen. Sie hinterlassen keine Spuren, Mariana? Hör damit auf. Er verdient nichts. Lebe, Mariana, lebe!

Sie hält das dritte oder vierte Glas in der Hand. Die Müdigkeit hat ihr Gesicht gezeichnet. Die Musik in der Kneipe wird frenetisch. Sie lädt mit ihrem Rhythmus den Körper ein. Mariana läßt sich treiben. Sie tanzt. Verschwommen erkennt sie ein Gesicht, das auf ihre Schulter fällt, und Hände, die über ihren nackten Rücken fahren. Entfernt nimmt sie Worte wahr, die ihr ins Ohr gesprochen werden, und von weitem ruft jemand, ›die Vierzigjährige kann sich nicht mehr halten‹.

Ein silbriges Meer liegt schimmernd über dem feuchten Sand. Ein runder Mond, eine Silbermünze auf dem schwarzen Himmelssamt, steht über der Ponta da Calheta. Eine große, eine enorme Stille breitet sich über dem verlassenen Strand aus.

Mariana hört die Musik in der Ferne. Sie schleppt sich zum Wasserrand, fühlt die Wellen heranrollen und das Wasser um ihre Beine. Die Kneipe liegt endlos weit hinter ihr. Sie ist ein Orientierungspunkt, der sich immer weiter entfernt. Sie weiß nicht, ob das Salz auf ihrem Gesicht Meeresspritzer oder Tränen sind. Sie läuft langsam in die Gischt hinein. Versöhnt.

Ein Wolkenfetzen verdeckt für einen Moment den Mond. Hinter dem Ilhéu da Cal fällt eine Sternschnuppe.«

(Maria Aurora Carvalho Homem: ›Viagem com Regresso‹, ›Reise mit Rückkehr‹, aus: ›Para ouvir Albinoni‹, Editorial Éter/Jornal de Cultura, Ponta Delgada, Madeira.)

Theater

Ende des 19. Jh.: In den Parks und Cafés der Hauptstadt flanieren prominente Besucher, in nahezu jeder Quinta logiert irgendeine illustre Aristokratenfamilie – und es gibt kein elegantes Stadttheater in Funchal. Keine gepflegte Abendunterhaltung mit berühmten Compagnien, keine Stars auf der Bühne. Eine Schande für die bedeutende Inselhauptstadt, schimpft die ›Kulturfraktion‹; schließlich habe die Stadtkasse dringendere Probleme zu lösen, als ausgerechnet ein Theater zu bauen, geben die anderen zurück, und eine öffentliche Polemik für und gegen ein ›würdiges, repräsentatives‹ Theater beginnt Anfang der 80er Jahre des 19. Jh.

Ein anderes, ›unwürdiges‹ Theater gibt es längst in der Stadt: das Teatro Esperança. Hier spielt seit 1881 eine Lissaboner Truppe beim Publikum beliebte Revuen und Komödien, Boulevardstücke und seriöse Dramen mit Titeln wie ›Die Mutter der Sklavin‹, ›Die geheimnisvolle Grotte‹ oder ›Der kleine Graf‹, aber auch ›Gebenedeite Tränen‹ des bedeutenden romantischen Autors Camilo Castelo Branco. Doch reicht dieses einzige Theater, um dem Volk und den Gästen der Insel (es ist nicht leicht, sich auf einer Insel die Zeit zu vertreiben) gleichermaßen Unterhaltung zu bieten?

Mitnichten. Es sei nötig, ›die tristen Winterabende und die endlosen Sommernächte mit Unterhaltung zu füllen‹. Schließlich konnte man in den Straßen der Oberstadt nicht immer Pferderennen veranstalten – überall mußten Holztribünen aufgebaut werden, ständig gab es Verletzte, und die Kosten für Reiter, Ausrüstung und Schutzpersonal belasteten die Stadtkasse erheblich. Noch unmöglicher waren die Stierkämpfe in den Straßen, wenn auch aus anderen Gründen; das sanfte Inselklima hatte fatale Auswirkungen auf die Tiere, sie stolperten umher, als hätten sie Schlafmittel gefressen, und das Volksspektakel endete regelmäßig in einem Fiasko – 1867 »erschreckten die sanft vor sich hindämmernden Stiere sogar vor dem Gebell der Hunde«. Die ewigen ›Cosmoramas‹ mit ihren ›überraschenden Bildern‹ exotischer Landschaften, großartiger Städte und beeindruckender Denkmäler riefen auch nur noch Gähnen hervor.

Dann vielleicht doch die Akrobatentruppen? Sie kamen per Schiff aus Südafrika oder von den Kanaren und wurden immer groß angekündigt: die ›Amerikanische Compagnie Russischer Athleten‹ (!) zum Beispiel, 13 Männer, von denen keiner – man ahnt es bereits – Russe war. Oder die phänomenale ›Companhia Japoneza‹, deren Akrobaten weder japanisch aussahen noch japanische Namen hatten. Natürlich ging man trotzdem hin, schon allein deshalb, weil die Eintrittsgelder teilweise in den Fond für das neue Theater flossen – die reicheren Bürger Funchals hatten sich entschlossen, selbst für ihre Unterhaltung tätig zu werden, weil aus dem Rathaus kein Laut kam.

Das alte Teatro Municipal in Funchal

Schließlich gelang es der Stadtverwaltung, einen Kredit für das neue Theater zu bekommen, und am 24. Oktober 1883 wurde der Grundstein gelegt – zum Glück geriet das Gebäude dann doch nicht zu einer Imitation der ›Mailänder Scala‹, wie der mit dem Entwurf betraute Architekt es eigentlich vorhatte. Das Teatro Esperança – es gehörte dem Grafen de Canavial – spielte noch bis 1915, wurde dann verkauft, als Holzlager benutzt und später abgerissen. Das neue Stadttheater wandelte sich vom Teatro Funchalense über das Teatro de Dona Maria Pia zum Teatro Dr. Manuel Arriaga und überdauerte schließlich als Teatro Municipal Baltasar Dias.

Ein eigenes Ensemble besitzt das Theater nicht, doch treten hier Gastspielensembles auf, und das Theater ist ein schöner Konzertsaal. Außerdem wurde es jahrzehntelang auch noch für eine ganz andere Art der Unterhaltung genutzt: das Teatro Municipal war das beständigste Lichtspieltheater auf Madeira.

Film

Am 15. Mai 1897 kündigte der Unternehmer João Anacleto Rodrigues an, er werde im Theater Dona Maria Pia (heute das Stadttheater) um 20.30 Uhr einen Apparat vorführen, der laufende Bilder produziere – die ›siebte Kunst‹ war auf Madeira gelandet. Zehn Jahre später wurde das erste Kino eröffnet (der ›Goldadler‹, Aguia de Oro), jeden Abend umlagert von Menschenmengen, die so leidenschaftlich die Vorgänge auf der Leinwand verfolgten, daß Polizei in den Saal geschickt wurde, um Tumulte und Verstöße gegen die öffentliche Ordnung zu verhindern. Doch auch der Polizeischutz konnte nicht verhindern, daß das erste Kino auf Madeira nur fünf Monate nach seiner Eröffnung ausbrannte.

Der wichtigste Pionier, Regisseur und Kameramann des Madeirenser Kinos war **Manuel Luiz Vieira,** genannt Vieirinha. Er sei der einzige, der ›ein Werk hinterlassen hat, das die geographischen Grenzen des Archipels überschritt‹, schreibt der Filmspezialist João Mauricio Marques. 1925 drehte Vieirinha seinen ersten Film: ein Dokumentarfilm über das Fest des São Pedro in Ribeira Brava. Ein Jahr später war er mit seiner Kamera dabei, als die beiden Flieger Moreira de Campos und Neves Ferreira in Funchal landeten. Bis 1949, seinem Todesjahr, drehte Vieirinha 150 Filme, meist Dokumentar- und Kurzfilme, z. B. über die Kabeljaufischer im Nordatlantik, die Schafschur im Paúl da Serra, das Fest der Nossa Senhora do Monte, aber auch Werbespots für Shell.

Seine beiden wichtigsten Filme, ›A calúnia‹ und ›O fauno das montanhas‹, gelten als Klassiker. Der erste zeichnet ein Porträt der Gesellschaft Funchals Mitte der 20er Jahre des 20. Jh.; mit feiner Ironie zeigt Vieirinha die Dekadenz der adeligen *fidalgos,* mit viel Sensibilität schildert er die Hoffnungen, die die Armen in die Emigration nach Amerika setzen. Ganz anders ›Der Faun der Berge‹: 1927 in der Märchenlandschaft von Rabaçal und den ›25 Quellen‹ gedreht, zeigt der Film eine von Feen und Faunen bevölkerte Fantasiewelt.

Einen Monat bevor in Funchal die Hungerrevolte losbrach, wurde im Teatro Municipal der erste Tonfilm gezeigt (1931): ›O louco cantor‹, Der verrückte Sänger, von Al Johnson, allein schon wegen der Tonspur ein sensationeller Publikumserfolg. In der Folge schossen in Funchal immer mehr Kinos aus dem Boden, von denen sich die meisten nicht

Szene aus ›O fauno das montanhas‹, der 1927 von Manuel Luiz Vieira in Rabaçal gedreht wurde

lange halten konnten. Auch die beiden berühmtesten Kinos sind verschwunden, allerdings nicht wegen mangelnder Besucher; der Pavilhão Paris mußte der neuen Avenida do Zarco weichen, und das Teatro Circo wurde abgerissen, als die Avenida do Mar gebaut wurde. Fotos der legendären Kinos hängen heute im Museu Vicentes, in dem auch ein großer Teil der Filmgeschichte Madeiras dokumentiert ist.

In den 30er Jahren war Madeira eine beliebte Filmkulisse für internationale Produktionen: der Deutsche F. Jacoby drehte hier 1934 das Liebesdrama ›Warum lügst du, Fräulein Kate?‹. 1935 entstand in Ribeira Brava und Caniço ›The marriage of Corbal‹ von Karl Grune. Die Filmleute hatten eine Riesenausstattung mitgebracht, einschließlich Pferden, Spezial-Lkw und transportabler Garderobe; 200 Statisten aus Madeira spielten mit, vor allem in Kampfszenen. Nach den Dreharbeiten verschwanden die Filmcrews normalerweise auf Nimmerwiedersehen – ansehen konnten sich die Madeirenser kaum einen der Filme, meist melodramatische Liebesgeschichten, die auf ihrer Insel gedreht wurden.

In den 30er Jahren des 20. Jh. kehrte auch Dokumentarfilmer Vieirinha, der mittlerweile in Lissabon lebte, nach Madeira zurück, um Dokumentarfilmen über ›Tänze auf Madeira‹, Stickerinnen und den Alltag von Bauern und Fischern zu drehen. 1931 entstand sogar ein Film über die Hungerrevolte: Kameramann Francisco Abreu begleitete die Lissaboner Truppen, die die Revolution niederschlugen. Der fertige Film wurde 1932 im Teatro Municipal gezeigt und war ein großer Erfolg. Zu dieser Zeit entstanden auch die ersten englischen und französischen Tourismusfilme über Madeira, in denen die Insel als ›Schwimmender Garten‹ (so ein Titel) vorgestellt wurde.

Ganz anders der berühmte Film ›A canção da terra‹ (Das Lied der Erde, 1936) von **Brum do Canto:** Ein Liebespaar versucht, in einer Gegend zu überleben, in der es kaum regnet und wo jeder Tropfen Wasser ein Wunder ist. Ein anderer Mann verliebt sich in die Frau und verliert den Kopf, als sie ihn zurückweist. Er weigert sich, mit den beiden sein Brunnenwasser zu teilen. In seiner Schlichtheit gilt der Film ebenfalls als Klassiker.

40 Jahre lang stagnierte die Filmproduktion auf Madeira – kaum ein Spielfilm wurde in dieser Zeit von Künstlern der Insel gedreht. Erst in den 60er Jahren begannen vorsichtige Versuche. Als ›künstlerisch hervorragend‹ lobte die internationale Filmkritik auch ›As ilhas encantadas‹ (Die verzauberten Inseln), der 1964 mit Starbesetzung auf Madeira gedreht wurde: Jean Rabier, einer der Stars der französischen *nouvelle vague,* und drei exzellente portugiesische Kameramänner (Elso Roque, Augusto Cabrita, Acácio de Almeida), die Fado-Sängerin Amalia Rodrígues, eine nationale Ikone, waren dabei – doch kommerziell wurde der Film ein Flop.

Nach der Nelkenrevolution 1974 beschäftigten sich die Filmemacher vor allem mit sozialen Themen; allerdings, so der Filmfachmann João Maurício Marques, mit eher mittelmäßigen Ergebnissen. Die Ausnahme: der Film ›Colonia e vilões‹, 1977, von **Leonel Brito.** Es ist in der gesamten Filmgeschichte von Madeira der einzige Film, der den Konflikt zwischen Grundherren und Pächtern thematisiert – und das Ausbeutungssystem anklagt, was dem Regisseur auch Kritik einbrachte. Aber immerhin: das Landleben wird realistischer dargestellt und beobachtet, als es in den Tourismusfilmen üblich ist.

1980–97 entstanden zwei interessante Spielfilme (internationale Koproduktionen) auf der Insel: ›Manoel na ilha das maravilhas‹ (Manoel auf der Wunderinsel), ein sehr fantasievoller Kinderfilm, gedreht vom Exilchilenen **Raul Ruiz.** Und ›Até amanhá, Mário‹ (Bis morgen, Mário, 1993) von **Solveig Nordlund,** ein brisanter Film über bettelnde und sexuell ausgebeutete Kinder in Câmara de Lobos.

Aus Küche und Keller

Das kulinarische Angebot auf Madeira ist reichhaltig und verwöhnt besonders Fischfans. Das Meer liefert einen großen Teil des täglichen Speiseplans, wie man sich auf dem Markt von Funchal leicht überzeugen kann: Riesige, silbrig glänzende Thunfische liegen neben schwarzen, martialisch aussehenden Degenfischen, dazwischen Seebarben, schimmernde Schwertfische, Brassen, rosiger Lachs und Körbe voller Venusmuscheln.

Obststand in den Markthallen von Funchal

Ein paar Stände weiter türmen sich Tomaten, Kartoffeln, Möhren, Süßkartoffeln und Kohlköpfe, duftet es nach Gewürzkräutern, verlocken die Weidenkörbe voller Apfelsinen, Bananen, Melonen, Trauben, Ananas, Birnen und eine schier unendlich scheinende Zahl weiterer süßer Früchte zum Zugreifen.

In vielen Restaurants bekommt man zum Auftakt (auch ohne Bestellung) den traditionellen *bolo de caco* serviert, ein warmes Süßkartoffelbrot mit Knoblauchbutter, das für den kleinen Hunger schon völlig ausreichen würde. Doch die Madeirenser essen gern gut und üppig, also nimmt man den *bolo de caco* als Brotbeilage und wendet sich den Vorspeisen zu.

Das können in Knoblauchbutter gedünstete oder gegrillte Napfschnecken sein *(lapas)* oder eine feine Tomatensuppe mit kleingehackten Zwiebeln, pochiertem Ei und Kräutern. Überhaupt sind Suppen, ursprünglich das ›Essen der armen Leute‹, stark vertreten: die allgegenwärtige *caldo verde,* eine

In aller Munde: Madeirawein

Am 15. August beginnt auf Madeira die Weinernte. Dann sieht man überall am Straßenrand große Körbe mit Weintrauben stehen, die turnusmäßig von Lkws abgeholt und in die Weinpressen gebracht werden. Die letzten Trauben des *sercial* werden im November reif, so daß sich die Weinernte bis Mitte oder Ende November hinziehen kann. Gekeltert wird heute größtenteils mit mechanischen Pressen, nur in einzelnen Orten (wie Estreito de Câmara de Lobos, s. S. 183f.) stampft man die Trauben noch mit nackten Füßen in großen Bottichen. Allerdings hat diese traditionelle Stampferei den Vorteil, daß die Kerne und Rispen nicht beschädigt werden und deshalb keine Gerbsäure entsteht. Früher brachten die *borracheiros* den ausgepreßten Most in Ziegenschläuchen zur Weiterverarbeitung nach Funchal.

Nun beginnt in den Weinkellereien ein langwieriger und komplizierter Prozeß, der im wesentlichen darin besteht, dieselben Ergebnisse hervorzubringen wie eine zweifache Äquatorüberquerung. Zunächst wird der Most mit Hefekulturen gekeltert, d. h. er wird in Gärungsfässern fermentiert, wobei Zucker in Alkohol und Kohlendioxyd umgewandelt wird. Letzteres entweicht durch eine Öffnung im Faß. Dann schöpft man die Hefe ab, und der *vinho claro* (heller Wein) wird erwärmt, ein äußerst delikater Prozeß. Dafür gibt es verschiedene Verfahren, die alle sehr aufwendig und langwierig sind. Am schnellsten geht es in riesigen Tanks *(cubas de calos)*, die 20 000 bis 50 000 l Wein fassen; in ihnen befinden sich Heizrohre und Umwälzpumpen, die den Wein ›drehen‹ und zwei Monate lang immer in Bewegung halten.

Hohe Qualität erzielt man aber eher mit dem behutsameren ›Wärmelager‹ *(armazém de calor):* Die Weinfässer werden in großen ›Heizhäusern‹ aufgeschichtet, und das gesamte Gebäude wird auf 45 °C erhitzt. Sechs bis zwölf Monate braucht der Wein bei dieser Methode, und die hohen Produktionskosten schlagen sich auch im Verkaufspreis nieder. Einfacher, aber noch erheblich langsamer wird der Spitzenwein *vinho canteiro* gekeltert. Er liegt mindestens acht, meistens 20 Jahre lang in einem Haus mit einem Glasdach, auf das die Sonne hoffentlich kräftig scheint *(estufa do sol)*. Das Erhitzen der Flüssigkeit ist ein unabdingbarer Vorgang, weil nur bei diesem Prozeß der Effekt des ›Karamelisierens‹ entsteht, der jeden anderen Wein zerstören würde – man weiß zwar heute noch nicht, warum er entsteht, doch ohne ihn gibt es keinen Madeirawein.

Anschließend geht es in entgegengesetzter Richtung weiter – dann muß der Wein ebenso behutsam wieder abgekühlt werden. Geschieht dies zu schnell, war die gesamte Arbeit umsonst, denn dann entsteht Essigsäure. Erst anschließend wird der Wein gereift, das heißt, er wird gefiltert und in Eichenfässer gefüllt, in denen er 12–18 Monate ruht. Je nach Weinrebe sind die Fässer aus verschiedenen Hölzern: Malvasia-Wein liebt polnische oder amerikanische Eiche, die anderen Sorten lagern in Mahagoni, Teak, Kastanie oder Seideneiche. Mindere Qualitäten werden vorher mit Zusatz von Alkohol auf 18 % ›gesprited‹, bei den guten Weinen wird nur der entwichene Alkohol aufgefüllt. In dieser Reifungszeit wird der Wein noch einmal umgefüllt, damit er Sauerstoff bekommt. Beim Umfüllen verschneidet man ihn außerdem, damit er den für das Haus typischen Geschmack bekommt; keinesfalls ist hierdurch ein Verpantschen gemeint, sondern eine weitere Veredelung, die von Spezialisten vorgenommen wird.

Einfache Madeiraweine bleiben etwa 18 Monate in den Fässern, besonders gute lagern noch mal 20 Jahre. Die Herstellung eines schlichten Madeiraweins dauert also geschlagene drei Jahre – mindestens. Erst dann verschließt der Kontrolleur vom Weininstitut das fertige Faß mit einem Spund, um den ein Bananenblatt gewickelt wird; darum wird noch ein mit Wachs versiegeltes Leinenband mit dem Stempel des Instituts gewickelt – ab jetzt kann niemand Wein entnehmen oder hinzufügen, um die einmal festgestellte Qualität des Weins zu verändern. Übrigens stammt die älteste Flasche Madeirawein aus dem Jahr 1772; mehr als 200 Jahre später ersetzte man den alten Korken durch einen neuen und probierte einen winzigen Schluck: der Wein besaß immer noch seine herausragende Qualität. Historische Weinjuwelen dieses Alters findet man allerdings normalerweise nicht in den Kellereien und Weingeschäften Funchals. Allerdings sind schon für etwa 6000 DM Weine von 1863 zu erhalten.

In den beiden großen Weinkellereien Funchals (s. S. 256) kann man die Produktionsschritte im Detail verfolgen und die verschiedenen Geschmacksrichtungen der Rebsorten probieren: der *sercial* ist ein idealer trockener Aperitif, seine Trauben kommen aus hochgelegenen Gegenden, vor allem aus Seixal an der Nordküste. Rebsorten aus niedriger gelegenen Gegenden sind süßer, weil sie mehr Sonne bekommen haben, z. B. *verdelho* – man kann ihn sogar zum Hauptgericht trinken. *Bual* (auch: *boal*) dagegen schmeckt etwas nußartig – zwischendurch kann man sich gut ein Gläschen genehmigen, während der weiche dunkle *Malvasier* die klassische Begleitung zum Kaffee nach dem Essen ist. Der in den kleinen privaten Weingärten angebaute Tischwein wird übrigens nicht exportiert. Ihm begegnet man in einfachen Restaurants als *vinho da casa* – sein Geschmack, der von der Rebsorte, dem Verschnitt und der Bodenbeschaffenheit abhängt, variiert von Ort zu Ort, doch meistens schmeckt er sehr gut.

Auch Fisch wird gerne am Spieß serviert

grüne Kohlsuppe mit *chouriço*-Stückchen, oder *canja de galinha,* eine klare Hühnerbrühe, nach traditionellem Rezept mit Zimt und Madeirawein abgeschmeckt, aber auch ohne diese Besonderheit meistens sehr gut. In Curral das Freiras sollten Sie unbedingt Kastaniensuppe *(sopa de castanhas)* probieren; gewöhnungsbedürftiger und seltener im Angebot ist dagegen die Weizensuppe, in der ein veritabler Kuhfuß schwimmt. Fischsuppe gibt es in zwei Varianten: als *caldeira,* dann besteht sie aus einer Fischsorte, meistens nimmt man schwarzen Degenfisch oder Thunfisch; oder als *caldeirada,* dann kommen mehrere Fischsorten hinein, und man fühlt sich an eine Bouillabaisse erinnert.

Fleisch und Fisch werden gebraten *(frito),* gegrillt *(grelhado),* gekocht *(cozido)* oder geschmort *(asado),* komplizierte Saucen findet man meistens nicht auf dem Teller, und die Beilagen bestehen häufig aus gekochten Kartoffeln, Möhren und Tomaten – leider nicht gerade einfallsreich zubereitet und häufig weichgekocht. Darüber trösten allerdings die fangfrischen Fische hinweg, die im Gegensatz zum Gemüse auf den Punkt gegart werden.

Obligatorisch sollte man den schwarzen Degenfisch *espada* kosten, der auf dem Markt so furchteinflößend aussieht. *Espada* wird meistens gegrillt oder im Teigmantel und mit Bananen serviert *(com banana);* aus seinem Rogen fabriziert man leckere Appetithäppchen *(petiscos).* Allerdings sollte man ihn nicht verwechseln mit dem *espadarte,* dem Schwertfisch, der ebenfalls häufig auf den Speisekarten zu finden ist. Ein dickes Thunfischsteak *(atum)* mit Zwiebelsauce, goldgelb gegrillte Brassen *(pargo)* oder zarter Lachs *(salmão),* Stockfischauflauf mit Kartoffeln, gekochten Eiern und Petersilie *(bacalhau à Brás)* – die Auswahl fällt schwer. Meeresfrüchte wie Tintenfisch *(lulas),* Gambas und Langusten müssen übrigens aus Portugal importiert werden und sind daher nicht gerade billig.

Ein Glück, daß man in vielen Restaurants auch eine halbe Portion *(meia dose)* bestellen kann, ebenso wie eine kleine Flasche Wein *(meia garrafa)* – auf diese Weise kann man sich gemütlich durch die Madeirenser Speisekarten essen, denn auch an Fleischgerichten ist die Inselküche nicht gerade arm. Zu den traditionellen Gerichten gehört der Rindfleischspieß *espetada*: Rindfleischstückchen auf einem Lorbeerspieß werden über einem Holzkohlenfeuer gegrillt – im besten Fall. Viele Restaurants haben den Lorbeerzweig heute durch einen Metallspieß ersetzt und die Holzkohlenglut durch einen elektrischen Grill, trotzdem lohnt es sich, die *espetada* zu probieren. Der Spieß wird an einem ›Galgen‹ am Tisch aufgehängt, die klassische Beilage dazu ist frittierte Maispolenta *(milho frito).*

Sehr würzig ist in Wein, Lorbeerblättern und Knoblauch eingelegtes Schweinefleisch, *carne de vinho e alhos,* meist serviert mit Süßkartoffeln, *milho frito* und Apfelsinenschnitzen. Je nach Jahreszeit sind auch Kaninchen und Zicklein im Angebot, mit Kräutern und Wein im Backofen gegart. Und wenn Sie Glück haben, begegnet Ihnen eine lukullische Besonderheit: Hühnerbrust in Madeirawein geschmort, mit Kastanienpüree. Ein traditionelles Gericht zum 1. November ist ein Eintopf aus Schweinefleisch, Süßkartoffeln und Kohl *(cozido à Madeirense),* doch auch rund ums Jahr sind Eintöpfe beliebt: In die *caldeirada* gibt man, was gerade vorhanden ist, doch am liebsten mehrere Fleischtomaten, Bohnen und Tomaten.

Der Zuckeranbau brachte Madeira viel Reichtum, und in den Klöstern, v. a. im Kloster Santa Clara in Funchal, wurden aus Zucker, Kakao, Mandeln, Eiern und Madeirawein himmlische Süßigkeiten hergestellt, die heute zum traditionellen ›süßen Delirium‹ der Insel gehören: quietschsüße Cholesterinbomben mit kuriosen Namen wie Nonnenbäuchlein, Nonnenküsse (aus Zucker, Mandeln, Eigelb) oder Venuseier. Doch süße Eierpuddings *(flan),* Milchreis *(arroz doce),* Mousse au chocolat und Obstsalat tun es vielleicht auch und versöhnen Vegetarier mit der lieblosen Gemüseküche. Ein wunderbares Mitbringsel ist der *bolo de mel,* ein Honigkuchen, der früher mit Honig und ausschließlich zu Weihnachten gebacken und heute das ganze Jahr über und mit Zuckersirup hergestellt wird.

Ein üppiges Menü muß natürlich begossen werden – mit dem leichten, spritzigen *vinho verde* zum Beispiel, der aus Portugal importiert wird, nicht viel Alkohol enthält und ungeachtet seines Namens weiß, rot oder rosé sein kann. Oder mit anderen portugiesischen, wie Dão und Bairrada, oder alentejanischen Weinen. Tafelwein aus Madeira findet man in Funchal recht selten, obwohl er annehmbar ist, wohingegen sich der Madeirawein eher als Aperitif oder zum Dessert eignet. Beliebt sind auch die Poncha, aus Zuckerrohrschnaps, Limonensaft, Honig und Zucker, sowie die vielen Liköre der Insel: Den Maracujá hält man für aphrodisierend, während Kirschlikör *(ginja)* und Eßkastanienlikör *(licor de castanha)* einfach nur lecker sind.

Mediterrane Sitten herrschen auf Madeira in bezug auf die Essenszeiten und -gewohnheiten: gefrühstückt *(pequeno almoço)* wird üblicherweise nur Kaffee und gebutterter Toast *(torrada),* vielleicht auch ein Käsetoast *(tosta de queijo).* Zu Mittag essen *(almoço)* kann man gegen 12 Uhr, Abendessen *(jantar)* wird in Funchal und den Touristenzentren gegen 19 Uhr serviert, doch die Madeirenser speisen meist erst gegen 21 Uhr; für das späte Abendessen gibt es in der portugiesischen Sprache sogar ein eigenes Wort, die *ceia.*

Eine Korbschlittenfahrt gehört in Monte zum Pflichtprogramm ▷

Reisen auf Madeira

Funchal und Umgebung

Funchal – Das Amphitheater der Insel

■ (s. S. 248ff., Übersichtskarte s. hintere Klappe) Seit fünf Jahrhunderten ist Funchal das Zentrum der Insel und ihre Hauptstadt. Die kosmopolitische Mini-Metropole liegt malerisch in einer windgeschützten Bucht, umgeben von steilen, grünen Hängen, was manche Chronisten dazu anregte, die Stadt mit einem Amphitheater zu vergleichen. Gern beklagen sich die Funchalesen über Lärm und Hektik ihrer Stadt, während Funchal den großstadtgeplagten Urlaubern eher als gemütliches Städtchen erscheint – es sei denn, man muß sich mit dem Auto durch die Stadt quälen. Die meisten Hotels liegen jedoch auf einer Anhöhe westlich von Funchal, so daß man per Bus oder Taxi in die Stadt fahren kann, um dort zu Fuß umherzustreifen. Zum Beispiel in der Altstadt *(Zona Velha)* mit ihren verschwiegenen Winkeln und Plätzen und dem hübschen alten Straßenpflaster.

Überhaupt lernt man Funchal am besten zu Fuß kennen: beim Flanieren durch den Stadtkern mit den schmalen Straßen, eleganten Stadthäusern mit kunstvollen schmiedeeisernen Balkongittern, stillen grünen Innenhöfen, traditionsreichen Geschäften, eleganten Cafés und schlichten Fischerkneipen. Zum Glück gibt es in Funchal nicht allzu viele Bausünden zu beklagen – die Hauptstadt von Madeira mit ihren Parks und Gärten, den baumbestandenen Alleen und der großzügigen Uferpromenade lädt einfach zum genüßlichen Flanieren ein.

Der Turm der Sé-Kathedrale beherrscht
◁ *das Panorama von Funchals Hafenansicht*

Die Geschichte der Stadt in der Fenchelbucht

Als die Karavellen des Inselentdeckers Zarco 1419 in der Bucht von Funchal landeten, waren die Portugiesen von der windgeschützten und sonnenverwöhnten Bucht begeistert. »Das liebliche Tal war über und über mit duftendem Fenchel bedeckt, bis zum Meer«, notierte der Chronist Gaspar Frutuoso, und der Fenchel (port. *funcho*) gab der Siedlung und zukünftigen Hauptstadt auch den Namen. Allerdings gingen die Eroberer sofort zur Brandrodung über – und das Feuer geriet außer Kontrolle, angeblich wütete es mehrere Jahre. Zwischenzeitlich zogen sich Zarco und seine Leute ins nahe Câmara de Lobos zurück, bis sie 1425 schließlich in die Bucht zurückkehrten, um das heutige Funchal zu begründen.

Die Siedlung wuchs sehr schnell, da die Portugiesen an den Hängen der Südküste zunächst Weinreben, Getreide und ab 1452 auch das ungeheuer profitable Zuckerrohr anpflanzten und damit ein reges Handelsleben im Hafen von Funchal begann. 1450, also sieben Jahre vor seinem Tod, erhielt Zarco vom portugiesischen Königssohn Heinrich dem Seefahrer Funchal offiziell als Erblehen (Teixeira bekam Machico und Perestrelo die Insel Porto Santo). Die drei *capitanos* konnten über ihre ›Kapitänschaften‹ verfügen und gegen Abgaben weitere Rechte an Untergebene verleihen – etwa das Recht, Zuckermühlen zu betreiben, Salz herzustellen, Getreide zu mahlen usw. Da ein großer Teil der Abgaben in die teuren Entdeckungsprojekte des Seefahrerprinzen wanderte und außerdem noch Steuern für den König fällig waren, mußten sich die Siedler und Kaufleute sputen, um möglichst hohe Gewinne zu erzielen. Das fiel rund um Funchal allerdings nicht so schwer, denn die ungemein fruchtbaren Böden erbrachten ein Vielfaches von den Ernteerträgen, die man in Portugal gewohnt war.

Schnell entwickelte sich die Stadt zu einem bedeutenden Hafen und zu einem florierenden Wirtschaftszentrum, in dem vor allem Wein, Getreide und immer mehr – in Europa sehr geschätzt – Zucker produziert und nach Portugal verschifft wurde. Zuckeranbau bedeutete auch auf Madeira Sklaverei. Schon 1552 schufteten 3000 Sklaven, Nordafrikaner, Berber und Afrikaner aus Guinea, auf den Zuckerplantagen rings um die Stadt und an der Südküste. Sie waren es auch, die die ersten Bewässerungskanäle anlegten. Straßennamen erzählen von der ›schwarzen‹ Geschichte Funchals: der ehemalige Sklavenmarkt Pelourinho, die ›Maurenstraße‹ (Rua dos Mouros), die ›Straße der Schwarzen‹ (Rua dos Pretos) entstanden just zu dieser Zeit, als Madeira im Rausch des ›weißen Goldes‹ lebte und der hiesige Zucker in Europa so beliebt und kostbar war, daß die flämischen Handelshäuser die Madeirenser Zuckerbarone mit wertvollen Gemälden bezahlten – heute kann man sie im Museum für Sakrale Kunst bewundern.

›Klein-Lissabon‹ erhielt 1508 schließlich auch die Stadtrechte und wegen des florierenden Zuckerhandels ein Stadtwappen mit fünf Zuckerhüten. Kurz darauf, 1514, wurde die Stadt Bischofssitz, pünktlich zur Einweihung der gerade errichteten Kathedrale Sé. Damals lebten schon 5000 Menschen auf Madeira, und auch die Bevölkerung von Funchal wuchs ständig – mit jedem Schiff kamen neue Siedler aus Portugal nach Madeira, denn der wachsende Reichtum

Brücke über den Santa-Luzia-Fluß in Funchal (Frank Dillon, 1850)

der Stadt hatte sich schnell herumgesprochen. Wie auch in anderen europäischen Städten jener Zeit standen allerdings die sanitären Maßnahmen Ende des 15./Anfang des 16. Jh. hintenan. Hinzu kam, daß Funchal Zwischenstation für die verschiedensten Handelsrouten zur Neuen Welt war. Beides trug dazu bei, daß Funchal ständig von Seuchen und vor allem von der Pest heimgesucht wurde. Eine besonders schwere Pestepidemie hatte 1521 begonnen und dauerte zwei Jahre, bis man am östlichen Ende der Bucht, außerhalb der Stadtmauern, eine Kapelle für den Apostel Jakob errichtete, den man kurzerhand zum Schutzpatron gegen die Pest erkoren hatte.

Gegen eine andere Plage waren die himmlischen und weltlichen Schutzpatrone von Funchal jedoch nahezu machtlos: Immer wieder überfielen Seeräuber jeder Nationalität die Insel, denn nicht nur ihr Reichtum hatte sich herumgesprochen, sondern auch die Tatsache, daß ihre Hauptstadt Kanonenschüssen von See so gut wie nichts entgegenzusetzen hatte. Mit der Sicherung zur See hin sah es in Funchal gar nicht gut aus; Portugal beherrschte zwar fast uneingeschränkt die Handelsrouten über den Nordatlantik, doch das Königreich legte kaum Wert darauf, die Städte auf seinen Inseln gegen Überfälle zu sichern. In Funchal hatte man zwar eine Stadtmauer mit bewachten Toren gebaut, doch erst 1513 mit dem Bau einer ersten Festung begonnen: São Lourenço, zwischen der heutigen Avenida Arriaga und der Uferpromenade.

Folge dieser Nachlässigkeit war ein Ereignis, das in der Stadtgeschichte von Funchal als schlimmste Katastrophe aller Zeiten gilt. Im Oktober 1566 überfiel der französische ›Pirat‹ Bertrand de Montluc mit einer Armada von Schiffen

Die älteste Festung auf Madeira: die Fortaleza de São Lourenço

Funchal, plünderte und brandschatzte die Stadt und richtete ein Massaker unter den Bewohnern an. Die Nonnen aus dem Kloster Santa Clara flüchteten vor den Mordbanden in jenes abgelegene Tal nördlich von Funchal, das seitdem ›Nonnenstall‹, Curral das Freiras, heißt (s. S. 137f.). Doch die Geschichte von Bertrand de Montluc ist keine normale Piratengeschichte. Montluc war nämlich ein französischer Adeliger, den Gaspar Caldeira, ein aus Madeira ausgewiesener Portugiese, angestachelt hatte, Funchal zu überfallen. Caldeira wollte sich an der Stadt rächen – was vielleicht auch die besondere Grausamkeit und Zerstörungswut erklärt, mit der die Angreifer 16 Tage lang in der Stadt wüteten. Sie töteten 300 Menschen, ließen die Weinfässer auf den Straßen leerlaufen, machten die Zuckervorräte unbrauchbar, raubten das Silber aus den Kirchen und räumten die Handelsspeicher leer. Montluc selbst fand den Tod, als er mit seinen Leuten die Festung São Lourenço stürmte.

Nur schwer erholte sich Funchal von diesem Schlag. Nach dem Überfall erweiterte man die Festung und begann 1580 mit dem Bau des Pico Fort (Castelo de São João de Pico), das die Oberstadt von Funchal überragt. Überfälle von See konnte das Fort zwar kaum abwehren, doch immerhin bot es bei Piratenangriffen und Naturkatastrophen der Bevölkerung Zuflucht. Diesmal war allerdings der spanische König Philipp IV. der Bauherr: 1580–1640 war nämlich Portugal, also auch Madeira, unter spanische Herrschaft gefallen. 1614 versuchte man, mit der Festung São Tiago auch den Ostrand von Funchal zu sichern. Trotz allem schleiften 1640 englische Piraten die Stadt, verschleppten 1200 Einwohner und verkauften sie in die Sklaverei nach Nordafrika.

Mit der Entdeckung und Kolonialisierung Brasiliens durch Portugal erwuchs Madeira mächtige Konkurrenz für den Zuckerhandel – mit den gigantischen und billigen Zuckerplantagen in der Neuen Welt konnte die Insel nicht mithalten. Auch die Hauptstadt trudelte dem wirtschaftlichen Ruin entgegen, als im 16. Jh. Zucker aus Madeira in Europa kaum noch gefragt war. Die Insel verlegte sich zwar stärker auf den Weinhandel, doch trotzdem blieb die Lage prekär. Sie entspannte sich erst, als nach dem Ende der spanischen Herrschaft wieder ein portugiesischer König – João IV. – regierte und ein Dekret erließ, das die Inselwelt vorübergehend sanierte: jedes portugiesische Schiff wurde verpflichtet, auf dem Weg von und nach Brasilien im Hafen von Funchal Station zu machen und sich dort mit Wein, Proviant und Wasser zu versorgen. Die Kaufleute aus Funchal schlugen nun brasilianischen statt einheimischen Zucker für die portugiesische Krone um, sie lieferten Wein nach Brasilien, England und in die englischen Kolonien *around the world* – ihre Kassen füllten sich, und in Funchal wuchsen immer prächtigere Herrenhäuser und Quintas.

Spätestens nachdem die portugiesische Infantin Katharina von Braganza den englischen König Charles II. geheiratet hatte, avancierte England zum wichtigen Handelspartner der Kaufleute aus Funchal – und immer mehr englische Händler ließen sich in Funchal nieder (s. S. 100f.). Vor allem im Weinhandel waren die Briten tätig, und wie profitabel das Geschäft war, kann man noch heute an den prächtigen Quintas ablesen, die sie sich vor allem an den Westhängen von Funchal und in Monte bauten. Immer deutlicher spaltete sich die Stadt in zwei Lager: Die reichen Familien, ob Madeirenser oder Briten, lebten

Die Briten auf Madeira – Eine lange Liaison

Unübersehbar ist die britische Präsenz in Funchal, ob man nun prächtige Quintas besichtigt, das Teeritual im Reid's genießt oder munter Madeira-Wein probiert – überall haben die Briten ihre Spuren hinterlassen. Die Allianz zwischen Portugal und England ist Jahrhunderte alt. Sie begann, als die Engländerin Philippa 1387 Portugals König João I. heiratete und Mutter Heinrich des Seefahrers wurde. Doch vor allem die Heirat zwischen Katharina von Braganza und dem englischen König Charles II. (1660) festigte das enge Bündnis zwischen den beiden Ländern und verschaffte englischen Kaufleuten viele Handelsprivilegien auf Madeira. Als einzigem Land erlaubte England Madeira, Wein in die Länder des Britischen Commonwealth zu liefern, allerdings nur über britische Handelshäuser. Auf diese Weise kam der Madeirawein zu seinem Weltruhm und wurde in indischen Palästen mit derselben Selbstverständlichkeit getrunken wie in London oder in den Nordamerikanischen Kolonien – hier stieß man 1776 mit Madeirawein auf die Unabhängigkeit an.

Madeira war für britische Schiffe auf dem Weg nach Afrika und Indien eine ideale Zwischenstation – alle Schiffe Ihrer Majestät versorgten sich im Hafen von Funchal mit Frischwasser, Lebensmitteln und Wein. 1768 und 1772 ankerte sogar James Cook im Hafen von Funchal. Die portugiesi-

schen Behörden räumten auch englischen Siedlern viele Vorrechte ein, wenn sie Landbesitz erwerben oder Geschäfte eröffnen wollten. Schnell entstand eine gesellschaftliche Elite, zu der viele britische Familien gehörten: vor allem die Blandys und die Leacocks stiegen mit ihren Schiffsagenturen und dem Weinhandel schnell zu einem mächtigen Clan auf, mit einem direkten Draht zum portugiesischen Königshaus. So weilte König Carlos bei seinem Besuch 1901 standesgemäß im wichtigsten Herrenhaus der Insel: dem Landsitz der Blandys. Es war übrigens das einzige Mal in mehreren hundert Jahren, daß ein Mitglied der portugiesischen Königsfamilie Madeira besuchte.

Die 4000 englischen Soldaten, die 1801 und 1807–14 in der Umgebung von Funchal stationiert waren, blieben größtenteils auf der Insel – sie verheirateten sich mit Frauen aus Madeira, gründeten Geschäfte und widmeten sich dem angenehmen zivilen Leben in Funchal. Auch ein anderer Wirtschaftszweig auf Madeira wurde von einer Britin kommerzialisiert: 1860 begann Elisabeth Phelps, die kostbaren Stickerei-Arbeiten der Madeirenser Frauen nach England auszuführen (s. S. 77f.).

Durchgefrorene und sonnenhungrige Briten reisten vor allem in der Wintersaison von englischen Häfen nach Madeira. Darunter waren natürlich viele wohlhabende Geschäftsleute und Menschen aus den sogenannten ›besseren Kreisen‹, die für ihre Sommerfrische gern bequeme Villen mieteten, aber auch Familien aus dem Mittelstand – sie kamen in Privatquartieren und den allmählich entstehenden *boarding houses* unter und bezahlten für die Reise weniger, als die Kohlen für den harten englischen Winter gekostet hätten. Gegen Ende des 19. Jh. kam es geradezu in Mode, nach Madeira zu fahren – Madeira hatte sich in England wie überall in Europa einen Namen als ›Gesundbrunnen‹ gemacht. Auch die Hotelbranche war damals fest in britischer Hand: von den sechs Hotels, die es 1885 auf Madeira gab, gehörten vier der Familie Reid.

hinter den Mauern ihrer Villen im Luxus, während das ›einfache Volk‹ ums Überleben kämpfte. Immer wieder brachen in den vernachlässigten armen Stadtteilen Seuchen aus und forderten zahlreiche Tote: 1724 und 1765 grassierte die Cholera. Zu allem Unglück zerstörte 1748 ein heftiges Erdbeben die Stadt, dem zahlreiche Gebäude (wie das Alte Zollhaus) zum Opfer fielen und das viele Menschen obdachlos machte.

Die meisten Bewohner in Funchal waren Analphabeten – daran änderte sich auch nicht viel, als 1772 die ersten öffentlichen Volksschulen eröffnet wurden. Den meisten der 12 000 Einwohner nutzte es auch wenig, daß die Stadt 1798 die erste Poststation erhielt. Ohnehin wurde 1803 jeglicher Fortschritt zunächst einmal heftig gebremst: Eine fatale Überschwemmung riß einen Teil der Stadt ins Meer. Alle drei Flüsse von Funchal waren zu reißenden Strömen angeschwollen und überfluteten talwärts alles, was ihnen im Weg stand. Wieder war das Fischerviertel Santa Maria do Calhau am Ostrand der Stadt schwer in Mitleidenschaft gezogen, aber auch im Stadtzentrum verschwanden viele Häuser in den Fluten. Nachdem nur zehn Jahre später eine weitere Flutkatastrophe die Stadt heimgesucht hatte, ließ die Stadtverwaltung schließlich die drei Flüsse eindämmen.

Zwischenzeitlich hatten die Briten Madeira zweimal ›freundschaftlich‹ besetzt, denn in Europa tobten die Napoleonischen Kriege, und England wollte die Insel und die eigenen Handelsinteressen vor dem Zugriff der Franzosen schützen. Die erste Besatzung 1801 währte nicht lange, die zweite dagegen dauerte sieben Jahre: von 1807 bis 1814. Allmählich avancierte Englisch zur zweiten Amtssprache in Funchal, denn in jenen Jahren lebten an die 4000 englische Soldaten und 300 britische Familien auf Madeira, die meisten natürlich im besonders gefährdeten Funchal. Kaum waren die Briten militärisch abgezogen, erschütterte 1815 ein weiteres Erdbeben die Stadt. Zufällig erhielt ein exilierter Franzose im selben Jahr die Erlaubnis, vor Funchal kurz zu ankern – Napoleon, auf dem Weg in die Verbannung nach St. Helena.

Mit der liberalen Revolution in Portugal (1820) brachen zwar die auf Madeira herrschenden feudalen Strukturen nicht auf, doch immerhin erschien in Funchal ab 1822 mit dem ›O Patriota Funchalense‹ (Der Patriot aus Funchal) die erste Zeitung. Die innerportugiesischen Auseinandersetzungen zwischen Absolutisten und Konstitutionalisten fanden auch auf Madeira heftigen Widerhall; Funchal spaltete sich in zwei Lager – Liberale und Konservative bekämpften sich mit spitzer Feder, und mitunter arteten die Fehden auch in direkte Auseinandersetzungen aus, wenn auch nicht so gewalttätig wie in Ribeira Brava und Machico, wo es sogar Tote gab. Infolge der Auseinandersetzungen in Portugal wurde die gesamte Insel mit einer zweijährigen Seeblockade belegt (1826–28), und Funchal war vom Rest der Welt völlig abgeschnitten. Ein Wirtschaftsdesaster und, als Konsequenz, Hungersnöte und Epidemien quälten die Funchalesen. Doch kaum, daß man in Funchal wieder zu Atem gekommen war – Gouverneur Silvestre Ribeiro hatte neue Straßen bauen und alte renovieren lassen, die Straßenbeleuchtung eingerichtet und das öffentliche Erziehungswesen endlich weiter ausgebaut – folgten weitere Schicksalsschläge: 1851 machte der Mehltau nahezu die gesamte Weinernte zunichte, sieben Jahre später wütete die bislang schlimmste Cholera-Epidemie und forderte 10 000 Tote, und 1872 wurde erneut die gesamte Weinernte zerstört, diesmal durch die Reblaus. Funchal ächzte unter diesem Schlag heftig, und in der Stadt brachen schwere Krisen aus.

Viele Einwohner aus Funchal und Weinbauern aus dem Landesinnern resignierten, wanderten aus und suchten in Venezuela, Brasilien oder Südafrika eine neue Existenz. Gleichzeitig avancierte Funchal zur beliebten Sommerfrische des europäischen, vor allem des englischen Adels und reicher Bürger, die sich außerhalb des Stadtkerns hübsche Sommerresidenzen bauten. Andererseits wurden viele elegante alte Wohnhäuser gegen Ende des 19. Jh. abgerissen, weil die Stadt ein ›moderneres‹ Gesicht bekommen sollte. 1911 wurde das erste Telefon in Funchal installiert.

Während des Ersten Weltkriegs bombardierten deutsche Kriegsschiffe Funchal, weil Portugal auf seiten der Alliierten in den Krieg eingetreten war. Außerdem versenkte ein deutsches U-Boot das französische Schiff ›La Surprise‹, das im Hafen lag. Zum Gedenken an diesen Angriff errichtete die Bevölkerung das Denkmal mit dem Rosenkranz aus Flußsteinen und der Ankerkette der ›Surprise‹ in Terreiro da Luta (s. S. 136f.).

Auch im 20. Jh. verschärfte sich in der Stadt die Kluft zwischen arm und reich. 1931 erließ der portugiesische Diktator Salazar ein Dekret, das den Getreidemühlenbesitzern das Monopol für die Mehlimporte zugestand – was für die Bevölkerung eine willkürliche Erhöhung der Mehlpreise, den Verlust von Arbeitsplätzen und Hunger bedeutete. In Funchal und auf der ganzen Insel erhob sich am 4. April die ›Hungerrevolte‹, angeführt von General Sousa Dias (s. S. 41). Am 28. April landeten Truppen aus Lissabon, und am 3. Mai 1931 war der Aufstand erstickt.

Viele Sommerresidenzen sind, wie die Quinta Espléndida, zu Hotels umgebaut

Während des Zweiten Weltkriegs blieben Portugal und Madeira neutral, allerdings erteilten die Behörden 1935 einigen nationalsozialistischen ›Kraft-durch-Freude‹-Schiffen die Erlaubnis, im Hafen von Funchal zu ankern. Ansonsten lebte die Stadt recht abgeschieden von den politischen Dramen in Europa; auch die Diktatur Salazars und Caetanos in Portugal stieß in der Inselmetropole auf keinen nennenswerten Widerstand. Nachdem am 25. April 1974 der Nachfolge-Diktator Caetano von der »Bewegung der Streitkräfte«/MFA in Portugal gestützt wurde und die Bevölkerung dort die »Nelkenrevolution« feierte, durfte Caetano auf seinem Weg ins südamerikanische Exil auf Madeira Station machen. Seit 1980 regieren die Sozialdemokraten auf Madeira, und auch in Funchal haben sie die Mehrheit.

Spaziergänge durch Funchal

Wo alles anfing – Vom Sklavenmarkt quer durch die Zona Velha

Ausgangspunkt ist der ehemalige Sklavenmarkt und Schandpfahl **Pelourinho** 1 im östlichen Teil der Uferpromenade in der Nähe des Alten Zollhauses (s. S. 109f.), heute ein moderner Platz mit dem Autonomiedenkmal (Rotunda da Autonomía). Im Funchal des 15. und 16. Jh. drehte sich alles um diesen Platz zwischen den Flußmündungen João Gomes und Santa Luzia, denn hier standen das erste Zollhaus und die frühen Handelshäuser der Hafenstadt – und bis 1835 auch der Schandpfahl. Die Säule im tiefer gelegenen Teil des Platzes soll daran erinnern, daß hier ›unbotmäßige‹ Sklaven und Verbrecher öffentlich gedemütigt und bestraft wurden. Der alte Schandpfahl ist heute in der Quinta das Cruzes (s. S. 120f.) zu besichtigen.

Außerdem wurden auf diesem Platz häufig Sklaven versteigert wie Vieh, nach Gewicht verkauft. »Der Handel mit Sklaven verlangt viel Vorsicht, weil es eben nicht ausreicht, den Sklaven vorzuzeigen, ihn hin- und herlaufen zu lassen, es muß auch noch ganz genau untersucht werden, ob der Körper irgendwelche Mängel aufzeigt wie zum Beispiel fehlende Zähne, die ihn dann schwach werden lassen gegenüber einem gesunden Sklaven, der noch alle seine Eßwerkzeuge besitzt,« so beschreibt der italienische Graf Giulio Landi im 16. Jh. die Schwierigkeiten eines potentiellen Sklaveneinkäufers. Nachdem Portugal 1761 verboten hatte, Sklaven aus Afrika zu kaufen, war der Sklavenhandel auf Madeira beendet, auch wenn es bis zur endgültigen Abschaffung der Sklaverei

Zona Velha *1 Pelourinho 2 Mercado dos Lavradores 3 Rua de Santa Maria 4 Capela Corpo Santo 5 Fortaleza de São Tiago/Museu de Arte Contemporánea 6 Igreja do Socorro/Santa Maria Maior 7 Banhos Barreirinha*

1858 noch knapp 100 Jahre dauern sollte.

Bis zum João-Gomes-Fluß sind es nur wenige Schritte; vorbei an Straßenhändlern, improvisierten Marktständen, wo Honig, Kartoffeln, Früchte und Plastikkram verkauft werden, kommt man rechter Hand zum **Mercado dos Lavradores** 2. Früher stand hier, am Flußufer, die kleine Kirche Santa Maria do Calhau, von der Francisco Alcoforado, der erste Chronist von Madeira, überlieferte: Gouverneur Zarco »gründete die Kirche Unserer Lieben Frau von Calhau, die das erste Gotteshaus war, das auf der Insel errichtet wurde«. Allerdings hatte man sich zwischen Meer und Fluß einen denkbar ungünstigen Platz ausgesucht. Ständig wurde die Kirche von Überschwemmungen bedroht, und so überlegte man im 17. Jh., sie an einer geschützteren Stelle wieder aufzubauen. Doch unglücklicherweise setzten die Planer ihre Idee nicht in die Tat um, so daß 1707 erneute Überschwemmungen die Kirche teilweise zerstörten und die große Regenflut von 1803 sie endgültig mit sich riß. Einige Jahre lang ließ man die Ruine zur Erinnerung an die Katastrophe stehen, bis 1835 an ihrer Stelle ein Marktgebäude entstand – der Vorläufer des heutigen Bauernmarktes Mercado dos Lavradores. Anhand des alten blauweißen Kachelbildes auf der Eingangsseite kann man sich sein Aussehen noch annähernd vorstellen: Der Brunnen der Leda mit dem Schwan ist Zentrum des Marktgeschehens, rundherum werden Fische, Blumen, Obst und Gemüse feilgeboten. Der Brunnen selbst steht heute im Innenhof des Rathauses. In der hübschen alten Markthalle findet man alle nur erdenklichen Obst- und Gemüsesorten in geflochtenen Weidenkörben, Schnittblumen duften, und glitzernde frische Fische türmen sich ordentlich auf den Ständen – ein Vergnügen für Augen, Nase und Ohren. Freitags und samstags herrscht hier heftiger Trubel, dann scheint die kleine Markthalle aus allen Nähten zu platzen. Im vorderen Teil, wo frische Schnittblumen verkauft werden, stehen viele Touristen Schlange, denn die herrlichen Strelitzien, Calla, Orchideen usw. kann man reisefertig verpakken lassen. Im hinteren Teil dagegen, wo riesige Thunfische und die furchteinflößenden Degenfische *(espadas)* auf den Verkaufstischen liegen, kaufen Hausfrauen und Restaurantbesitzer Riesenportionen fürs Wochenende ein. Interessant sind auch die vielen Kachelbilder im Innern des Marktgebäudes. Rund um den Markt bieten kleine Restaurants die frischen Köstlichkeiten gegrillt, geschmort und gedünstet an, und ein verführerischer Duft liegt über den Straßen.

Gleich hinter dem Marktgebäude beginnt der älteste historische Stadtkern, allgemein ›Zona Velha‹ genannt, korrekt als ›Núcleo Histórico de Santa Maria‹ bezeichnet. Im Herzen der für den Autoverkehr gesperrten Altstadt stehen niedrige Häuser an den schmalen, mit holprigem Kopfstein gepflasterten Straßen. Kleine Werkstätten und staubige Läden, aber auch Fischrestaurants und Cafés haben in den renovierten Häusern Platz gefunden. Einige zeigen noch für Madeira typische Elemente: Steinerne Tauben- oder Hundeköpfe zieren fantasievoll die Schornsteine und sollten Reichtum anziehen; wer dagegen auf reichen Kindersegen hoffte, setzte steinerne Kinderköpfe aufs Dach oder auf den Kamin. Manchmal sieht man auch noch die mit schweren Eisengittern geschützten Fenster sowie Türmchen, die als privater Ausguck aufs Meer dienten.

Vom Brunnen auf dem Largo do Poço führt die **Rua de Santa Maria** 3 geradewegs in die Altstadt. »Hier be-

Einkaufen in der Rua de Santa Maria

wohnt der Stadtkämmerer António Ferreira einige sehr reiche Häuser, von Gärten umgeben, und in anderen großen und prächtigen Häusern lebt der Adelige Francisco de Medeiros, mit schönem Blick auf das Meer ...«, schrieb der Stadtchronist Gaspar Frutuoso vor 400 Jahren. Heute ist es nicht gerade einfach, diese ›sehr reichen Häuser‹ zu identifizieren, denn die meisten in der Stadt datieren aus dem 17., 18. und 19. Jh. – die Bausubstanz der früheren ›prächtigen Häuser‹ hielt den Erdbeben, Überschwemmungen und der Meerluft wohl nicht stand. Am weiß gestrichenen Gebäude mit grünen Fensterläden, in dem heute die Gewerkschaft der Krankenpfleger untergebracht ist, sieht man eine der ganz wenigen noch erhaltenen Kreuzwegstationen bzw. den aus Stein gearbeiteten Vorsprung, auf dem früher das Heiligenbild stand (von 1733). Hier hielt die Prozession kurz an, sang eine Motette und zog weiter.

Etwas unterhalb der Rua de Santa Maria sieht man die weißgestrichene **Capela Corpo Santo** 4, die dem hl. Pedro Gonçalves Telmo gewidmet ist, den die Seefahrer und Fischer der nördlichen Halbkugel im Mittelalter als ihren Schutzpatron verehrten – der Heilige, ein Dominikanermönch aus dem 13. Jh., lebte eine Zeitlang in Santiago de Compostela und starb im portugiesischen Amarante. Nach ihm ist auch das sogenannte ›Santelmo-Feuer‹ benannt, ein bläuliches Licht, das bei schlechtem Wetter durch magnetische Aufladung an den Mastspitzen der Schiffe entsteht und dessen Flackern von den Seeleuten als Beweis für die schützenden Hände des heiligen Telmo verstanden wird. Die Bruderschaft der Fischer dieses Viertels – die älteste religiöse Bruderschaft der Insel – errichtete hier im 15. Jh. eine einfache kleine Kapelle, von der aber nur noch das elegante gotische Portal erhalten ist. Die außerordentlich schön gearbeitete Kassettentür aus Holz dagegen stammt aus dem 16. Jh., das Kreuz aus manuelinischer Zeit. Die Fischer halfen sich gegenseitig und unterstützten die Hinterbliebenen von ertrunkenen Kollegen, sie kümmerten sich auch um erkrankte Mitbrüder und hatten sogar ein kleines Hospital aufgebaut. Ende des 16. Jh. befand sich die Bruderschaft auf dem Höhepunkt ihrer Blüte, so daß Geld für weitere Ausschmückungen (Wandbilder mit Szenen aus der Legende des hl. Telmo) und Umbauten vorhanden war. Auch die Decke – man ließ sie ausmalen – zieren ein prächtiges portugiesisches Schiff mit königlichen Insignien, an dessen Hauptmast die Flagge der Habsburger (1582–1640) flattert, sowie musizierende Engel. Die vergoldete

Figur des Schutzpatrons mit einer portugiesischen Karavelle zu Füßen und die Figur des afrikanischen Franziskanermönchs, des hl. Benedito aus dem 17. Jh., sind ebenfalls sehenswert.

Vom hübschen kleinen Platz Largo do Corpo Santo führt die fußläufige Straße zur ockerfarben leuchtenden Festung **São Tiago** 5, die mit ihren rund überkuppelten Türmchen die niedrigen Fischerhäuser überragt.

Der Überfall der französischen Hugenotten 1566 und die verheerenden Zerstörungen hatten in Funchal einen Schock ausgelöst, in dessen Folge endlich einige Befestigungsanlagen errichtet wurden. Auch das Viertel Santa Maria do Calhau wurde mit einer Mauer geschützt, die sich am Ufer entlangzog. Später riß man sie wie auch in anderen Stadtteilen wieder ab, weil sie herzlich wenig Schutz gegen Piratenüberfälle bot und den Anwohnern den Weg zum Meer versperrte. Die Festung São Tiago bildete am Ende der Travessa do Porto den Abschluß der Mauer. 1614 wurde mit dem Bau begonnen, 1618 hatte die noch unvollendete Festung beim Angriff algerischer Piraten eine erste Feuerprobe zu bestehen. 1637 endlich war eine erste, bescheidene Festung fertig, die später immer wieder umgebaut und 1767 erheblich vergrößert wurde. Bis 1992 fungierte die Festung als Kaserne; heute wird sie höchst zivil als kleines, aber sehenswertes **Museum für Moderne Kunst** genutzt. Die Dauerausstellung zeigt Werke bedeutender moderner Künstler und Künstlerinnen aus Portugal und Madeira, wie Maria Helena Vieira da Silva, Lourdes de Castro und Martha Teles. Von der oberen Etage aus kann man noch recht gut die Reste der alten Schutzmauer erkennen, die sich wie ein ›steinerner Vorhang‹ die gesamte Uferlinie entlangzog. Rechter Hand führt ein Weg zu dem steinigen kleinen Strand Praia das Estrelas, an dem die Kinder aus dem Viertel Santa Maria do Calhau gern baden.

In der Festung São Tiago ist heute das Museum für Moderne Kunst untergebracht

Oberhalb der Festung São Tiago erhebt sich die Pfarrkirche **Igreja do Socorro** 6, die ›Rettungskirche‹, die heute auch Santa Maria Maior genannt wird. Die kleine Kirche ist so etwas wie ein Monument der Pestepidemien, von denen Funchal immer wieder heimgesucht wurde. 1521 hatte eine besonders hartnäckige Pestwelle begonnen, und als man sie nach zwei Jahren immer noch nicht besiegt hatte – angesichts der schlechten hygienischen Verhältnisse in Funchal allerdings kein Wunder – losten die Würdenträger der Stadt in der Kathedrale am 24. Januar 1523 einen Heiligen aus, den man zum Schutzpatron gegen die Pest deklarieren wollte. Das war eine damals durchaus übliche Vorgehensweise, denn Naturkatastrophen und Epidemien betrachtete man allgemein als Strafe Gottes gegen die sündigen Menschen. Das Los fiel schließlich auf den hl. Santiago Menor, wie der Apostel Jakobus der Jüngere auf portugiesisch heißt; er wurde zum Haupt-Schutzpatron deklariert, und zur Sicherheit stellte man ihm die in Pestfällen erprobten Heiligen Sebastian und Roque zur Seite. Am 21. Juli 1523 zog eine feierliche Prozession mit dem Bild des hl. Santiago zum heutigen Platz Largo de Santa Maria, der damals noch außerhalb der Stadtmauern lag. Sofort begann man mit den Bauarbeiten für eine kleine Kapelle, in der das Bild (das sich heute im Museum für Sakrale Kunst befindet) zur Anbetung ausgestellt wurde. Und das Wunder geschah, die Pest zog sich zurück. Doch im Januar 1538 kehrte sie nach einem Erdbeben wieder. Am 1. Mai, dem Feiertag des hl. Santiago, wallfahrtete die gesamte Bevölkerung Funchals also wieder zu dem Heiligen, um seinen Beistand gegen den Pesttod zu erflehen. Allerdings zog man irrtümlich mit einem Bild von Jakob dem Älteren zur Kapelle, was aber keinen Heiligen störte, denn wieder hatten die Gebete Erfolg – lange Zeit wurde kein Pestfall mehr in Funchal registriert, und die Funchalesen erklärten nun kurzerhand Jakob den Älteren zu ihrem Schutzpatron gegen die Pest.

Aus Dank findet noch heute jedes Jahr am 1. Mai eine Prozession zur Kirche Santa Maria Maior statt. Sie steht heute an der Stelle der Santiago-Kapelle, denn ein heftiges Beben machte in der Nacht vom 31. März 1748 das Kapellchen dem Erdboden gleich – nur ein Portal wurde verschont und in den Neubau integriert. Die Bauarbeiten an der neuen Santiago-Kirche zogen sich endlos hin – noch Anfang des 19. Jh. wurde an der Kirche gebaut. Und sogleich mußte die neue Kirche ›einspringen‹; 1803 riß nämlich eine heftige Überschwemmung die kleine Kirche Nossa Senhora do Calhau (s. S. 105) mit sich. Die verwaiste Gemeinde bat darum, die wenigen geretteten Figuren und Gegenstände doch in der gerade vollendeten Santiago-Kirche unterbringen zu dürfen, und unter der Bedingung, daß die Verehrung des hl. Santiago dadurch nicht gestört werden dürfe, gab der Bischof seine Zustimmung.

Allerdings setzte sich im Lauf der Jahrhunderte der leidenschaftliche Marienkult gegen den Pestheiligen Santiago durch: Die Jungfrau hat mit einem großen Gemälde aus dem 19. Jh. längst den Hauptaltar besetzt, ihr Bildnis ziert die Fassade, und die Kirche heißt nun auch offiziell Santa Maria Maior – der hl. Santiago, ob nun der Ältere oder der Jüngere, hält sich dezent im Hintergrund. Von außen bietet die Marienkirche das typische Bild einer portugiesischen Barockkirche aus dem 18. Jh., vielleicht jedoch wirkt sie, entsprechend den Gepflogenheiten auf Madeira,

Barreirinha: Felsbadeanlage am Altstadtrand

etwas karger und strenger als die Kirchen auf dem Festland. Kein Wunder, denn ihr Baumeister war Domingo Rodrígues Martíns, ein Spezialist für militärische Festungsanlagen.

Die alte Schutzmauer umschloß auch die alte Santiago-Kapelle. Reste aus nächster Nähe kann man im Restaurant ›A Muralha‹ (Die Mauer) am Ende des Platzes sehen. Von der hübschen, mit *azulejos* und Bougainvillea geschmückten Balustrade hat man einen herrlichen Blick über die Altstadt und die Küstenlinie – und kann gleich prüfen, ob sich das Meer geduldig zeigt und ein paar Schwimmzüge erlaubt: In den Felsen etwa 30 m unterhalb der Igreja do Socorro liegt das traditionsreiche **Barreirinha-Bad** 7: Vom Ponton aus springt man ins Meer, bei Seegang in die Pools oder sonnt sich auf der Caféterrasse. Vom alten Bad, das 1937 hier eröffnet worden war, ist nichts mehr zu sehen, aber in den 40er Jahren spielten auf der Plattform sogar Kapellen zum Tanz auf, und manchmal verwandelte sich die Anlage auch in ein populäres Freiluft-Kino, mit dauerhaftem Meeresrauschen als Zugabe zur Tonspur. In gemieteten Kanus ruderte man vom Barreirinha aus zum mondänen Lido und sah sich die Wasserpolo-Sessions an, die die vornehme Gesellschaft dort durchführte. Im Gegensatz zum Lido-Bad galt das Barreirinha ebenso wie das ganze Santa-Maria-Viertel nämlich immer als ärmlich und ›populär‹. Die jetzige Anlage wurde 1994 gebaut.

Das Zentrum – Sé-Viertel

Ausgangspunkt für den zweiten Stadtspaziergang ist das **Alte Zollhaus Alfándega Velha** 1 gleich neben dem ehemaligen Pelourinho. Vom ursprünglichen Gebäude, das 1477 erbaut wurde und zu den ältesten Bauten in Funchal

Die elegante Bar des Café do Teatro ist auch ein beliebter Künstlertreff

gehört, sind nur noch wenige Reste zu sehen – auch die Zollstation wurde beim Erdbeben 1748 zerstört und später wiederaufgebaut. Das Portal an der Nordseite mit dem portugiesischen Wappen, die Wasserspeier und einige Spitzbögen stammen noch aus dem 15. Jh. Heute ist die Alfándega Velha Teil des Parlamentsgebäudes und kann nur außerhalb der Parlamentszeiten besichtigt werden. Besonders sehenswert ist die wertvolle Holzdecke.

Ein kurzer Spaziergang über die Avenida do Mar bis zum hübsch-häßlichen Klotz des Marina Shopping Center, wo man rechts hoch zur Avenida Arriaga abbiegt, führt geradewegs auf die Hauptschlagader der Stadt zu. Das erste Gebäude rechts ist das **Teatro Municipal Baltazar Días** 2, ein eleganter klassizistischer Bau (Ende 19. Jh.), in dessen renoviertem Theatersaal mit rotem Plüsch häufig Konzerte stattfinden. Im Foyer des Theaters ist ein kleiner Andenken- und Buchshop eingerichtet (unregelmäßig geöffnet); besonders beliebt bei Künstlern, Intellektuellen, Journalisten, Studenten und Touristen ist das hübsche Theatercafé im linken Gebäudeflügel – eine gute Adresse für eine Kaffeepause oder den Apéritif am Abend.

Gegenüber liegt der idyllische **Stadtgarten Dona Amélia** 3, den die Städteplaner an der Stelle des abgerissenen Franziskanerklosters anlegten. Ein weißer Wappenstein zwischen den tropischen Bäumen des Gartens, der die Fassade des Klosters oder der dazugehörigen Kirche zierte, erinnert an den historischen Bau, dessen Abriß Ende des 19. Jh. viele Funchalesen bedauerten. Der Stadtgarten ist jedoch eine blühende Oase mit exotischen Bäumen und einem idyllischen Gartencafé. Bereits früher war der Stadtgarten ein beliebter Treffpunkt, wo man Neuigkeiten austauschte, der Kapelle lauschte und einen Kaffee trank. Einige Statuen erinnern an Madeirenser Honoratioren und Dichter; auch der lateinamerikanische Befreier Simón Bolívar ist mit einem Denkmal vertreten.

Neben dem Stadtgarten kann man im Gebäude der **Madeira Wine Company** 4 alles Wissenswerte über den Madeirawein erfahren und ihn natürlich auch probieren und kaufen. Zurück auf die gegenüberliegende Seite der Avenida Arriaga, gleich neben dem Stadttheater, kommt man zur **Handelskammer** 5. Auf den prachtvollen Kachelbildern sind romantisierende Szenen aus dem Inselleben verewigt: Reiche Funchalesen lassen sich in Hängematten über die Berge tragen, dickbauchige Segelschiffe liegen im Hafen, fleißige Stickerinnen und Korbflechter gehen ihrer Arbeit nach. Früher logierte hier das altehrwürdige Café Ritz, heute ist der Automobilclub von Madeira im Gebäude zu Hause. An die Handelskammer schließt die älteste Feste der Insel an, die **Festung São Lourenço** 6. 1513 hatte König Manuel I. den Bau in Auftrag gegeben, 1540 war ein Wehrturm errichtet, dessen Kanonen jedoch nur zur Seefront gerichtet waren. Als 1566 Bertrand de Montluc mit seiner Armada Funchal überfiel, nutzten die Kanonen wenig, denn die Franzosen griffen von der Seite aus an. Nach dem Desaster wurde die Festung ausgebaut und vergrößert, später residierten im palastartig umgebauten Gebäude die Inselgouverneure. Leider kann man São Lourenço nicht von

Sé-Viertel *1 Alfândega Velha 2 Teatro Municipal Baltazar Días 3 Jardim Municipal Dona Amélia 4 Madeira Wine Company 5 Câmara de Comércio e Indústria 6 Fortaleza-Palácio de São Lourenço 7 Monumento a João Gonçalves Zarco 8 Catedral Sé 9 Museu Cidade do Açúcar 10 Câmara Municipal/Museu da Cidade 11 Igreja do Colégio 12 Museu de Arte Sacra 13 Museu Photographia ›Vicentes‹*

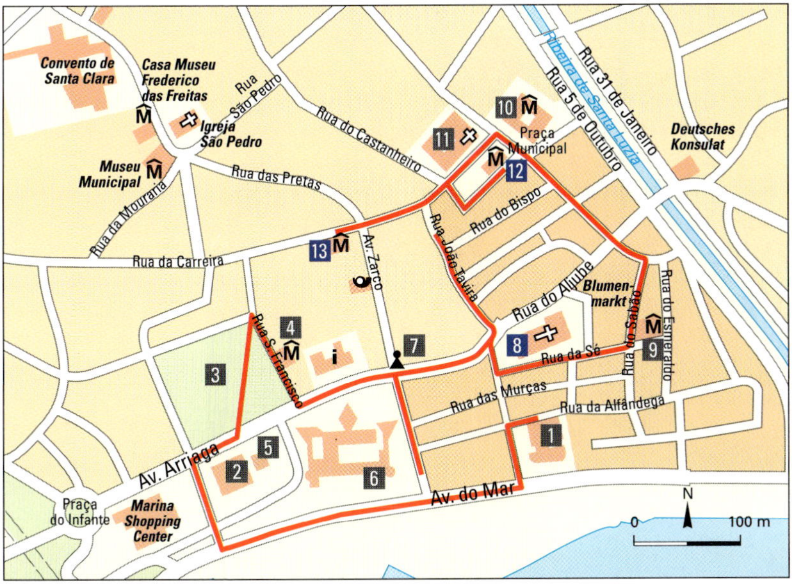

innen besichtigen, denn hier befinden sich heute die Büros einer Militärbehörde. Die Figur des hl. Lorenz steht über dem Eingang (auch Zarcos Schiff hieß São Lourenço). Doch wenn man in der angrenzenden Seitenstraße Richtung Uferpromenade geht, kann man einen Blick auf den älteren Teil, den Südostturm der Festung, werfen, der sich beim Piratenüberfall als unzureichend, weil einzige Verteidigung erwies. Erkennbar ist noch das Wappen des Christusordens auf dem Turm, der wesentlichen Anteil an den portugiesischen Entdeckungen und Eroberungen hatte. Die beiden Armillarsphären sind Symbol der portugiesischen Entdecker.

Das Denkmal für **João Gonçalves Zarco** 7, der die Insel für die portugiesische Krone in Besitz nahm, auf der Kreuzung Ave. Arriaga und Ave. Zarco ist eine Arbeit des bekannten madeirensischen Bildhauers Francisco Franco. Nur wenige Schritte weiter auf der Avenida Arriaga liegt die **Kathedrale Sé** 8. 1514 wurde sie in gotisch-maurischem Stil als Bischofssitz (port. *Santa Sede/* Abkürzung Sé) geweiht und Zarcos

Hinter dem Largo do Poço sieht man das Kreuz des Christusordens auf dem Giebel der Kathedrale Sé

Sohn als erster Bischof der Insel feierlich eingesetzt. Auch auf dem Giebel der Sé steht das Kreuz des Christusordens. Die Natursteinfassade der Kathedrale zeigt sich eher inseltypisch schlicht, bis auf die Apsis mit ihren Türmchen und der verschnörkelten Brüstung mit den vielen Kreuzen des Christusordens. Auffällig ist der quadratische Turm mit dem spitz zulaufenden Dach, das mit blauen und gelben *azulejos* bedeckt ist.

Das Innere gestaltet sich prunkvoller: Die reich mit goldverzierten Schnitzereien geschmückten Altäre fügte man im Barock hinzu, ebenso die großen *azulejo*-Bilder rechts und links vom Hauptaltar; die kostbare, mit Intarsien aus Elfenbein verzierte Decke im Mudejar-Stil hingegen stammt noch aus dem frühen 16. Jh. Für die Decke verarbeitete man das Holz der Madeira-Zeder, weil sie nahezu resistent gegen Insekten ist. Auch das blau-goldene Chorgestühl aus Flandern gehörte schon zum Inventar der alten Sé. Außer zu den Messen ist die Kathedrale nur minimal beleuchtet bzw. liegt im Dämmerlicht, so daß viele Details nur schwer zu erkennen sind. Wenn man die Sé durch den Mittelgang verläßt und kurz vor dem gotischen Hauptportal steht, befindet man sich an derselben Stelle, an der ein Priester 1566 vergeblich versuchte, die plündernden Piraten aufzuhalten – er wurde mit dem Schwert ermordet.

Rechts von der Sé liegt die kleine Fußgängerzone Rua Jão Tavira mit Zeitungsständen, Straßencafés und schwarzweißen Pflastermosaiken – auch hier taucht wieder das Kreuz des Christusordens auf. Oberhalb des Alten Zollhauses, zwischen der Rua do Sabão (der Straße der Seifensieder) und der Rua do Esmeraldo (benannt nach dem reichen Zuckerhändler Esmeraldo) liegt der Kolumbus-Platz, Praça Colombo mit dem ›Zuckermuseum‹. Im **Museu Cidade do Açúcar** **9** kann man sich ausführlich über den längst vergangenen Zuckerboom auf Madeira informieren, der die reichste Blütezeit der Insel markiert. Außerdem sind hier einige Ausstellungsstücke aus dem im 19. Jh. abgerissenen Stadtpalast des João Esmeraldo zu sehen, an dessen Stelle das heutige Gebäude errichtet wurde. Angeblich soll Kolumbus hier 1498 kurz gewohnt haben (s. S. 228ff.).

Über Einkaufsstraßen und am Justizpalast vorbei geht es stadteinwärts zum Rathausplatz Praça Municipal mit der **Câmara Municipal** **10**, dem Rathaus. Der langgezogene Palast, ein eher schlichtes weißes Gebäude (1758) mit schwarzen Fenstersimsen gehörte bis vor etwa hundert Jahren dem Grafen von Carvalhal. Im Treppenaufgang kann man das Stadtwappen mit den fünf Zuckerhüten noch mal in groß bestaunen, und im Innenhof stehen unbewegt Zeus und Leda – 1940 brachte man die Brunnenskulptur vom Markt in den Patio des Rathauses. Im ersten Stock hat man die Stadtgeschichte von Funchal im **Museu da Cidade** dokumentiert.

Massiver als das Rathaus wirkt an der Nordseite des mit schwarzweißen Mosaiken ausgelegten Platzes das Jesuitenkolleg und die **Igreja do Colégio** (Kollegiumskirche, **11**): Gleich nach dem Piratenüberfall 1566 begannen die Jesuiten auf Anweisung des portugiesischen Königs mit ihrer Schulungsarbeit auf Madeira. Krone und Kirche fürchteten gleichermaßen, daß die reformatorischen Ideen der hugenottischen Korsaren und Abenteurer bei der Bevölkerung auf fruchtbaren Boden fallen könnten. 1759 wurde der Jesuitenorden jedoch aus ganz Portugal, also auch aus Madeira, ausgewiesen. Heute befindet sich im ehemaligen Kolleg eine Abteilung der Universität von Funchal. Die barocke

Der gemütliche Patio des Museu Photographia ›Vicentes‹ lädt zu einer Kaffeepause ein

Kollegiumskirche mit schönen Kacheln kann man nur von 17–18 Uhr und während des Gottesdienstes besichtigen (Sa um 17, So um 10, 12, 19 und 20 Uhr).

An der Südseite des Rathausplatzes befindet sich der ehemalige Bischofspalast mit dem Museum für Sakrale Kunst (Eingang über die Rua do Bispo). Das großartige **Museu de Arte Sacra** 12 ist ein Highlight dieses Stadtspaziergangs; die atemberaubende Sammlung vereinigt kostbare sakrale Gegenstände, wertvolle Silberkunst, Kirchenschätze, Skulpturen und Priestergewänder. Vor allem aber hängen hier die wertvollen Gemälde flämischer Maler – ein direktes Dokument des immensen Reichtums während der ›Zuckerphase‹ auf Madeira. Mit diesen Kunstwerken bezahlten Holland und Belgien die begehrten Zuckerlieferungen von der Insel. Besonders eindrucksvoll: sobald das Licht im Ausstellungsraum angeknipst wird, ertönt Kirchenmusik.

In den umliegenden Straßen Rua João Tavira (mit kunstvollen Bodenmosaiken), Rua da Carreia und Rua das Pretas läßt es sich gemütlich flanieren. Die Straßen mit ihren vielen kleinen Geschäften, den Cafés und Kneipen sind für den Verkehr gesperrt. Ein besonderes Schmankerl liegt fast ein bißchen versteckt in der Rua da Carreia: das **Museu Photographia ›Vicentes‹** 13. Vicente Gomes da Silva war ein berühmter Fotograf aus Funchal, ein Pionier, der schon 1865 hier das erste Fotoatelier Portugals gründete (s. S. 68ff.), worauf man in Funchal zu Recht stolz ist. 1982 wurde das Haus restauriert und das Museum eingerichtet – mit alten Fotoapparaten, handgemalten Kulissen und dem Studio sowie einer umfassenden Ausstellung der Fotoarbeiten. Sie zeigen Funchal und Madeira, wie man es heute nicht mehr kennt: Prinzessinnen lassen sich in Hängematten tragen, gekrönte Häupter posieren zu Pferd.

Selbst wenn das Museum geschlossen sein sollte, ist es wegen seines herrlichen Patios mit dem Café ein beliebtes Ziel.

Die Oberstadt – São Pedro/Santa Clara

Schon im 15./16. Jh. war die ›Oberstadt‹ ein Vorort im Grünen für Adelige und reiche Familien. Die Gemeinde São Pedro ist, abgesehen von der Sé, die größte der vier Gemeinden in Funchal. Ihre Bedeutung reicht ins 15. Jh. zurück, als sich die wichtigsten Familien in Funchal hier ihre Residenzen bauten – so setzte sich das ohnehin höher gelegene Stadtviertel auch gesellschaftlich von den tiefer gelegenen Fischer- und Handwerkervierteln ab, die in den engen Grenzen des mittelalterlichen Bezirks Santa Maria do Calhau (s. S. 105) lagen. Auch der erste Gouverneur von Madeira, João Gonçalves Zarco, wohnte anfangs in diesem Viertel. Er errichtete eine Kapelle für die Heiligen Petrus und Paulus, außerdem ein kleines Krankenhaus – das erste auf der Insel – sowie eine weitere Kapelle für die Jungfrau, Nossa Senhora da Conceição. Später ließ sich auch der zweite Gouverneur, João Gonçalves da Câmara, hier nieder und baute sich neben der Kapelle einen Palast, heute die Quinta das Cruzes (s. S. 120f.). Die Kapelle wurde erweitert und später in das wachsende Santa-Clara-Kloster integriert.

Ausgangspunkt ist die **Rua da Carreira** etwas unterhalb der Kirche São Pedro. Ursprünglich hieß sie ›Carreira dos Cavalos‹, also etwa Pferderennstrecke. Im 19. Jh. lagen hier die Botschaften von Frankreich, Argentinien, Deutschland, Peru und Rußland und einige elegante ›Pensionen‹, die reiche Europäer beherbergten. Im Haus **Nr. 174** 1 wurde am 23. 11. 1939 Herberto

Die Oberstadt *1 Rua da Carreira Nr. 174 2 Rua da Carreira Nr. 90 3 Rua da Carreira Nr. 78/Pastelaria ›Lua‹ 4 Palácio de São Pedro 5 Igreja de São Pedro 6 Casa Museu Frederico das Freitas 7 Convento de Santa Clara 8 Capela das Almas Pobres 9 Quinta das Cruzes 10 Fortaleza de São João de Pico 11 Igreja Inglesa/Old Burial Ground*

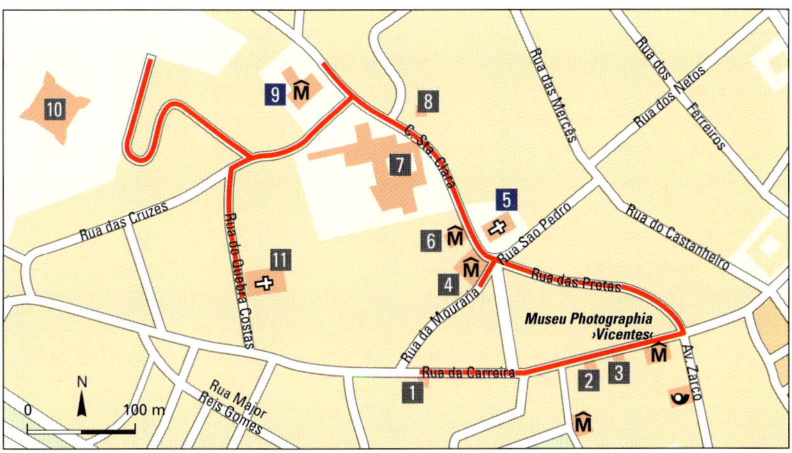

Statue Júlio Dinis' in der Rua da Carreira

Helder geboren, einer der größten Dichter in portugiesischer Sprache. Und der portugiesische Autor Júlio Dinis kam mehrfach für einige Monate nach Funchal, um hier an seinen Romanen zu schreiben und seine angeschlagene Gesundheit zu kurieren; dann wohnte er in der **Nr. 90** 2 – ein Schild weist darauf hin. Außerdem stellte man 1995 eine Gedenkstatue für den Schriftsteller auf. In der Rua da Carreira liegen auch einige traditionsreiche Geschäfte, z. B. die **Konditorei ›Lua‹** 3 (Mond, Nr. 78).

Von der Rua da Carreira führt die ebenfalls seit dem 16. Jh. existierende **Rua das Pretas** zum Platz vor der Kirche São Pedro. Die ›Straße der Schwarzen‹ erhielt ihren Namen von den zahllosen Haussklaven und -bediensteten, die im Auftrag ihrer Herrschaft hier entlangeilten. Einer der prächtigsten erhaltenen Paläste Funchals ist der **Palast São Pedro** 4 in der Rua Mouraría. In diesem ehemaligen Stadtpalais des Grafen Carvalhal ist seit 1933 das Stadtmuseum **Museu Municipal** (Naturhistorisches Museum) untergebracht. Die Grafen Carvalhal und Lombada, beide aus sehr reichen Großgrundbesitzerfamilien, waren auf der ganzen Insel bekannt für ihren aufwendigen Lebensstil. Der erste Graf von Carvalhal galt bis zu seinem Tod 1837 als reichster Mann Madeiras. Da er keine direkten Nachkommen hatte, fiel das immense Vermögen an seinen Neffen António Leandro, einen Dandy, der sich beeilte, luxuriöse Soireen im Palast auszurichten und einen großen Teil des Geldes zu verprassen. Darin war Leandro so erfolgreich, daß noch vor seinem Tod 1888 Reste des Vermögens öffentlich versteigert werden mußten. Einen Palastflügel bezog 1882 das berühmte Hotel Sheffield, in dem gern reiche Besucher aus Europa abstiegen; später wurden in einem anderen Teil eine Schule und ein Internationaler Club eingerichtet. 1921 stand der Palast zum Verkauf an, doch die Grafen von Resende verlangten als Miteigentümer eine so exorbitante Summe von der Stadt Funchal, daß man den Palast kurzerhand expropriierte und erst 1929 mit einem Kredit der Caixa Geral de Depósito bezahlte. Die umfangreiche gräfliche Bibliothek mit unzähligen ausländischen Reiseberichten bildete die Grundlage der Biblioteca Municipal, der Städtischen Bibliothek, und des Archivs für Geschichte. Im Parterre des Naturkundemuseums tummeln sich heimische Meeresbewohner in einem Aquarium, und in der ersten Etage kann man sich über die Tier- und Pflanzenwelt des Archipels und seine Geologie informieren.

Gegenüber vom Palast liegt an einem kleinen Platz die **Igreja de São Pedro**

Rua Mouraria mit Blick auf die Igreja de São Pedro

5. Nach sechsjähriger Bauzeit wurde die Kirche 1596 eingeweiht; auch für damalige Verhältnisse war ihr Hauptschiff gewaltig. Trotzdem wurde sie im 17. und 18. Jh. durch den Bau von Seitenschiffen, der Sakristei, Dienstgebäuden und dem Pfarrhaus immer wieder vergrößert. Äußerlich wirkt sie mit ihren weißgetünchten Mauern, den braunen Kantensteinen und dem kachelgeschmückten Glockenturm schlicht und elegant. Für *azulejo*-Liebhaber ist der Besuch von São Pedro geradezu ein Muß, denn die Innenwände der Kirche und der Sakristei sind vollständig mit wertvollen Kacheln ausgekleidet. Die aufwendigen Holzschnitzereien der Altäre, der Beichtstühle und des Chorgestühls sind ebenfalls sehenswert.

Vom Platz vor der Kirche führt die Calçada de Santa Clara zum Stadtpalais **Casa Museu Frederico das Freitas** 6. In dem Palast aus dem 18. Jh. ist die ebenso berühmte wie umfangreiche Sammlung von Frederico das Freitas (1854–1978) zu sehen, die er der Stadt Funchal vermachte: englische Möbel, kostbare Krippen, Porzellan, Gemälde, Keramik, religiöse Objekte und seltene *azulejos,* aber auch alte Stiche, Zeichnungen und Briefmarken mit Abbildungen madeirensischer Landschaften und Bräuche aus dem 19. Jh. Auch das Palast-Ambiente ist unbedingt sehenswert: ein prachtvolles Speisezimmer mit Originaleinrichtung und schweren Lüstern z. B. führt eindrucksvoll die Lebensart des Madeirenser Adels vor. Interessante Akzente setzen die Art-nouveau-Details in der Eingangshalle und vor allem der ›Lust-Pavillon‹ (Casinha de Prazer) am Ende des Gartens, der in keiner eleganten Quinta fehlen durfte – »eine köstliche und zugleich lächerliche Bezeichnung, wie etwas Sündiges, Verbotenes und Unerhörtes in einer so verbissen sittenstrengen und so erdrückend klerikalen Gesellschaft. Sicherlich, die offizielle Erklärung bietet weniger Zweideutigkeit: Lust sind die Spiele, Schach, Domino, Lotto, Billard; und die Entfernung zum Haupthaus und die folglich einsame Lage hat lediglich den Grund, daß man auf diese Weise ein Fenster zur Landstraße hat, eine kleine Ablenkung, man sieht, wer vorbeikommt, welche Ochsenkarren bergauf oder bergab ziehen, welche Reiter in der Morgenkühle vorbeigaloppieren«, läßt die Autorin Helena Marques in ihrem Roman ›Raquels Töchter‹ die Hauptheldin sinnieren.

Gleich an das Museum Frederico Freitas schließen sich die Gebäude des Klarissinnenklosters **Convento de Santa Clara** 7 an. Der großzügig angelegte Klosterkomplex gehört unbestritten zu den architektonischen und historischen Schätzen in Funchal. Zarcos Enkelinnen

Turm der Klosterkirche Santa Clara

sollen den Bau in Auftrag gegeben haben, sie waren auch die ersten Äbtissinnen des Klosters. 1492 wurde mit dem Bau des Klosters an derselben Stelle begonnen, wo Zarcos Kapelle Nossa Senhora da Conceição stand, fünf Jahre später war das Kloster fertig – zumindest die erste Version, denn in den folgenden Jahrhunderten wurde das Kloster ständig vergrößert und umgebaut. Die Frauenklöster hatten im 16. und 17. Jh. eine wichtige Bedeutung, denn die Töchter und Witwen adeliger Familien wurden standesgemäß in Klöster ›abgeschoben‹, falls sich kein geeigneter Ehepartner fand. Um im Kloster aufgenommen zu werden, mußten die Frauen in Form von Schenkungen – Landbesitz, Häuser oder Schmuck – einen hohen Eintrittspreis zahlen. Auf diese Weise avancierte das Kloster schnell zu einem der mächtigsten Großgrundbesitzer der Insel, engagierte sich stark im Weinhandel, vermietete Häuser, verlieh Geld und wurde zu einem finanzstarken und mächtigen Unternehmen.

Auch für ihre Kochkunst waren die Klarissinnen berühmt, vor allem exquisite Süßspeisen entstanden in der Klosterküche. Nach der Gründung lebten etwa 70 Nonnen in Santa Clara, doch schon 1720 waren es 170 Nonnen und 100 Novizinnen, die ihre täglichen Gebete und Messen in 17 Kapellen verrichteten; hinzu kam eine Vielzahl von Bediensteten und persönlichen Dienerinnen. 1764 allerdings griff Lissabon bzw. der Marquês de Pombal in die Geschäfte des Klosters ein und verbot die Zulassung neuer Novizinnen. 1793 – es lebten nur noch 63 Nonnen im Kloster – bat die Klosterleitung um Erlaubnis, 17 Novizinnen aufnehmen zu dürfen, da viele Nonnen alt und krank geworden waren und weil die Einnahmen des Klosters ausgereicht hätten, mindestens 80 Nonnen zu ernähren. Dem Gesuch wurde zwar stattgegeben, doch offensichtlich war das Interesse am Klosterleben gesunken, denn es fanden sich nicht genügend Frauen, die eintreten wollten. Die liberale Regierung in Lissabon löste 1821 per Dekret vorübergehend alle Klöster auf. Der besondere Schutz, den die Inselgouverneure traditionell dem Kloster gewährt hatten, verhinderte, daß das Kloster für andere Zwecke benutzt wurde. Die letzte Klarissin starb 1890. Schon sechs Jahre später zogen die Nonnen des Franziskanerordens ins Kloster ein – doch auch sie mußten während der kurzen Republik (1910–26) das Kloster wieder verlassen, erhielten aber 1927 die Erlaubnis zur Rückkehr. Heute widmen sich die hier lebenden Franziskanerinnen verstärkt sozialen Aufgaben: Im Kloster wurde ein Kindergarten eingerichtet.

Im Hochchor der Klosterkirche liegt der Inselentdecker und ihr erster Legatskapitän João Gonçalves Zarco begraben, der das nahezu biblische Alter von 80 Jahren erreichte. Das Grab ist allerdings nicht zugänglich und unter dem Fußboden verborgen. Eine andere, ungleich prächtigere Grabstätte ist die von Zarcos Schwiegersohn Mendes de Vasconcelos im hinteren Teil der Kirche. Außerdem sind noch andere bedeutende Familien des Funchaleser Adels hier begraben. Auch wegen ihrer bis unter die Decke reichenden Kachelverzierungen ist die Klosterkirche sehenswert – die weißen, blauen und gelben *azulejos* stammen aus dem 17. Jh. und geben dem Innenraum fast das Aussehen einer Moschee. Eine kleine Kapelle ist dem hl. Domingos de Amarante gewidmet: der prächtige Altar mit kunstvoll vergoldeten Holzschnitzereien stammt vom Inselkünstler Manuel Pereira (um 1650), das Bild stellt das Wunder dar, das der Heilige beim Bau der Brücke im nordportugiesischen Amarante bewirkte. Auch Wände und Boden der Kapelle sind mit *azulejos* ausgeschlagen – die Wandfliesen stammen aus Lissaboner Werkstätten (1650/60), während die *azulejos* auf dem Boden aus Italien importiert wurden. Die Holztür neben dem Eisengitter wurde an besonderen Tagen geöffnet, damit die vollkommen isoliert lebenden Nonnen kurz mit Familienangehörigen sprechen konnten. Nur beim Piratenüberfall 1566 verließen die Klarissinnen das Kloster, um ins ›Nonnental‹ (Curral das Freiras, s. S. 137f.) zu flüchten.

Rund 100 m vom Klarissinnenkloster entfernt liegt in der kleinen Gasse Travessa das Capuchinhas die winzige, in einen Felsen gebaute **Kapelle der Armen Seelen** **8**. Die Legende erzählt, daß zwei Freunde regelmäßig miteinander um Geld gespielt hatten, bis der eine das gesamte Vermögen des anderen gewann. Der Verlierer beschloß, dem Gewinner nachts in dieser Gasse aufzulauern und ihn umzubringen. Doch als der andere kam, war er von einer merkwürdigen, großen, schweigenden Menschengruppe umgeben. Der potentielle Attentäter erschrak, als er sah, daß diese Menschen liefen, ohne den Boden zu berühren – es waren die Geister der Armen Seelen, die den guten Mann beschützten. Entsetzt beichtete der Verlierer dem Freund seine Absicht, beide teilten das Vermögen und ließen an dieser Stelle 1781 eine Kapelle für die Armen Seelen bauen. Noch heute brennt hier Tag und Nacht das ›ewige Licht‹ einer Öllampe. Falls das Kapellchen geöffnet ist, kann man sich das Altarbild ansehen, auf dem die Armen Seelen im Fegefeuer auf ihre Erlösung warten.

Die Quinta das Cruzes

Will man erfahren, wie die Zuckerbarone und die feine Madeirenser Gesellschaft im 17. und 18. Jh. lebten, dann darf man sich auf keinen Fall einen Besuch der **Quinta das Cruzes** 9 entgehen lassen. Ursprünglich stand an dieser Stelle ein einfacheres Gebäude, in dem angeblich Zarco und seine Familie lebten, doch es wurde beim Erdbeben von 1748 größtenteils zerstört und anschließend größer und prächtiger neu aufgebaut. Zwei Torbögen und die Kapelle von 1692 sind die einzigen Überbleibsel aus den Zeiten vor dem Erdbeben. Der Landsitz gehörte der Familie Lomelino (genuesische Abstammung), deren Sarkophage sich in der Kapelle befinden. Später ging er in den Besitz der mächtigen Familie das Cruzes über, die das Anwesen jedoch an den Baron Jardím do Mar verkauften. In den darauffolgenden Jahrzehnten wurde der Landsitz recht unterschiedlich genutzt: Mal war darin ein elegantes Hotel untergebracht, dann eine Stickereimanufaktur, schließlich eine Arztpraxis, bis die Stadt 1952 die Quinta kaufte und ein Museum einrichtete. Verschiedene Gönner schenkten dem Museum die umfangreiche Sammlung von Kunst- und Einrichtungsgegenständen, die Schränke und Möbel aus brasilianischen Zuckerkisten, Uhren, Krippen, sehr alte Kacheln, die

Auf einem Berg oberhalb des Viertels thront der mächtige **Castelo de São João de Pico** 10. Von innen ist diese Festung, mit deren Bau um 1600 begonnen wurde, um die Stadt besser gegen Angriffe von See her verteidigen zu können, leider nicht zu besichtigen. Doch wenn man trotzdem hinaufsteigt, bietet sich von oben ein herrlicher Blick auf die Stadt. Im 18. Jh. wurde hier der gesamte Pulvervorrat Funchals gelagert, wogegen der Gouverneur 1758 beim portugiesischen König brieflich protestierte, da »es eine dauerhafte und große Ge-

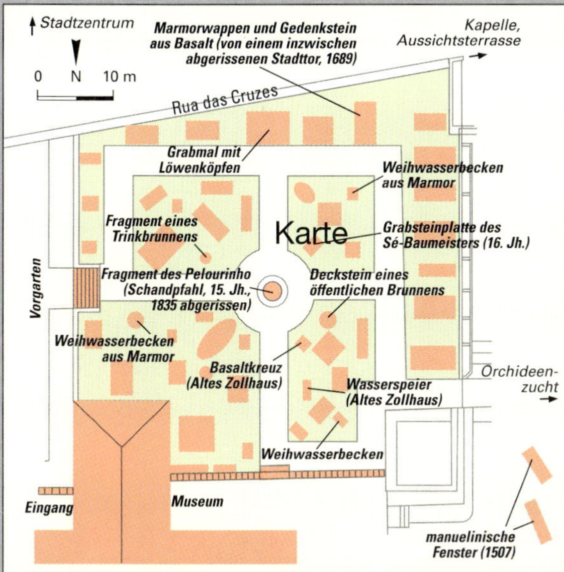

Garten der Quinta das Cruzes

Silbersammlung und das kostbare chinesische Porzellan.

Die Quinta liegt in einem märchenhaften Garten, der zugleich ein archäologischer Park ist, in dem es viel zu entdecken gibt: Architektonische Details wie Fensterbögen, Säulen, Steinmetzarbeiten von Bauwerken, die durch Erdbeben, andere Katastrophen oder durch Abriß verschwunden waren, sind hier zwischen Blumen und blühenden Bäumen ausgestellt. Zum Beispiel ein mit steinernen Schiffstauen und wuchernden Ranken kunstvoll gearbeiteter Fensterbogen aus manuelinischen Zeiten; der Wasserspeier und das Basaltkreuz vom Alten Zollhaus; jahrhundertealte Grabplatten, Wappensteine aus diversen Herrenhäusern der Insel, marmorne Weihwasserbecken, Fragmente von Stadttoren, alte Trinkbrunnen und ein Stück vom Schandpfahl (Pelourinho), den die Stadt 1835 demontierte. Im hinteren Teil des Gartens werden in einem Gewächshaus seltene Orchideen gezüchtet (Cymbidium und Cattleya). Vom *miradouro,* der Aussichtsterrasse vor der Kapelle, laden *azulejo*-geschmückte Bänke ein, den weiten Blick über die Stadt zu genießen.

fahr für die Stadt sei, die in Schutt und Asche gelegt werden könne, weshalb überall eine gerechtfertigte Angst herrsche …« Der König hatte ein Einsehen und befahl, ein Pulverlager außerhalb von Funchal zu bauen. In den 50er Jahren des 20. Jh. errichtete die Marine auf der Festung eine Sendestation, und wegen der vielen Antennen, die zu diesem Zweck aufgebaut wurden, taufte der Volksmund Pico Fort um in Pico Rádio, ›Radiogipfel‹.

Castelo de São João de Pico ▷

Zurück in der Oberstadt, kann man noch einen Abstecher zur **Anglikanischen Kirche** 11 in der Rua do Quebra Costas und zum britischen Friedhof **Old Burial Ground** machen. Reverend John Ovington schrieb 1689 über die Beerdigungsvorschriften auf Madeira: »Ebenso wie ihre Kirche keine mitleidigen Gedanken für häretische Seelen erlaubt, schließen sie sogar die Leichen von jeglicher Barmherzigkeit aus. Sie verfolgt selbst noch die Engländer, die auf der Insel sterben, mit noch unerbittlicherem Haß als die Kadaver von Vögeln und anderen Tieren, die immerhin in der Erde ruhen dürfen. All dies ist den Engländern hier strikt verboten, sie werden einfach ins Meer geworfen und den Wellen überlassen. Einem britischen Geschäftsmann geschah das Unglück, auf Madeira zu sterben, und seine Landsleute wollten ihm ein würdiges Begräbnis zukommen lassen. Um durch eine öffentliche Beerdigung den toten Protestanten nicht dem Haß der Bevölkerung und der Indignation des Klerus auszusetzen, beschlossen sie, ihn heimlich zwischen den Uferfelsen zu begraben. Doch leider boten sie dem Toten nicht ausreichend Schutz vor der tyrannischen Bevölkerung, die sich auf barbarischste Weise verhielt: sie gruben ihn aus, schleppten ihn zur Abschreckung über die ganze Insel und warfen ihn schließlich ins Meer …« (aus: Stadtverwaltung Funchal [Hg.]: Funchal). Denn so ein »verabscheuungswürdiger Häretiker« störte ein katholisches Land sogar noch im Bauch der Erde …

Anglikanische Kirche

Erst 1761 erhielten die auf Madeira lebenden Briten vom portugiesischen König die Erlaubnis, einen Friedhof anzulegen. Doch die britische Gemeinde in Funchal mußte geschlagene zehn Jahre nach einem geeigneten Grundstück suchen, das sie schließlich außerhalb der Stadt neben der alten São-Paulo-Kapelle für viel Geld erwerben durfte. 1852 wurde der Old Burial Ground vergrößert. Gleich daneben ließ der britische Konsul Henry Veitch während der britischen Besatzungszeit (1807–14) nach seinen Entwürfen eine Anglikanische Kirche (›Holy and Undivided Trinity‹) bauen, die 1822 eingeweiht wurde. Einem portugiesischen Gesetz zufolge durften nicht-katholische Kirchen nicht wie eine Kirche aussehen, daher wirkt die anglikanische Kirche von außen eher wie ein klassizistisches Landhaus mit einer prächtigen fenstergeschmückten Kuppel. Überraschenderweise ist das Gebäude außen quadratisch und innen kreisrund. Im wunderschönen Garten erinnert die Büste von Philippa von Lancaster an die historisch enge Verbindung zwischen Portugal und England: Philippa heiratete 1387 Portugals König João I. und ist die Mutter von Heinrich dem Seefahrer.

Westliches Funchal/ Hotelzone

Der **Stadtpark Santa Catarina** 1 bzw. das **Denkmal Heinrich des Seefahrers** ist Ausgangspunkt für den dritten Spaziergang, mit dem man das Stadtzentrum Richtung Westen verläßt. Der Stadtpark Santa Catarina (nicht zu verwechseln mit dem Stadtgarten Dona Amélia) mit seiner beeindruckenden Vielfalt an blühenden Sträuchern, Bäumen und Blumen wurde 1945 angelegt – eine Oase mit herrlichem Blick auf den Hafen. Und ein hübscher Platz für die im Park verteilten Denkmäler: Christoph Kolumbus ist verewigt, aber auch die beiden mutigen Flieger Gago Coutinho und Sacadura Cabral, die 1921 zum ersten Mal von Lissabon nach Madeira flogen, sowie ein namenloser Seemann. Auf der Kreuzung unterhalb des Parks wacht ein bronzener Heinrich der Seefahrer über die Autoschlangen im Kreisverkehr und den Springbrunnen mit der Weltkugel (Praça do Infante).

Auf der Anhöhe im Parque de Santa Catarina, oberhalb des Fischerhafens, liegt die **Capela de Santa Catarina** 2. Die weithin sichtbare weiße Kapelle wurde 1425 von Zarcos Frau in Auftrag gegeben und ist das älteste Kirchlein auf Madeira. Leider ist sie immer verschlossen, doch zumindest kann man das Taufbecken an der Vorderseite und den manuelinischen Glockenturm auch von außen betrachten.

Das von dem brasilianischen Architekten Oskar Niemeyer entworfene **Casino** 3 und das Casino Park Hotel bilden den Anfang des Hotelviertels von Funchal und sind nicht zu übersehen. Daneben nimmt sich die **Quinta Vigía** 4 geradezu bescheiden aus. Der dazugehörige Garten ist während der Dienststunden (ca. 10–16 Uhr) zu besichtigen. In dem rosafarbenen Herrenhaus aus dem 17. Jh. befindet sich heute der Sitz der Regionalregierung von Madeira, und es wird als Gästehaus der Regierung genutzt. Zur Quinta gehört eine Barockkapelle mit großen weißblauen *azulejo*-Bildern, die Szenen aus dem Leben Christi darstellen. Beliebt war die Quinta auch beim europäischen Hochadel: 1847 verbrachte die englische Königinmutter Adelaide hier einen Winter, und in einer für den Casinobau abgerissenen zweiten Villa auf dem Gelände weilte 1860/61 Kaiserin Sissi.

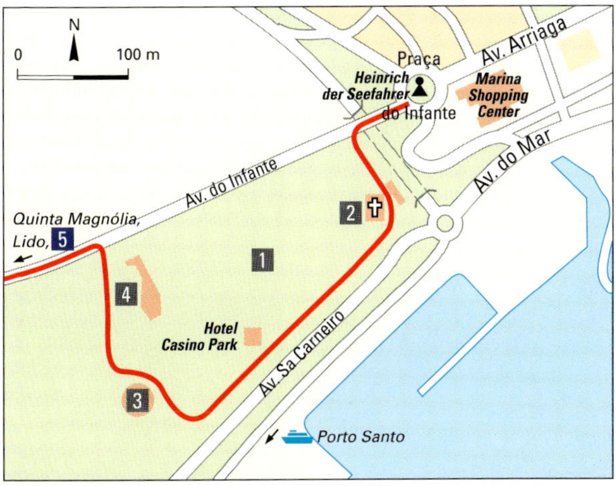

Westliches Funchal

1 Jardim Municipal Santa Catarina
2 Capela de Santa Catarina
3 Casino
4 Quinta Vigía
5 Reid's

Richtig Reisen *Tip*

Das Reid's

Das **Reid's** 5 ist unbestritten *das* Monument der britischen Tradition auf Madeira. Elegant thront das legendäre Hotel auf einer Klippe am Westrand Funchals – das Reid's war und ist Treffpunkt der Superreichen und der internationalen *haute volée.* Seine Geschichte begann im 19. Jh. – wenn auch nicht gerade glanzvoll: 1836 hatte sich der gerade 14jährige William Reid, eines von 14 Kindern einer schottischen Bauernfamilie, auf das nächstbeste Schiff geflüchtet, um der Armut zu Hause zu entgehen. Das Schiff lief nach Madeira aus, und um die Passage zu verdienen, schrubbte William das Deck. Auf der Überfahrt lernte er William Wilkinson kennen, und bald nach ihrer Ankunft auf der Insel gründeten die beiden Williams eine Firma, die für erholungssuchende Briten Quintas aussuchte und ausstattete. Mit der Zeit sammelte der geschäftstüchtige William Reid ein Vermögen an, mit dem er selbst Häuser kaufte, sie zu Hotels umbauen ließ und allmählich ein kleines Monopol auf Madeira bekam. Schließlich erfüllte er sich seinen großen Traum, ein elegantes Grand Hotel auf jener malerischen Felsenklippe zu bauen, von der aus man einen herrlichen Blick auf die Bucht von Funchal hat. Als Architekten gewann er George Somers Clark, der schon das berühmte Shephard's Hotel in Kairo gebaut hatte. Doch die Realisierung seines Traums erlebte William Reid nicht mehr: Er starb 1888, seine Söhne führten den Bau weiter und konnten das Hotel 1891 eröffnen.

Allerdings war es mit der eleganten Einrichtung damals noch nicht so weit her: es gab weder Strom noch eine funktionierende Wasserversorgung, und schon 1925 war das Hotel hoffnungslos veraltet. Die Reids-Brüder verkauften alles an eine britische Firma, und seit 1937 ist das Hotel im Besitz der Blandy-Familie, die es renovieren ließ und mit geschicktem Management in eine Legende verwandelte – mit einem 50 000 m^2 großen Garten, terrassenförmig zum Meer hin angelegt, mit diversen Pools, einem Privatkai für Yachten, großzügigen Hallen und Kaminzimmern, einer großen Bibliothek, eleganten Restaurants, einem perfekten Service und exquisit eingerichteten Zimmern und Suiten. Die berühmten Gäste ließen nicht auf sich warten: gekrönte Häupter wie ›Sissi‹ Elisabeth und der exilierte Karl I. von Österreich, Staatsoberhäupter wie Winston Churchill, Hollywoodstars, internationaler Adel, Finanzmagnaten, Dichter und Autoren wie Rainer Maria Rilke und George Bernhard Shaw, der im Reid's begeistert Tanzunterricht nahm, aber auch abgesetzte Diktatoren wie der Cubaner Fulgencio Batista, den Fidel Castro vertrieb. Batista konnte für sich und seinen Clan gleich eine ganze Etage mieten, da er bei seiner Flucht die Staatskasse mitgenommen hatte und über das entsprechende Kleingeld verfügte.

Heute ist das Reid's unter deutscher Leitung und pflegt die britische Tradition des gediegenen, niemals aufdringlichen, jedoch allgegenwärtigen Luxus. Hier gilt mehr als irgendwo sonst auf der Welt: über Geld spricht man nicht, man hat es. Und selbstverständlich hat man auch genügend Krawatten und Abendkleidung im Koffer, um unter den Kerzenlüstern der Restaurants stilvoll zu speisen. 1990 wurde noch einmal gründlich renoviert und die bis dahin strenge Kleiderordnung etwas gelockert – doch selbst, wenn man nur mal seinen Tee auf der Terrasse oder im *tearoom* einnimmt, sollte man so korrekt und elegant wie möglich gekleidet sein, sonst fühlt man sich zwischen dem makellosen Silber und den diskret-perfekten Kellnern einfach fehl am Platz.

Ausflüge in die Umgebung von Funchal

Die blühenden Gärten von Funchal

Funchal ist umgeben von prächtigen Quintas mit wunderschönen Gärten und Parks (einige liegen auch auf dem Stadtgebiet). Wer einen ganzen Tag zwischen exotischen Pflanzen und mit beruhigendem Grün vor Augen verbringen möchte, könnte die folgende ›Gartentour‹ machen: vormittags geht es in die 8 km von Funchal entfernte Quinta do Palheiro Ferreiro (s. u.), auch ›Blandy's Garden‹ genannt (nur vormittags bis 12.30 Uhr geöffnet).

Anschließend kann man zum Botanischen Garten (s. S. 129) und zur Quinta da Boa Vista (s. S. 131) fahren, in der Innenstadt noch den Stadtgarten Dona Amélia (s. S. 110f.) und den Stadtpark Santa Catarina (s. S. 125) besichtigen und zum Abschluß durch den Park der Quinta Magnólia (s. S. 131) streifen.

Die Quinta do Palheiro Ferreiro/Blandy's Garden

Richtung Camacha liegt dieser berühmte und traumhaft schöne, ca. 2 ha große Garten. Ursprünglich gehörte diese **Quinta** **1** (s. S. 254) mit dem Namen ›Landhaus zur strohgedeckten Hütte des Schmieds‹ dem Grafen von Carvalhal, der sie 1790 bauen ließ – tra-

Ausflüge in die Umgebung von Funchal

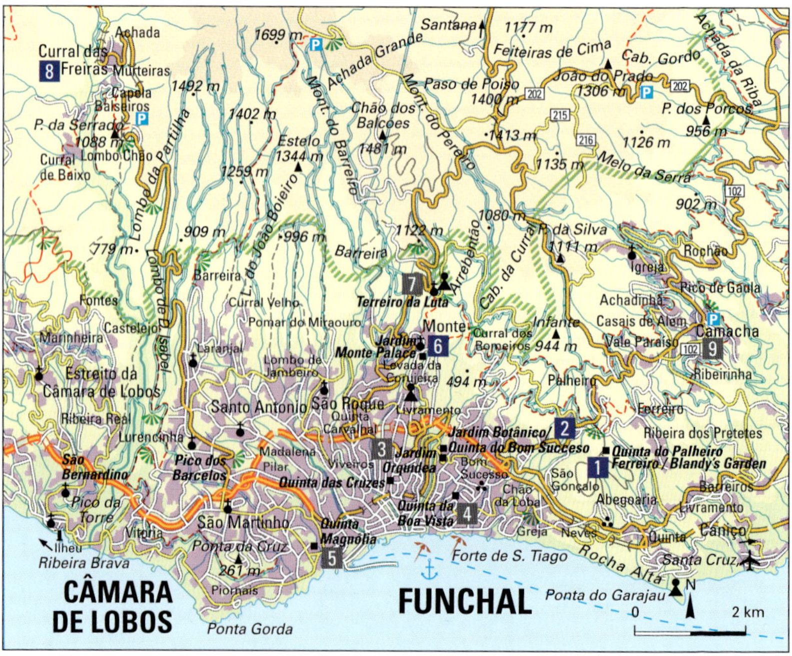

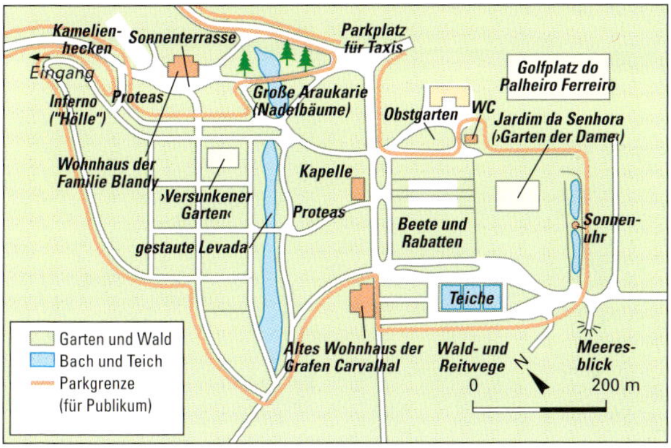

Quinta do Palheiro Ferreiro/ Blandy's Garden

ditionsgemäß mit Blick aufs Meer (heute ist das alte Herrenhaus ein exklusives Hotel). Für die Gestaltung des Parks engagierte Graf Carvalhal einen französischen Landschaftsarchitekten, dem es gelang, die damals beliebten englischen und französischen Gartenstile mit der üppigen Madeirenser Flora zu verweben. Knapp 100 Jahre später ging der Besitz an die reiche Familie Blandy über. Sie ließ ein neues Herrenhaus mit einer großen Südterrasse bauen, das aber nicht zu besichtigen ist, und weitere Anlagen im englischen Stil pflanzen – diese einzigartige Mischung macht den großen Reiz dieses Parks aus.

Schon die Zufahrt zum Wohnhaus der Blandys ist von alten Bäumen, Schmucklilien und Kamelienhecken gesäumt; an ihrem Ende ist die Sonnenterrasse ausgeschildert, die in betäubend duftendem Jasmin und herrlichen Rosen fast versinkt. Zypressen und Terrakottakübel fassen eine Steintreppe ein, von der aus man auf den Landsitz schaut. Auch hier gibt es viel zu sehen: Prachtvolle Proteas aus Südafrika, dahinter Beete und Rabatten, die eine gestaute Levada begrenzen. Über eine Brücke gelangt man in den von Säulen und Figuren eingefaßten ›Versunkenen Garten‹, in dem Azaleen, Lilien und blaue Salvien blühen; im Frühjahr und im Winter sieht man hier auch die gelben Blüten des *Äeonium arboreum* aus Marokko. Auch eine ›Hölle‹ gibt es: das Inferno besteht allerdings nicht aus Feuerqualen, sondern, ganz im Gegenteil, aus angenehm kühlen, schattigen Plätzchen. Hier können die nicht gepflasterten Wege allerdings etwas rutschig sein.

Im südöstlichen Teil des Hauptgartens liegt ein Barockkapellchen, das noch vom Grafen Carvalhal gebaut wurde. Dahinter kann man sich im Jardím da Senhora, dem ›Damengarten‹, an merkwürdigen Figuren ergötzen, die kunstvoll aus Heckengrün (Muelenbeckia) geschnitten wurden, oder hinter den bodenlangen Vorhang aus Ästen schlüpfen, mit dem der Saphora-japonica-Baum eine Zuflucht vor der Welt bietet. Die Quinta grenzt an den Golfplatz do Palheiro Ferreiro.

Jardim Botânico – Quinta do Bom Succeso

Das **›Landhaus zum guten Erfolg‹** **2** (s. S. 254) gehörte der schottischen Familie Reid, die auch das berühmte Hotel

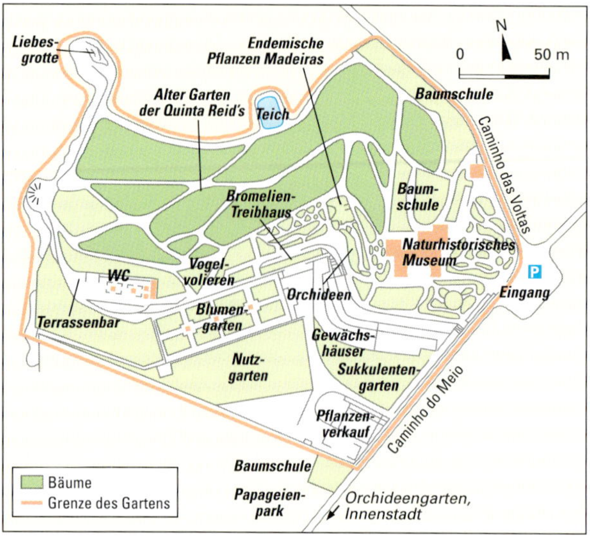

Jardim Botânico/ Quinta do Bom Succeso

baute (s. S. 126f.). In ihrem früheren Familiensitz ist heute das kleine Naturhistorische Museum eingerichtet, dessen Hauptattraktion ein 10 Mio. Jahre altes versteinertes Stück Baumheide *(Erica arborea)* ist: ein Vulkanausbruch hatte es unter sich begraben. 1960 wurde der Park der Quinta als Botanischer Garten eingeweiht, in dem systematisch Pflanzen aus aller Welt (beschriftet) angepflanzt wurden. Im Bereich 10 sind alle endemischen Pflanzen versammelt, die auf Madeira gedeihen: Natürlich findet man hier den berühmten Natternkopf wieder, den ›Stolz Madeiras‹, sowie den namensgebenden duftenden Fenchel, Lorbeerbäume und wilde Orchideen. Unzählige Strelitzien wachsen oberhalb des Nutzgartens, in dem Zuckerrohr, Bananen, Guavenbäume, Yams und die subtropischen Maracujas versammelt sind. In den Gewächshäusern zieht man Kakteen, Bromelien und Orchideen, hier kann man auch Blumenzwiebeln kaufen. Alte Bäume (Drachen-, Kapok- und Korallenbäume), blühende Sträucher, kunstvoll angelegte geometrische Blumenbeete, Palmfarne und Sukkulenten säumen die Wege.

Orchidee im Botanischen Garten

Eine Liebesgrotte, von der aus man einen guten Überblick über den ganzen Garten hat, ein Café und drei hübsche Aussichtsterrassen, plätschernde Springbrunnen und Vogelvolieren machen den Spaziergang durch den berühmten Jardim Botânico zu einem romantischen Erlebnis. Und überall wird man die krächzenden Stimmen unzähliger Papageien vernehmen, die gleich nebenan wohnen: 1989 wurde neben dem Botanischen Garten unterhalb der Baumschulen ein Vogelpark, Jardim dos Loiros, angelegt.

Vor allem zwischen Ende November und Anfang April, der Blütezeit der Orchideen, ist der **Jardim Orquídea** 3 interessant: in den Gewächshäusern 200 m vom Botanischen Garten entfernt werden Orchideen für den Handel gezüchtet.

Von der Quinta da Boa Vista zur Quinta Magnólia

Auch die **Quinta da Boa Vista** 4 (s. S. 254) in der Rua L. F. de Albuquerque wartet mit seltenen und preisgekrönten Orchideen auf. Im Garten des Herrenhauses der britischen Familie Garton werden außerdem Bromelien und andere seltene Pflanzen gezüchtet.

Für die nächste Station der Parkrundreise muß man auf die westliche Seite von Funchal fahren – nach der himmlischen Ruhe in den Gärten kann das je nach Tageszeit ein bitteres Kontrastprogramm sein. Zur Erholung sollte man unterwegs jedoch im Stadtgarten Dona Amélia und im Stadtpark Santa Catarina Halt machen, bevor man zur **Quinta Magnólia** 5 (s. S. 254) in der Rua do Dr. Pita im westlichen Teil Funchals (Hotelviertel) weiterfährt.

Früher gehörte das elegante Gebäude in dem schönen Park dem British Country Club, heute ist es Sitz der Hotelfachschule von Madeira. Nur etwa 500 m vom Reid's entfernt kann man durch diesen herrlichen Park mit dem mächtigen Baumbestand spazieren, auf einem der vier Plätze Tennis spielen, den Trimmpfad entlang des Ribeiro Seco absolvieren, im Pool schwimmen und sich anschließend in der Hotelfachschule mit einem exzellenten Mittagessen stärken oder auf der Terrasse in gemütlichen Korbstühlen Tee trinken. Außerdem hat die Stadtverwaltung einen großzügigen Kinderspielplatz angelegt.

Monte und Terreiro da Luta

Monte 6 (s. S. 258f.) gehört wegen seiner Gärten, der Wallfahrtskirche und der skurrilen Korbschlitten nahezu zum obligatorischen Besuchsprogramm für Madeira-Reisende. Sie stehen damit in der Tradition etlicher gekrönter Häupter und vieler ebenso reicher wie adeliger Ausländer, die Anfang des Jahrhunderts hoch über Funchal die gute Luft, die Blumenpracht und den fantastischen Blick auf die Bucht genossen und sich prächtige Sommerresidenzen und weiße Villen in üppigen Gärten bauten. Der letzte Kaiser von Österreich, Karl I., lebte hier nach dem Ersten Weltkrieg in der Verbannung (in der Quinta Gordon) und wurde in der Kirche von Monte begraben. Damals fuhr man mit einer Zahnradbahn von Funchal nach Monte und bis Terreiro da Luta hoch, doch seit einem schweren Unglück in den 30er Jahren wurde der Betrieb eingestellt. Das ehemalige Bahnhofsgebäude steht am Platz Largo da Fonte, der mit seinen alten Platanen und der marmoreingefaßten Quelle, den Souvenirständen und dem Terrassencafé eine Art Zentrum ist. Hier halten auch die Ausflugsbusse.

Für die Einheimischen hat die Kirche *Nossa Senhora do Monte* eine besonders große Bedeutung, denn die heilige Jungfrau vom Berg ist die allseits hoch-

Igreja Nossa Senhora do Monte

verehrte Schutzpatronin von Madeira. Auch auf Madeira hat sich die religiöse Leidenschaft des Volkes der Grotten und Höhlen, der Steine und Felsen, der Gewässer, der Quellen und Bäume bemächtigt und sie in den Marienkult integriert (s. S. 70ff.). Auch die wundertätige Nossa Senhora do Monte ist eine der unzähligen ›Marien des Volkes‹, die älter und mächtiger ist als die Maria des Evangeliums. Es ist kein Zufall, daß die Marienkirche von Monte den Ort und die Bucht überragt, denn Berge sind heilige Orte *par excellence:* Auf den Gipfeln wohnen die Gottheiten. Selbst das kleine Heiligtum für die Jungfrau am Largo da Fonte ist mit diesem Volksglauben verknüpft. Wo in Portugal eine Marienkapelle ist, sind der Baum und eine Quelle nicht weit. »Die Senhora erschien und eine Quelle begann zu sprudeln«, überliefert fast jede Legende.

Der ›Quellenplatz‹ – *Largo da Fonte,* auch Largo do Monte genannt, ist ein guter Ausgangspunkt für einen Spaziergang durch das Örtchen. Der kleine weiße Marmorpavillon mit dem Quellbrunnen ist natürlich der hl. Jungfrau gewidmet und immer mit Blumen und brennenden Kerzen geschmückt. Der liebevoll angelegte Garten etwas unterhalb des Platzes ist einen Spaziergang wert: Zwischen den Arkaden der alten Eisenbahnbrücke wachsen Farne, Lilien und Hortensien, im ›Schwanensee‹ liegt ein Felsklotz mit den Umrissen von Madeira.

Vom Platz Largo da Fonte führt ein steiler Pfad hinauf zur bedeutendsten Wallfahrtskirche der Insel: die *Igreja Nossa Senhora do Monte.* Das Herz der Kirche ist das Bild der Jungfrau, eine kleine Holzstatue in einem Silberschrein, um deren Ursprung sich zahlreiche Legenden ranken. Angeblich fand der Vater eines Hirtenmädchens, dem in Terreiro da Luta die Jungfrau erschienen war, statt einer Erscheinung die hölzerne Statue vor, und die Gläubigen sind davon überzeugt, daß sie Wunder vollbringen kann. 1803 zum Beispiel reg-

Schlitten und bizarre Transportgeräte

Man sieht sie auf Kachelbildern und Briefmarken, denn sie sind eine historische Besonderheit der Insel – die skurrilen Verkehrsmittel auf Madeira, von der Hängematte über die Sänfte, den Ochsenschlitten und den Korbschlitten. Historisch sind sie insofern, als daß – außer den berühmten Korbschlitten in Monte – alle anderen aus der Not geborenen Transportgeräte tatsächlich nur noch auf Abbildungen existieren. Wie überall, verstopfen auch auf Madeira heutzutage Autos, Busse und Mofas die engen Straßen ... allerdings erst, seit es Überlandstraßen gibt. Und das war bis weit ins 20. Jh. eben nicht der Fall. Doch die Not machte erfinderisch: da Bananen, Zukkerrohr und Wein aus abgelegenen Dörfern zur Verarbeitung und zum Verkauf nach Funchal transportiert werden mußten, ließen sich die Bauern etwas einfallen: den Wein schleppten sie in Schläuchen aus Ziegenfell über die halsbrecherisch schmalen Wege, die sie mühsam in die steilen Hänge geschlagen hatten, ohne auch nur einen Zentimeter des kostbaren Ackerlandes zu vergeuden; dicke zusammengebundene Zwiebelballen verfrachtete der *cebo-leiro* auf einer Stange über der Schulter in die Stadt, während der *pesquito* Fische in einer flachen Tonne auf dem Kopf trug und der Milchmann *(leitero)* seine Kannen an einem Joch über den Schultern transportierte.

Überhaupt waren die Inselbewohner auf ihre Muskelkraft angewiesen, wenn sie sich von einem Ort zum anderen bewegen wollten – anders als zu Fuß kam man nirgendwo hin. Das galt allerdings nicht für hochgestellte Persönlichkeiten und reiche Ausländer. Sie ließen sich – mehr oder weniger begeistert – über die Insel tragen, und für diese Art des Personentransports hatte man auf Madeira fantasievolle Transportmittel entwickelt. Zwar waren nicht alle selbst erfunden, aber doch aus allen Teilen der Welt abgeguckt und den Madeirenser Bedürfnissen angepaßt. Da gab es zuallererst die hochherrschaftliche **Sänfte** *(palanquín)*, deren Madeirenser Adaption die englische Lady Isabel La Franca 1853 so beschrieb: »Der Madeira-Palanquín besteht aus einem Brett, das gerade lang genug ist für eine Person mit ausgestreckten Beinen. Das eine Ende ist leicht erhöht und gepolstert, das ist der Sitz. Der Rest ist mit einem Stück Teppich ausgelegt. Ringsum führt ein kleines Eisengeländer, ungefähr sieben oder acht Zoll hoch, am Kopfende etwas höher. Das Ganze wird nun an zwei Enden einer Eisenstange aufgehängt und zusätzlich noch mit zwei senkrechten Stäben befestigt. Zwei Männer tragen die Stangen auf ihren Schultern und stützen sich noch zusätzlich mit einem Stock, den sie in der anderen Hand halten.« Eine abenteuerliche Art, die zerklüfteten Berge zu überwinden, immer entlang an schwindelerregenden Abgründen ...

Auf der ganzen Insel war es vom 17.–20. Jh. beliebt, sich in der **Hänge-**

matte *(rede)* tragen zu lassen – wohlhabende Bürger und Touristen ließen sich darin zur Kirche schleppen oder nur zum Spaß auf die Berggipfel tragen. Ein Stück fester Stoff oder ein grobmaschiges Netz wurde an einer langen Holzstange befestigt, die auf den Schultern zweier kräftiger Männer ruhte, und fertig war das einfache Transportmittel. Mit der Zeit gab es auch bei den Hängematten die Schlichtversion und die Luxusvariante. Je reicher der Besitzer war, desto luxuriöser die Ausführung: Hochelegante Hängematten bestanden aus fein bestickten Stoffen, und eine Markise schützte die darin liegende Person vor Sonne, unerwünschten Einblicken – und manche wohl auch vor angsteinflößenden Ausblicken, wie Isabel La Franca beschrieb: »Der Abstieg ist rundum entsetzlich. In jeder Kurve hängt das Gefährt frei über dem Abgrund, man pendelt über einer Schlucht, ohne eine Spur von Straße zu erkennen ...« Manch ein Reisender mag Stoßgebete zum Himmel geschickt haben, doch die weißgekleideten Träger mit ihren Strohhüten waren immerhin berühmt für ihre Trittfestigkeit.

Weniger schockierend muß die Fahrt in den bis etwa 1980 verbreiteten **Ochsenschlitten** *(carro de bois)* gewesen sein – sie waren das weitverbreitetste Verkehrsmittel auf der Insel und ein ungewöhnliches Gefährt: untenrum wie ein Schlitten, obenrum wie eine Kutsche, mit einem Dach aus Wachstuch, Vorhängen und recht bequemen gepolsterten Sitzen aus Korbgeflecht. Praktisch, daß in Funchal und in vielen anderen Orten der Insel die Straßen mit runden und sehr glatten Steinchen gepflastert waren und z. T. heute noch sind – die beste Voraussetzung für die von zwei Ochsen gezogenen Schlitten. Auch die Entstehungsgeschichte der *carros de bois* ist ungewöhnlich: Die Gattin des englischen Majors Bulkeley war derart übergewichtig, daß eine Hängematte oder eine Sänfte für sie nicht in Frage kam, und da sie gleichzeitig an Arthritis litt, konnte sie auch nicht laufen. Also montierte ihr fantasievoller Gatte 1848 eine Kiste mit vier Sitzen auf ein Fahrgestell und spannte zwei Ochsen davor, so daß Mrs. Bulkeley von ihrer Quinta gemütlich in die Stadt rutschen konnte. Dieses Urmodell eines Ochsenschlittens wurde später verbessert, und um 1900 waren die *carros de bois* in Funchal, was heutzutage die Leihwagen sind. Allerdings schaffte man 1980 die wenigen noch vorhandenen Exemplare ab – zwar vergnügten sich die Touristen in Funchal damit, in den Ochsenschlitten gemächlich durch die Stadt zu zuckeln, doch genau das war das Problem der Verkehrsplaner, denn jeder Schlitten sorgte in den engen

nete es so heftig, daß die Flüsse in Funchal über die Ufer traten und schwere Verwüstungen anrichteten; man flehte die Senhora do Monte um Hilfe an und der Regen hörte auf – seitdem ist sie die Schutzpatronin der Insel. An jedem 15. August wird die Marienstatue mit einer feierlichen Prozession durch Monte getragen (s. S. 74).

Ursprünglich stand hier eine kleine Marienkapelle, die ebenfalls auf eine Ursprungslegende zurückgeht: Den ersten Kindern, die in Monte nach der Entdekkung der Insel geboren wurden – ein Zwillingspärchen – gab man die Namen Adam und Eva. Adam ließ genau dort, wo heute die Kirche steht, 1470 eine kleine Kapelle für die Jungfrau errich-

Straßen Funchals für endlose Autoschlangen.

Das einzige, noch vorhandene alte Transportmittel ist der **Korbschlitten** *(carro de cesto)*, der von Monte aus »mit unvorstellbarer Geschwindigkeit« (Isabel La Franca 1853) die knapp 5 km nach Funchal zu Tal saust. Als gar so schwindelerregend wird man heutzutage die Geschwindigkeit des von zwei weißgekleideten Schlittenführern gelenkten Korbschlittens jedoch kaum empfinden, denn man rutscht maximal mit 10 bis 12 km/h den Berg hinunter. Die Schlittenführer *(carreiros)* haben eine Genossenschaft gegründet, die die Korbschlitten kauft und die Lastwagen bezahlt, mit denen Schlitten und Schlittenführer von Funchal aus wieder hoch nach Monte transportiert werden. Früher mußten sie die schweren Geräte mit Muskelkraft den Berg hochziehen. Da die *carreiros* nicht gerade üppig verdienen, sollte man ihnen ein gutes Trinkgeld geben und auch den obligatorischen Polaroid-Schnappschuß kaufen.

ten. 1741 war die Kirche zu klein geworden, und man errichtete eine neue, die jedoch von einem Erdbeben zerstört wurde. Der jetzige Bau stammt von 1818. Kaiser Karl I. von Österreich ist in einer Seitenkapelle begraben; der glücklose Kaiser wurde 1918 verbannt und ging mit seiner portugiesischstämmigen Frau 1921 nach Madeira, wo er jedoch schon 1922 an Lungenentzündung starb. Unterhalb der steilen Treppenstufen, die zur Kirche führen, sieht man von einer Terrasse direkt auf die Station der Korbschlittenfahrer und auf die ›Fenchelbucht‹ – hier oben befindet man sich sozusagen in der letzten, oberen Reihe des Amphitheaters der Bucht von Funchal.

Berühmt sind auch die prächtigen Gartenanlagen des tropischen *Jardim do Monte Palace.* Bis zum Zweiten Weltkrieg war das Hotel Monte Palace die beste Adresse im Villenort Monte, und der schöne alte Park des Monte Palace ist wahrhaftig eine Attraktion. Ein als Goldschürfer in Südafrika reich gewordener Madeirenser kaufte in den 80er Jahren Villa und Gelände und ließ beides renovieren und ausbauen. Aus Südafrika brachte er eine umfassende Sammlung von (unter Naturschutz stehenden) Palmfarnen mit, legte einen Japanischen und einen Orientalischen Garten an, verstreute überall kuriose Sammelstücke aus aller Welt (darunter auch einige sehr alte *azulejos)* und gab das moderne Fliesenbild in Auftrag, das die historischen Beziehungen zwischen Portugal und Japan darstellt. Eine besondere Attraktion sind die steinerne Meerjungfrau und das ›Cleopatra-Gefäß‹, das sogar im Guinessbuch der Rekorde verzeichnet ist: mit 5,34 m Höhe und 550 kg Gewicht die größte jemals auf einer Töpferscheibe gedrehte Vase der Welt. Der Garten hat auch ein einladendes Café, und an der Kasse bekommt man einen Miniführer auf Deutsch.

Wer möchte, kann mit dem berühmten Korbschlitten (s. S. 133f.) von Monte nach Livramento und Funchal fahren. Die Fahrt beginnt unterhalb der Kirche und der Aussichtsterrasse. Die von jeweils zwei weißgekleideten Steuermännern begleiteten ›Schlitten‹ rutschen über das glatte Basaltgestein talwärts – nach Livramento braucht man etwa 10 Min., nach Funchal etwa 20 Min. Ein zwar wirklich touristisches, aber doch sehr ungewöhnliches Vergnügen.

Etwa 300 m oberhalb von Monte liegt **Terreiro da Luta** 7 (s. S. 259). Seit der Besiedlung Madeiras galt Terreiro da Luta als ›magischer Ort‹, an dem auch Marien erschienen sein sollen. Den merkwürdigen Namen ›Kampfplatz‹ soll der Ort angeblich bekommen haben, weil sich hier im 16. Jh. ein entlaufener Sklave als Teufel verkleidete und mutig

Monte Palace

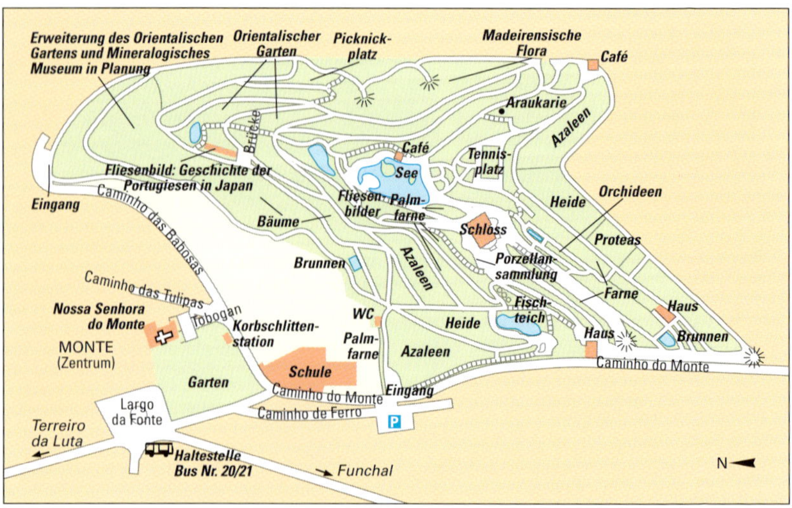

Schlittenfahrer in Monte warten auf Kundschaft

gegen seine Verfolger kämpfte, die ihn schließlich dennoch besiegten. Außerdem errichtete man zum Gedenken an den Ersten Weltkrieg, von dem auch Madeira nicht vollkommen verschont blieb (s. S. 40f.), eine über 5 m hohe Mariensäule für *Nossa Senhora da Paz.* Der um den Sockel gewickelte ›Rosenkranz‹ der Jungfrau besteht aus großen runden Flußsteinen, die mit den Gliedern der Ankerkette des Schiffes La Surprise verbunden sind – 300 Männer schleppten ihn den Berg hinauf. Das französische Kriegsschiff wurde im Ersten Weltkrieg im Hafen von Funchal versenkt. Von der Endstation der stillgelegten Zahnradbahn haben Sie einen herrlichen Blick auf Funchal.

Ausflug ins ›Nonnental‹ Curral das Freiras

Wörtlich übersetzt bedeutet **Curral das Freiras** ›Nonnenstall‹ 8 (s. S. 247). Der merkwürdige Name kam zustande, weil die Nonnen des Klosters Santa Clara 1566 in dieses 20 km nördlich von Funchal gelegene Tal – es gehörte dem Kloster – flüchteten, als französische Piraten Funchal überfielen und die Stadt brandschatzten. Damals war das Örtchen auf dem Boden eines Talkessels nur mühsam über versteckte Bergpfade zu erreichen. Heute ist es einfacher, zu dem beliebten Ausflugsziel zu gelangen. Am besten fährt man über den **Pico dos Barcelos,** ein westlich der Stadt gelegener beliebter Aussichtspunkt. Von der Terrasse hat man einen großartigen Panoramablick auf Funchal, und bei den Souvenirhändlern kann man hübsche warme Pullover erstehen. Dann führt eine schmale, kurvenreiche Landstraße (EN 107) weiter durch Eukalyptuswälder zunächst aufwärts bis zum ca. 1000 m hoch gelegenen Aussichtspunkt **Eira do Serrado,** ein lohnender Abstecher: Vom Parkplatz mit den Souvenirständen führt ein Fußweg (leicht bergauf, ca. 15 Min.) zum *miradouro,* der Aussichtsterrasse – und hier kann einem schnell schwindelig werden angesichts der atemberaubenden Aussicht auf das Tal und die rundum liegenden Berge. Durch die Akustik des Talkessels hört man hier oben selbst noch die Hunde unten in Curral das Freiras bellen, und die Terrassenfelder scheinen zum Greifen nah.

Hinter Eira do Serrado winden sich steile Serpentinen in das Tal, das tiefer wirkt, als es ist: Der Ort liegt immerhin

Blick von Eira do Serrado auf Curral das Freiras

auf 650 m Höhe, doch die steil aufragenden Bergwände lassen den Eindruck entstehen, sich auf dem Boden eines Kraters zu befinden. Lange Zeit glaubte man, das Tal sei tatsächlich ein Vulkankrater, doch mittlerweile ist klar, daß diese Annahme falsch war. Schon zu Zarcos Zeiten wurde das Tal für die Viehzucht genutzt (daher stammt auch die alte Bezeichnung Curral/Stall). In mühevoller Arbeit haben die Bauern von Curral das Freiras Terrassenfelder in die steilen Berghänge geschlagen, auf denen sie Obst und Gemüse anbauen. Berühmt ist der Ort jedoch für seine Eßkastanien, aus denen man hier allerlei lukullische Spezialitäten (wie Kastaniensuppe und -kuchen) und Trinkbares (Kastanienlikör) zaubert.

Die Lage von Curral das Freiras ist spektakulärer als der Ort selbst: Das Zentrum besteht aus ein paar Cafés und Restaurants, einem Andenkenladen und einem Kirchlein, um das herum sich die niedrigen Häuser gruppieren. Man kann auch vom Aussichtspunkt Eira do Serrado bergab nach Curral das Freiras wandern (2,5 km, teilweise sehr steil, 400 m Höhenunterschied) und sich anschließend im nicht zu verfehlenden Restaurant Nun's Valley am Hauptplatz mit Kastaniensuppe, -kuchen und -likör stärken – letzteren verkauft das Restaurant auch flaschenweise, denn die Spezialität des Nonnentals sind nun mal die Kastanien. Wenn Sie am 1. November in Curral das Freiras sind, werden Sie die *Festa da Castanha* erleben, das Kastanienfest. Dann verkaufen Straßenstände alle Spezialitäten zum Probieren.

Zu den Korbflechtern von Camacha

Von Funchal aus führt die EN 102 Richtung Camacha, davon zweigt die schmalere EN 101 ab (ausgeschildert) und führt Sie kurvenreich nach **Camacha** 9 (s. S. 243), etwa 15 km von Funchal entfernt. Schon vor dem Ortseingang sieht man rechts die terrassenförmig ansteigenden Becken, in denen die Weidenruten wochenlang gewässert werden, wenn sie eine weiße Farbe annehmen sollen. Das berühmte ›Korbflechterdorf‹ liegt in 700 m Höhe, weshalb hier schon mal ein rauher Wind blasen kann. Überhaupt ist es hier oben feuchter und kühler als in Funchal, so daß der Ort eine beliebte Sommerfrische reicher britischer Händler aus Funchal war, die vor der Hitze an der Südküste flüchteten. Die umliegenden kleineren und größeren Villen künden noch von dieser Zeit.

Die meisten der 6500 Einwohner von Camacha haben in irgendeiner Form mit der Korbflechterei zu tun. Wenn man ein wenig um den Hauptplatz *Largo da Achada* schlendert, wird man schnell feststellen, daß dieses Handwerk jedoch sehr schlecht bezahlt wird: Große Häuser sieht man hier kaum. Ein altes Volkslied überliefert, daß Camacha, von den Sommerfrischlern abgesehen, ein armer Flecken war: »Wenn die Mädchen aus Camacha / nichts zu essen haben, / gehen sie in den Wald und suchen Brennholz / und verkaufen es in der Stadt. / Die Mädchen aus Camacha essen nur Bohnen, / weil sie Geld sparen / für einen Reifrock ...«

In mehrstöckigen, unverputzten Betonbauten hocken die Korbflechter und arbeiten im Akkord (s. S. 140f.). Die Ergebnisse ihrer Handarbeit werden am Platz im *Café Relógio* verkauft, um das sich in Camacha alles dreht. Das mehrstöckige Gebäude war einmal die Villa eines reichen englischen Händlers, der dazugehörige Uhrturm ist eine Anspielung auf Big Ben. Innen stapeln sich auf zwei vollgestopften Etagen alle nur denkbaren Korbwaren – Wäschekörbe, kleine und große Koffer, Tabletts, Eierbecher, Übertöpfe, Flaschenbehälter, Wiegen, Hundekörbe, Hüte, Täschchen, Spiegelumrandungen, Zeitungsständer, Nippes, Stühle, Tische und Sofas. Für die größeren Möbelstücke braucht ein versierter Korbflechter 2–4 Wochen, und der in der unteren Etage ausgestellte ›Zoo‹ ist ein wahres Kunstwerk: Fast ein halbes Jahr haben die Korbkünstler an der (unverkäuflichen) Arche Noah und den Elefanten, Löwen, Affen und Giraffen geflochten. Vor allem die kunstvollen Korbstühle und Sofas möchte man am liebsten gleich kaufen und mitnehmen, da sie nicht nur wunderschön, sondern auch noch vergleichsweise preiswert sind. Die Firma Café Relógio bietet auch einen Exportservice an: Die Möbel werden professionell verpackt und nach Hamburg verschickt, doch dafür zahlt man noch einmal etwa 50 %

Ein traditionelles Handwerk: Die Korbflechterei

Mit den Portugiesen kamen auch die Weidenkörbe nach Madeira. Schon in den ersten Jahren der Inselbesiedlung wurden hier große Weidenkörbe geflochten. Sklaven hingen in diesen Körben an den Bergwänden, um die Levadas anzulegen, in Körben wurden Steine und Erdreich aus dem Weg geräumt; und in den traditionellen *barreleiros* (unbehandelte Weidenkörbe), wie man sie heute noch auf dem Markt in Funchal sieht, transportierte man sämtliche Waren vom Fisch über Obst bis hin zu den Blumen. An Rohmaterial für die Körbe herrschte auf Madeira kein Mangel; in den feuchten, regenreichen Tälern und an den Bachrändern des Nordens werden die langen, biegsamen Weiden (eine Kreuzung zwischen *Salix alba* und *Salix fragiles*) angepflanzt, die die Bauern von Januar bis März ernten. Doch bis die Korbflechterei zu einem eigenen Industriezweig wurde, dauerte es noch eine Weile, und auch daran waren die Engländer beteiligt. James Taylor und William Hinton hatten 1880 Korbmöbel aus Italien mitgebracht, die sie von Korbflechtern aus Camacha imitieren ließen. So hielten die bequemen, leichten Weidenmöbel schnell Einzug in die Sommerhäuser und Villen der vielen Engländer – und auch in England, Kanada, den USA und allen Ländern, in denen heimwehkranke Emigranten aus Madeira lebten.

An der Produktion und am Export der Korbwaren verdienen Händler und Firmen heute allerdings wesentlich mehr als die Korbflechter selbst. Die größte Exportfirma, das Café Relógio in Camacha, kauft von etwa 450 selbständigen Flechtwerkstätten in und um Camacha die Produkte auf. Die meisten Werkstätten flechten in Heimarbeit und sind auf ein ganz bestimmtes Modell spezialisiert, das sie mit der ganzen Familie im Akkord herstellen – nicht künstlerische Kreativität ist gefragt, sondern hohe Stückzahlen an beliebten Wäschekörben, kleinen Koffern, Stühlen und Korbnippes. Die Flechter sitzen in kalten, ungemütlichen Räumen, geregelte Arbeitszeiten, Urlaub, soziale Absicherung und ein

des Kaufpreises. Kleinere geflochtene Truhen dagegen und vor allem die Wäschekörbe lassen die meisten Fluglinien als normales Gepäck durchgehen. Verfehlen können Sie das Café Relógio am Largo da Achada auf keinen Fall: Hier halten die Ausflugsbusse aus Funchal.

Vom Panorama-Restaurant werden Gourmets nicht gerade begeistert sein, doch vielleicht tröstet man sich mit den abendlichen Folkloredarbietungen und dem schönen Ausblick. Von der Terrasse links neben dem Gebäude aus sieht man über die Küste fast bis Machico.

festes Einkommen gibt es für sie nicht. Sie sind abhängig von den Stückpreisen, die der Monopolist Café Relógio ihnen zahlt, und kommen daher selten auf einen Stundenlohn über 5 DM.

Entsprechend unattraktiv ist dieser Beruf für den Nachwuchs. Die wenigsten Jugendlichen haben Lust, diesen anstrengenden und schlecht bezahlten Beruf auszuüben, und wandern in andere Berufe ab oder bleiben arbeitslos. Ähnliches gilt für die Weidenbauern im Norden der Insel. Sie ernten die Weidenruten größtenteils in Handarbeit und tragen sie zu den Sammelstellen, wo sie die Ruten in großen Bottichen auskochen; anschließend werden sie von Frauen und Kindern mit der Hand geschält – eine Drecksarbeit, die die Hände verfärbt und aufrauht. Über den Dörfern liegt dann ein penetranter Gestank. Nach dieser Prozedur werden die Weiden gebündelt, zum Trocknen aufgestellt und später in die Werkstätten von Camacha gebracht, wo sie weiter verarbeitet werden. Erst 1996 investierte das Handwerksinstitut IBTAM 2 Mio. DM, um u. a. anderswo längst übliche Schneide- und Schälgeräte einzusetzen. Ob damit die Billigkonkurrenz aus China und Polen aus dem Feld geschlagen wird, ist jedoch mehr als zweifelhaft.

Auf dem Largo da Achada erinnert eine skurrile Gedenktafel an das allererste Fußballspiel der Inselgeschichte, das hier 1875 stattfand. Natürlich hat ein Engländer den ersten Fußball nach Madeira gebracht und gleich zwei Mannschaften zusammengestellt – in Sachen Fußball haben die Madeirenser den Festland-Portugiesen also 13 Jahre voraus, worauf man hier sehr stolz ist.

Von Camacha ist es nicht weit zu Blandy's Garden (s. S. 128f.) und zum Naturpark von Santo da Serra (s. S. 150).

Der Osten und die Bergwelt

Richtung Sonnenaufgang: Der ›ferne Osten‹ von Madeira

Die östliche Hälfte Madeiras wartet mit vielen Höhepunkten und reizvoll kontrastierenden Landschaften auf. Auf der hier vorgeschlagenen Route lernt man kleine Orte an der sonnigen Südküste kennen, die zweitgrößte Stadt Madeiras, ein abgelegenes Dorf ehemaliger Walfänger, den östlichsten Punkt der Insel und ein Stückchen der ›anderen Inselseite‹ – die Route führt durch dichte Wälder, bietet spektakuläre Ausblicke auf malerische Täler und Terrassen sowie den berühmten ›Adlerfelsen‹ bei Faial. Sie eröffnet viele Einblicke in das von der Geographie und vom Klima bestimmte Leben auf der Insel – sei es nun die elegante Variante wie die Quintas in Santo da Serra oder die traditionelle Lebensweise in den strohgedeckten Holzhäusern von Santana.

Falls man die gesamte Route an einem Tag bewältigen möchte, sollte man früh morgens in Funchal starten und von der Ponta de São Lourenço (s. S. 158ff.) um die Mittagszeit in den Norden bis Santana (s. S. 162f.) und São Jorge (s. S. 164) weiterfahren, denn der Rückweg über Ribeiro Frio (s. S. 164f.), Poiso und Monte (s. S. 131ff.) ist im Dunkeln nicht nur gefährlich, das Naturschutzgebiet um Poiso darf auch abends nicht mehr durchfahren werden – und die herrliche Landschaft ist nicht zu sehen. Ist es also später geworden, kehrt man von der Ostspitze lieber über die Straße nach Portela, Santo da Serra (s. S. 150) und Camacha (s. S. 139ff.) nach Funchal zurück und spart sich die ›große Nordkurve‹ für einen anderen Tag auf.

Blick auf die Ponta de São Lourenço vom
◁ *Golfplatz Miradouro das Ingleses*

Die Küste bis Machico

Verlassen Sie Funchal auf der Rua do Conde do Carvalhal Richtung Osten; sie schraubt sich den steilen Berghang hoch, geht in die Küstenstraße über und trifft sich bei São Gonçalo mit der neuen Straße zum Flughafen – man kann natürlich auch gleich Richtung Flughafen/Aeroporto fahren, allerdings verpaßt man dann den Aussichtspunkt **Miradouro do Pináculo** 1. Von hier oben aus liegt einem Funchal zu Füßen; besonders an Silvester ist der Miradouro ein bei Funchalesen und Touristen beliebter Logenplatz, um das spektakuläre Feuerwerk zu bewundern. Vor Caniço (9 km östlich von Funchal) biegt man rechts zur ausgeschilderten Landzunge **Ponta do Garajau** 2 (s. S. 245f.) ab, die nach den vielen Seeschwalben benannt wurde. Hier erhebt sich seit 1927 eine überlebensgroße Christusstatue – diese kleinere Imitation der berühmten Christusstatuen von Lissabon und Rio de Janeiro erfüllt denselben Zweck wie ihre ›großen Brüder‹: Sie soll die Seefahrer beschützen. Von hier bieten sich schöne Ausblicke, und vielleicht sehen Sie sich auch die stacheligen Feigenkakteen am Straßenrand etwas genauer an. Am schmalen Kiesstrand baden häufig Einheimische.

Kehrt man auf die obere Landstraße zurück, gelangt man schnell nach **Caniço** 3 (s. S. 245ff.), einem beliebten Ferienörtchen in 230 m Höhe über dem Meer. Früher waren die Küstenfelsen hier von Schilfrohr *(caniço)* überwuchert, das dem Ort seinen Namen gab.

Noch bis vor wenigen Jahrzehnten war Caniço recht unbedeutend und ärmlich, weil es auf den Felsen nicht viel anzupflanzen gab. Doch seine schöne Lage an der Südküste bewirkte, daß sich hier besonders viele Deutsche niederließen und Hotels und Restaurants eröffneten – meist kann man sich hier problemlos auf deutsch verständigen. Heute ist Caniço fast schon ein Vorort von Funchal. Etwas verwirrend ist auf den ersten Blick, daß der Ort aus zwei Teilen besteht: Der Ortskern gruppiert sich um den Hauptplatz Sítio da Vargem mit der Kirche, die gleich zwei Heiligen geweiht ist: dem hl. Antonius von Padua und dem Heiligen Geist. Eine kuriose Geschichte – unterhalb von Caniço, an der **Ponta da Oliveira,** dem südlichsten Punkt von Madeira, wurde die Grenze zwischen dem Lehensgebiet der Entdecker Vaz Teixeira (Machico) und Zarco (Funchal) gezogen, und demzufolge existierten im kleinen Caniço lange Zeit zwei Kirchengemeinden. Gegen Ende des 18. Jh. waren beide Kirchen allerdings ziemlich baufällig und man beschloß, sie abzureißen. Kurzerhand legte man die Gemeinden zusammen und baute eine gemeinsame Kirche – allerdings konnten sich die Gläubigen nicht auf einen gemeinsamen Namen einigen. Der Konflikt wurde salomonisch gelöst, indem man die Kirche einfach *Heilig-Geist-Antonius-Kirche* taufte. Von innen ist die Barockkirche eher schlicht. Rund um den Platz mit seinen Cafés kann man gemütlich flanieren; oder man stattet der herrlichen *Quinta Espléndida* einen Besuch ab. Dieses ausnehmend schöne Bungalow-Hotel unterhalb des Platzes steht inmitten einer blühenden Gartenanlage, in der man seit 1998 auch eine Kunstgalerie eingerichtet ist.

Eine ausgeschilderte Straße schraubt sich die Serpentinen gut 200 m hinunter ans Meer zum Ortsteil **Caniço de**

Im Herrenhaus der Quinta Espléndida in Caniço kann man heutzutage luxuriös speisen

Faro de São Jorge
Ponta de São Jorge
São Jorge 15
Rainha 507 m
Ilha
Lombo do Meio
Santana 13
Ponta do Clérigo
Oceano
Achada do Marques
548 m
Faial 12
Penha de Águia
Moinhos
Penha de Águia 590 m
Levada do Caldeirão Verde
Casa das Queimadas
14
Queimadas
Corujeira de Baixo
Achada do Teixeira 1592 m
Chiqueiros da Queimada
1407 m
Cruzinhas
Cruz
11
São Roque do Faial
Porto da Cruz 10
Espigão Amarelo
Larano
Cruz da Guarda
Achada do Pau Bastião
Pico do Arieiro 1818 m
Pousada do Arieiro
Ribeiro Frio 16
Parque Forestal 17
Casa da Portela 9
Marocos
Ribeira Seca
Torre
Pico do Fa 322 m
João do Prado 1306 m
Paso de Poiso 1400 m
Mont. do Pereiro
Santo da Serra 5
Santo da Serra 752 m
Capela dos Cardais
Machi 6
Miradouro F. Alvarez de Nóbrega
P. dos Porcos 956 m
Ribeiro João Gonçalves
Montado do Barreiro
Água de Pe
Achada do Moreno
Aeroporto do Funchal
Santa Catarina
Águas Mansas
P. da Silva 1111 m
Santa Cruz 4
Terreiro da Luta
Casais de Além
Camacha
Gaula
Jardim Monte Palace
Monte
São João
São Roque
Jardim Botanico
Quinta do Palheiro Ferreiro / Blandy's Garden
Porto Novo
Quinta das Cruzes
Caniço 3
Ponta da Atalaia
Miradouro do Pináculo 1
Praia dos Reis Magos
Caniço de Baixo
FUNCHAL
2 Ponta do Garajau
Ponta da Oliveira
101
108
102
202
215
216

Baixo. Seit hier die meisten Hotels entstanden, wuchs der Ort so rasch, daß es fast unmerklich in das benachbarte Garajau übergeht. Trotz des großen Angebots an touristischen Einrichtungen (Tauchschule, Sportmöglichkeiten, Restaurants und Hotels) sind Caniço de Baixo und Garajau noch überschaubar und nicht überlaufen. In Caniço de Baixo befindet man sich auf der **Ponta da Oliveira,** der ›Olivenbaumspitze‹ (s. o.), wo vor Urzeiten wohl wilde Olivenbäume gestanden haben müssen. An der Ponta da Oliveira endet das 6 km lange Unterwasser-Schutzgebiet vor der Küste, das der Tauchlehrer Rainer Waschkewitz 1986 bei den Behörden durchsetzte: Von hier bis zur Ponta do Lazareto bei Funchal ist der Fischfang offiziell verboten, Tauchen jedoch erlaubt. Und weil man hier anderenorts selten gewordene Fischarten wie Silberbarsche und sogar Mantas zu sehen bekommt, ist Caniço de Baixo auch ein Geheimtip für Taucher. Baden kann man in den beiden Felsbadeanlagen Lido Rocamar und Lido Galomar, die zu den gleichnamigen Hotels gehören, sowie am östlich gelegenen Kiesstrand *Reis Magos.* Früher lebten am ›Dreikönigsstrand‹ ein paar Fischer; oberhalb des Strandes war ein Posten der Zollbehörde stationiert, der den Schmuggelhandel im Auge behielt, für den sich die kleine Bucht gut eignete. Etwas weiter an der Küste gen Osten liegt Porto Novo, wo sich früher einige menschenscheue Mönchsrobben tummelten; die Robben sonnten sich gern an dem kleinen Strand, aber sobald man sich ihnen näherte, verschwanden sie eiligst im Wasser, wobei sie den Kies kräftig aufwirbelten – was den armen Robben den Ruf eintrug, sie würden mit Steinen nach Menschen werfen.

Zurück auf der Landstraße Richtung Flughafen kommt man über Gaula nach **Santa Cruz** (**4**, 17 km von Funchal, s. S. 267f.). Das 8000-Einwohner-Städtchen lebt tatsächlich im Schatten des Flughafens – zum einen, weil die verlängerte Landebahn fast bis an den Ort heranreicht, zum anderen, weil sich nur selten Touristen, die hier landen, in den hübschen Küstenort verirren, da die Fahrt gleich nach Funchal oder Caniço weitergeht. Dabei lohnt die traditionsreiche Zuckerstadt Santa Cruz durchaus einen Besuch. Santa Cruz ist eine der ältesten Siedlungen auf Madeira und wurde, ebenso wie Machico und Funchal, durch den Zuckeranbau sehr schnell reich. Schon im 15. Jh. versuchten die Zuckerbarone von Santa Cruz, ihre Konkurrenten aus Machico mit dem Bau eleganter Häuser, einer prachtvollen Kirche und einem ausnehmend schönen Rathaus und Gerichtsgebäude zu übertreffen.

Was die Kirche angeht, ist es ihnen tatsächlich gelungen, denn die *Igreja São Salvador* im Zentrum von Santa Cruz gilt als eine der interessantesten Kirchen außerhalb Funchals. 1533 gab der damalige Lehnsherr von Ost-Madeira, João de Freitas, den Bau in Auftrag (er ist auch in der Kirche begraben). Schon 1470 hatte hier eine Kapelle gestanden, wie ein altes Grabmal im Innern der Kirche belegt. Ungewöhnlich ist allein schon der dreischiffige Bau der Kirche, doch ebenso eindrucksvoll sind die noch erhaltenen gotischen Gewölbe und das Zwillingsportal im Chor aus manuelinischer Zeit. Kostbare Fliesen aus dem 16. Jh. befinden sich in der Sakristei – die wahrscheinlich in Sevilla hergestellten mehrfarbigen *azulejos* stammen aus dem alten Franziskanerkloster von Santa Cruz, dessen Reste leider dem Flughafenbau zum Opfer fielen. Die *Festung* am westlichen Strandende sollte ab 1706 die vollen Hafenspeicher der Stadt vor den ständigen Piratenüberfällen schützen und gehört heute der Finanzbehörde. Besichtigen kann man sie leider nur von außen. Wenn man durch die schöne erhaltene Altstadt spaziert, kann man sich recht gut vorstellen, daß Santa Cruz Ende des 19. Jh. eine beliebte Sommerfrische für betuchte Familien aus Funchal war, denn die Bademöglichkeiten waren (und sind) hier wesentlich besser; die High Society ließ prächtige Quintas zwischen die Obstgärten bauen und flanierte auf der Uferpromenade, wie ein zeitgenössischer Chronist in der Zeitung ›O Direito‹ 1882 berichtete: »Der herrliche Ort Santa Cruz ist heute so etwas wie das Cascais (eleganter Strandvorort von Lissabon, Anm. d. Autorin) Madeiras, wo das High-Life aus Funchal bäuerliche Luft atmet und gesunde Bäder in den sauberen Meereswellen genießt, die sanft an einen Strand rollen, der mit seinen Badehäuschen den Besuchern alle Annehmlichkeiten bietet. Das Hotel Gonçalves ist vollständig ausgebucht von Gästen aus der allerfeinsten Gesellschaft.«

Dabei war es damals gar nicht so einfach, Santa Cruz zu erreichen: Zu Pferd brauchte man 3 Std., die Hängemattenträger waren noch eine Stunde länger unterwegs, im Ruderboot dauerte es 2 Std. 30 Min. und mit dem Dampfschiff 1 Std. Endlich in Santa Cruz angekommen, ließ man sich im supereleganten Hotel Gonçalves verwöhnen – es galt als eines der besten Hotels der Insel und war das einzige, das immer genügend exquisite Speisen vorrätig hatte, um auch unerwartete Gäste fürstlich zu bewirten. Leider existiert das Hotel nicht mehr. Dafür gilt die 1990 eröffnete Badeanlage Palmeiras als fast genauso gut wie das Lido in Funchal, und vielleicht

Am Strand von Las Palmeiras in Santa Cruz

liegt sie sogar noch schöner: nämlich gleich an der mit Dattelpalmen bewachsenen Uferpromenade, mit einem buntblühenden Park im Hintergrund. Die Skulptur von Lagoa Henriques stellt einen Pottwal dar. Mehrere Wellenbrecher sollen die Badenden vor heftigeren Wellen schützen, die besonders im Januar und Februar sehr hoch werden können.

Die Küstenstraße führt hinter Santa Cruz direkt am *Flughafen Santa Catarina* vorbei. 1964 wurde die erste, recht kurz geratene Landebahn eröffnet – bei den Piloten galt sie mit ihren 1600 m Länge als äußerst risikoreich. 1985 baute man eine Verlängerung, die auf Stelzen ruht – unter ihr fährt man her, falls man die alte Küstenstraße nimmt. Doch für den wachsenden Flugverkehr mußte auch diese Landebahn verlängert werden; Ende 1999 wird das neue Teilstück eingeweiht. In jedem Fall sollte man sich nicht erschrecken, wenn man auf der Strecke zwischen Santa Cruz und Machico plötzlich ein Flugzeug im Rückspiegel sieht, das einen gleich zu überholen scheint – die meisten Flugzeuge fliegen je nach Witterungsbedingungen erst eine weite Schleife über dem Meer, um anschließend fast parallel zur Straße in den niedrigen Landeanflug überzugehen ... Der Flughafen scheint auf die Inselbewohner eine magische Anziehungskraft auszuüben, wie früher vielleicht die Kais am Hafen von Funchal. An den Wochenenden pilgern viele Madeirenser mit Kind und Kegel zum Flughafen, um stolz oder sehnsüchtig die startenden und landenden Maschinen zu beobachten, als wären es Schiffe, die Menschen, Waren und Nachrichten aus einer anderen Welt ausspucken – der Flughafen ist heute die Nabelschnur, die Madeira mit dem Rest der Welt verbindet. Und ein äußerst lukratives Projekt für Bodenspekulation, wie man sich leicht vorstellen kann.

Kurz vor dem Flughafen zweigt eine kleinere Landstraße links hoch in die Berge nach **Santo da Serra** 5 (s. S. 269f.) ab – wer Kontraste liebt oder Zeit für einen gemütlichen Abstecher hat, sollte ihr folgen und sich den winzigen Ort auf dem Hochplateau in den Küstenbergen ansehen. Santo da Serra war schon im 19. Jh. ein sehr beliebter Ferienort der reichen Familien aus Funchal, was man leicht an den vielen Villen inmitten prächtiger Gärten erkennt. Auch die Händlerdynastie Blandy besaß hier eine prachtvolle Quinta mit einem herrlichen Park, der heute öffentlich zugänglich ist. Korrekt heißt das Dörfchen, dessen Bewohner von der Viehzucht und vom Tourismus leben, Santo Antonio da Serra; dem hl. Antonius ist auch die nicht gerade spektakuläre Kirche gewidmet. Dem Verständnis der Einheimischen nach muß der hl. Antonius ein ziemlich eigenwilliger Heiliger gewesen sein, denn in einem alten Volkslied heißt es über ihn: »Der kleine Heilige Antonius der Serra / ist schwarz wie eine Brombeere / und wenn er ein hübsches Mädchen sieht, / streckt er ihr die Zunge raus.« Den Sterblichen gegenüber erwies sich Antonius in Liebesangelegenheiten aber als durchaus effizient: »Oh Heiliger Antonius«, heißt es in einem anderen Lied, »laß mich träumen, wen ich heiraten werde.« Ein süßer Traum.

Handfester ist die *Quinta do Santo da Serra,* das ehemalige Herrenhaus der Blandy-Familie gleich hinter der Kirche. Der prachtvolle Park mit seinen Magnolien, Hortensien und der Blumenvielfalt, dem kleinen zoologischen Garten, den Spiel- und Picknickplätzen ist ein beliebtes Ausflugsziel der Funchalesen. Im hinteren Teil des Parks ließen die Blandys einen Aussichtsbalkon in die Felsen schlagen, den *Miradouro dos Ingleses.* Von hier aus konnte Mr. Blandy nach seinen Handelsschiffen Ausschau halten. Normalsterbliche freuen sich vielleicht schlicht über die Aussicht bis Porto Santo. Der *Golfplatz* Santo da Serra hat außer seiner 18-Loch-Anlage ebenfalls eine atemberaubende Aussicht zu bieten. Im Januar finden hier die ›Madeira Open‹ statt; dann und an Wochenenden trifft sich hier die High Society aus Funchal, an normalen Tagen ist es jedoch schön ruhig. Santo da Serra ist ein Naturschutzgebiet und ein guter Ausgangspunkt für Levada-Wanderungen. Wer länger in Santo da Serra bleiben möchte, kann nobel in großen und kleinen Herrenhäusern absteigen. Wenn Sie jedoch die Rundreise fortsetzen möchten, sollten Sie unbedingt den Abzweig links nach Machico nehmen; kurvenreich schlängelt sich die Straße (Aussichtspunkt unterwegs) zu den Berghängen, die das Tal von Machico begrenzen, und trifft hier auf die N 108, die am Westrand der Stadt in die Küstenstraße mündet.

Falls man auf der Küstenstraße von Santa Cruz Richtung Machico weiterfährt, sieht man gleich hinter dem Flughafen in Agua de Pena eine verlassene Hotel- und Sportanlage, die zum ehemaligen Luxushotel Atlantis gehörte. Die neue Landebahn endet knapp vor der Anlage, und Atlantis ist heute eine Ruine. Etwas weiter oberhalb sieht man von der Aussichtsterrasse Miradouro Francisco Álvarez de Nóbrega auf das Tal und die Bucht von Machico. Namensgeber ist der 1773 in Machico geborene Dichter Álvarez de Nóbrega, der in Funchal am Priesterseminar studierte und satirische Verse über den Klerus schrieb. Prompt wurde er von der Inquisition eingekerkert; er erkrankte

Im Park der Quinta do Santo da Serra

schließlich im Gefängnis an der Lepra und brachte sich um 1807 um.

Von hier oben kann man gut erkennen, daß **Machico** 6 (24 km von Funchal, s. S. 257f.) in einer überraschend großzügigen Ebene liegt und vom Fluß Ribeira de Machico in zwei Hälften geteilt wird. Östlich der Ribeira de Machico liegen die Kais, die Festung São João Batista, die Wunderkapelle Capela do Senhor dos Milagres und das Fischerviertel Banda d'Além, wörtlich übersetzt ›gegenüberliegendes Ufer‹, mit dem dunklen Lavastrand. Westlich des Flus-

Machico

Die fruchtbare Bucht von Machico ist seit 1420 besiedelt

ses konzentriert sich der hübsche Ortskern mit dem Rathausplatz, kleinen Geschäften und Restaurants. Seit einigen Jahren versucht man, Machico auch für Touristen interessant zu machen; einige neue Hotels wurden gebaut, außerdem soll die größte Diskothek auf Madeira Publikum anziehen. Trotzdem hat das Städtchen seinen provinziellen Charme bewahrt – dabei ist Machico mit 12 000 Einwohnern die zweitgrößte Stadt der Insel, und es rühmt sich, historisch ebenso bedeutsam zu sein wie Funchal. Doch im Gegensatz zu Funchal lag Machico jahrhundertelang im Dornröschenschlaf.

Das fruchtbare grüne Tal von Machico war das erste, was die portugiesischen Entdecker Zarco und Tristão Vaz Teixeira von Madeira sahen, denn hier landeten 1419 ihre Karavellen, und sie begründeten die Siedlung 1420. Die Legende erzählt, Zarco und Tristão Vaz Teixeira hätten die Gräber des berühmten Liebespaars Machim und Anne Dorset gefunden, die angeblich Mitte des 14. Jh. schon auf Madeira gestrandet waren (s. S. 31f.), sowie den in ein Holzkreuz geritzten letzten Willen Machims: man möge für das Seelenheil der unglücklich Verliebten eine Kapelle errichten. Die Portugiesen erfüllten diesen Wunsch und bauten die Christus-Kapelle, im Volksmund Capela do Cristo bzw. Capela do Senhor dos Milagres, Kapelle des Wundertätigen Herrn genannt. Tristão Vaz Teixeira ließ sich mit seinen Leuten in Machico nieder und verteilte Landgüter, während Zarco nach Câmara de Lobos und später nach Funchal zog.

Auch im Tal von Machico pflanzten die ersten Siedler Zuckerrohr an, das bald erheblichen Reichtum abwarf. Doch im Gegensatz zu Funchal, wo sich rasch ein starkes Handelsbürgertum entwickelte, blieb Machico sehr viel stärker in den mittelalterlich-feudalen Strukturen verhaftet. Tristão Vaz und die folgenden Legatskapitäne hielten prunkvoll Hof und verpraßten die reichen Abgaben ihrer Untergebenen mit luxuriöser Lebensführung. Obwohl Machico nicht ein annähernd so bedeutendes Handelszentrum wie Funchal war, wurde es doch immer wieder von Piraten heimgesucht, woran die Einwohner heute noch mit einem Fackelzug am letzten Julisonntag erinnern. Zum Schutz gegen die Angriffe baute man drei Festungen, von denen heute noch zwei zu sehen sind: den Forte João Batista am Hafen und den Forte Nossa Senhora do Amparo – seine dreieckige Form erlaubte den Madeirensern, in zwei Richtungen aufs Meer zu schießen. Ein idealer Ausguck aufs Meer war der Fackelberg Pico do Facho, auf dem heute ein Sendeturm steht. Hier waren Wachmannschaften stationiert; falls Piratenschiffe nahten, entzündete man auf Porto Santo Warnfeuer. Auch auf dem Fackelberg wurde in fliegender Eile ein großes Feuer errichtet, das wiederum in São Jorge an der Nordküste zu sehen war, wo ein weiteres Feuer entfacht wurde. Auf diese Weise sprangen die warnenden Leuchtfeuer von einem Punkt der Küste zum anderen: vom Pico do Facho nach São Jorge, Porto Moniz, Ponta do Pargo, Calheta und schließlich Cabo Girão.

Am besten beginnt man den Stadtspaziergang im Fischerviertel Banda d'Além. Es war lange Zeit das ärmste Viertel der Stadt, trotz der kleinen Bootswerft, in der die traditionellen Holzboote gebaut wurden. Ein paar Fischerboote, darunter auch größere, die für den Thunfischfang gebraucht werden, liegen am steinigen Strand, über dem Kai erhebt sich die Festung *São João Batista,* die Anfang des 18. Jh. errichtet wurde. Heute leben hier sogenannte *retornados,* Menschen aus den ehemaligen Kolonien Portugals in Afrika, weshalb man den Festungsbau nicht besichtigen kann. Entlang der Uferstraße trocknen die Fischer im Sommer auf niedrigen Gestellen den *gaiado,* eine Thunfischart.

Landeinwärts liegt rechter Hand an einem schönen Platz die auf ganz Madeira berühmte *Capela do Senhor dos Milagres,* die Zarco und Tristão Vaz Teixeira 1425 als erstes Gotteshaus in Machico bauen ließen. Wenige Jahrzehnte später verschlang ein Feuer die Kapelle, man baute sie wieder auf, doch 1803 riß eine Hochwasserkatastrophe die Kapelle mit sich – auch die Christusfigur aus Holz wurde aufs Meer geschwemmt. Dort fischte sie drei Tage später ein amerikanischer Matrose oder ein Madeirenser Fischer auf – hier widersprechen sich die Legenden – und brachte sie in die Kathedrale nach Funchal. In einer feierlichen Prozession trug man den Christus die Küste entlang nach Machico und gab ihm – wenn auch erst zehn Jahre später (1813) – in der neu errichteten Kirche einen Ehrenplatz über dem Altar. Links vom Altar kann man auf einem Kachelgemälde den Hergang der wundersamen Rettung verfolgen. Auf dem rechten Kachelbild bekommt man einen Eindruck davon, wie die Bucht von Machico vor knapp 200 Jahren ausgesehen hat. Jedes Jahr am 8. Oktober wallfahrten schon seit dem 19. Jh. Pilger aus allen Ecken der Insel zum ›Wundertätigen Herrn‹. Eine Zeitung aus Funchal berichtete 1897, bei der Wallfahrt seien wieder mehr als 1000 Menschen nach Machico gepilgert, die im ganzen Viertel um die kleine Kapelle ein Volksfest gefeiert hätten, mit Gesang und Tanz, wobei sich einige Musiker mit der Machete begleitet hätten. 100 Fäßchen Wein seien ausgetrunken worden, das Fleisch von dreißig Kühen habe man gegrillt und verspeist, und die beiden Küstendampfer ›Gavião und ›Falcão‹ hätten für 250 Réis pro Kopf Pilger von Funchal nach Machico gebracht, denn nicht jeder habe den weiten Weg zu Fuß hinter sich bringen wollen.

Vom Fischerviertel Banda d'Além, nach dem sich eine interessante Musikgruppe aus Funchal benannt hat, führt eine Brücke über die Ribeira de Machico ins eigentliche Stadtzentrum. Der *Largo do Municipio,* der Rathausplatz, ist das Herz der Altstadt. Eine Statue erinnert an Kapitän Tristão Vaz Teixeira, den ›zweiten Entdecker‹ Madeiras, der in Machico eine Miniaturkopie des portugiesischen Hoflebens führte. Das *Rathaus* wurde erst Anfang des 20. Jh. gebaut. Zwei Wappen zeigen eine Armillarsphäre – ein für die Seefahrt wichtiges astronomisches Gerät, das seit dem Zeitalter der portugiesischen Entdeckungen Symbol des Königshauses war – sowie zwei Zuckerrohrpflanzen, die begossen werden. Letzteres wurde der Stadt vom portugiesischen Diktator Salazar 1947 verliehen. Die *Igreja Nossa Senhora da Conceição,* ebenfalls am Largo do Municipio, ist wahrscheinlich das älteste erhaltene Gebäude in Machico. Um 1500 wurde mit dem Bau dieser Kirche begonnen (parallel zur Kathedrale von Funchal). Das schöne gotische Portal ist mit interessanten manuelinischen Verzierungen versehen: Das Böse personifiziert sich in den gemeißelten Fratzen auf der linken Seite, das Gute war auf der rechten Seite dargestellt, doch konnte es im Gegensatz zum Bösen dem Zahn der Zeit nicht standhalten und zerbröselte im Lauf der Jahrhunderte. König Manuel I. schenkte der Gemeinde die Säulen am Zwillingsportal, die, wie die beiden Seitenkapellen im Innern, zur ur-

Das Rathaus in Machico stammt vom Anfang des 20. Jh.

sprünglichen Form der Kirche gehören. Die Kapelle zur Linken zeigt Phönix in der Asche, das Wappen der Familie Vaz Teixeira, die hier auch begraben ist. Der Innenraum wurde im 17. Jh. mit wertvollen blattgoldbelegten Holzschnitzereien *(talha dourada)* ausgeschmückt; die Anbetung der Heiligen Drei Könige und eine Mariendarstellung aus der Flämischen Schule gehörten ursprünglich der Kirche und befinden sich heute im Museu de Arte Sacra in Funchal.

Richtung Meer sollte die 1706 erbaute Festung *Nossa Senhora do Amparo* die Stadt gegen Überfälle der Piraten schützen – sie war die Nummer zwei einer aus drei Festungen bestehenden Verteidigungsstrategie, mit der in die Bucht einlaufende Piratenschiffe von drei Seiten aus beschossen werden konnten. Die dritte Festung existiert heute nicht mehr, und im der ›Schützenden Jungfrau‹ gewidmeten Forte Nossa Senhora do Amparo logiert heute das Touristen-Informationsbüro.

Natürlich hat Machico auch einen *Fischmarkt:* Morgens in aller Frühe beliefern die Fischer von Machico die *Lota;* vormittags kann man hier viel Thunfisch kaufen. Am westlichen Ende der Bucht, unterhalb vom Hotel Dom Pedro, liegt die *Capela de São Roque.* Leider ist die Rochus-Kapelle meistens geschlossen, doch vielleicht haben Sie Glück und können die kostbaren Kachelbilder betrachten, die Szenen aus dem Leben des hl. Rochus darstellen. Er ist in Spanien, Portugal und Lateinamerika ein äußerst populärer Heiliger als Schutzpatron gegen die Pest. Die Kapelle ließ der Sohn von Tristão Vaz Teixeira 1489 bauen, als Machico gerade eine Pestepidemie überstanden hatte. Unterhalb der Kapelle entspringt die *Rochus-Quelle,* deren Wasser man heilende Kräfte nachsagt.

Von Machico zur Ponta de São Lourenço

Hinter Machico und dem Fackelberg führt die Landstraße durch einen 750 m langen Tunnel in den ›Fernen Osten‹ der Insel, der in diesem Fall nur 32 km von Funchal entfernt ist – man ist auf dem Weg ins Fischerdörfchen **Caniçal** 7 (s. S. 244f.), mit der Ponta de São Lourenço der östlichste Punkt Madeiras. Sobald man den Tunnel verläßt, befindet man sich in einer vollkommen anderen Landschaft. Die grünen Berghänge und bunten Blumen von Machico sind verschwunden, statt dessen sieht man eine trockene, ockerfarbene Landschaft, deren Farben sich auf der fingerförmigen Halbinsel São Lourenço fortsetzen. Dabei war die Küste von Caniçal früher einmal dicht bewaldet und galt als exzellentes Jagdrevier, das die Legatskapitäne sehr zu schätzen wußten. Das Holz der Bäume wurde jedoch für den Schiffsbau benötigt, die Erosion begann, Regenfälle schwemmten die verbleibende dünne Erdschicht ins Meer. Außerdem interessierte sich in Funchal kaum jemand dafür, was ›am Ende der Welt‹ in Caniçal geschah – das ganze Dorf war praktisch bis 1956 von der Restinsel abgeschnitten, doch dann wurde der Tunnel gebaut.

Schon damals war Caniçal als Dorf der Walfänger bekannt. 1939 war der Azorianer Luis Eleutério dos Reis mit 16 auf den Walfang spezialisierten Fischern nach Madeira gekommen, um in Porto Moniz und Garajau Walfangstationen aufzubauen. Seit 1949 gab es auch in Caniçal eine Station und eine Fabrik, in der die Tiere verarbeitet wurden, und das gesamte Dorf lebte vom Walfang – 1940 töteten die Fischer 48 Tiere, während 1956 schon 240 Wale in der Fabrik endeten. Die Walfangstation befindet sich auf dem Gelände der 1987 östlich von Caniçal eingerichteten Freihandelszone *(Zona Franca)*, die mit einem hohen Drahtzaun abgesperrt ist und eigentlich Tausende neuer Arbeitsplätze schaffen sollte; tatsächlich arbeiten dort nur rund 600 Menschen, da der neue Containerhafen bei weitem nicht ausgelastet ist. Insgeheim sind die Fischer von Caniçal noch sehr stolz auf ihre lange Walfangtradition, auch wenn sie 1981 sozusagen arbeitslos wurden; die Fabrik wurde geschlossen, sie mußten die Seiten wechseln: Das Washingtoner Artenschutzabkommen verbietet seit jenem Jahr weltweit die Jagd auf Pott-, Finn- und Seiwale, und die früheren Jäger überwachen nun wohl oder übel die Küstengewässer, die zum Nationalpark für Meeressäugetiere deklariert wurden. Heutzutage fahren sie nur noch zum ›normalen‹ Fischfang mit ihren kleinen Booten und den Kuttern aufs Meer; in den Netzen zappeln vor allem silbrige Thunfische.

Der Ortskern von Caniçal ist eine geschützte Hafenbucht, um die herum sich ein paar Cafés gruppieren. Auch ein winziger Souvenir-Kiosk steht hier, in dem ein bedächtiger ehemaliger Walfänger Kettchen aus Muscheln und Walknochen, muschelbesetzte kleine Dosen, handliche Wale aus Holz und merkwürdige glitzernde Steine verkauft – allerdings dürften die Walknochen allmählich knapp werden, und niemand weiß, aus welchem Material der hübsche Schnickschnack eigentlich besteht. Doch der alte Mann versichert unbeirrt, es stamme tatsächlich von Walen. Sollte er recht haben, könnte man bei der Heimreise Ärger mit dem Zoll bekommen, denn die Einfuhr von Pottwalprodukten ist verboten, wahrscheinlich handelt es sich aber um schlichte Imitate. Gleich neben dem Kiosk liegen ein paar Fischerboote auf dem kleinen Kieselstrand, und um die Ecke wartet das liebevoll improvisierte Walfängermuseum auf Besucher. Im *Museu da Baleia* zeigt ein 45minütiger Dokumentarfilm (auch in deutscher Übersetzung) Greuel und Gefahren des Walfangs. Besonders imposant ist das lebensgroße (12 m lange) Wachsmodell eines Pottwals, neben dem sich das Walfängerboot geradezu erschreckend winzig ausnimmt.

Kein Wunder, daß Walfänger und Fischer gleichermaßen den Schutz der Senhora da Piedade erflehten, wenn sie sich auf die stürmische See wagten. Auf einem Vulkankegel östlich von Caniço (Richtung Ponta de São Lourenço) steht die ihr gewidmete, sehr alte Kapelle. Am dritten Septembersonntag feiern die Fischer in Caniço das Fest ihrer Schutzheiligen; dann spenden sie der Jungfrau traditionell eine Summe, die dem Viertel ihres Fangs entspricht, tragen das kostbare kleine Gemälde der Muttergottes – es soll eine flämische Arbeit aus dem 16. Jh. sein – in die Pfarrkirche nach Caniçal und bringen es mit einer Bootsprozession über das Meer zurück in die Kapelle: angeführt von einem großen, prächtig geschmückten Boot, auf dem das Bild der Maria thront, dem die kleineren, bunt bemalten Boote der Fischer folgen. Fast alle gehören zur Bruderschaft der Fischer und tragen ihre traditionellen Kostüme. Zu diesem Ereignis strömen jedes Jahr viele Besucher nach Caniço. Die eigentliche *Pfarrkirche São Sebastião* (1749) am kleinen Hafen versucht vergeblich, jedes Jahr am 20. Januar mit einem turbulenten Fest für den verdienten Heiligen zu konkurrieren – doch gegen die Maria der Fischer muß der hl. Sebastian verblassen.

Hinter Caniçal führt die Straße am schwarzen Sandstrand *Praínha* und der meist verschlossenen Capela da Sen-

hora da Piedade vorbei auf die **Ponta de São Lourenço** 8 mit ihren bizarren Felsformationen. Die Straße endet am Aussichtspunkt an der Abra-Bucht. Von hier aus sieht man schon die beiden der Ostspitze Madeiras vorgelagerten Inseln, die äußere mit einem Leuchtturm bewehrt. Man kann sich leicht vorstellen, daß die Felsenspitze ein Problem für die Schiffahrt darstellte. Das englische Dampfschiff ›Forerunner‹ lief hier in der Nacht des 25. Oktober 1854 mit vielen britischen Offizieren und dem Gouverneur von Sierra Leone auf dem Weg von Afrika nach Funchal auf ein Felsenriff auf und ging unter – in der Dunkelheit konnten die drei Passagiere und elf Besatzungsmitglieder nicht mehr gerettet werden, obwohl sich sofort ein Fischerboot aus Machico aufmachte, um den Schiffbrüchigen zu helfen. Daher forderte die britische Regierung die Verwaltung von Madeira dringend auf, die tückische Felsenspitze mit einem Leuchtturm zu sichern. Drei Jahre lang wurde an dem Leuchtturm gebaut, immer wieder mußten die Arbeiten wegen schwerem Seegang und Unwet-

Bizarre Felsen der Ponta de São Lourenço

tern unterbrochen werden, bis er 1870 endlich fertiggestellt war und sein Licht bis 25 Meilen auf See ausstrahlen konnte.

Wanderung auf die Ponta de São Lourenço

Vielleicht animiert Sie dieses windumbrauste Stückchen Wüste, das in die mitunter wildbewegten Atlantikwellen reicht, zu einer gut dreistündigen Wanderung (hin und zurück zur Ostspitze). Dafür sollten Sie jedoch unbedingt festes Schuhwerk tragen und einigermaßen wandererfahren sein. Unternehmen Sie diese Wanderung nicht bei Nebel oder Sturm! Parken kann man auf dem großen Parkplatz am Ende der asphaltierten Straße.

Die Vegetation auf der Ponta de São Lourenço ist karg, doch mit etwas Glück entdeckt man vielleicht eine stachelige, leuchtend blühende Mariendistel *(Sibylum marianum)* oder die stark duftenden Blüten einer Artischocken-Verwandten *(Eynara cardunculus)*. Hier konnte sich die ursprüngliche Fels- und Küstenvegetation von Madeira ungestört erhalten, da keine ›Fremdpflanzen‹ gesetzt wurden. Dazu gehören der Perrexil oder Funcho Marino *(Crithmum maritimum L.)*, der viel Sonne und wenig Luftfeuchtigkeit braucht und im Sommer blüht, sowie eine ganze Reihe von buschigen, niedrigwachsenden Pflanzen. Doch auch die braunen und roten Felsen sind Farbtupfer in dieser ockerfarbenen Landschaft, die einen ganz besonderen Reiz ausübt.

Am nördlichen Ende des Parkplatzes beginnt der Wanderweg. Nach ca. 100 m biegen Sie rechts in eine Mulde ab (schmaler Steig), die Sie durchqueren. Von der Talmulde sind es etwa 15 Min. bis zu einer Felsmauer, von der aus Sie den weiteren Wanderweg bereits erspähen können. Halten Sie sich dann links und laufen Sie abwärts (weiter links führt Sie ein Pfad zu einem herrlichen Ausblick, doch nur für Schwindelfreie). Laufen Sie dann geradewegs auf das Ostkap zu; nach 15 Min. scheint der Weg zu enden, doch wenn Sie gern ein wenig klettern und schwindelfrei sind, können Sie über die Felsplatten weitergehen. Nach insgesamt etwa 40 Min. passieren

Sie einen Grat – rechts und links brandet das Meer –, von dem aus Sie bei klarem Wetter die Nachbarinsel Porto Santo sehen können. Nach weiteren 15 Min. haben Sie das Plateau Casa da Sardinha erreicht, von dem aus Sie auf den vor Ihnen liegenden, recht steilen Gipfel steigen können: ein herrlicher Ausblick auf die gischtumtosten Inselchen Ilhéu de Agostinho und Ilhéu do Farol, die Desertas, Porto Santo und die Gipfel Madeiras entschädigt Sie für die Mühe.

Für Nicht-Wanderer: Der Ausflug lohnt sich auch mit dem Auto – dann fahren Sie bis zum Parkplatz und genießen die Aussicht auf die bizarren Felszacken, den Leuchtturm und die Küste.

Von Machico an die Nordostküste

Den kleinen Hafen Porto da Cruz an der Nordostküste erreicht man über Machico und Portela; die N 108 führt durch das idyllische Tal von Machico hoch zum **Portela-Paß** (625 m) und trifft dort mit den Straßen von Santo da Serra und Porto da Cruz zusammen. In einer großzügigen Kurve liegen rechter Hand ein Aussichtspunkt und das Gasthaus **Casa da Portela** 9 (s. S. 261) – von hier oben hat man einen herrlichen Panoramablick auf die Nordküste und den eindrucksvollen ›Adlerfelsen‹ (Penha de Águia) zwischen Porto da Cruz und Faial, auf die Terrassenfelder von São Roque do Faial und, bei klarem Wetter, auf die zentrale Bergkette von Madeira. Dann schraubt sich die Straße an die Küste herunter, und man befindet sich in **Porto da Cruz** 10 (ca. 3000 Einwohner, s. S. 262). Nach dem großen Kreuz *(cruz)*, das sie im Hafen *(porto)* aufgestellt hatten, tauften die ersten Siedler dieses alte Örtchen. Damals lebte Porto da Cruz von den Erträgen aus den Zukkerplantagen und aus dem kleinen Handelshafen, über den der Zucker nach Funchal transportiert wurde; eine Zukkermühle am Ufer ist ein Relikt aus dieser Zeit. Bis ins 20. Jh. hinein war Porto da Cruz wie viele andere Orte auf Madeira nur übers Meer zu erreichen – der Fußweg über die Berge war langwierig und gefährlich. Alle Waren mußten, wenn sie nicht über den Seeweg gingen, von Trägerkolonnen geschleppt werden – Lastenträger war ein weit verbreiteter, anstrengender und schlecht bezahlter Beruf. Auch der Wein, den man in Porto da Cruz noch heute anbaut, wurde von diesen Trägern zu Fuß in die Weinkellereien nach Funchal transportiert. Dazu füllte man ihn in Schläuche aus Ziegenleder, und da die Träger auf ihrem weiten Weg über die Bergrücken wohl auch gern ein Schlückchen nahmen, bekamen sie schnell den Namen *borracheiros* – Betrunkene. Noch heute wird die Tradition bei der Weinernte in Porto da Cruz im September vergnüglich gepflegt. Dann ziehen die kostümierten *borracheiros* zum Spaß mit den Weinschläuchen auf dem Rücken vom Weinberg in den Ort und machen ihrem Namen alle Ehre.

Porto da Cruz hat zwei Kiesstrände, an denen man bei ruhiger See baden kann, allerdings donnert hier meistens eine ungestüme Brandung. Geschützter schwimmt man im Hafenbecken, wo es auch eine Dusche gibt. Doch vielleicht spaziert man einfach nur zur alten Zukkermühle zwischen den Stränden und an den alten Kais und den Lagerhäusern entlang und hält Ausschau nach dem Gespenst des Gutsherrn von Leal, der wegen eines endlos dauernden Unwetters nicht ordentlich im Mausoleum der Familie begraben werden konnte und statt dessen unordentlich und al-

Der Penha de Águia bei Faial ist das Wahrzeichen des Nordens

lein in einer Kapelle auf dem Gut unterkam – die er angeblich gern verläßt, weil es ihm dort zu langweilig ist. Oder man stärkt sich neben der Kirche (sie ist der Senhora de Guadalupe geweiht) im Restaurant Penha d'Ave mit handfester regionaler Küche.

Um in das Nachbarörtchen Faial zu kommen, muß man wieder hoch auf die Küstenfelsen; die Straße führt ein Stück landeinwärts und dann nach Nordwesten über das Dörfchen Cruz – wer will, macht einen Abstecher in das bildschön gelegene Bergdörfchen **São Roque do Faial** 11, das von üppigen grünen Tälern und Hängen umgeben ist. Hier sieht man auch häufig die frisch geernteten und zu Bündeln geschnürten Weidenruten an Hauswänden lehnen, die später zur Verarbeitung nach Camacha (s. S. 139ff.) transportiert werden.

Das Klima ist zwar rauher als an der Südküste, doch immerhin sind die Obst- und Gemüsefelder so fruchtbar, daß drei- bis viermal pro Jahr geerntet werden kann. Von den Zuckerrohrpflanzungen früherer Tage ist heute allerdings kaum noch etwas zu sehen. Kleine spitzgiebelige Holzhäuschen, die sogenannten *palheiros*, ziehen sich überall über die Berghänge. Darin sind die kostbaren Kühe untergebracht – die Bauern tragen ihnen Heu und Gräser bis vor die Tür, denn auf den steilen Hängen könnten sich die Kühe ein Bein brechen, wenn sie frei grasen.

Der kleine Hafenort **Faial** 12 (s. S. 248) ist vor allem wegen eines imposanten Küstenfelsens bekannt. Der ›Adlerfelsen‹, **Penha de Águia,** ragt als ›Wahrzeichen des Nordens‹ 590 m hoch und trennt als gigantischer Klotz mit einer tischflachen Hochebene Faial vom Nachbarort Porto da Cruz. Früher holten sich die Bewohner von Faial vom Hausberg ihr Brennholz, und auf dem Felsen nisteten die Seeadler. Man erzählte sich, in einer unzugänglichen Höhle des Penha de Águia sei das Schwert des sagenumwobenen portugiesischen Königs Dom Sebastião begraben, jenes jungen Monarchen, der 1580 bei einem selbstmörderischen Feldzug gegen die Berber im nordafrikanischen Alcacer Quibir buchstäblich verlorengegangen war, da man seinen Leichnam niemals fand. Eines nebeligen Tages, so der jahrhundertealte Volksglaube, werde der junge König leibhaftig wiederkehren, in den Hafen von Lissabon segeln und mit seinem Schwert das Land retten – dazu müßte er allerdings einen kurzen Abstecher nach Faial machen und es aus der geheimen Höhle im Adlerfelsen holen. Bisher hatte niemand den Mut, nachzusehen, ob es tatsächlich dort liegt oder im Museum der Schönen Künste in Porto in Nordportugal, wo man steif und fest behauptet, im Besitz des alleinigen Originalschwerts zu sein. Doch auch ohne mythisches Schwert ist der Adlerfelsen eine Attraktion – und übrigens die jüngste geologische Formation dieser Art.

Der schmucke Ort mit der romantischen Flußmündung ist stolz auf seine Wallfahrtskirche der *Nossa Senhora da Natividade* aus dem 18. Jh., zu der alljährlich Tausende Pilger ziehen. Der Hafen von Faial hatte eine recht große Bedeutung, als der gesamte Norden nur von der Wasserseite her zugänglich war und der Warentransport per Schiff rund um die Insel organisiert wurde. Damals holten die Dampfschiffe aus Funchal hier regelmäßig frische Butter und Melasse ab, die in den beiden auf diese Produkte spezialisierten Fabriken von Faial hergestellt wurden. 1905 stellte man die Kaianlagen fertig, doch immer wieder gab es Unfälle beim Beladen der Schiffe, weil die Behörden vergessen hatten, den Kai mit einer Treppe auszustatten. Hinzu kam, daß im Winter Stürme und schwere See die Schiffe in Gefahr brachten und häufig jedes Lademanöver verhinderten – dann wurde in Funchal die Butter knapp. Auch die Familie Blandy war in Faial engagiert: Sie unterhielt ein Lagerhaus und eine Agentur für Dampfschiffe. Seit Faial und die anderen Häfen an der Nordküste von Madeira auch über Landwege bequem und wesentlich ungefährlicher zu erreichen sind, legen hier kaum noch Schiffe an. Von den Kais springen Kinder in die Atlantikwellen, und auch die idyllische Flußmündung wird von den Einheimischen gern als Schwimmbecken genutzt.

Kurz nachdem man Faial Richtung Santana verlassen hat, sollte man noch einmal einen Blick von der Aussichtsterrasse oberhalb des Ortes auf den Adlerfelsen werfen. Bei klarem Wetter sieht man bis zur Ponta de São Lourenço. Etwa 50 km nördlich von Funchal liegt das vielbesuchte **Santana** 13 (s. S. 268f.), das schönste Dorf an der Nordküste. Der Ortsname Santana geht auf eine *Kapelle für die hl. Anna* (Santa Ana) zurück, die hier im 16. Jh. errichtet wurde. Der heutige Bau ist etwa 100 Jahre jünger. Santana ist berühmt für seine strohgedeckten Häuser, *casas de colmo* genannt, deren spitzgiebelige Dächer bis auf den Boden reichen. Weißgetüncht und die Fensterläden in kräftigem Rot, Grün oder Blau bemalt, waren diese winzigen, dreieckigen Häuser die traditionelle Behausung der Bauern von Santana und Umgebung. Viel Platz bieten sie nicht gerade, wie man sich in den drei ›Musterhäusern‹ neben dem neuen Rathaus selbst überzeugen kann. Eines der Häuschen ist mit traditionellem Mobiliar eingerichtet. Eine Kochstelle gibt es in diesen Häusern normalerweise nicht. Da sie nur aus Holz und Stroh bestehen, ist die Brandgefahr zu groß, also wird draußen gekocht. Auch eine Toilette oder ein Bad sucht man vergeblich. Dafür waren die *casas de colmo* erstaunlich mobil: Wenn ein Pächter auf Geheiß seines Herrn umziehen mußte, brach er mit Hilfe seiner Nachbarn die Holzhütte kurzerhand ab, schleppte Bretter, Stroh und den überschaubaren Hausstand an den neuen Ort und baute dort sein Heim wieder auf.

Früher bestanden diese traditionellen Häuser aus den für damalige Verhältnisse billigsten Baumaterialien, nämlich Stroh und Holz; heute ist es ziemlich schwierig, an Weizenstroh zu kommen, und da die Dächer höchstens 3–4 Jahre halten, werden die *casas de colmo* zu einer recht kostspieligen Angelegenheit – modernes Wellblech ist billiger. Der Grund dafür, daß sich diese eigentlich aus der Armut geborene Hausbauweise im Nordosten erhalten konnte, liegt in der jahrhundertelangen Isolation und Armut dieser Gegend. Heute leben nur noch einige alte Leute in diesen traditionellen Häusern, die allerdings zum Teil von der Inselregierung erhalten und finanziell bezuschußt werden, weil sie ein kulturelles Erbe Madeiras darstellen und einfach das touristische Wahrzeichen von Santana sind. In Miniaturform kann man sie in fast jedem Souvenirladen erwerben.

Berühmt ist Santana auch für zwei Volksfeste: Auf der ganzen Insel beliebt ist die *Festa dos Compadres,* das ›Gevatternfest‹, das eine Woche vor Karneval hier gefeiert wird. Das ganze Dorf beteiligt sich, wenn die beiden Hauptfiguren des Festes gebastelt werden: eine weibliche und eine männliche Strohpuppe. Die weibliche Puppe stellt eine untreue Frau dar, die von ihrem Mann *in flagranti* erwischt wurde; sie bekommt einen Strick um den Hals und wird an einem Baum erhängt, während der gehörnte Gatte, der ›Gevatter‹, demonstrativ an einem Caféhaustisch sitzt. Abends tagt dann ein ›Gericht‹ über beide Taten, wobei alle Beteiligten kräftig dem Wein zusprechen. Großherzig entscheiden sie meistens, daß die arme Frau unschuldig

In Santana wird noch Weizenstroh zum Dachdecken gebunden

sei, was jedoch weder die weibliche noch die männliche Puppe davor schützt, auf einem großen Scheiterhaufen verbrannt zu werden. Blaskapellen spielen anschließend zum Tanz auf, und der Wein fließt in Strömen ... Ende Juni gibt es einen weiteren Grund, nach Santana zu reisen: Dann werden – ebenfalls im Rahmen eines großen Volksfestes – die Schafe geschoren *(Festa das Tosquias).*

Von Santana zurück nach Funchal

Santana ist ein guter Ausgangspunkt für Exkursionen in die Bergwelt: der nahegelegene **Naturpark von Queimadas** 14 (s. S. 269) ist ein lohnendes Ziel für Spaziergänger und Wanderer, die von hier aus zum Pico Ruivo (s. S. 167ff.) laufen oder die Levada do Caldeirão Verde

Strohgedeckte Casas das Queimadas

wählen. Den Park selbst zu durchstreifen, mit seinen Lorbeerbäumen, Rhododendren, Azaleen und Margeriten, ist ebenfalls wunderbar.

Die Umgebung von Santana ist außerordentlich fruchtbar und etwas leichter zu bewirtschaften, da die Küstenfelsen hier ausnahmsweise ein größeres Plateau bilden. Wenn man den Ort verläßt, um nach **São Jorge** 15 (s. S. 268) weiterzufahren, sieht man viele Maispflanzungen, während man früher auch Kartoffeln, Flachs und sogar Weizen anbaute. Erstaunlich, daß in diesem kleinen Küstenort im Norden (gegründet im 15. Jh.) eine der schönsten Barockkirchen von Madeira steht. Die *Igreja São Jorge* wurde 1761 auf einer Anhöhe erbaut, nachdem bei einer Überschwemmung 1660 die alte Pfarrkirche völlig zerstört wurde. Das Kircheninnere ist mit kostbaren vergoldeten Holzschnitzereien und einem alten *azulejo*-Fries geschmückt. Von der nahe gelegenen Felsenspitze Ponta de São Jorge sieht man mit etwas Glück im klaren Licht die nördliche und die nordöstliche Küste bis Porto Moniz und bis zur Ponta de São Lourenço. Seit 1959 sorgt ein Leuchtturm auf der Ponta für etwas mehr Sicherheit auf dem Meer.

Der Rückweg nach Funchal führt zunächst über Santana und Faial und wenige Kilometer weiter über den Abzweig durch dichte Nadelwälder nach Ribeiro Frio wieder ins feuchte, grüne Landesinnere – es sei denn, man möchte noch länger im Norden bleiben, um etwa von Santana oder Achada do Teixeira (s. S. 168f.) aus die Bergwelt kennenzulernen.

Ribeiro Frio 16 (s. S. 267) liegt in einer sattgrünen Senke. ›Kalter Fluß‹ heißt dieser Weiler mit den verstreut liegenden Häuschen, über denen die Nebelschwaden wabern. Kaltes Bergwasser, in dem man Forellen züchtet, gibt es hier mehr als genug. Rechts und links der Straße schwimmen die stattlichen Exemplare des einzigen auf Madeira bekannten Süßwasserfischs in großen Wasserbecken. Sie gehören der staatlichen Forellenzuchtanlage, die die gesamte Insel mit Forellen beliefert. Am besten probiert man die köstlich zubereiteten oder mild geräucherten Forellen direkt vor Ort, z. B. in *Victor's Bar,* einer rustikalen Holzranch, die sich auf warme geräucherte Forellen spezialisiert hat (auch zum Mitnehmen). Die Bassins werden von Levadas gespeist, was bedeutet, daß es sich auf gut ausgeschilderten Wegen von Ribeiro Frio aus hervorragend wandern läßt (s. S. 267).

Ribeiro Frio ist Teil eines großen Naturparks, des **Parque Forestal** 17 (s. S. 19). Er bietet eine wunderbare Möglichkeit, den ursprünglichen Lorbeerwald *(Laurisilva)* kennenzulernen, der sich vor der Entdeckung über ganz Madeira erstreckte. Außerdem wurden hier nahezu alle auf Madeira heimischen Pflanzen gesammelt und mit lateinischen Bezeichnungen identifiziert – wer es genau wissen will, nimmt ein Pflanzenbestimmungsbuch mit (in vielen Souvenirläden und Buchkiosken erhältlich).

Über die gut ausgebaute Straße, die über den Poiso-Paß (s. S. 260) und über Monte (s. S. 131ff.) führt, kommt man zurück nach Funchal. Den Poiso-Paß sollte man vor 19 Uhr hinter sich gebracht haben, denn er gehört zum Nationalpark Montado do Barreiro und darf nachts nicht befahren werden.

Ausflüge in die Bergwelt

Madeiras bergiges ›Rückgrat‹ im Zentrum der Insel besteht aus verwitterten Lava-Riesen, die vor rund 20 Mio. Jahren im Miozän entstanden sind: der Pico Ruivo de Santana ist mit 1862 m der höchste Gipfel der Insel, gefolgt vom Pico das Torres (1851 m), dem Pico Arieiro (1818 m), dem Pico do Gato (1789 m) und dem Pico do Cedro (1759 m). Den bizarr geformten Bergen sieht man ihre vulkanische Herkunft deutlich an: Orange, gelblich, violett und bräunlich leuchten die zusammengepreßten und hochgeschobenen Gesteinsschichten in der Sonne – ein einmaliger Anblick. Regen und Wind haben im Lauf der Jahrtausende die weicheren Gesteine ausgewaschen, so daß ungewöhnliche Zacken und Schluchten entstanden, die allerdings das Wandern in dieser majestätischen Märchenlandschaft nicht eben erleichtern. Dafür kann man immer wieder überraschende Ausblicke genießen, vor allem, wenn das bergige Inselherz sich nicht gerade in undurchdringlichen Nebel hüllt, was besonders im Winter leider häufig der Fall ist. Bei allen Wanderungen sollte man unbedingt bedenken, daß das Wetter rasch umschlagen kann und daß in die Felsen geschlagene Steintreppen bei Regen sehr rutschig sein können. Wanderschuhe, eine warme (Regen)jacke, etwas Proviant, Wasser und für alle Fälle eine Taschenlampe sollte man ebenfalls im Gepäck haben, wenn man Wanderungen auf die Picos plant. Im Zweifelsfall sollte man sich einer organisierten

Wandertour anschließen, wie sie diverse Reiseveranstalter, Agenturen und der Deutsche Alpenverein anbieten.

Der Pico do Arieiro (1810 m)

Der dritthöchste Berg auf Madeira (s. S. 14ff.) ist von Funchal aus leicht zu erreichen – er liegt nur 23 km nördlich. Mit dem Auto fährt man knapp 1 Std. Die Strecke geht über den Poiso-Paß (1400 m), von wo aus Stichstraßen zu verschiedenen Aussichtspunkten und eine gut ausgebaute Straße zum Pico de Arieiro führen. Falls die Bergwelt im Nebel liegt, kann man sich im Restaurant **Casa de Abrigo do Poiso** (s. S. 260), einem beliebten Ausflugsziel, mit den köstlichen *bolos de caco* (warmes Süßkartoffelbrot mit Knoblauchbutter) trösten und mit Blick aufs Kaminfeuer eine hervorragende Tomatensuppe genießen. Schon die kurze Fahrt vom Poiso-Paß zum **Pico do Arieiro** ist eindrucksvoll – die Baumgrenze ist überschritten, hier wachsen nur noch Adlerfarne und Heidelbeerbüsche – denn man sieht bei gutem Wetter schon jetzt die Berggipfel unter dem blauen Himmel. Bis zum Berghotel **Pousada do Pico do Arieiro** (s. S. 260) kann man bequem fahren. Vom Aussichtsrestaurant eröffnet sich ein noch atemberaubenderer Blick: Die höchsten Berge im Herzen von Madeira präsentieren sich mit ihren steilen Felszacken, den turmartigen Gipfelfelsen und den bizarren Kämmen. Naturliebhaber werden sich an den spektakulären Sonnenauf- und -untergängen begeistern, die die Vulkanfelsen in wunderbares Licht tauchen.

Vom Parkplatz an der Pousada führen wenige Schritte hoch zur Aussichtsplattform auf dem Gipfel. Hier bieten sich Einblicke in unendlich scheinende Schluchten und auf die anderen Gipfel: im Nordwesten liegt der schroffe, hoch aufragende Pico das Torres; mit seinen

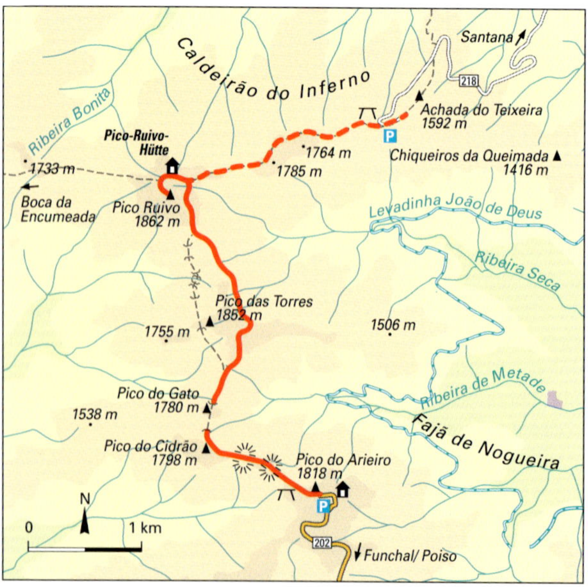

Pico do Arieiro – Pico Ruivo – Achada do Teixeira

Ausblick vom Gipfel des Pico do Arieiro

1852 m Höhe versperrt er die Sicht auf den dahinter liegenden Pico Ruivo. Hinter diesem Aussichtspunkt geht der Pfad weiter und führt an der Cidrão-Schlucht vorbei und dann steil zu einem weiteren spektakulären Aussichtspunkt (ca. 10 Min. entfernt) – man sollte hier aber nur entlanglaufen, wenn man wirklich absolut schwindelfrei ist, auch wenn der schmale Grat mit einem Geländer bzw. einem Drahtseil abgesichert ist.

Wanderung vom Pico do Arieiro zum Pico Ruivo (4 km) und nach Achada do Teixeira

Vom Pico do Arieiro kann man eine zwei- bis dreistündige Wanderung zum Pico Ruivo (1862 m, s. S. 260), der ›roten Spitze‹, unternehmen (Karte s. S. 166). Man sollte jedoch einigermaßen schwindelfrei und geübt sein, gute Wanderschuhe, Pullover und eine Taschenlampe dabeihaben, weil einige kurze Tunnel passiert werden müssen.

Der gepflasterte Wanderweg beginnt etwas unterhalb des **ersten Aussichtspunktes** am Pico do Arieiro – ein Schild mit der falschen Kilometerangabe ›10 km‹ weist den Weg. An den besonders steilen Stellen wurde er mit Eisenseilen gesichert; nach etwa 5 Min. Gehzeit erreicht man einen **Picknickplatz,** nach weiteren 10 Min. **eine Aussichtsplattform**. Nach insgesamt etwa 20 Min. hat man von einem kleinen Aussichtsbalkon aus einen atemberaubenden Blick auf das Tal von Fajã da Nogueira und bis zur Nordküste. Ab hier wird der Weg etwas schwieriger; über Treppen kommt man zum **zweiten Aussichtspunkt** hinunter und sieht schon den Pico Ruivo sowie die beiden Tunneleingänge, auf die man etwas später stoßen wird. Entlang der Felswände des Pico do Cidrão führt der schmale Weg über Stufen durch einen Felsdurchbruch. Nach etwa 45 Min. hat man den ›Katzenberg‹ (Pico do Gato) erreicht, den ein recht kurzer Tunnel durchschneidet. An der Nordseite des Pico do Gato führen Stufen bergab, ein Treppenstück ist sehr steil.

Nach etwa 50 Min. Gehzeit gabelt sich der Weg. Geradeaus führt er durch mehrere Tunnel zum Pico Ruivo, ist aber zur Zeit durch Erdrutsche verschüttet und nicht begehbar. Wir wandern nach rechts an der Ostseite des Pico das Torres entlang. Nach ungefähr 1 Std. steigt der Weg steil an. Man passiert zwei Wassergräben und steigt dann steil über z. T. drahtseilgesicherte Treppen zu einer Scharte an. Nach weiteren 10 Min. sieht man in den Fels geschlagene Unterstände, und der Weg führt nun durch eine Felswand und sehr steil aufwärts, wiederum über gesicherte Treppen – hier ist äußerste Vorsicht geboten, da die Treppen z. T. ausgetreten und ausgewaschen sind. Nach 1 Std. 30 Min. führt

Unterwegs zum Pico Ruivo

der Weg nach einem leichteren Stück wieder an den Hängen des Pico das Torres bergab (teilweise geröllig und rutschig!), und nach 1 Std. 50 Min. trifft man am Ausgang eines Tunnels auf den ehemaligen Höhenweg, dem man nach rechts folgt.

Nach weiteren 40 Min. gelangt man an ein Ziegengatter und kurze Zeit später an eine Abzweigung. Der rechte Weg führt zur Achada do Teixeira. Bleiben Sie auf dem Hauptweg, der sie in wenigen Minuten zur Pico-Ruivo-Hütte bringt. Dort können Sie eine Pause einlegen – oder gleich auf den Gipfel weiterwandern. Links vom Toilettengebäude geht der Weg weiter und führt erneut zu einer Abzweigung: geradeaus geht es zum Encumeada-Paß, links hoch erreicht man den Gipfel des Pico Ruivo (nach 2.40 Std. Gesamtwanderzeit). Das Panorama ist unglaublich. Man sieht bis zur Nordküste und sogar bis Porto Santo, aber auch die Südwestspitze Ponta de São Lourenço und die Hochebene Paúl da Serra.

Falls man nicht den gesamten Weg zurücklaufen möchte – dafür sollte man etwa 40 Min. mehr einplanen als für den Hinweg, denn die Felsenstufen müssen nun erklommen werden – kann man auch nach Achada do Teixeira weitergehen. Dazu läuft man zur Wegkreuzung

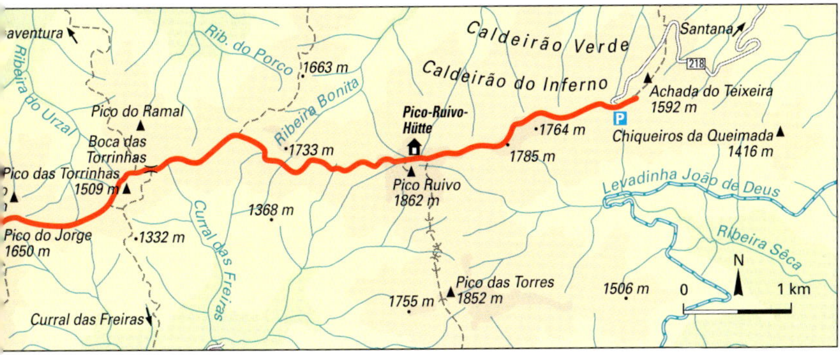

(Orientierung: Ziegengatter) zurück und geht geradeaus weiter. Der gut ausgeschilderte und ausgebaute Weg führt bergab in etwa 30–35 Min. zur Achada do Teixeira, wo man sich auf dem Parkplatz von einem Taxi abholen lassen kann.

Veranschlagen Sie für den Hinweg vom Pico do Arieiro zum Pico Ruivo etwa 2 Std. 40 Min., für den Hin- und Rückweg etwa 6 Std. Für die Strecke Pico do Arieiro–Pico Ruivo–Achada do Teixeira sollte man etwa 3 Std. 15 Min. einkalkulieren. Eine gute Lösung ist, sich mit dem Taxi zur Pousada am Pico do Arieiro bringen zu lassen und mit dem Fahrer einen Zeitpunkt auszumachen, an dem er auf dem Parkplatz von Achada do Teixeira auf die müden Wanderer wartet. In jedem Fall sollte man sich Verpflegung mitnehmen, denn in der Berghütte des Pico Ruivo bekommt man nur Getränke und Wasser.

Sanfter Weg auf den höchsten Gipfel: Der Pico Ruivo (1862 m)

Wer auf die Gipfelwanderung verzichten und lieber gemütlich und direkt auf den Pico Ruivo wandern möchte (Karte s. S. 168f.), kann dies von Achada do Teixeira aus natürlich auch tun (5,5 km). Der Weg ist breit und größtenteils gepflastert, der Schwierigkeitsgrad leicht. Schon nach 4 Min. sieht man vom Kamm aus die umliegenden Picos und bei gutem Wetter direkt auf die Nordküste. Nach zwei Kehren (14 Min.) macht der ›Turmberg‹ seinem Namen alle Ehre: Die vielen Türme und Zacken des Pico das Torres sind von hier aus gut zu sehen. Nachdem man eine **Steinhütte** und eine Linkskurve (25 Min.) passiert hat, sieht man bereits den Gipfel des Pico Ruivo. Eine zweite Steinhütte, eine Quelle und **Picknicktische** laden zu einer gemütlichen Rast ein. Unterhalb liegt der grüne Dschungel des ›Höllenkessels‹ Caldeirão Verde.

Nach etwa 40 Min. kommt eine weitere **Steinhütte,** kurz darauf ein Gatter (siehe Höhenwanderung) und die Abzweigung, wo der Weg vom Pico do Arieiro mit unserem zusammentrifft. 10 Min. später hat man die Berghütte des Pico Ruivo erreicht, von wo aus es bis zum Gipfel nur noch eine Viertelstunde ist (s. S. 168).

Eine solche Gipfelwanderung kann man gut mit einem Aufenthalt in Santana (s. S. 162ff.) und mit Wanderungen im Naturpark von Queimadas verbinden. Der Park ist ein lohnendes Ziel für Spaziergänger und Wanderer, die von hier aus auch entlang der Levada do

Caldeirão Verde laufen können. Im Park befinden sich zwei kleine Pousadas, die im Sommer bei Voranmeldung vermietet werden (s. S. 269). Der Park selbst mit seinen Lorbeerbäumen, Rhododendren, Azaleen und Margeriten ist ebenfalls landschaftlich sehr eindrucksvoll.

Wanderung vom Pico Ruivo über die Höhen zur Pousada dos Vinháticos/Boca da Encumeada

Der Höhenwanderweg über den Gebirgskamm vom Pico Ruivo zum Encumeada-Paß (s. S. 247) ist zwar bergsteigerisch nicht sehr schwierig, aber doch recht anstrengend, und man sollte schon schwindelfrei sein. Bei gutem Wetter lohnt sich diese etwa sechsstündige Wanderung unbedingt, denn die Ausblicke vom Gebirgskamm, der die Insel von Ost nach West durchschneidet, sind einfach atemberaubend.

Die Wanderung beginnt am Rasthaus des Pico Ruivo Richtung Gipfel (bis dahin s. vorherige Wanderung). Nach wenigen Minuten weist ein Wegweiser links abwärts nach Encumeada (16 km). Nach 10 Min. befindet man sich nur noch auf 1700 m Höhe und passiert eine Pforte: Von hier aus sieht man direkt auf das Tal von Curral das Freiras und den Ort Fajã dos Cardos. Dann wechselt der Weg mal von der Nord- zur Südseite des Kamms und umgekehrt, oft vorbei an duftendem Thymian und blühendem Ginster. Nach 35 Min. hat man einen markanten Vorsprung erreicht (von hier aus kann man in 1 Std. ins Montado-Tal und in 2 Std. nach Curral das Freiras wandern). Nach etwa 1 Std. 20 Min. hat man eine **erste Weggabelung** erreicht; auf einem großen Stein weist ein Pfeil kaum erkennbar nach links (Curral das Freiras) und nach rechts oben Richtung Encumeada. Man passiert einen hübschen Lagerplatz und gelangt zu einem steilen Abschnitt an der Nordseite, wo 15 Stufen durch ein **offenes Gatter** führen. Nach 1 St. 30 Min. kommt man an der **zweiten Weggabelung** vorbei, an der man sich links hält (geradeaus endet der Hauptweg an zerbrochenen Treppen). Nach 2 Std. 15 Min. ist man am Torrinhas-Paß (1400 m). Die alten Verkehrsschilder weisen kaum leserlich rechts nach Torrinhas und Boaventura, links nach Curral das Freiras, geradeaus nach Encumeada und in entgegengesetzter Richtung zum Pico Ruivo.

Encumeada-Paß

Südlich der Schilder läßt sich gut picknicken. Nun führen Treppen bergauf zum **Pico do Jorge,** und man gelangt durch ein Tor und eine Felsspalte zur Nordseite. Nach 2 Std. 45 Min. steigt man fast 100 m hoch über Felsentreppen und hat den Gipfel des Pico do Jorge (1692 m) erreicht – von hier aus sieht man die Hochebene Paúl da Serra und São Vicente. Dann geht es wieder etwas abwärts, und nach knapp 3 Std. 15 Min. liegt links eine Felsenhöhle, in der eine Quelle sprudelt. Auf der rechten Seite sind zwei hübsche Terrassen, auf denen man auch campen kann. Über den Kamm kommt man nach einem kurzen Abstieg zu einer weiteren Weggabelung – halten Sie sich rechts, Richtung Westen. nach 3 Std. 40 Min. passiert man eine Ziegenpforte und ein **Felsenfenster.**

Nach 4 Std. ändert sich das Ambiente: Rechts versperren steile Basaltfelsen den Weg nach Norden, links sieht man Lorbeerbäume. Nach einem **Tor** und einer weiteren bergab führenden **Felsentreppe** läuft man über einen Felsrücken. Ab jetzt (4 Std. 50 Min.) geht es ca. 300 m abwärts über Felsentreppen, die am Ende der Wanderung leider durch eine steile Erdstraße zerstört sind, der man abwärts folgen muß. Sie wird später zu einem breiten Schotterweg und trifft dann an der Paßhöhe auf die Asphaltstraße, die Sie etwa 10 Min. bergab laufen, bis Sie links das Café sehen. Weiter geht es Richtung Ribeira Brava (= nach Süden) bis zur Pousada dos Vinháticos (s. S. 247), wo Sie sich nach insgesamt 5 Std. 30 Min. ausruhen können.

Die Süd-westküste

Sonnige Südwestküste: Von Funchal bis Ponta do Pargo

Câmara de Lobos und Estreito de Câmara de Lobos

Wenn man Funchal bzw. das Hotelviertel in westlicher Richtung verläßt, erreicht man nach wenigen Kilometern **Câmara de Lobos** **1** (ca. 15 000 Einw., s. S. 243f.). Das berühmte und älteste Fischerdorf von Madeira liegt nur 15 km von Funchal entfernt und ist doch eine ganz andere Welt. Kleine Häuser ducken sich um die Kirche an der schmalen Bucht, ein Felsvorsprung (Ilhéu) überragt den Ortskern, links vom Hafen ziehen sich enge, steile Gassen mit niedrigen Häusern den Hang hoch. Ein idyllisches Fischerdorf?

Bei einem Spaziergang rund um den Hafen wird man feststellen, daß Câmara de Lobos nicht nur ein pittoreskes, sondern vor allem ein sehr armes Fischerdorf ist, ein ›sozialer Brennpunkt‹, dessen Bewohner mit etlichen Überlebensproblemen zu kämpfen haben. In jüngster Zeit geriet Câmara de Lobos in Zusammenhang mit der internationalen Kinderporno-Mafia in die Schlagzeilen, Beziehungen zu Belgien und Deutschland werden vermutet.

Der Caminho do Ilhéu, eine grob gepflasterte Gasse, führt steil nach oben auf die Anhöhe. Winzige, ineinander verschachtelte Häuschen kleben am Hang, einige sind renoviert, andere wirken erbärmlich. Frauen und Mädchen hocken auf der Straße und sticken, das Garnkörbchen neben sich. Bei vielen kann man das Alter kaum schätzen, sie

Madeira – Süd- und Nordwesten

◁ *Câmara de Lobos*

sind zahnlos, wirken ungesund. Ein paar Kinder spielen Fußball, einige sind halbnackt und barfuß, andere tragen Nike-Schuhe. Je höher man steigt, desto armseliger werden die Häuser. Wasserkräne auf der Straße, ein kleiner öffentlicher Waschplatz, Parabolantennen. Eine barfüßige Frau spült Geschirr auf der Straße und stellt es zum Trocknen auf die Mauer. Zerrissene Bettücher und Lumpen hängen auf den Wäscheleinen. Eine winzige Marienkapelle, halboffen und blumengeschmückt, zeigt vergoldete Holzschnitzereien und eine Jung-

In Câmara de Lobos wird die Wäsche oft auf der Straße gewaschen und auch getrocknet

frau, um deren Füße sich die Schlange windet. Vom Hafen aus führt die Rua Nova da Praia unterhalb des Ilhéu ans Meer: eine nahezu senkrecht aufsteigende Felswand, von der untergehenden Sonne in leuchtende Ockertöne getaucht. Auf der anderen Seite des Felsentors ein kleiner Parkplatz, fast genau auf Meereshöhe. Hier, so erzählt man, habe 1930 eine Riesenwelle mehrere Autos mit sich gerissen, verschwunden waren sie, einfach weg.

In der Hafenbucht muß man sich einen Weg durch die bunten Fischerboote suchen, die hier auf dem Strand liegen. Gelb, grün, rot und blau sind die traditionellen Farben. Die Fischer flicken ihre Netze, streichen und werkeln an den Booten; kleine Gruppen von Männern sitzen an wackeligen Holztischen oder in den Booten, spielen Karten, spucken aus, brüllen, lachen. Noch heute fahren sie nachts mit ihren kleinen Booten aus, um den Degenfisch *(espada)* aus dem Meer zu holen – mit Angelleinen, die bis in 2000 m Tiefe reichen, doch das geht nur, wenn die See nicht allzu stürmisch ist. Fast immer ist im hinteren Teil des Strandes ein Holzkutter in Arbeit; ein paar Werft-Handwerker zimmern mal an Nachbauten historischer Schiffe, meistens aber an hochseetauglichen Fischkuttern, die vollständig aus Holz und in Handarbeit hergestellt werden. Die mächtigen Holzgerippe der zukünftigen Kutter wirken wie gestrandete Wale und sind ein beliebtes Fotomotiv. Wegen der niedrigen Löhne sind die Holzschiffe billiger als Kutter aus Stahl oder Kunststoff. Früher war die Werft von Câmara de Lobos bekannt für die typischen offenen Fischerboote, doch wegen des Rückgangs der Küstenfischerei (s. S. 60) besteht nur noch wenig Bedarf.

Auf der anderen Seite der kleinen Hafenbucht führt eine steile Treppe auf einen Felsen, vorbei an niedrigen Hauseingängen. Es sind dunkle Fischerkaten mit winzigen Fenstern, doch nicht ganz so armselig wie auf dem Ilhéu. Trotzdem

Die Fischer aus Câmara de Lobos

Die besonderen Lebens- und Arbeitsbedingungen der Fischer haben auch eine besondere Mentalität hervorgebracht, über die (nicht nur auf Madeira) viel geschrieben wurde. Câmara de Lobos, die größte Fischergemeinde und seit Jahrhunderten ein ›sozialer Brennpunkt‹, zog besonders viel Aufmerksamkeit auf sich. Pater Juvenal Pita Ferreira (1912–63), Priester und Historiker, lebte lange Zeit in Câmara de Lobos und veröffentlichte im ›Jornal da Madeira‹ (27. 7. 1952) eine warmherzige, wenn auch paternalistische Charakterisierung der Fischer und verteidigte sie gegen die allgemeine Verachtung und gegen arrogante Angriffe:

»Für den Fischer birgt das Meer keine Geheimnisse. Er beherrscht es, er fährt weit hinaus, bei gutem oder schlechtem Wetter, in so kleinen Booten, daß einem Angstschauer über den Rücken laufen, wenn man sie über die Wellenkämme fliegen sieht. Er ist unerschrocken. Er glaubt einfach nicht, daß von einem Moment zum anderen eine Welle sein Schiffchen überspülen oder daß ein Windstoß es kentern lassen kann, wie es so häufig geschieht.

Er ist eher grob. Seine Gedanken drückt er mit einem halben Dutzend Worten aus, und er hat keine Ambitionen, aus seinen Söhnen Doktoren oder Gelehrte zu machen. Er ist einfach, wie alle Menschen, die im Kontakt mit der Natur leben. In seiner Seele vermischt sich das Blau des Himmels mit dem Schwarz der Stürme … Er hat keine Zukunftsträume. Er möchte nur ein Zimmer besitzen, in dem er mit seiner Familie wohnen kann; ein Zimmer, in dem er schläft, ißt, trinkt, wo er seine Fischerutensilien aufbewahrt und das Kochgeschirr; häufig teilt er es auch noch mit den wenigen Hühnern, die er besitzt, damit sie nicht gestohlen werden.

Ergeben nimmt er alle Kinder an, die Gott ihm schenkt. Kaum kehrt er vom Meer zurück, zieht er sein Boot an den Strand, küßt die Kinder, trägt sie auf dem Rücken nach Hause, und wenn er einen guten Fang gemacht hat, kauft er ihnen Süßigkeiten. Er bringt sie alle in diesem kleinen Zimmer unter, und wenn sie größer werden und heiraten und kein Geld für eine eigene Wohnung haben, läßt er auch noch in irgendeiner Zimmerecke das junge Paar wohnen. Wenn die Enkel geboren werden und die Familie noch größer wird, nimmt er auch das hin. Auf neun Quadratmetern, ohne frische Luft, ohne Licht und in so promisken Verhältnissen, daß es einen schaudert. Er kann sich kein eigenes Haus bauen, denn er ist arm und verdient kaum das tägliche Brot. Besser gesagt, er kann einfach nicht mehr tun, weil er schon alles getan hat, was er tun konnte. Deshalb zuckt er die Schultern und fügt sich in sein Schicksal.

Er versteht bis heute nicht, daß der Inzest das Unglück zwischen ihnen sät, und nur ganz wenige Fischer leben ohne diese Sünde. … Er ist gläubig. Er empfängt an hohen Festtagen die Hl. Kommunion, und wenn er nicht hinausfährt, versäumt er kaum eine Hl. Messe. ... Er ist arm. Er trägt, wenn er fischen fährt, ein paar Lumpen, um sich vor der Kälte zu schützen. Nur an Festtagen zieht er einen Anzug an, unterhält sich, flirtet mit der zukünftigen Braut, bittet um ihre Hand, und unglücklicherweise trinkt er dann auch einige Gläschen zuviel. ... Wenn er berauscht ist, macht er Lärm. Mal singt er, erinnert sich an die Toten und die Abwesenden, weint, küßt die Kinder, torkelt durch die Straßen nach Hause, gestützt von der Frau und einem Kameraden, wirft sich aufs Lager und schläft. Dann wieder macht der Wein ihn böse, er brüllt, befiehlt, droht, flucht, schlägt die Kinder, und die Familie muß vor ihm flüchten. Wenn sich der Rausch verflüchtigt hat, wird er wieder er selbst; er schämt sich, bittet um Verzeihung, holt die Frau und die Kinder zurück und ist freundlicher zu ihnen als je zuvor.

Seine Wutanfälle kommen und gehen wie die des Meeres, die er so oft auszuhalten hat. Er ist abergläubisch. Wenn er einen schlechten Fang macht, glaubt er, daß jemand ihn mit dem bösen Blick verhext oder ihn sonstwie verzaubert hat.

Was wird er den Kindern zu essen geben? Wovon die Abgaben für sein Boot und die Miete bezahlen? Diese Gedanken lassen ihn fluchen, wenn er mit seinem Boot die Küste abfährt, wenn er in den Hafen zurückkehrt, wenn er das Boot festmacht, wenn er nach Hause geht. Doch die Flüche kommen nicht wirklich aus seinem Herzen. Wenn ein Boot untergeht, ist er Held und Heiliger zugleich. So oft habe ich neben Überlebenden gesessen und ihren Berichten zugehört, und immer war ich tief bewegt: Wenn sie von den verzweifelten Anstrengungen erzählten, von den Schmerzen, die sie durchlitten und von den ergreifenden Szenen, die sie erlebten. Sobald das Boot kentert, sieht der Fischer in seinem Geiste Frau und Kinder, die Mutter oder die Verlobte ... und er weint und schreit, er ruft Gott zu Hilfe, die Senhora da Conceição und alle Heiligen, er verspricht ihnen Gelübde, er kämpft, er sieht sein Haus und fühlt Schmerz in seinem Herzen, er vertraut seine Seele und seine Familie Gott an und stirbt. Das Haus eines ertrunkenen Fischers ist eine einzige Tragödie. Im Vergleich zum Fischer aus Câmara de Lobos steht selbst der Fischer aus Nazareth wie ein Prinz da. Auch seine Nachbarn aus Machico und aus Paúl do Mar leben besser als er ... Häuser, Wasser, Schulen, gute Lehrer – das braucht der Fischer meiner Heimat.«

Eduardo C. N. Pereira, Verfasser des umfangreichsten Kompendiums, das über den Madeira-Archipel geschrieben wurde, urteilte – eher im Sinne des ›Neuen Staates‹ von Diktator Salazar – wesentlich distanzierter:
»Arm, bescheiden und normalerweise des Lesens und Schreibens nicht kun-

leben die Fischerfamilien hier äußerst beengt – die meisten haben zwischen fünf und acht Kindern und teilen sich ein oder zwei Zimmer. Hier oben saß Winston Churchill am liebsten und malte die Idylle: die Hafenbucht, die bunten Fischerboote, den vorspringenden Felsen mit den verschachtelten Häuschen. An den berühmten Besucher erinnert stolz eine Gedenktafel am Ortseingang: »Hier malte 1950 Winston Churchill«, steht darauf. Auf dem schwarzen Felsen unten am Meer gleich neben einem alten Kalkofen hängen Katzenhaie *(gatas)* auf Holz-

Die Kirche in Câmara de Lobos ist Nossa Senhora dos Pescadores geweiht

dig, reichen die Erwartungen der Fischer nicht weiter als der enge Horizont des Viertels und ihrer Familien: Das tägliche Brot, ein Zimmer und ein Boot sind ihre höchsten Ambitionen. Trotzdem sind sie sich ihrer niedrigen Stellung bewußt; doch sie geben sich nicht mit diesem sozialen Ungleichgewicht zufrieden, sondern sie sind neidisch und fluchen auf die anderen Klassen. Ihre Seele ist noch groß und großzügig, offen und weit wie das Meer. Die Arbeit ist für die Fischer eine Notwendigkeit, ebenso wie die gegenseitige Hilfe eine Pflicht ist. Der Fang, ob gut oder mager, wird gerecht verteilt; auch Invalide oder Kranke werden unterstützt, selbst wenn dadurch kaum jemand genug zum Leben bekommt. Doch das bißchen Geld, das der Fischer gut bewahren müßte, setzt er zum großen Schaden für die Familie oft in Alkohol um, und nicht selten verschuldet er sich dabei auch noch für die Zukunft ... Alle Fischer haben Spitznamen, und sie verspotten und beleidigen sich gegenseitig, indem sie physische oder moralische Eigenschaften lächerlich machen. Sie sprechen in Flüchen. Jeder Satz endet unweigerlich mit der Nennung (Lästerung) Gottes und aller Schutzheiligen, die sie eigentlich tief verehren.«

gestellen zum Trocknen, der Fischgeruch weist den Weg. Sechs Wochen lang muß die *gata* trocknen, bevor sie in den Restaurants und Kneipen von Câmara de Lobos als Spezialität serviert wird, es gibt sie vorzugsweise im Sommer. Das Meer schwappt in die Felsmulden, die Sonne dampft das Wasser weg, übrig bleibt Salz: Natürliche Salinen waren diese Felsen einmal. Jetzt sind sie eine Müllkippe.

Unzählige Male wurde der Fischerort von Piraten überfallen, doch auch die Bewohner von Câmara de Lobos selbst waren versierte Schmuggler. Verständlich, daß sie mehr verdienen wollten, als ihnen die harte Arbeit auf See einbrachte. Es ist aktenkundig, daß die Zollbehörde aus Funchal z. B. 1838 eine groß angelegte Untersuchung in Câmara de Lobos durchführte, weil die Schmuggler nicht nur sehr gut organisiert, sondern auch noch bewaffnet waren, was allgemein als skandalös erachtet wurde. Doch viel nutzte das nicht: Schon 1842, als ein englisches Handelsschiff vor Câmara de Lobos unterging, reagierten die Fischer blitzschnell und hatten die reiche Beute längst unter sich verteilt, als die Zollbehörde anrückte, um die gestrandeten Waren für die Staatskasse zu konfiszieren. Mehrfach klagte die Zollbehörde einzelne Fischer des Schmuggels an, schnappte auch den einen oder anderen, doch ausrotten konnte sie den Schmuggelhandel in Câmara de Lobos zu ihrem großen Leidwesen nie. Auch der Verpflichtung, die Boote registrieren zu lassen und entsprechende Abgaben zu zahlen, entzogen sich die Fischer hier wie auch in anderen Orten nach Kräften.

Das überrascht wenig, wenn man Berichte wie den folgenden liest, der im Februar 1934 – der ›Hungeraufstand‹ lag erst drei Jahre zurück – im ›Notícias de Madeira‹ erschien: »In vielen Häusern, vor allem bei den Fischern, ist der Hunger eingezogen. Manche Familien haben schon seit Tagen das Feuer nicht mehr entfacht und beschränkten sich darauf, ein Stück trockenes Brot zu kauen, wenn sie Geld haben, eines zu kaufen. Auf diese Weise wird bald auch die Tuberkulose an die Türen klopfen und weitere Opfer auf den Friedhof schaffen. Es schmerzt, Mütter mit in Lumpen gewickelten Kindern aus Haut und Knochen auf den Armen zu sehen. Andere sieht man, wie sie durch die Straßen laufen, mit drei und vier Kindern am Rock, die vor Hunger weinen und denen sie nichts zu essen geben können. Wie traurig ist das! Wenn man dieses Übel nur abschaffen könnte, mit wieviel Segenswünschen würden die hilfreichen Seelen überhäuft. Die Behörden haben sich bemüht, das eine und andere zu tun, aber es reicht nicht. Jetzt bekommen die 250 Kinder der Mädchenschule von Espíritu Santo dreimal die Woche eine Suppe; fast alle Mädchen sind Töchter von armen Fischern. Sie kommen morgens in die Schule, wo sie sticken, lesen und beten lernen, und auf diese Weise werden sie davor bewahrt, sich auf den Straßen aufzuhalten und wenig geeigneten Szenen beizuwohnen, die in dieser Gegend leider allzu häufig sind. Wenn diese Suppe doch nur täglich ausgegeben werden könnte, welch eine Wohltat wäre das ... Der hochverehrten Firma Leacock danken wir aus ganzem Herzen für die Spende für die Armen. Wenn alle Reichen dies tun würden, gäbe es nicht so viel Elend. Vielleicht folgen noch mehr diesem Beispiel. Demnächst wird uns der Zivilgouverneur besuchen, um sich *in situ* über die Bedürfnisse der Gemeinde zu orientieren. Wir hoffen, daß Seine Exzellenz dann überzeugt ist, daß diese Gemeinde die rückständigste der Insel ist, und daß sie seiner besonderen Aufmerksamkeit bedarf.« (zitiert nach: Zeitschrift »Girão«, 2. Ausgabe, 1988).

Am 1. Mai 1939 – in Lissabon regierte Diktator Salazar – wurde auf Madeira die ›Casa dos Pescadores‹ gegründet, eine staatliche Einrichtung nach korporativem Modell, die die Lebensbedingungen der Fischer verbessern und ihnen Sitz und Stimme im Ständeparlament des *Estado Novo* von Salazar geben sollte. Viel änderte sich allerdings nicht am Alltag der Fischer, und obwohl einige Slums abgerissen und neue Sozialwohnungen für die Fischer gebaut wurden, ist Câmara de Lobos auch für die aktuelle Regionalregierung Madeiras eine Problemzone (Stichworte: Drogen, Prostitution, fortschreitende Verarmung). Auch der Rückgang der Fischereiindustrie trägt sicherlich dazu bei. Wahrscheinlich hätte alles anders ausgesehen, wenn Zarco, statt nach Funchal umzuziehen und die Siedlung zur Hauptstadt zu machen, in Câmara de Lobos geblieben wäre. Vier Jahre lang, von 1420–24, lebte der Entdecker mit seiner Gefolgschaft in Câmara de Lobos.

Doch die schmale geschützte Hafenbucht war viel zu klein, um darin den Schiffsverkehr eines zukünftigen Inselstützpunktes abzuwickeln. Zarco benannte die Siedlung nach den Mönchsrobben *(lobos)*, die damals die Höhlen *(câmaras)* der Bucht bevölkerten, doch von den Robben fehlt heute jede Spur; nur noch einige wenige haben auf den Desertas-Inseln überlebt. In den ersten Jahren war Câmara de Lobos – immerhin als eine der ersten Siedlungen auf Madeira – eine Art Testgebiet für den Anbau von Zuckerrohr, Wein und anderen Nutz-

Ilheu: die schmale, geschützte Hafenbucht von Câmara de Lobos

Die Pfarrkirche São Sebastião im Ortszentrum

pflanzen. Zarco ließ hier bald zwei Kirchen bauen, zuerst (1420) die kleine Kirche am Hafen, heute Nossa Senhora dos Pescadores gewidmet, der Schutzpatronin der Fischer, die auch *Nossa Senhora da Conceição* genannt wird. Das Gotteshaus gehört zu den ältesten auf Madeira und ist unbedingt einen Besuch wert. Von der ursprünglichen Form ist zwar nicht mehr viel zu erkennen; im Laufe der Zeit war die Kirche ziemlich verfallen und wurde 1703 von der Fischer-Bruderschaft ›Corpo Santo‹ vollständig im Barockstil renoviert – für die aufwendigen Arbeiten hatten die Fischer lange gespart. Die kostbaren goldverzierten Holzschnitzereien *(talha dourada),* der prächtige Altar mit einer Statue der ›Maria der Fischer‹ und die naiven Ölgemälde – sie zeigen Szenen aus dem Alltag der Fischer und Begebenheiten aus dem Leben ihres anderen Schutzheiligen, São Pedro Gonçalves Telmo – stammen aus dieser Zeit. Die schützenden Heiligen waren für die Fischer ebenso lebensnotwendig wie die weltlichen Regeln der Bruderschaft: Die Hälfte ihres Fangs ging in die gemeinsame Kasse, denn die Bruderschaft hatte das Ziel, in Not geratene oder kranke Mitglieder zu unterstützen. Von dem gemeinsamen Geld wurde auch ein Arzt angestellt. Er war der einzige, an den sich die Fischer und ihre Angehörigen wenden konnten, denn Krankenhäuser und Privatärzte waren unbezahlbar.

Im Ortszentrum, wo heute die *Pfarrkirche São Sebastião* steht, befand sich ursprünglich die von Zarco errichtete Heilig-Geist-Kirche, worauf sich auch die Jahreszahl 1430 im Pflastermosaik bezieht. Rund 100 Jahre später baute man an derselben Stelle eine neue Kirche, doch zahlreiche Umbauten in den folgenden Jahrhunderten veränderten auch diese Kirche vollkommen. Die herrlichen vergoldeten und bemalten Holzschnitzereien am Hauptaltar und den Seitenaltären stammen aus dem 18. Jh., ebenso wie die *azulejos* an den Seitenwänden. Auch außerhalb der Kirche läßt es sich aushalten: Sie liegt an einem hübschen Platz mit einem Musikpavillon, Bars und Restaurants.

Im kleinen *Stadtpark* erinnert eine Statue des hl. Franziskus an den Franziskanerorden, der vom 15. Jh. bis 1834 in Câmara de Lobos eine wichtige Rolle spielte. Die Mönche lebten im Kloster *São Bernardino,* das man über die Straße zum höher gelegenen Estreito de Câmara de Lobos erreicht. Hier lebte der als Heiliger verehrte Franziskanerpater Frei Pedro da Guarda (1435–1505), der schon, als er aus dem nordportugiesischen Guarda nach Madeira kam, im Ruf eines Wundertäters gestanden hatte. Der Mystiker ernährte sich nur von Brotkrumen und Fischköpfen, obwohl er eigentlich als Klosterkoch arbeitete. Von jenem Pater, der in Madeira als ›Santo Servo de Deus‹ (Heiliger Diener Gottes) berühmt wurde, erzählt man sich, daß er an die 600 verbürgte Wunder gewirkt habe, jedenfalls mehr als genug, um offiziell heiliggesprochen zu werden, was aber nie geschah. Er habe Blinde sehend, Stumme sprechend, Lahme gehend gemacht und sogar zwei Tote zum Leben erweckt. Außerdem konnte er die Zukunft voraussagen, bei seinen Meditationen schwebte er in der Luft, und er war in der Lage, »die Seelen der Toten zu sehen und er wußte, wo sie sich befanden«. Die Vögel in der Luft und die Tiere auf der Erde gehorchten seiner Stimme, und selbst Regenfälle, Stürme und Überschwemmungen konnte der Pater bannen. Nach seinem Tod wurden seine Gebeine unter der Aufsicht des Bischofs von Funchal als Reliquie in einer Silberurne verwahrt, die bis 1619 in der Klosterkapelle ausgestellt wurden. Dann entnahm man drei Knochen und verteilte sie auf die Franziskanerklöster der Insel, der Rest wurde in einer eigens für diesen Zweck gebauten Kapelle auf dem Gelände des Klosters feierlich bestattet.

Doch noch immer fand der arme Mönch keine Ruhe: 1835 wollte der liberale Gouverneur António Alfredo Santa Catarina Braga, dem man nachsagte, er sei ein Freimaurer, dem immer leidenschaftlicheren Volkskult um die Grabstätte ein Ende machen – ein Jahr zuvor waren die Klöster auf Madeira und in Portugal verboten worden. Um die Reliquien vor dem Zugriff der Staatsgewalt zu schützen, stahlen fromme Diebe die Knochen des Heiligen; seitdem weiß niemand, wo sie sich befinden. Der Gouverneur ließ daraufhin auf dem Platz von Câmara de Lobos einen Scheiterhaufen errichten, dessen Flammen die Statue des Heiligen und sämtliche Objekte des Volkskultes um ihn vernichteten. Damit untermauerte er unwillentlich die Legende um Santo Servo de Deus, denn prompt waren die Einwohner von Câmara de Lobos davon überzeugt, daß während der frevelhaften Verbrennung ein Geruch nach verbranntem Fleisch über dem Ort gelegen habe. Heute findet man Bilder des Volksheiligen in fast allen Kirchen auf Madeira, vor allem aber in der Kapelle des Klosters São Bernardino.

In engen Kurven schraubt sich die Landstraße steil den Berg nach **Estreito de Câmara de Lobos** 2 (s. S. 244) hoch; rechts und links sieht man Bananenplantagen und, je höher man kommt, Weinfelder – sie sind das Markenzeichen des Örtchens. Vorher zweigt noch eine kleinere Straße ab zum Aussichtsberg **Pico da Torre** (der Ausschilderung folgen), ein lohnender Abstecher, da man von oben direkt auf Câmara de Lobos und die Küste bis zum Cabo Girão sieht.

Estreito de Câmara de Lobos ist das größte und wichtigste Weinanbaugebiet von Madeira; im Dorf dreht sich alles um den gekelterten Traubensaft, denn die von der Sonne verwöhnte Südküste bietet beste Voraussetzungen für Qualitätsweine. Hier wächst die Canina-Traube, die im August und September nicht nur für den lange reifenden Madeirawein verwandt wird. Die Bauern keltern daraus einen fruchtigen Wein, der zwar nicht besonders hochwertig, aber doch ganz trinkbar ist. Traditionell werden die Weintrauben in großen Bottichen gestampft, und das heißt in Estreito: Man macht sich einen Mordsspaß daraus, mit den nackten Füßen in den Bottichen herumzustampfen. Auch Touristen sind herzlich eingeladen, mitzustampfen – und natürlich ein Schlückchen Wein zu trinken. Mit Musik, Tanz und Feuerwerk ist das Weinfest (das Datum hängt von der Ernte ab) eine besondere Attraktion von Estreito de Câmara de Lobos.

Steilküste am Cabo Girão

Vom Cabo Girão nach Calheta

Die nächste Station ist der **Cabo Girão** 3 (s. S. 242), eines der höchsten Felsenkaps der Welt (hinter Estreito de Câmara de Lobos zweigt eine beschilderte Stichstraße dorthin ab). Vom Aussichtspunkt auf dem knapp 600 m hohen und fast senkrecht aufragenden Felsenkap ist der Blick natürlich spektakulär – man erkennt auch unglaublich schmale Terrassenfelder auf den Steilhängen links vom Kap.

In der Nähe der Aussichtsterrasse gab es einen großen Steinbruch, aus dem ein großer Teil des Rohmaterials für Steinmetzarbeiten aller Art in Funchal stammt. Am 4. März 1930 brach ein etwa 300 m langes Stück oberhalb des Steinbruchs aus dem Felsenkap und verursachte, als es mehrere hundert Meter tiefer im Wasser aufschlug, zwei immens hohe Wellen. Eine überrollte die westlich gelegene Flußmündung Ribeira do Vigário, an der die Frauen aus der Umgebung gerade Wäsche wuschen, die andere riß in Câmara de Lobos Autos und Menschen ins Meer. Am Ufersaum, in **Fajã dos Padres** 4 (s. S. 242), liegt eine Obstplantage, auf der Papayas, Mangos, Avocados, Maracujas und andere subtropische Früchte angepflanzt werden und die von den Rittern der ›Companhía de Jesús‹ angelegt wurde. Dazu gehört auch eine Weinkellerei, die den besten Malvasier der Insel produziert.

Die Orte westlich vom Cabo Girão konnte man jahrhundertelang nur mit Küstenschiffen erreichen, denn der Weg über die Bergrücken und Schluchten war außerordentlich mühselig. Daher waren Ribeira Brava, Ponta do Sol und Calheta trotz ihrer Nähe zu Funchal und des florierenden Zuckerrohranbaus vom

Festungsturm São Bento an der Uferpromenade in Ribeira Brava

Inselleben wie abgeschnitten, wodurch sie sich bis heute einen ganz besonderen Charme erhalten haben. Auch vom Tourismus sind sie weitgehend unberührt geblieben. **Ribeira Brava** 5 (etwa 6500 Einw., s. S. 266f.) ist seit 1996 durch eine Autobahn mit Funchal verbunden. Die letzten Häuser von Ribeira Brava stehen schon in der Schlucht, die zum Encumeada-Paß (s. S. 247) und nach São Vicente (s. S. 270f.) an die Nordküste führt und wo sich steile Serpentinen die Berge hinaufwinden. Eine andere, neue Straße führt von Ribeira Brava am Meer entlang bis Arco do Calheta und über die Küstenberge bis zur Westspitze Ponta do Pargo.

Für dieses schöne alte Fischerstädtchen mit der breiten Uferpromenade, den Cafés am Meer und dem Straßengewirr hinter der Kirche sollte man sich ruhig etwas Zeit nehmen. Der ›wilde Bach‹ westlich des Ortes, nach dem der Entdecker Zarco die Siedlung taufte, wirkt in den Sommermonaten zwar recht harmlos, doch im Herbst und Winter kann er um mehrere Meter anschwellen und Häuser, Brücken, Menschen und Vieh mit sich reißen. Auch das Meer vor Ribeira Brava gebärdet sich oft wild; lange Wellenbrecher aus Beton sollen den Ort vor Flutkatastrophen von Meeresseite schützen. Die für den kleinen Ort recht großzügige Uferpromenade mit den Cafés, Restaurants, Andenkenläden und der kleinen Markthalle lädt zum Flanieren ein. Gegen Piratenüberfälle, unter denen auch Ribeira Brava sehr zu leiden hatte, sollte der kleine runde Festungsturm *São Bento* auf der Promenade schützen. 1707 wurde er gebaut und, wie alle Festungen auf Madeira, einem Heiligen geweiht. Eine kleine Statue des Ortspatrons São Bento, der hl. Benedikt, blickt von der Außenwand des Festungsturms Richtung Meer und hält Ausschau nach Piraten. Doch seit dem 19. Jh. war die

Der Glockenturm der Igreja de São Bento ist mit weißen und blauen azulejos verkleidet

Erfindung der Telegraphie ein wirksamerer Schutz gegen Überfälle als winzige Festungstürme mit wenigen abgezählten Kanonenkugeln. Heute ist hier das Tourismusamt untergebracht. Vom Turm sind es nur ein paar Schritte zu einem pittoresken Felsentor, durch das man in den Fischerhafen gelangt.

Ebenfalls gefährlich nah an der Küste steht die Pfarrkirche *Igreja de São Bento,* weithin sichtbar ist der Glockenturm mit den blauen und weißen *azulejos* – die Kachelverkleidung sollte den Turm vor dem aggressiven Meeresklima schützen. Vom Bau der ersten Kirche (1440) ist nur noch eine Figur des São Bento erhalten. Der portugiesische König Manuel I. schenkte der Gemeinde zu Beginn des 16. Jh. den mit Ranken verzierten Taufstein, die Kanzel stammt aus derselben Epoche. Im 17. und 18. Jh. fügte man die schöne barocke Innenausschmückung hinzu und schuf die Altäre sowie die *azulejo*-Verkleidung. Besonders wertvoll sind das Gemälde aus der Flämischen Schule (Geburt Christi) und die Marienfigur aus dem 16. Jh.

Gleich hinter der Kirche erhebt sich ein rosa getünchtes Herrenhaus aus dem 18. Jh. mit einem herrlichen Garten. Es ist das Rathaus, die *Câmara Municipal.* In den schmalen Straßen im hinteren Ortsteil findet man noch alte Werkstätten und kuriose Geschäfte, in denen man die merkwürdigsten Haushaltsgegenstände, Seile und alles für den Fischereibedarf kaufen kann. Zum Fest des hl. Petrus am 29. Juni, dem Patron der Fischer von Ribeira Brava, wird das ganze Städtchen mit Blumengirlanden und Lichtern geschmückt, und eine Prozession zieht von der Pfarrkirche zum Ufer zurück. Früher lieferten die Fischer bei der Prozession eine großzügige Spende ab, um den Schutzheiligen möglichst günstig zu stimmen. Auch der ›Schwertertanz‹ gehörte zur Prozes-

Richtig Reisen Tip

Besuch im Volkskundemuseum

Im hochinteressanten neuen *Museu Etnográfico da Madeira* in Ribeira Brava ist das Alltagsleben vergangener Jahrhunderte dokumentiert. In der umgebauten ehemaligen Zucker- und Getreidemühle kann man die Arbeitsgeräte und -bedingungen der Fischer, Weber, Lastenträger, Müller und Weinbauern der Gegend studieren. Auch die traditionelle Hausbauweise, die Herstellung von Lebensmitteln und Bekleidung usw. gehören zur Ausstellung sowie diverse Filme. Im kleinen Shop kann man zusehen, wie die typischen Madeirastiefel hergestellt werden, und sie auf Wunsch auch kaufen. Montags 10–12.30 Uhr werden Führungen angeboten, dafür ist eine Reservierung erforderlich, da das Museum normalerweise montags geschlossen ist.

Getreidemahlwerke mit Mühlsteinen

sion in Ribeira Brava und dem benachbarten Ponta do Sol, heute wird dieser traditionelle Tanz von den lokalen Folkloregruppen aufgeführt. Die *Dança das Espadas* ist ursprünglich ein allegorischer, kriegerischer Tanz, der stark von maurischen Einflüssen aus Südportugal geprägt ist und an Tänze aus dem Alentejo und der Algarve erinnert. Offensichtlich stammte ein Teil der frühen Siedler von Ribeira Brava aus diesen Gegenden. Eine Gruppe von sieben Männern tanzt durch die Straßen, bekleidet mit weißen Hosen und roten Westen. Auf dem Kopf tragen sie dreieckige grüne Hüte, die an eine Bischofsmitra erinnern und mit Federn und langen Bändern geschmückt sind.

In jeder Hand tragen die Männer ein Schwert, dessen Spitze auf den Nachbarn weist. Sie tanzen zum Klang einer Trommel *(pandeiro)*, springen dabei über die Schwerter, kreisen um sich selbst und vollführen akrobatische Kunststückchen.

Rund um Ribeira Brava baute man früher in großem Umfang Zuckerrohr an; heute sieht man hier vor allem Obst- und Bananenplantagen. Der nächste Ort **Ponta do Sol** 6 (5000 Einw., s. S. 261) ist ein Zentrum des Bananenanbaus (s. S. 52ff.). ›Sonnenspitze‹ heißt dieses malerische Örtchen, auf das auch tatsächlich großzügig die Sonne scheint, jedenfalls meistens.

Schon in ihren Anfangszeiten gehörte die Siedlung zum Kapitänslegat von Zarco, der ihr – als zweitem Ort nach Funchal – sehr früh die Erlaubnis zur Gerichtsbarkeit verlieh. Die ›Zentralmacht‹ in Funchal behielt die aufmüpfige Gemeinde und den allgegenwärtigen Schmuggel allerdings immer mit einem wachsamen Auge im Blick. 1545 herrschte großer Getreidemangel, und die Bürger von Ponta do Sol kaperten kurzerhand ein vollbeladenes Getreideschiff; zur Strafe erkannte Funchal ihnen den Gemeindestatus für einige Jahre ab. Vor allem im 19. Jh. war Ponta do Sol Schauplatz heftiger politischer Auseinandersetzungen; hier kämpften während des portugiesischen Bürgerkriegs (s. S. 39f.) Anhänger der königstreuen Absolutisten und der liberalen Konstitutionalisten gegeneinander. Duelle, bewaffnete Aufstände und Tumulte, die mit Polizei und Militär niedergeschlagen wurden, waren an der Tagesordnung. Anfang des 20. Jh. wurden die Auseinandersetzungen mit der Feder weitergeführt. Ponta do Sol war die einzige Gemeinde außerhalb von Funchal, die zwei eigene Zeitungen besaß. ›O Brado d'Oeste‹ und ›Sentinela‹; letztere brachte Themen wie den Großgrundbesitz und die elende Situation der Pächter zur Sprache, unter der vor allem im Ortsteil Lombada viele Einwohner litten.

Nachdem im 19. Jh. auch in Ponta do Sol ein für damalige Zeiten imposanter Schiffsanleger *(cais)* gebaut wurde, konnten hier größere Schiffe anlegen und die Bananenstauden leichter die Küste entlang nach Funchal schaffen. Später brachten Dampfschiffe auch die ersten Tagesausflügler von Funchal nach Ponta do Sol. Allerdings kämpfte die Inselverwaltung ständig gegen ein Phänomen, das das öffentliche Moralempfinden und die guten Sitten erheblich verletzte: Die Lastenträger und das Schiffspersonal zogen sich bei der schweren Arbeit gern aus und turnten dann im Adamskostüm am Kai herum – ihrem Beispiel folgten die Badefreudigen an der Küste. Die schamlos unbedeckten Hafenarbeiter fanden außerordentlich großes Interesse bei der weiblichen Bevölkerung von Ponta do Sol, die zum großen Ärger der Verwaltung täglich unter fadenscheinigen Vorwänden zu den Kais spazierte und dem Be- und Entladen der Schiffe zusah. 1809 sah sich die Stadtverwaltung zu einer besonderen Verlautbarung gezwungen: »Wir geben bekannt, daß einige Männer ihre Pflichten als Familienoberhaupt vernachlässigen und vor allem nicht auf eine gottgefällige Erziehung und die Tugend ihrer Töchter und Frauen achten, die unter dem Vorwand, Einkäufe zu erledigen, zum Kai laufen und nichts anderes tun, als die Bootsmänner und Schiffsleute zu betrachten, die nackt dort arbeiten ... Es ist absolut überflüssig, daß Frauen und Mädchen sich am Kai aufhalten, wenn nicht ein Boot für sie bestimmte Waren bringt. Aus diesem Grund hat der Senat beschlossen, jeder Frau ausdrücklich zu verbieten, sich der Küste und dem Kai zu nähern, solange die Männer dort unbekleidet sind.« Auch das allseits beliebte Nacktbaden im Meer und in den Flüssen wurde 1851 unter Androhung von Strafe verboten: »Es ist nicht erlaubt, daß irgendjemand tagsüber ein Bad nimmt, sei es am Fluß, im Brunnen oder im Meer, ohne nicht mindestens mit einem Hemd bekleidet zu sein. Zuwiderhandlungen werden mit einer Geldstrafe in Höhe von 500 Réis geahndet, ein Teil davon geht an die Verwaltung und ein anderer Teil als Belohnung an den Denunzianten.« Bedauerlicherweise gehören diese Szenen längst der Vergangenheit an ...

An der Uferpromenade steht ein hübscher alter Kiosk, wo man mit Blick aufs Meer Kaffee trinken und der Dorfjugend beim Flirten zusehen kann. Die sehenswerte Kirche ist einer der vielen Senhoras der Fischer gewidmet, in diesem Fall der Jungfrau vom Licht. Ungewöhnlich für einen so kleinen Ort ist die prächtige Innenausschmückung der *Nossa Senhora da Luz:* Alle Säulen, die Bögen und die Kanzel wurden bemalt, damit sie aussehen wie aus Marmor gearbeitet – ein historischer Fake. Besonders kostbar ist die holzgeschnitzte Decke im iberisch-maurischen Mudéjar-Stil, die allerdings später ebenfalls mit Szenen aus dem Leben der Lichtjungfrau übermalt wurde. Das grüne Taufbecken schenkte König Manuel I. persönlich der Kirche. Die *azulejos* an den Wänden sind jüngeren Datums, doch die Kacheln im Altarraum stammen noch aus dem 15. Jh. Oberhalb der Kirche liegt der *Parque Infante Dom Henrique,* ein schöner Platz mit Aussichtsterrasse.

Bis nach Ponta do Sol kann man außerdem Spuren weltliterarischer Ver-

Nossa Senhora da Luz in Ponta do Sol

gangenheit zurückverfolgen, denn hier lebten die Vorfahren des amerikanischen Schriftstellers John dos Passos, wie eine Tafel an ihrem Haus in der Rua Príncipe D. Luís I. hinter der Kirche verkündet: »In diesem Haus wurden die Vorfahren des bedeutenden amerikanischen Schriftstellers John dos Passos geboren, der diesem Dorf am 20. Juli 1960 einen Besuch abstattete.« John dos Passos (1896–1970) selbst wurde in Chicago geboren und wurde vor allem durch seinen Roman »Manhattan Transfer« berühmt. Erst zehn Jahre vor seinem Tod besuchte er Madeira. Die Vorderfront des Hauses schmückt ein Wappen mit dem Sternbild des Kleinen Wagens.

Über Serpentinen erreicht man das höher gelegene Fleckchen **Lombada da Ponta do Sol** 7 (s. S. 261), wo eine der größten und reichsten Zuckerplantagen der Insel lag. Hunderte von Sklaven schnitten das ›grüne Gold‹ für einen flämischen Großgrundbesitzer namens João Esmeraldo, der damals neben seinem prächtigen Stadthaus in Funchal hier das größte Herrenhaus der Insel besaß und mit Christoph Kolumbus befreundet war. João Esmeraldo ließ gegenüber von seinem Haus die Heilig-Geist-Kapelle errichten, in der er auch begraben wurde. Im 18. Jh. wurde das Kapellchen durch einen Neubau ersetzt, dessen Innenraum mit blau-weißen Kachelbildern und Schnitzereien ausgeschmückt ist. Um sie zu sehen, muß man allerdings etwas Glück haben, denn die kleine Kapelle ist meistens verschlossen.

In **Canhas** 8 (s. S. 261) steht eine alte Kapelle auf einem Grundstück, das zu Beginn der Besiedlung von Madeira einer galizischen Familie gehört hatte. Immer wieder, so behaupteten mehrere Familienmitglieder, sei ihnen an dieser Stelle die Jungfrau erschienen, und deshalb erbauten sie 1494 eine Kapelle für die ›Jungfrau der Engel‹, *Nossa Senhora dos Anjos.* Entlang der Straße ist ein Kreuzweg mit 14 Stationen eingerichtet, der zum Heiligtum der hl.Theresa führt.

An Bananenplantagen und bunten Blumen vorbei geht es wieder bergab, Richtung Küste. Das langgestreckte Fischerdörfchen **Madalena do Mar** 9 (s. S. 258) direkt am Meer wird nur von einer Betonmauer vor den mächtigen Atlantikwellen geschützt. Noch bis in die 60er Jahre konnte man Madalena do Mar von Funchal aus nur per Boot erreichen, auch die reiche Bananenernte wurde übers Meer in die Hauptstadt gebracht. Der Fluß Madalena und die See haben das Dorf in den letzten Jahrhunderten immer wieder überschwemmt und teilweise zerstört – noch 1939 riß eine Flutkatastrophe 40 Häuser aus dem Ortskern mit sich. Auch eine alte Zuckermühle von 1899 und eine kleine Befestigungsanlage wurden von den Wassermassen zerstört.

Angeblich gründete König Ladislaus III. den Ort, ein polnischer König, der seit der Schlacht von Varna 1444 als tot bzw. verschollen galt. Die Legende erzählt, jener Ladislaus habe sich Henrique Alemão, ›Heinrich der Deutsche‹, genannt und beste Beziehungen zum portugiesischen Königshaus gehabt. Seefahrerprinz Heinrich von Portugal gab dem Henrique Alemão, Ritter des Katharinenordens, 1457 das Land um Madalena do Mar zum Lehen, »damit er es mit sieben oder acht Bauern bearbeiten solle, Wein anpflanzen und Zuckerrohr kultivieren und ein Gebetshaus bauen solle ...« und der Fremde gründete die Siedlung. Gelebt haben soll der geheimnisvolle ›Deutsche‹ in einem Haus unterhalb der Kirche von Madalena do Mar; ein Adelswappen prangt auf der Fassade. Ebenso rätselhaft wie seine Identität sind die Umstände, die zu seinem Tod geführt haben: Als er mit seinen Leuten bei Cabo Girão an Land gehen wollte, soll ihn ein mächtiger Felsbrocken erschlagen haben. Henrique wurde in der kleinen Kirche von Madalena do Mar begraben, doch die Grabplatte befindet sich heute in der Quinta das Cruzes (s. S. 120f.) in Funchal – auch die Kirche existiert nicht mehr.

Ein weiteres Dokument für die Existenz des merkwürdigen Fremden könnte das Gemälde eines flämischen Meisters sein – womöglich sind es tatsächlich Heinrich der Deutsche und seine Frau, die dem Maler für das Bild »Treffen der Heiligen Anna mit dem Heiligen Joachim« Modell gestanden haben (im Museu de Arte Sacra in Funchal, s. S. 114). Der polnische Archäologe Leopold Kielanowsky forschte in den 80er Jahren nach Beweisen für die

Identität Henrique Alemãos, doch seine Untersuchungen wurden durch seinen Tod beendet, und sein Haus mit dem umfangreichen Archiv ist nicht zugänglich.

Das reizvolle kleine Örtchen **Arco da Calheta** 10 (s. S. 242) ist wahrscheinlich die älteste Siedlung auf Madeira. Es entstand um die Zuckerplantagen der reichen Familie de Andrade. Im Ortsteil **Loreto** sollte man die kleine, 1510 gebaute Kapelle *Nossa Senhora do Loreto* beachten. Sie gehörte zu einer Quinta und hat ein prächtiges manuelinisches Südportal, über dem das Kreuz der Christusritter thront. Die prächtige holzgeschnitzte maurisch-manuelinische Dekke wurde erst im 18. Jh. blau und weiß übermalt. Auch die Wasserspeier an der Tür sind sehenswert. Jedes Jahr am 8. September wird hier das Fest der Jungfrau von Loreto gefeiert. Um alle Pilger unterzubringen, hat man einen etwas unpassend wirkenden Vorbau errichtet. Schon von Loreto hat man einen herrlichen Blick über die Südküste, der allerdings noch gesteigert werden kann: Nur 4 km von Loreto liegt der **Pico do Arco** (846 m). Der Abstecher lohnt sich, denn die Sicht von hier oben ist einfach atemberaubend.

Wieder geht es hinunter zur Küste, nach **Calheta** 11 (5500 Einw., s. S. 242). Malerisch schmiegt sich das Dorf an die Berghänge der engen Schlucht am Meer; in früheren Jahrhunderten war auch Calheta einmal ein bedeutendes Zentrum für den Zuckerrohranbau. Inselentdecker Zarco forcierte die Zuckerproduktion nach Kräften, gab seinem Sohn und seiner Tochter (!) die Ländereien um Calheta als Lehen und verlieh dem Ort schon 1502 die Stadtrechte. Die Ruinen der Zuckermühle in der Nähe der Küste sind allerdings jüngeren Datums, denn auch im 20. Jh. spielte die Zuckerproduktion in Calheta eine große Rolle. Heute wird in der einzigen Zuckerfabrik vor allem Schnaps, Rum und Zuckersirup hergestellt. Auch die Gemein-

Betrieb einer Zuckermühle

Selten ist die Landschaft auf Madeira so flach wie hier, ganz im Westen bei Ponta do Pargo

dekirche in Calheta bekam etwas vom Reichtum ab, den das ›weiße Gold‹ in die Siedlung brachte: 1430 wurde mit dem Bau der Kirche begonnen, doch in den folgenden Jahrhunderten baute man sie immer wieder um. Sehr alt ist die Holzdecke im maurischen Stil, die der Kathedrale Sé in Funchal nachempfunden ist. Der Tabernakel aus Ebenholz mit den kostbaren Silberarbeiten ist ein Geschenk von König Manuel I. (1502). Heute wachsen in und um Calheta vor allem Wein und riesige Bananenstauden, außerdem viel Obst und Gemüse.

Etwa 400 m oberhalb von Calheta liegt das Örtchen **Estreito de Calheta** 12 (s. S. 242) mit der spektakulären *Capela dos Reis Magos* (Dreikönigskapelle). Die Kapelle ist ein Juwel aus dem 16. Jh.: Das wertvolle dreiteilige geschnitzte Altarbild stellt die Heiligen Drei Könige dar, ist mit goldverziertem Edelholz geschmückt und wird der Flämischen Schule zugeschrieben. Auch die schlichte Holzdecke im Mudéjar-Stil ist sehenswert. In der Kapelle ist die Familie Gouveia begraben, reiche Zuckeraristokraten aus Estreito, die die Kapelle auch haben bauen lassen. Falls sie geschlossen ist, bekommt man den Schlüssel im Nachbarhaus.

Von Calheta in den äußersten Westen nach Ponta do Pargo

Ein Stückchen weiter westlich die Küste entlang liegt der ›Garten des Meeres‹, das Dorf **Jardim do Mar** 13. Der Ort war jahrhundertelang so arm, daß viele Bewohner nach Venezuela, Südafrika, Kanada und Frankreich auswanderten. Paradoxerweise ist dies der Grund für den heutigen ›Reichtum‹ von Jardim do Mar. Die Emigranten schickten immer fleißig Geld und haben auch die Kirche *Nossa Senhora do Rosário* so mitfinanziert, eine etwas mißglückte Imitation von Notre-Dame in Paris.

Solange an der Küstenstraße zwischen Jardim do Mar und Paúl do Mar noch gebaut wird, ist man gezwungen, über steile Serpentinen erst hoch nach **Prazeres** 14 (s. S. 266) und nach wenigen Kilometern ebenso halsbrecherisch wieder nach Paúl do Mar hinunterzufahren. Doch die kurvige Straße eröffnet so einmalig schöne Ausblicke, daß man den Weg auch als Ziel betrachten könnte ... Von Jardim do Mar schrauben sich die Serpentinen durch die Küstenfelsen in schwindelnde 600 m Höhe nach Prazeres, einem vor Farbenpracht und Blütenfülle geradezu überbordenden Ort auf einem Bergrücken, umgeben von Gemüsepflanzungen und blühenden Obstgärten. ›Freuden‹ lautet der Name übersetzt, und wenn man durch den Ort mit den gepflegten Bauernhäusern aus Naturstein spaziert, kann man sich auch keinen besseren Namen vorstellen.
Sehr steil geht es dann hinunter zum langgestreckten Fischerdorf **Paúl do Mar** 15 (s. S. 260) direkt am Wasser, vorbei an einer riesigen alten Araukarie am Ortseingang. Rechter Hand führt die schmale Straße an der hohen Betonmauer entlang, auf der die Kinder spielen und die Paúl do Mar vor den Atlantikbrechern schützen soll. Sehr einfache Unterkünfte, behängt mit Wäscheleinen, stehen neben hübschen Häuschen und verfallenen Zuckermühlen. Eine melancholische Atmosphäre herrscht hier, gerade so, als sei die Erde eine Scheibe und man säße just an ihrem Ende. Ein paar Restaurants servieren Schnecken, Muscheln und frischen Fisch, dazu dudelt der Fernseher Nachrichten aus einer anderen Welt, und das Meer rauscht jenseits der Mauer. Touristen verlaufen sich selten hierher. Man mag sich kaum vorstellen, wie es hier bei Sturm aussieht, und beginnt vielleicht zu ahnen, was ein ›Inselkoller‹ ist. Viele Einwohner sind nach Übersee emigriert und nicht zurückgekommen.

Die Achterbahnnfahrt geht weiter: zurück auf der oberen Landstraße sind es nur noch wenige Kilometer bis **Ponta do Pargo** 16 (s. S. 261), jenem winzigen Dorf, das auf der äußersten, windumbrausten Westspitze von Madeira thront. Seine größte Attraktion ist der Leuchtturm *(farol)* auf dem nahen Kap. Außerdem ist es einer der ganz wenigen Orte auf Madeira, deren Umgebung so flach ist, daß die Kühe frei weiden können und nicht in Hütten *(palheiros)* untergebracht werden müssen. Kurioserweise hat man den Leuchtturm, der die Schiffe sicher um das Felsenkap leiten sollte, erst 1923 errichtet. Die Kapitäne verschiedener in Seenot geratener Schiffe hatten sich bei der Inselverwaltung bitter beschwert und einen Leuchtturm gefordert. Der Blick von der Ponta do Pargo ist phänomenal – man sieht bei klarem Wetter die gesamte Westküste.

Leuchtturm am Westkap von Madeira

Der Nordwesten und Paúl da Serra

Panoramatour durch den Nordwesten und die Hochebene Paúl da Serra

Die Tour kann man als Tagesfahrt planen (Karte s. S. 171), doch es ist auch möglich, an der Nordküste (s. São Vicente, Seixal, Porto Moniz) zu übernachten, um unterwegs zu wandern oder in Porto Moniz ausgiebig zu baden. Auch der Abstecher von São Vicente zum östlich gelegenen Arco de São Jorge hängt vom Wetter und vom Zeitbudget ab. Hinter Porto Moniz hat man die Wahl zwischen mehreren Routen: Bei klarem Wetter bietet sich eine Fahrt durch die Hochebene Paúl da Serra an, vielleicht in Kombination mit einer Wanderung entlang der berühmten Levada der 25 Quellen bei Rabaçal. Eilige fahren über Boca da Encumeada und Ribeira Brava zurück nach Funchal, jedoch besser nicht bei Nebel. In diesem Fall biegen Sie hinter Rabaçal (bei Campo Pequeno) nach Canhas und Ponta do Sol ab und fahren über Ribeira Brava zurück in die Hauptstadt – vielleicht zur Abwechslung entlang der Küstenstraße, die auch über Câmara de Lobos führt. Falls die Hochebene wegen starken Nebels überhaupt nicht zu befahren ist, bietet die Strecke über Achadas da Cruz und Ponta do Pargo ebenfalls viele Highlights: Zunächst gelangen Sie über Serpentinen durch einen idyllischen Wald hoch nach Achadas da Cruz, können in Ponta do Pargo (s. S. 261) auf das Kap sehen und durch winzige Örtchen mit mächtigen Bougainvillea über den Rücken des Küstengebirges an die Südküste gelangen.

◁ *Das Meer hat die Küstenfelsen in Porto Moniz zu natürlichen Schwimmbecken ausgehöhlt*

Von Funchal in den Norden

Von Funchal geht es über die Autobahn nach Ribeira Brava. Dann folgen Sie der Beschilderung nach Boca da Encumeada – vom hübschen Fischerörtchen an der Küste schraubt sich die Straße in ein tiefes Tal hinab, über Serpentinen gelangen Sie in die Höhe und haben bald einen atemberaubenden Blick auf die Berge und die hinter Ihnen liegende Südküste. Die winzigen Weiler und Dörfchen bilden die Gemeinde Serra de Água, was zu deutsch sowohl ›Wasserberge‹ bedeutet als auch ein Sägewerk an einem Fluß bezeichnet. Jedes Jahr am 15. August wird in diesem Tal das Fest der wundertätigen Nossa Senhora da Ajuda gefeiert.

Die erste Station ist die auf 634 m Höhe liegende **Pousada dos Vinháticos** 17 (s. S. 247), ein staatlicher Gasthof mit einer Aussichtsterrasse, von der aus man einen phänomenalen Rundblick genießt. Die Pousada ist nach einer Lorbeerart genannt *(Persea Indica,* port. *vinhático),* die hier sehr verbreitet ist. Immer weiter führt die Landstraße in die Höhe, 400 m Höhenunterschied sind von der Pousada bis zum Paß **Boca da Encumeada** 18 (1007, s. S. 247) zu überwinden. Der Encumeada-Paß ist zwar der niedrigste auf Madeira, doch immerhin ist er hoch genug, um bei gutem Wetter Nord- und Südküste gleichzeitig ausmachen zu können. Den besten Blick hat man von der Aussichtsterrasse am Ende der Straße, die nach Bica da Cana abzweigt. Es kann aber genauso gut passieren, daß man sich plötzlich mitten in

Richtig Reisen *Tip*

Spaziergang: Levada das Rabaças

Bei gutem Wetter kann man ein Stück die **Levada das Rabaças** entlangspazieren, die gegenüber vom Restaurant am Encumeada-Paß beginnt (gelb-blauer Wegweiser ›Folhadal‹). Herrliche Ausblicke auf die schroffen Felsen und zackigen Vorsprünge der zentralen Bergkette im Osten und der Blick über das Tal von Serra de Água verführen vielleicht dazu, die Schönheiten zu Ihren Füßen zu übersehen: Unzählige Wildblumen blühen an der Levada, dazu auch Weißdorn, Lilien, Azaleen und Hortensien, dazu Lorbeerbäume und Koniferen. Vom Felsvorsprung Lapa do Galho sieht man direkt ins südliche Tal bis zur Küste. Den schönsten Teil dieser Levada haben Sie nach ca. 20 Min. bereits abgelaufen; wenn sich die Levada gabelt (ein Arm führt durch einen Tunnel) sollten Sie umkehren, da die Berghänge auf der anderen Seite gerade erst wieder aufgeforstet werden.

der Wolkendecke befindet und allerhöchstens einen Blick nach unten in die grünen Täler werfen kann – das Wetter auf dem Encumeada-Paß ist reine Glückssache. Vielleicht erkennen Sie aber trotzdem, daß der Paß an tiefen Tälern entlangführt, die von Norden nach Süden verlaufen und die Insel sozusagen in zwei Hälften zerschneiden. Zwar sind diese Täler sehr fruchtbar, doch wegen der Höhe mühselig zu bebauen: Auch hier kann man wieder die berühmten schmalen Terrassenfelder bestaunen. Lorbeerwälder ziehen sich die Berghänge bis zum Paß hoch, Picknicktische an der Straße laden zu einer Panorama-Pause ein.

Der Encumeada-Paß ist auch ein beliebter Ausgangspunkt für Wandertouren (s. S. 196) über die Berggipfel im Osten: Pico Topeiro (1331 m), Pico do Jorge (1692 m), Pico das Torrinhas (1509 m) und Pico Ruivo (1862 m) nach Achada do Teixeira (1592 m).

Weiter geht die Fahrt Richtung Nordküste; allmählich führen die Serpentinen talwärts Richtung São Vicente. Man passiert das Dorf mit dem klangvollen Namen **Corrida das Feiteiras** **19** (etwa: ›Tanzplatz der Hexen, Zauberinnen‹) und sieht auf dem Pico da Cova einen 14 m hohen Glockenturm aufragen. Er ist der Jungfrau von Fátima geweiht. Der aus Portugal stammende Fátima-Kult ist auch auf Madeira verbreitet, die Einwohner von São Vicente haben das Gebäude selbst errichtet.

Das Tal von **São Vicente** **20** (ca. 6500 Einw., s. S. 270f.) ist neben Funchal und Machico eines der größten auf Madeira. Als die ersten Siedler hier ankamen, war es natürlich dicht bewachsen, und wahrscheinlich kreisten unzählige Raben über dem Tal. Die Raben waren es der Legende nach, die den Leichnam des hl. Vinzenz, der angeblich mit einem Mühlstein beschwert ins Meer geworfen wurde, wieder zurück ans Ufer geleite-

Schmucke Häuser in São Vicente

ten. So benannte man wohl den Ort nach diesem valencianischen Märtyrer. Allerdings galten die Raben auch schon damals als Überbringer schlechter Nachrichten bzw. als ›Unglücksraben‹, und so sahen es die Bewohner der rasch wachsenden Siedlung als ihre Pflicht an, die Vögel so schnell wie möglich auszurotten.

Auch São Vicente ist von schmalen Terrassenfeldern umgeben, auf denen man viele kleine Hütten, die *palheiros* (Kuhställe), sieht. Weißgestrichene Häuschen voller Blumenschmuck ziehen sich den Hang hoch, dazwischen Gassen und Treppen aus altem Pflaster. In einem der schönsten Orte der Insel flaniert man an einigen Cafés vorbei, wirft vielleicht einen Blick in die Kramläden oder setzt sich im Garten des Worldwide Wildlife Found ein bißchen in die Sonne und betrachtet die hier zusammengestellten heimischen Blumen und Pflanzen der Küstenregion – ein farbenfrohes Blütenmeer. Bei einem Streifzug über den alten Friedhof neben der Pfarrkirche entdeckt man, daß die Gräber der einfachen Fischer – sie bestehen nur aus einem Erdhügel – neben den prächtigen Totenhäusern der reichen Familien liegen. Ein vorspringender Felsen schützt São Vicente vor Stürmen und der heftigen Atlantikbrandung – schwimmen ist an dem grobsteinigen Strand kaum möglich. Die *Pfarrkirche* São Vicente ist dem hl. Vinzenz geweiht. Seine Geschichte erzählt das Pflastermosaik vor der Kirche, in dem man gut das Segelschiff und die beiden Raben erkennt. 1943 wurde die Kirche aus dem 17. Jh. renoviert, was ebenfalls auf dem Pflastermosaik vermerkt ist. Für einen relativ kleinen Ort wie São Vicente ist die Kirche ungewöhnlich prachtvoll mit vergoldeten Holzschnitzereien verziert. Die Altäre wurden kunstvoll bemalt. Der hl. Vinzenz segnet von der schön verzierten Decke aus den Ort und thront außerdem über dem Hauptaltar. Sehenswert sind auch die Kachelbilder in den Seitenschiffen. Im 17. Jh. zerstörte eine Überschwemmung den Ort und teilweise auch die Kirche; die Fluten rissen Statuen und Bilder mit sich, darunter auch das Bild des hl. Vinzenz. Nachdem das Wasser zurückgewichen war, fanden die Bewohner das Heiligenbild unversehrt unterhalb von einem mächtigen Felsen wieder und beschlossen, dem Ortspatron eine weitere Kapelle zu bauen. Das schlichte Kapellchen fügt sich perfekt in die Felsenlandschaft ein, die es umschließt wie eine natürliche Höhle.

Am Pfingstsonntag wird in São Vicente traditionell die *Festa do Espíritu Santo* gefeiert. Anläßlich der ›Visite‹ des Heiligen Geistes sammeln mit roten Westen bekleidete *mordomos* und Ehrenjungfrauen *(saloias)* in bunten Trachten Spenden für die rituelle Armenspeisung nach der Pfingstmesse – heutzutage ein öffentliches Gelage mit viel

Typisch madeirensisch: Die Levadas

Im Gegensatz zu Porto Santo ist Madeira immer noch eine grüne, ungemein fruchtbare Insel mit immensen Wasserreservoirs. Allerdings ist das Wasser nicht unbedingt dort vorhanden, wo es auch tatsächlich gebraucht wird, nämlich an den sonnigen Abhängen und in den Tälern der Südküste, wo die besten Obst- und Bananenplantagen liegen. Das hat mit einer geographischen Besonderheit der Insel zu tun: Ein Bergmassiv (die Bergwelt der höchsten Picos im Osten und die Hochebene Paúl da Serra im Westen) teilt Madeira in eine nördliche und eine südliche Hälfte und schützt nebenbei die südliche Region vor den kräftigen Nord- und Nordostwinden. Nach Norden hin fällt das Massiv wesentlich schroffer ab, und die an der Nordküste gelegenen Orte und Re-

An der Levada das 25 Fontes bei Rabaçal

gionen bekommen sehr viel mehr Regen ab als der Süden, wo es manchmal monatelang nicht regnet. Hinzu kommt, daß die meisten Quellen und Bäche in der Nordhälfte entspringen und sogar Niederschläge, die an der Südküste abregnen, durch die Gesteinsschichtung nach Norden ablaufen. Fazit: Kostbares Naß ist im Norden im Überfluß vorhanden, doch es wird im Süden gebraucht.

Die Lösung des Problems sind die Levadas, jene schmalen Bewässerungskanäle, die das Wasser dorthin leiten, wo man es für die Landwirtschaft oder, zu Kolonialzeiten, z. B. für den Antrieb der Zuckermühlen brauchte. Spätestens nachdem ein Teil der Inselvegetation durch Brandrodung verschwunden war, begannen die ersten Siedler mit dem Bau dieser Wasserkanäle – besser gesagt, sie ließen damit beginnen, denn für diese enorm schwierige und mühselige Arbeit wurden maurische Sklaven eingesetzt. Sie waren die Spezialisten für Bewässerungstechniken, wie sie schon reichlich im mittelalterlichen arabischen Spanien bewiesen hatten. Die Levadas zu bauen, war zum einen Knochenarbeit, denn die Kanäle und Rinnen mußten kilometerweit von Hand z. T. in schwindelerregender Höhe in die Felsen geschlagen, gemauert und anschließend gesichert werden. Oder man mußte Tunnel in die Felsen sprengen, was ebenfalls nicht ungefährlich war. Vor allem aber war es Aufgabe der Wasserspezialisten, die auch versierte Mathematiker sein mußten, das Gefälle zentimetergenau zu berechnen, denn die Quellen an der Nordseite liegen nur unwesentlich höher als die bebauten Terrassen im Süden. Das Netz der Bewässerungskanäle erstreckt sich über etwa 2000 km Länge, rechnet man alle Verzweigungen bis zu jedem Feld hinzu, kommt man sogar auf 5000 km.

Nur wenige Jahrzehnte nach der Entdeckung und Besiedelung von Madeira unterstellte der portugiesische Prinz Fernando das Wasser der staatlichen Kontrolle (1471): »Wir verfügen, daß keiner das Recht, die Mittel oder die Möglichkeit dazu haben soll, die Quellen, weil sie auf seinem Gebiet entspringen, für sich zu nutzen ...« Zwei Wasserbeauftragte, *heréus*, sollten für die gerechte Verteilung des Wassers Sorge tragen. König João II. definierte die allgemeine Nutzung der Wasserrechte 1493 noch genauer: Kein Landeigentümer durfte den Bau, die Instandhaltung oder die Nutzung einer Levada behindern, weil sie auf seinem Grund und Boden lag. Allerdings gab es immer wieder Konflikte um das kostbare Naß, das auch nicht privat verkauft werden durfte, wie ein Gesetz von 1770 belegt. Nach dem Abflauen des Zuckerbooms, also ab etwa 1680, wurden zwei Jahrhunderte lang weniger Levadas gebaut – etwa die Hälfte aller landwirtschaftlich genutzten Flächen waren durch Levadas mit Wasser versorgt, und die Zuckermühlen stellten nach und nach den Betrieb ein.

Ab Mitte des 19. Jh. wurde weiter am Levada-Netz gebaut; beispielsweise wurde der Südwesten durch die Levada von Rabaçal an die Wasserversorgung angeschlossen, und die fast 80 km lange Levada do Furado bei Portela im Nordosten wurde mit einem Netz von kleineren Kanälen erweitert, allerdings ohne Funchal zu erreichen. 1914 brach man mit dem Schutz der allgemeinen Wassernutzung und erlaubte, Wasser als Privatbesitz zu behandeln. In der Folge entwickelte sich dieses lebenswichtige Element zum Spekulationsobjekt, was fatale Konsequenzen hatte: Manche Eigentümer besaßen Land, aber kein Wasser; andere hatten Wasser, aber kein Land, und Bauern und Pächter waren von den Wasserbesitzern völlig abhängig, da die Preise der ›Wasserstunden‹, also der Wasserzuteilungen, und die Gebühren für Nutzungsrechte völlig der staatlichen Kontrolle entzogen waren – die ›Wassermafia‹ hatte die Insel in der Hand. 1943 endlich beendete ein neues Gesetz den Wasserspuk; heute sind fast alle Levadas öffentliches Eigentum, und die noch existierenden privaten Wasserbesitzer (wie die ehemaligen Wasserbeauftragten *heréus* genannt) sind in Genossenschaften zusammengeschlossen. Staatliche Wasserhäuschen regulieren und lenken den Zulauf, und die Männer, die die Wasserwege säubern und instand halten, sind öffentliche Angestellte. Jeder, der für seine Felder Wasser benötigt, zahlt eine festgelegte Summe für das Wasser, das ihm zu bestimmten Zeiten (dafür gibt es einen ›Wasser-Stundenplan‹) über die Levada aufs Feld geleitet wird. Dann öffnet der Bauer die Schotten ›seines‹ Levada-Abschnitts, und das Wasser fließt über Rinnen und Rillen dorthin, wo es gebraucht wird. Reguliert wird der Zufluß mit Hilfe von Stopfen *(buchas)* und Keilen *(tornadoros)*. Ein verantwortungsvoller Mensch wird die Schotten tatsächlich nur während der ihm zustehenden Stunden geöffnet halten und anschließend seinem Nachbarn, der schon auf das Wasser wartet, Gelegenheit zum Auffüllen seines Tanks und zur Feldbewässerung geben. Ausnahmen bestätigen auch in diesem Fall die Regel und sind Anlaß erbitterter Streitigkeiten zwischen Nachbarn. Im Prinzip funktioniert dieses System erstaunlich gut; allerdings treten weitere Probleme und Konflikte auf, wenn Levadas durch Abfall oder Seifenlauge verunreinigt werden, Straßenbauarbeiten einen Zulauf kappen oder wachsende Mülldeponien ihn verstopfen.

Der Ausbau und die Modernisierung des Levada-Netzes in den 60er Jahren versorgte Funchal mit genügend Trinkwasser und brachte den entlegenen Dörfern Strom. Außerdem wurden drei Elektrizitätswerke gebaut, von denen das in Fajã da Nogueira in das Levada-System integriert ist. Vor allem die alten Levadas sind ideale Wanderwege, denn nebenher führt ein mehr oder weniger schmaler Fußweg, der für die Instandhaltung des Kanals notwendig ist. Mal verlaufen die Levadas durch Felstunnel, mal durch dschungelartige Waldgebiete, vorbei an handtuchschmalen Terrassenfeldern, blühenden Obstplantagen und steilen Abgründen.

Geführte Levada-Wanderungen werden von vielen Reisebüros auf der ganzen Insel und vom Fremdenverkehrsamt in Funchal angeboten, meistens sind es Halb- oder Ganztagestouren. In Funchal und den Touristenorten wird man keine Schwierigkeiten haben, einen Levada-Führer in Buchform zu finden, doch die Wegbeschreibungen sind nicht immer zuverlässig: Erdrutsche, menschliche Eingriffe in die Natur (der Baum, an dem man rechts abbiegen sollte, wurde gefällt) oder Unwetter können einen Levada-Wanderweg unbegehbar machen oder die Orientierung erschweren. Außerdem sollte man sich, wenn man auf eigene Faust losgeht, vorher unbedingt über die Wetterverhältnisse und die besonderen Eigenarten der Levada informieren: Für manche Strecken braucht man eine Taschenlampe (Tunnel) oder absolute Schwindelfreiheit. In jedem Fall sollte man eher in Wanderstiefeln als in Turnschuhen loslaufen, einen wasserfesten Anorak und einen Pullover dabeihaben sowie ein wenig Wasservorrat.

Musik und Tanz. Etwas außerhalb des Ortes liegt eine 1692 erbaute kleine Marienkapelle, die *Capela da Nossa Senhora do Livramento.* Das Heiligtum der ›befreienden Jungfrau‹ wird gerade liebevoll renoviert. Das Tal von São Vicente ist das Ergebnis reger Vulkantätigkeit. Wer Lust hat, eine kleine Zeitreise zu unternehmen, sollte sich die Höhlen, die *Grutas de São Vicente* (ausgeschildert), ansehen: vor rund 400 000 Jahren stieß hier der letzte Vulkan sein glühendes Magma aus und schuf damit ein Höhlensystem, das über rund 700 m begehbar ist.

Abstecher nach Ponta Delgada und Arco de São Jorge

Das Dörfchen **Ponta Delgada** 21 (ca. 1500 Einw., s. S. 260) an der wildromantischen Nordküste war früher, als der Personen- und Warentransport im wesentlichen von Dampfschiffen abgewikkelt wurde, eine wichtige Station: Drei Schiffe pro Woche legten in Ponta Delgada an, wo es sogar einen Telegraphen gab. Hier wachsen viele Kopfweiden, die die Korbflechter von Camacha mit dem nötigen Rohstoff versehen – die hochgewachsenen Weiden wiegen sich im Wind und geben der Landschaft ein etwas feenhaftes Aussehen. Für die Dorfkinder sind die Meerwasserschwimmbecken eine Attraktion, und wer sich vor den Atlantikbrechern nicht fürchtet, kann sich hier mutig in die Fluten stürzen. Vor allem aber ist Ponta Delgada ein Wallfahrtsort. Bereits um 1647 zog es so viele Pilger zum wundertätigen Senhor Bom Jesús, daß eine reiche Einwohnerin eine Pilgerherberge stiftete, damit die Gläubigen nicht alle in der kleinen Kirche nächtigen mußten. Das Holzkreuz des ›Guten Herrn Jesus‹ wurde der Legende zufolge im 15. Jh. an die Küste geschwemmt, man bewahrte es in einer eigens zu diesem Zweck gebauten Kapelle auf, die jedoch 1908 ab-

Meerwasserschwimmbecken an der Landzunge von Ponta Delgada

brannte. Ein Stückchen von dem verkohlten Kreuz konnte aber gerettet werden; es wird in der wieder aufgebauten *Igreja do Senhor Bom Jesús* als Reliquie verehrt. Jedes Jahr am ersten Septembersonntag ziehen die Pilger mit Lorbeerbögen und Blumengirlanden in die Kirche, um dem wundertätigen Jesus zu danken. Zum Wiederaufbau der Kirche trug der amerikanische Millionär Eugene Higgins mit 200 000 Réis bei, weil seine Vergnügungsyacht ›Varuna‹ im Nebel an der Nordküste Schiffbruch erlitten hatte und die Überlebenden u. a. von Seeleuten aus Ponta Delgada aus dem Meer gefischt wurden.

Hinter Ponta Delgada beschreibt die Landstraße einen Bogen ins Landesinnere, zum Örtchen **Boaventura** 22. Jahrhundertelang war Boaventura so schwer zu erreichen, daß der Ort in selbstversunkener Abgeschiedenheit lebte. Für die Menschen hier gibt es nicht viel zu verdienen; traditionell ernährten sich die Dorfbewohner vom Getreideanbau und pflanzten auch sonst alles an, was sie fürs tägliche Überleben brauchten. Heute sieht man hier vor allem Weinberge.

Zurück an der Küste, fällt schon von weitem der Felsbogen von **Arco de São Jorge** 23 (s. S. 269) auf. Geologen behaupten, daß das Gebiet um Arco de São Jorge der Krater eines alten Vulkans sei, dessen Lavaströme sich Richtung Küste ergossen und eine abgeschnittene Enklave gebildet haben, die für den Weinanbau wie geschaffen ist. In der Osternacht des Jahres 1689 wurden die entsetzten Dorfbewohner von einem äußerst merkwürdigen Phänomen überrascht, das offensichtlich – so glaubte man damals – von einem Kometen ausgelöst wurde: »Ein großer Teil des Erdreichs rutschte plötzlich Richtung Meer, jedoch so langsam, daß die Häuser,

Bei Arco de São Jorge

Bäume, Weinfässer intakt blieben und sogar ein Bienenkorb mitrutschte, ohne umzufallen, und ein Huhn, das gerade Eier gelegt hatte und mit einem Band am Stamm eines Feigenbaums festgebunden war, befand sich nachher, ohne Schaden zu nehmen, an einer anderen Stelle. Das große Stück Land bildete eine Insel im Meer ..., dabei allerdings ist ein Mensch zu beklagen ... Und wir geben dem Gouverneur bekannt, daß ... dort ein großer Stern mit enorm viel Licht auftauchte, das sich jedoch rasch verminderte und bald vollkommen erloschen war ...«, schrieb der Eigentümer der Ländereien um Arco de São Jorge an die Inselverwaltung in Funchal.

Bevor die Straße nach Arco de São Jorge gebaut worden war, mußten sich die Dorfbewohner etwas einfallen lassen, um Menschen und Waren von der Küste ins Dorf zu schaffen. Dazu hatte man hier – wie in anderen, ähnlich gelegenen Gemeinden – ein robustes Seil mit einem schweren Anker auf dem Meeresgrund befestigt und bis zu den Küstenklippen hochgezogen, wo es wiederum an einem Baum oder Felsen befestigt wurde. Wer mit dem Dampf-

Von As Cabanas hat man einen besonders schönen Blick auf die Nordküste

schiff fahren wollte, mußte sich in einen Korb setzen, der am Seil entlang Richtung Wasser sauste, geradewegs neben das Schiff, das neben dem Seil ankerte. Eine halsbrecherische Angelegenheit ... Auch Körbe voller Weintrauben und andere Waren wurden auf diesem Weg auf die Schiffe geladen.

Richtung São Jorge (s. S. 268f.) weiter die Küstenstraße entlang liegt auf einem Felsplateau der hübsche Aussichtspunkt **As Cabanas** 24 (s. S. 268f.). Wenn man der Tour nach Porto Moniz folgen möchte, sollte man spätestens hier umkehren und Richtung São Vicente zurückfahren.

Von São Vicente nach Porto Moniz

Richtung Westen liegt der spektakuläre Teil der Küstenstraße. Zunächst führt die Landstraße noch am Ufersaum entlang, doch kurz hinter Fajão do Rente, einem touristischen Komplex mit Goldschmiedezentrum, Stickereimanufaktur, großem Kunsthandwerksgeschäft und Restaurant, beginnen die bizarren Küstenfelsen, durch die in mühseliger Handarbeit unzählige Tunnel geschlagen wurden. Da die Straße sehr schmal ist, sollte man diese Strecke lieber vormittags befahren, da nachmittags viele Touristenbusse unterwegs sind. Unzählige Wasserfälle und Quellen sprudeln und stürzen aus den Felsen und sorgen für unvorhersehbare kalte Duschen, weshalb man die Strecke auch scherzhaft ›Waschstraße‹ nennt.

Jahrhundertelang war es äußerst beschwerlich, die Küstenorte im Norden zu erreichen. Trotzdem zogen selbst so abgelegene Orte wie Seixal oder Porto Moniz immer wieder ausländische Besucher an. Bevor die heutige Straße gebaut wurde, gab es Ende des 19. Jh. nur die berühmte ›Estrada No 23‹ rund um die Insel, die in diesem Küstenabschnitt geradezu halsbrecherisch war. Trotzdem galt sie als immenser Fortschritt, denn vorher konnte man Porto Moniz und die anderen Küstenorte nur zu Fuß oder übers Meer erreichen. Wohlhabende

Madeira-Reisende ließen sich von starken Männern aus Porto Moniz oder Seixal in Hängematten über die Felsen schleppen – ein reichlich abenteuerliches Unternehmen. Nicht selten stürzten die Träger mitsamt ihrer menschlichen Fracht die Felsen hinunter, oder sie wurden vom Steinschlag getroffen. Deshalb schlugen selbst die Unerschrockensten ein Kreuzzeichen und empfahlen ihre Seele dem Allmächtigen, bevor sie sich auf den gefährlichen Weg machten. Heute ist die Küstenstraße zwischen São Vicente und Porto Moniz eine der am wenigsten unfallträchtigen Straßen Madeiras – eben weil sie so schmal und gefährlich ist, fährt jeder besonders vorsichtig. Gleichzeitig hat sie Symbolcharakter für die enorme Arbeitsleistung und die Hartnäckigkeit der Madeirenser: Es dauerte 16 Jahre, die 19 km lange Straße mit ihren zahllosen Tunneln zu bauen.

In den Kehren eröffnen sich immer wieder Ausblicke in die tief eingeschnittenten Täler mit ihren schmalen Terrassen, auf denen um **Seixal** 25 (ca. 800 Einw., s. S. 271) vor allem Wein angebaut wird – der berühmte *sercial* wird hier hergestellt, und Hecken schützen die Weinreben gegen die steife Brise von See. Das winzige Örtchen zwischen São Vicente und Porto Moniz lebt aber auch vom Fischfang. Vor der Küste ragen bizarre Felsinseln aus dem Wasser; eine davon ist mit dem Land verbunden und befindet sich in Privatbesitz, auf einer anderen lebten früher Mönchsrobben, doch das letzte Exemplar wurde 1932 dort gefangen und steht heute ausgestopft und einbalsamiert im Botanischen Garten in Funchal. Der Hafen selbst wurde auf einer Insel 18 m vom Festland angelegt – zuerst war er durch eine Holzbrücke mit dem Ufer verbunden, dann durch eine breite Mauer, doch beide riß das Meer mit sich. Schließlich baute man zu Beginn des 20. Jh. eine 3 m breite Mauer und verstärkte die Insel mit einer weiteren,

Die schmale Küstenstraße bei Seixal bietet eine kostenlose Autowäsche

so daß jetzt sogar mittelgroße Schiffe einlaufen können.

Etwas oberhalb des Hafens liegen die beiden Gasthöfe Sol Mar und Brisa Mar, von deren Aussichtsterrasse man über die Brandung philosophieren kann. In mondhellen Nächten und bei ruhiger See sieht man überall entlang der Küste kleine Menschengruppen über die Uferfelsen ziehen, die Ausschau nach *caramujos* (Schnecken) und *lapas* halten, aus denen köstliche Gerichte wie der *arroz de lapas* (Reis mit ›Entenmuscheln‹) gezaubert werden. Auch Seixal hat ein kleines Meeresschwimmbecken, das sich aus mehreren ›Abteilungen‹ zusammensetzt. Eine trägt den eigenwilligen Namen ›Töte den Durst‹ und ist durch einen natürlichen Kanal mit dem Badebecken der ›Nacktschnecken‹ *(Poço das Lesmas)* verbunden.

Das kleine Örtchen zieht das ganze Jahr über viele Besucher an, denn der Festkalender von Seixal ist ungewöhnlich voll: Wer an einem Wochenende in der zweiten Januarhälfte hier unterwegs ist, kann mit etwas Glück an einem opulenten Dorfgelage teilnehmen: Traditionell findet dann in Seixal das Fest *Comes e Bebes* (Iß und trink) statt, natürlich zu Ehren eines Heiligen, in diesem Fall des hl. Antonius. Doch auch im August geht es festlich zu – das Fest des Allerheiligsten Sakramentes *(Santíssimo Sacramento)* dauert vier ganze Tage. Geradezu obligatorisch ist ein Ausflug nach Seixal zur Weinlese, meistens im September. Im November dann, am Vorabend von St. Martin, wird zur Sicherheit noch mal der Wein probiert, und nachts ziehen verkleidete Musikgruppen durch den Ort – eine Tradition, die auf die jesuitischen Studenten des 17. Jh. zurückgeht. An Heiligabend schließlich spielt man in der Kirche von Seixal die Geburt Christi und seine Anbetung nach: Dann ziehen Pilger zur Krippe, um Geschenke zu bringen und zu singen.

Kurz vor Porto Moniz haben die Küstenfelsen eine Art ›Fenster‹ gebildet, nach dem der Ort **Ribeira da Janela** 26 benannt ist. Das gleichnamige Tal reicht bis kurz vor Rabaçal in die Hochebene Paúl da Serra. Hier wächst noch der ursprüngliche Lorbeerwald, der vor der Entdeckung nahezu ganz Madeira bedeckte – ein Eldorado für Wanderfreunde, die von hier aus entlang der Levada Central da Ribeira da Janela bis ins Tal der Ribeira da Quebrada laufen können (s. S. 199f.).

An stürmischen Tagen kann man die Ehrfurcht einflößenden Atlantikbrecher beobachten und versteht gut, wie es möglich war, daß das Meer die Küstenfelsen in **Porto Moniz** 27 (3000 Einw., s. S. 262f.) zu einem natürlichen Schwimmbad unterhöhlt hat. Im Quartär flossen hier Lavaströme ins Meer, die die Brandung dann zu ›natürlichen Jacuzzis‹ auswusch, in deren smaragdgrünenm Wasser bei schönem Wetter Kinder und Touristen plantschen. Die *poças* mit ihrem glasklaren Wasser sind neben der spektakulären Felsenküste die größte Attraktion in Porto Moniz und selbst bei kühlerem Wetter ein Naturschauspiel. Rings herum ragen pittoreske Felsinseln aus dem an dieser Stelle enorm fischreichen Atlantik.

1533 ließ sich ein adeliger Herr von der Algarve mit Namen Francisco Moniz hier nieder und begründete die Siedlung. Schon damals wurde hier viel Wein angepflanzt, der auf dem Lavaboden hervorragend gedeiht. Die empfindlichen Reben werden mit Hekken und ›Mauern‹ aus Baumheide vor Sturmböen geschützt. In den Küstengewässern vor Porto Moniz gab es viele Schiffsunglücke. Zu den bekanntesten

Im Fischerhafen von Porto Moniz werden die Boote noch mit Seilwinden ans Ufer gezogen

zählen der Untergang des englischen Kohlenfrachters ›Flying Foame‹, eines Dreimasters, im Dezember 1859 – die wenigen Überlebenden wurden von den Fischern aus Porto Moniz aus dem Atlantik geborgen. Der englische Frachter ›Paregon‹, der den Blandys aus Funchal gehörte, erlitt im Mai 1880 Schiffbruch. Sein Anker liegt auf dem Meeresgrund an der Küste und kann von Tauchern besichtigt werden. Abgesehen davon, daß die Fischer aus Porto Moniz und anderen Orten entlang der Küste heldenhaft versuchten, das Leben der Schiffbrüchigen und ihre Fracht zu retten, waren gestrandete Schiffe vor der Küste jedoch auch immer eine willkommene Einnahmequelle – die Annalen der Küstenorte sind voll von Berichten, in denen man beklagt, daß die Einwohner stahlen, was sie nur konnten. So auch im Dezember 1875, als vor Porto Moniz mal wieder ein Schiff unterging: Dem Gemeindeverwalter war es unendlich peinlich, daß die 25 Überlebenden vollständig ausgeraubt wurden und sogar die Mütze des Kapitäns gestohlen wurde. In solchen Fällen war es üblich, die Überlebenden außerhalb des Ortes in Quarantäne unterzubringen, da man nie wußte, aus welchem Hafen sie gerade kamen und ob sie Seuchen an Bord hatten.

Im Hafen von Porto Moniz erinnert die Ruine der *Festung São João Baptista* (Johannes dem Täufer gewidmet) aus dem 17. Jh. an die zahllosen Piratenüberfälle. Heute kann man sich kaum vorstellen, daß der Hafen des Städtchens so attraktiv für die Freibeuter war, doch er wurde von vielen Schiffen frequentiert, und in den Speichern lagerte die Weinproduktion der ganzen Region, bevor sie nach Funchal verschifft wurde. Im 19. Jh. gab es Pläne, Porto Moniz aufgrund seiner strategisch wichtigen Lage für die Schiffahrt erheblich auszubauen und sogar eine Zollstation zu errichten; man rechnete mit 300 abzufertigenden Schiffen pro Jahr. Doch die Pläne schlugen fehl, und die Behörden ließen die Kais bis auf einen verrotten.

Im alten *Fischerhafen* kann man beobachten, wie die Fischer ihre Boote mit Seilwinden ans Ufer ziehen, weil die Brandung zu heftig tost. Im Juli sollte man in Porto Moniz auf keinen Fall die *Festa de Gado* versäumen, einen traditionellen Viehmarkt, bei dem unzählige Kühe zu Rindfleischspießen verarbeitet werden, und natürlich fließt dabei der Wein in Strömen. Das Volksfest ist auch insofern eine Besonderheit, als hier die Frauen im Mittelpunkt stehen. Meistens sind nämlich sie es, die die Kühe in den *palheiros* versorgen, und deshalb führen sie auch beim Wettbewerb stolz ihre schönsten Kühe vor. Oberhalb von Porto Moniz an der EN 101 befindet sich ein Aussichtspunkt: Von hier oben sieht die wilde Nordküste mit den kleinen Örtchen wie ein Spielzeugland aus.

Von Porto Moniz ins Landesinnere

Richtung Pico Alto führt die Landstraße durch duftende Wälder und zweigt nach wenigen Kilometern (N 110) Richtung Paúl da Serra ab. Hier oben ist es schon ziemlich einsam; die Straße führt über die Bergkämme, linker Hand liegt das Tal von Ribeira da Janela. Man passiert die ›Steinquelle‹ Fonte da Pedra (1022 m), den Pico da Fonte (1297 m) und den Pico Gordo (1264 m) und befindet sich damit in etwa 1300 m Höhe auf einem Plateau. Der **Paúl da Serra** 28 (s. S. 259) – die wörtliche Übersetzung lautet ›Gebirgssumpf‹ ist das Kontrastprogramm zum ›Blumengarten‹ Madeira. Für die Wasserversorgung der Insel ist die Hochebene von grundlegender Bedeutung: in ihren Senken sammelt sich das (Regen-)Wasser, bildet Seen und fließt nach Norden und Süden in Gebirgsbächen ab oder wird in Levadas auf die Felder geleitet. Hier oben können Kühe und Schafe frei grasen – eine Seltenheit auf Madeira –, ab und zu sieht man einen einsamen Schäfer oder ein einsames Gehöft. Dörfer dagegen gibt es auf der oft nebelverhangenen Hochebene nicht.

Ende Juni werden die Schafe zusammengetrieben und geschoren, und dann belebt sich die Hochebene deutlich, weil mittlerweile außer Einheimischen auch Touristen die Festa das Tosquias, das ›Schafschurfest‹, besuchen. Ansonsten trifft man hier höchstens im Sommer auf Einheimische und Besucher, die zwischen Heidekraut und Gräsern unter dem weiten Himmel der Ebene ihre Zelte aufgeschlagen haben. Man muß allerdings immer mit plötzlichem starken Wind rechnen, was für das Zelten oder Wandern unangenehm sein mag, am Himmel aber ein fantastisches Wolkentheater auslöst. Im Winter kann es in Paúl da Serra sogar schneien, daher sieht man hier viele relativ niedrige Gewächse und dichtes Buschwerk. Die Baumheide *(Erica arborea)* allerdings kann mit ihrem dicken Stamm majestätische Ausmaße annehmen. Ihr Holz verfeuerte man gerne, als auf Madeira noch Holzkohle gepreßt wurde. Manchmal findet man hier noch Wurzeln der Madeira-Zeder *(Juniperus cedrus Webb u. Berth)*, einem hochwachsenden Wacholdergewächs, dessen insektenresistentes und aromatisch duftendes Holz früher sehr begehrt war; auch für die Decke und den Dachstuhl der Kathedrale von Funchal und im dortigen alten Zollgebäude wurde es verwendet.

Der häufige Nebel auf der Hochebene verhinderte auch schon ein Flugabenteuer: 1920 wollten zwei tollkühne Portugiesen mit ihrer Flugmaschine von Portugal nach Madeira fliegen und auf der flachen Hochebene landen; der Bürgermeister von Calheta hatte sogar schon Felsbrocken und Steine aus dem Weg räumen lassen, um eine Art improvisierte Landebahn zu schaffen, doch Madeira war unter der Nebeldecke nicht auszumachen, die Piloten stürzten ins Meer und wurden vom Schiff ›Gambia River‹ aus dem Wasser gefischt. Trotz dieser Erfahrung gab es in den 60er Jahren Pläne, den Flughafen Madeiras auf Paúl da Serra einzurichten, da es das einzige flache Gebiet der Insel ist. Schließlich nahm man Abstand von dieser Idee, da außer Nebel auch rasche Wetterumschwünge und heftige Windstöße den Flugverkehr beeinträchtigt hätten – abgesehen von den Umweltschäden, die ein Flughafenbetrieb in diesem Naturschutzgebiet bewirkt hätte.

Der winzige Flecken **Rabaçal** 29 (1070 m, s. S. 266) im gleichnamigen Tal ist ein bekannter Ausgangspunkt für Wanderungen entlang der **Levada do Risco** und der **Levada das 25 Fontes.** Die Gegend um Rabaçal gleicht einer verwunschenen Märchenlandschaft: Moosbewachsene Wege führen durch dichten Wald, grüne Schlingpflanzen und Flechten wirken wie ein fantasievolles Bühnenbild, in dem auch rauschende Wasserfälle nicht fehlen. Ein ›unverdorbenes‹, ›ursprüngliches‹ Fleckchen Erde – genau dies ist auch die Bedeutung des portugiesischen Wortes *rabaçal.* Die von der N 110 abzweigende Straße nach Rabaçal ist extrem schmal und schraubt sich schwindelerregend steil talwärts, so daß allergrößte Vorsicht geboten ist. Nachdem man den Rosmarin-Fluß (Ribeira do Alecrim) überquert hat, sind es bis zum Parkplatz neben einem schön gelegenen Rasthaus nur noch 2 km. Von hier aus kann man eine beliebte Wanderung zum Risco-Wasserfall und zur Levada der 25 Quellen unternehmen.

Bei 25 Fontes stürzen ein großer und zahlreiche kleinere Wasserfälle in einen See

Richtig Reisen *Tip*

Die Levada do Risco und die Levada dos 25 Fontes

Der Verbindungsweg zur **Levada do Risco** beginnt rechts neben dem Gasthaus von Rabaçal. Die Levada selbst führt in 1030 m Höhe am Hang entlang –, sie ist der höchstgelegene Wasserkanal Madeiras. Nach etwa 5 Min. zweigt links die Levada dos 25 Fontes ab, doch zunächst wandern Sie weiter geradeaus. Rechnen Sie mit nassen Füßen, wenn Sie den Überlauf des Wasserfalls einige Minuten später passieren, der sattgrüne weiche Moosteppich, auf dem Sie laufen, mag Sie dafür entschädigen, ebenso wie die immer neuen Ausblicke in das schmale Tal der Ribeira Grande. Der Risco-Wasserfall ist nicht mehr weit, Sie werden ihn schon hören. Steigen Sie an der Wegkreuzung rechts die Betonbefestigung hoch, und Sie kommen zum Aussichtspunkt: Aus 100 m Höhe stürzen hier die Wassermassen herab. Der kleine See ist zwar nur 35 m tief, doch viele Madeirenser sind davon überzeugt, daß er bodenlos ist. Die Levada auf der anderen Seite des Wasserfalls ist nicht begehbar.

Wenn Sie denselben Weg bis an die beschilderte Wegkreuzung zurückgehen und dort dem Hinweis **Levada dos 25 Fontes** folgen, sollten Sie sich wieder rechts halten, um den Risco-Wasserfall aus einer anderen Perspektive zu sehen. Der folgende Abschnitt wäre extrem schwindelerregend, wenn die Levada

Hinter Rabaçal erreicht die Ebene ihre größte Ausdehnung (Campo Pequeno und Campo Grande). Entweder liegt sie unter einem dunkelblauen Himmel, überrascht mit atemberaubenden Wolkenformationen und den im Licht changierenden mal sanften, mal kräftigen Ockertönen der Landschaft, oder sie verschwindet unter einer dicken Nebeldecke. Kein Wunder, daß eine solche Region auch im Volksglauben ein mystischer Ort ist, um den sich zahllose Legenden ranken. Campo Grande etwa ist wie geschaffen für einen mitternächtlichen Dämonentreffpunkt: Hier tanzen die Teufel mit den Hexen *(feiticeiras)* einen wilden Reigen, und die Leute aus Ponta do Sol, Calheta und São Vicente hätten sich lieber vierteilen lassen, als diesen Teil der Hochebene zu nächtlicher Stunde zu durchqueren – selbst tagsüber ging man nur ungern allein. Doch auch ohne Dämonen und böse Hexen war es früher nicht gerade ungefährlich, diesen Teil der Hochebene zu durchqueren; viele Menschen, die von der Nordküste zur Südküste unterwegs waren, fanden im dichten Nebel, in plötzlichem Eishagel oder tückischen Stürmen den Tod.

Landschaftlich ist die Strecke über die neue Straße, die Bica da Cana, Casa do Lombo do Moiro und den Encumeada-Paß miteinander verbindet, besonders reizvoll, allerdings nur bei gutem Wetter. Beim Forsthaus **Bica da Cana** 30 zweigt ein zunächst gepflasterter, dann aber

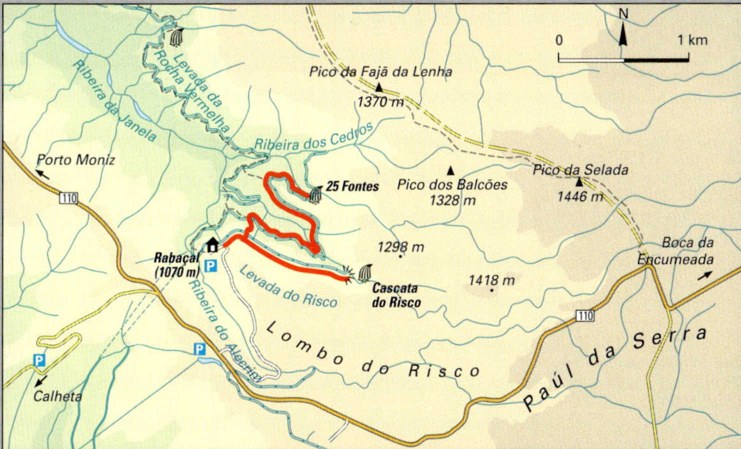

Levado do Risco und Levada dos 25 Fontes

nicht durch eine recht hohe Betonmauer geschützt wäre. Nach insgesamt etwa 1 Std. 10 Min. führt ein Pfad an einer Schleuse vorbei rechts bergauf, und Sie stehen vor dem Becken, in das 25 Wasserfälle stürzen – tatsächlich sind es etwas weniger, was jedoch der romantischen Schönheit keinen Abbruch tut. Nehmen Sie ruhig ein Plantschbad in dem kristallklaren Quellwasser! Zurück geht's denselben Weg zum Parkplatz. Dauer: Levada do Risco ca. 15–20 Min. Hinweg, Levado dos 25 Fontes ca. 1 Std. 15 Min. Hinweg. Ausrüstung: wasserdichtes Schuhwerk, Regenjacke, Pullover, evtl. Badezeug.

steiniger Weg (für Autos gesperrt) zum Aussichtspunkt des gleichnamigen Berges (1620 m) ab. Für die etwa 20 Min. lange Wanderung wird man mit einer spektakulären Aussicht belohnt – von hier aus übersieht man das Tal von São Vicente, und bei klarem Wetter leuchten die Gipfel des zentralen Bergmassivs im Osten in der Sonne. Nachdem man Casa do Lombo do Moiro passiert hat, führt die Straße oberhalb der Levada Grande zurück auf die N 104 – links geht es nach São Vicente, rechts Richtung Ribeira Brava. Oder man wählt die landschaftlich ebenfalls sehr reizvolle Strecke über Canhas und Ponta do Sol an die Südküste, was außerdem bei schlechtem Wetter oder Nebel eine gute Alternative ist. Dann biegt man an der Kreuzung hinter dem Parkplatz bei Campo Pequeno in die ausgeschilderte kleine Landstraße Richtung Ponta do Sol und Canhas ab und durchquert diesen Teil der Hochebene Richtung Süden. Kurz nachdem man die Hochebene verlassen hat, ragt rechts neben einem Forsthaus eine monumentale Christusstatue auf: der **Senhor da Montanha** **31**, der ›Herr der Berge‹ wiegt 6 t und wurde 1962 aufgestellt. Per Luftlinie ist Canhas nur knapp 20 km entfernt, doch die schmale Landstraße windet sich in zahllosen Kurven durch Eukalyptuswälder die Bergrücken hinab. Kurz vor Canhas kommt man am Monument der hl. Teresa und den 14 Kreuzwegstationen vorbei (s. S. 261).

Porto Santo

Porto Santo: Die goldene Insel

Porto Santo, der ›Heilige Hafen‹, ist in vieler Hinsicht genau das Gegenteil der grünen Blumeninsel Madeira: Gelblichbraun schimmert die Insel in der Sonne, ockerfarben in allen Variationen, hier und da eingestreute grüne Flecken. Besonders im Sommer, wenn die Sonne das Gras ausgedörrt hat, wirkt Porto Santo wie eine Wüsteninsel. Wo Madeira Berge hat, ist Porto Santo höchstens hügelig, die höchste Erhebung ist der Pico do Facho mit nur 517 m. Auch das feuchtwarme Klima von Madeira ist vergessen: Porto Santo ist extrem trokken. Hier regnet es kaum, und die hohe Anzahl von Sonnenstunden freut die Strandurlauber, doch für die Insel selbst war der Mangel an Regen jahrhundertelang ein Problem.

Der größte Gegensatz zu Madeira aber leuchtet verführerisch schon von weitem: Der 8 km lange, goldgelbe feine Sandstrand ist Porto Santos größte Attraktion und der Stolz der Insel. Ohne diesen Strand wäre Porto Santo wahrscheinlich von der Welt – inklusive Madeira – schlicht vergessen worden. Oder der ›Heilige Hafen‹ wäre zumindest seit 1960 nichts als ein schwimmender Flughafen gewesen, ein strategisch wichtiger Stützpunkt der NATO im Atlantik. Der traumhafte Strand aber – man sagt dem Sand außerdem heilsame Kräfte gegen Rheuma nach – macht Porto Santo zu einem beliebten Reiseziel der Madeirenser, die hier in schönen Ferienhäuschen ihren Sommerurlaub verbringen. Und wo ein toller Strand ist, entstehen auch Hotels und Restaurants, kurzum eine touristische Infrastruktur, die Arbeit bringt und für die Insel eine wichtige Einnahmequelle ist. Dabei ist Porto Santo, außer während der Sommerferien, alles andere als überlaufen. Der einzige größere Ort der Insel, Vila Baleira, ist mit seinen gut 2500 Einwohnern eher ein Dorf und wirkt mit seinen niedrigen weißen Häusern, dem hübschen Dorfplatz Largo do Pelourinho und den schmalen Straßen ebenso gemütlich.

Man spürt sofort, daß auf Porto Santo die Uhren anders gehen – Zeit gibt es hier mehr als genug. Eile ist ein Fremdwort und Aufregung eine Erfindung der Ausländer. Unzählige Anekdoten werden auf Madeira über die Einwohner von Porto Santo erzählt, die man mit mehr oder weniger deutlicher Ironie als *profetas* beschimpft, als ›Propheten‹. Der Ursprung dieses Schimpfwortes geht auf eine Geschichte zurück, die sich 1533 (!) auf Porto Santo abspielte: Der verwirrte Viehhirt Fernão Bravo stieß unablässig Prophezeiungen aus und lähmte damit das Leben auf Porto Santo, bis er von der Inquisition in Lissabon verurteilt wurde.

Doch auch die ihnen angetragene Rolle als Witzfigur scheint die Leute aus Porto Santo nicht wirklich zu kratzen – eine lokale Rockgruppe nannte sich selbstbewußt ›Profetas‹. Vielleicht, weil die positive Seite der Trägheit, die man den Bewohnern der Nachbarinsel immer nachsagt, stoische Gelassenheit und das Ergebnis harter Arbeit sowie jahrhundertelanger Anstrengungen ist – eine große Portion Fatalismus und Trägheit brauchte man in den vergangenen Jahrhunderten schon, um auf der verdorrten Insel zu bleiben, schöner Strand

◁ *Windmühle bei Camacha*

Insel des ›Propheten‹

Profetas nennen die Madeirenser die Bewohner von Porto Santo. Der Spitzname entstand bereits um 1533 im Zusammenhang mit der Geschichte des Viehhirten Fernando Nunes. Er galt als ebenso unhöflich wie abergläubisch, weshalb man ihn ›Fernão Bravo‹ nannte, den wilden Ferdinand. Eines Tages wanderte er nach Vila Baleira zu seinem Onkel Nuno Vaz, dem ersten Vikar der Insel, in dessen Haus auch eine Kusine, Filipa Nunes, wohnte. Sie war fast vollständig gelähmt, doch der wilde Fernando überredete sie mit ihm zur Pfarrkirche zu gehen. Dort rief er, er sei vom Heiligen Geist geschickt, um auf der Insel zu predigen, denn die Bewohner würden bald ihren schrecklichen Lebenswandel bereuen, und damit jeder ihm glaube, solle man nur Filipa ansehen: Bis gerade noch sei sie gelähmt gewesen, doch er habe sie geheilt. Immer mehr Menschen liefen zusammen und glaubten ihm, schließlich stand die arme Filipa neben ihm. Fernão befahl, alle Einwohner auf den Kirchplatz zu holen, damit sie ihm zuhörten, und niemand wagte, sich ihm zu widersetzen.

Allerdings saß der Schreiber João Calaça lesend in seiner Stube im Rathaus und machte keine Anstalten, dem selbsternannten Prediger zuzuhören. Fernão wiegelte die Menge so leidenschaftlich auf, daß sie João packte und lynchte. Darauf befahl Fernão, die Leiche in die Sebastian-Kapelle zu bringen, die sich heute auf dem Friedhof befindet, denn der Heilige Geist werde den Toten gleich am nächsten Tag wieder zum Leben erwecken, wenn er denn keine Sünde begangen hätte. In der Folge gehorchten die Bewohner dem predigenden Fernão aufs Wort. Er befahl ihnen, ihre Arbeit niederzulegen und nur noch ihm und seiner Predigt zuzuhören; sie sollten Essen und Trinken holen und in die kleine Kapelle der Senhora da Graça bringen, damit sie nicht Hungers stürben, wenn er ihnen predige und mit ihnen betete. Jegliche andere Aktivität verbot Fernão.

Allerdings gelang einigen Männern die Flucht, sie ruderten eilig nach Madeira und alarmierten die Behörden von Machico. Diese schickten eine bewaffnete Eskorte nach Porto Santo, die Fernão und die gelähmte Kusine verhaftete und nach Madeira und von dort aus nach Lissabon brachte. Die beiden wurden vor dem Inquisitionsgericht des Mordes und der Häresie angeklagt. Doch die Richter wurden sich ziemlich schnell über den Geisteszustand der beiden Angeklagten klar und verurteilten sie nicht zum Tod. Statt dessen mußten sie einen Tag am öffentlichen Pranger der Stadt Évora im Alentejo stehen – mit spitzen Schandhüten, auf denen zu lesen war: »Propheten aus Porto Santo.« Soweit bekannt, kehrten die beiden nach ihrer Freilassung nicht mehr auf die Insel zurück. Dafür mußten die Bewohner von Porto Santo eine saftige Geldbuße zahlen, weil sie an falsche Propheten geglaubt und einen unschuldigen Mann erschlagen hatten.

hin oder her. Piratenüberfälle, Mißernten, Seeblockaden, Armut, Wassermangel, Seuchen und die extrem mühsame und wenig lukrative Feldarbeit trieben viele *profetas* in die Emigration. Schon damals mag man sich auf der winzigen Insel gefühlt haben wie am Ende der Welt – und genau dieses Flair bringt heute Besucher nach Porto Santo.

Mit dem Flugzeug erreicht man Porto Santo schon in 15 Min., mit dem Schnellboot Patria dauert die ›Seereise‹ 90 Min. bis 2 Std. Die Überfahrt entlang der Küste Madeiras, um die Halbinsel São Lourenço und über den immerhin 2300 m tiefen Meeresgraben zwischen Madeira und Porto Santo, ist ein interessantes Erlebnis, wenn man nicht seekrank wird.

Von der ›Insel der Drachenbäume‹ zur Wüsteninsel

Auf Porto Santo herrscht ein trockenes, beständiges Klima. Der Temperaturunterschied zwischen Sommer und Winter ist relativ gering; auch das Meerwasser kühlt im Winter nicht sonderlich ab. Die Durchschnittstemperaturen von Luft und Wasser liegen zwischen angenehmen 22 und 18 °C. Es regnet sehr selten, im Sommer so gut wie nie, und auch in schlechten Wintern nur sporadisch. Was die Touristen freut, war in den vergangenen Jahrhunderten ein nahezu unlösbares Problem für die Bewohner, denn schließlich hängt jede Form der Landwirtschaft vom Wasser ab. So kann man in den Annalen von Porto Santo lesen: »Die Insel Porto Santo leidet aufgrund ihrer geographischen Lage 32 Grad nördlich des Äquators unter jenen grausamen Dürren, die alle Völker … in der Nähe des Äquators quälen; außerdem sind die Berge, die die Insel bedecken, ohne Bäume, die normalerweise die Nebel zu sich herabziehen und die Wolken kondensieren lassen, und das ist ein wichtiger Grund, weshalb Porto Santo von der schrecklichen Geißel der Dürre heimgesucht wird, unter der ihre unglücklichen Bewohner leiden.«

Der Eintrag stammt aus dem Jahr 1848, also gut 400 Jahre nach dem ersten Besuch der Portugiesen auf Porto Santo 1418. Vor allem die Kolonisierung betrieb Raubbau an der Natur und änderte dadurch auch das Klima. Als unberührte Insel war Porto Santo zwar auch nicht gerade ein blühender Garten Eden, doch immerhin wuchsen Eisenholzbäume, Kasuarien, Buchsbäume und vor allem Drachenbäume. Schon gut 150 Jahre später notierte der Chronist Gaspar Frutuoso in seinem 1584 beendeten Bericht ›Saudades da Terra‹, die Insel sei »klein, aber frisch, mit guter

Der kilometerlange Sandstrand bei Vila Baleira ist der größte Stolz der Insel

Luft, obwohl sie keine guten Wasserstellen hat, denn sie ist trocken und wenig bewaldet, und die meisten Pflanzen sind, abgesehen vom Drachenbaum, Wacholder und Heidekraut«. Vögel und Eidechsen lebten auf Porto Santo – und eine Unzahl Kaninchen, denn beim ersten Besuch hatten die Portugiesen unglücklicherweise ein trächtiges Kaninchen auf der Insel zurückgelassen, und als sie 1420 wiederkamen, um die Insel zu besiedeln, hatten sich die Kaninchen so extrem vermehrt, daß sie alles nahezu kahlgefressen hatten. »Die Kaninchen ... wurden zur größten Plage der Insel, denn sie ließen keinen grünen Halm wachsen, den sie nicht auffraßen, und man tötete sie mit Stöcken und mit der Hand, ohne sie ausrotten zu können« (Gaspar Frutuoso).

Heute ist von der ursprünglichen Vegetation auf Porto Santo nichts mehr zu sehen. Sie verschwand nach und nach, weil die Siedler die Bäume abholzten, überall Weizenfelder anlegten – Korn und Gerste waren in Portugal knapp und wurden für die Verpflegung der königlichen Schiffe gebraucht – und die dünne Vegetationsdecke durch intensive Viehzucht zerstörten. Eine Zeitlang ließ sich die Natur diesen Raubbau gefallen, die junge Siedlung florierte:
»Die Insel bringt Weizen und Gerste für den eigenen Gebrauch hervor und hat großen Überfluß an Fleisch: von Rindern, wilden Schweinen und unendlichen Mengen an Kaninchen. Dort gibt es auch Drachenblut, das aus gewissen Bäumen fließt, das heißt: Harz ... Und dort hat man den besten Honig, den es meines Wissens auf der ganzen Welt gibt, und Wachs, aber nicht in großen Mengen«, schrieb der Venezianer Cadamosto 1456 bei einem Besuch auf Porto Santo.

Doch schon gegen Ende des 16. Jh. war ein großer Teil der Insel versteppt bzw. erodiert, die Wasserprobleme wurden aufgrund des ausbleibenden Regens immer lebensbedrohender. Die portugiesische Krone kümmerte sich nicht um die winzige, entfernte Insel, die außerdem ständig das Ziel von Piratenangriffen war. Zwar ließ der Marquês de Pombal in der zweiten Hälfte des 18. Jh. Pläne zur Wiederaufforstung Porto Santos ausarbeiten, doch sie wurden nie umgesetzt. Erst im 19. Jh. begann man mit der mühsamen Aufforstung, die immer wieder Rückschläge hinnehmen mußte. Dem rührigen Forstvorsteher Shiappa de Azevedo ist zu verdanken, daß der ›Schloßberg‹ Pico do Castelo seit 1905 Porto Santos einzige Bergkuppe mit grünem ›Schopf‹ aus Aleppokiefern, Zedern und Eukalytpus ist. Für jeden Baum mußte ein Loch gegraben werden, das zum Schutz vor Tieren,

Der grüne Schopf am Pico do Castelo besteht aus Aleppokiefern, Zedern und Eukalyptus

Wind und Erosion mit einer niedrigen Mauer ›eingezäunt‹ wurde. Bis die Bäume kräftig genug waren, mußten Landarbeiter jahrelang das Wasser den Berg hochschleppen. Immerhin erinnert eine kleine Büste auf dem Pico an den verdienstvollen Azevedo.

Inzwischen gedeihen an einigen Stellen der Insel auch wieder Espen, Paradiesbäume und Palmen. Seit Portugal und damit auch Porto Santo zur EU gehören, werden hier u. a. Bewässerungs- und die Aufforstungsprojekte unterstützt. Vor allem in der Serra de Dentro kann man schon Ergebnisse der Bemühungen sehen, die ›Wüsteninsel‹ Porto Santo Stück für Stück wieder in eine ›grüne Insel‹ zu verwandeln.

Geschichte: Von Gattenmördern und Piraten

Die Entdeckung von Porto Santo 1420 war – wie auch die von Madeira (s. S. 31ff.) – keine Neuentdeckung, sondern eine Wiederentdeckung. Tatsächlich muß die Insel schon 1317–36 entdeckt worden sein. 1317 hatte der damalige portugiesische König Dom Dinis mit dem Genueser Admiral Manuel Pessanha einen Vertrag über eine Entdeckungsfahrt Richtung Westen geschlossen. Auf florentinischen Seekarten aus dem 14. Jh., z. B. im Atlas Mideceu von 1351, sind Madeira, Porto Santo, die Desertas, die Azoren und die Kanarischen Inseln bereits mit ihren heutigen Namen verzeichnet. Und schon sechs Jahre früher, nämlich 1345, hatte ein Mönch aus Sevilla, der den Seefahrer Manuel Pessanha begleitet hatte, im ›Libro del Conocimiento‹ die Inseln mit ihren heutigen Namen aufgeführt. Vielleicht stimmt die Legende, daß Porto Santo von den allerersten Entdeckern ›Heiliger Hafen‹ genannt wurde, weil sie den Schiffen Schutz vor einem Sturm geboten hatte. Doch wer genau die ersten Entdecker wirklich waren, bleibt im dunkeln.

Immerhin ist historisch verbürgt, daß die Portugiesen João Gonçalves Zarco und Tristão Vaz Teixeira 1418 auf Porto Santo landeten (wahrscheinlich auf der Rückreise von der Belagerung Ceutas) und daß sie nicht wagten, nach Madeira weiterzufahren, weil sie dort den Höllenschlund vermuteten, der die Schiffe in den Abgrund riß. Sicher ist ebenfalls, daß sie bald zu einer zweiten Reise nach Porto Santo aufbrachen, auf der sie der Edelmann Bartolomeu Perestrelo begleitete, und daß die drei mit ihren Schiffen 1420 wieder auf Porto Santo landeten, um die Insel zu besiedeln – und sie getreu den historischen Vorlagen ›Heiliger Hafen‹ tauften. Das Hauptmotiv der Besiedelung für die portugiesische Krone war, daß auf dem Festland der Weizen knapp geworden war. Brot bzw. Getreide bildeten aber die Ernährungsgrundlage im Land und auf den Karavellen, die die Weltmeere erkundeten. Bartolomeu Perestrelo übernahm die Herrschaft über die Insel ab Mai 1420, doch erst 1446 wurde er von Heinrich dem Seefahrer offiziell zum Legatskapitän von Porto Santo erklärt. Allerdings war Perestrelo mit seinem Lehen nicht sehr zufrieden: Nach zwei Jahren fuhr er empört nach Lissabon, um sich bei Heinrich dem Seefahrer zu beschweren: Die Insel sei so trocken und die Bewaldung fehle. Doch der Seefahrerprinz schickte Perestrelo zurück ins Amt und dieser gehorchte: Er ließ Weizenfelder anlegen, brachte die Verwertung der Drachenbäume in Schwung (s. S. 25) und setzte auf die Viehzucht. Und er verheiratete sich: zunächst mit Dona Margarida Martins, die aber schon kurze Zeit später starb, sodann mit Dona Brites Furtado Mendoça, die drei Töchter zur Welt brachte. Auch sie verstarb, und Perestrelo heiratete Dona Isabel Moniz.

Das Paar bekam zwei Kinder: die Tochter Filipa Moniz – sie heiratete später Christoph Kolumbus – und den Sohn Bartolomeu, der nach dem Tod seines Vaters und einem Interregnum ebenfalls Legatskapitän wurde, ebenso wie sein gleichnamiger Sohn, denn die Gouverneurswürde blieb zunächst in der Familie. Dieser Enkel des ersten Bartolomeu Perestrelo gelangte zu zweifelhafter Berühmtheit, da er seine Frau ermordete. Und auch sein Sohn, »der seine Frau Dona Aldonça Delgado ermordete, um seine Kusine Solanda Teixeira zu heiraten, die Nichte vom Legatskapitän Machicos, Tristão Vaz Teixeira«, ging als Gattenmörder in die Geschichte ein. Doch damit nicht genug: Auch der vierte Perestrelo tötete seine Frau, doch im Gegensatz zu seinen Vorgängern wurde García Perestrelo zum Tod durch das Schwert verurteilt.

Abgesehen von diesen Familiendramen, die die *upper class* erschütterten, hatten die Bewohner von Porto Santo noch mit anderem Unbill zu kämpfen. Durch den Kahlschlag, die darauf folgende Bodenerosion und Versteppung litt die Insel unter der Dürre, denn nur noch selten regnete es über dem wüstenartigen Eiland. Ackerbau und Viehzucht waren ein äußerst mühseliges Unterfangen, immer schwieriger wurde es, den ausgelaugten Böden Getreide und Feldfrüchte abzuringen. Außerdem war Porto Santo vom 15. bis zum 18. Jh. gleich einer ›vergessenen Insel‹ im wesentlichen auf sich selbst angewiesen. Vom portugiesischen Königreich hatte man herzlich wenig Hilfe zu erwarten. Doch das schlimmste war eine Dauerplage, vor der die Einwohner von Porto Santo schließlich fast kapituliert hätten: Die ständigen Überfälle von Piraten und Freibeutern auf ihre Insel. Die Stadt Vila Baleira war weder durch ein Fort geschützt, noch bot die langgestreckte Bucht irgendeine Art von natürlichem Schutz, so daß die Einwohner den Angriffen ziemlich hilflos gegenüber standen.

Kaum sichtete die auf dem Pico do Facho (von Porto Santo) aufgestellte Wache ein Piratenschiff, entzündete man dort oben ein großes Feuer, um alle Einwohner der Insel und Madeiras zu warnen – und dann hieß es nur noch: Rette sich, wer kann. Doch wohin sollte man flüchten? Der Pico do Castelo war ein Ort, der etwas Sicherheit versprach, »denn er war schwer zugänglich und man konnte ihn verhältnismäßig leicht gegen Eindringlinge verteidigen« (Elucidário Madeirense). Andere Bewohner fanden Zuflucht in Grotten und Höhlen, z. B. in der Grotte *(furna)* da Andresa in der Serra de Dentro oder in der Furna do Porto dos Eirós in Pedregal, in der ›Gabrielshöhle‹ in Zimbralinho. Auch die Kuppe des Ana-Ferreira-Bergs war eine Zuflucht vor den marodierenden Piraten. Hier hatte man zumindest einen Schutzwall errichtet, von dem aus Eindringlinge mit Steinen beworfen werden konnten – ein hilfloses Mittel gegen die ebenso schwerbewaffneten wie skrupellosen Freibeuter. Oft mußten die Menschen aber aus den Verstecken heraus ohnmächtig mitansehen, wie ihre Häuser in Flammen aufgingen und ihr Hab und Gut geplündert wurde.

Und dann gab es noch die besonders grausamen Überfälle: Am 20. Oktober 1566 machte der hugenottische Freibeuter Bertrand de Montluc (s. S. 43) mit seinen Schiffen auch auf Porto Santo ›Station‹, bevor er Funchal überfiel und plünderte. 1617 richteten algerische Seeräuber ein Massaker auf Porto Santo an und verschleppten fast alle Einwohner in die Sklaverei nach Nordafrika – nur 17 Männer und 7 Frauen, die sich in den Höhlen im Nordteil der Insel versteckt hatten, entgingen dem Gemetzel. Angesichts dieser Ereignisse zog man in Funchal in Erwägung, Porto Santo aufzugeben. Übrigens kam ein Teil der verschleppten Frauen nach Porto Santo zurück – »die Entführer selbst brachten sie

Die Kanonen auf dem ›Schloßberg‹ sollten vor Piratenangriffen schützen

und ihre in der Sklaverei geborenen Kinder zurück, weil es ihr erklärtes Ziel gewesen war, auf jener Insel ihre Rasse auszubreiten.« In gewisser Hinsicht scheint das auch gelungen zu sein, denn auf Porto Santo blieben lange Zeit nordafrikanisch beeinflußte Traditionen lebendig, etwa in der Art und Weise, Häuser aus *adobe* (Lehmziegeln) zu bauen, in der Musik, im Tanz und in der Küche: Fast alle Bewohner ernährten sich damals von *bolo de caco,* einer Art Tortilla aus Weizenmehl, und der *escarpiada,* bestehend aus Maismehl, das mit Wasser und Salz vermengt wurde und, zu dünnen Fladen ausgerollt, auf einem heißen Stein gebacken wurde.

Die ›Mauren‹ gaben 1667 ein weiteres ›Gastspiel‹, auch die Franzosen plünderten am 11. Dezember 1690 und im Januar 1708 die Insel. Als in der zweiten Hälfte des 18. Jh. der reformfreudige Marquês de Pombal in Portugal die Regierung antrat, war Porto Santo fast menschenleer, und die wenigen verbliebenen Pächter lebten im Elend. Pombal ließ Getreidemühlen bauen, schuf Anreize für Pächter, auf der Insel zu bleiben, und machte sowohl Pläne für die Wiederaufforstung der Insel wie auch für ihre Bewässerung. Mauern wurden um die Felder gezogen, damit Wind und Regen nicht auch noch die letzten Krümel Erde davontrugen, doch es war und blieb mühselig, sich auf Porto Santo von der Landwirtschaft zu ernähren – den Hunger konnten auch diese Maßnahmen nicht besiegen. Und schließlich: welchen Grund konnte es geben, auf dieser vertrockneten Insel zu bleiben, wenn das fruchtbare Madeira in sichtbarer Reichweite lag? Auf Initiative der portugiesischen Königin Dona Maria I. siedelten sich einige Familien aus Porto Santo bei Santo da Serra an – das Dorf hieß Aldeia da Raínha, Dorf der Königin. Doch das ungewohnte feuchte Klima und die anders gearteten Lebensbedingungen auf Madeira bekamen den *profetas* nicht, und sie kehrten auf ihre verdörrte Insel zurück.

Abgesehen vom Markgraf Pombal und Dona Maria I. kümmerte sich jedoch kein portugiesischer König oder Staatsmann um das Wohlergehen von Porto Santo.

Und kaum war die Piratengefahr durch das Aufkommen der Dampfschifffahrt gebannt, plagten die Bevölkerung von Porto Santo andere Sorgen: Hunger, Pest und eine zweijährige Seeblokkade (1826–28, während des Bürgerkriegs in Portugal) machten ihnen das Leben schwer. Dann kamen die Heuschreckenschwärme – 1844 fraßen sie die ohnehin knappe Ernte weg –, und weitere Schädlingsplagen zerstörten 1851 und 1854 wie auch auf Madeira die Weinernte. Viele *profetas* gaben auf und emigrierten nach Venezuela, Kanada, in die USA, nach Südafrika.

Es dauerte lange, bis Porto Santo Anschluß an die moderne Zivilisation bekam. Immerhin erleuchteten seit 1928 Laternen die Hauptstraßen von Vila Baleira, vorher gab es nur Petroleumlampen, 1954 wurde Vila Baleira ans Stromnetz angeschlossen – das erste eigene Elektrizitätswerk wurde eingeweiht – und zwei Jahre später bekam der Ort auch eine öffentliche Wasserversorgung. In anderen Ortschaften auf der Insel (die winzigen Dörfer werden *sitios* genannt) warteten die Bewohner bis 1968 auf den Strom. 1929 gab es einen Telegrafen, 1947 das erste Telefon, und 1959 funktionierte die erste Telefonverbindung mit Madeira. Das wichtigste Datum der neueren Geschichte ist aber ohne Zweifel die Einweihung des Flughafens 1960. Seit diesem Datum ist Porto Santo nicht mehr allein auf die

Landwirtschaft angewiesen, denn der Flughafen und der NATO-Stützpunkt bieten Arbeitsplätze, und vor allem ist die Insel nicht mehr von der Außenwelt abgeschnitten.

Wovon lebt Porto Santo?

Bis in etwa 250 m Höhe werden Wein, Getreide, Gemüse, Feigen, Obst (Pfirsiche, Birnen, Melonen) und Kürbisse angebaut. Die Felder schützte man früher mit niedrigen Steinwällen. Gerste wächst auch noch etwas über 250 m, oberhalb dieser Grenze vor allem Wiesen, Pinien, Zedern, Eukalyptus. Die EU unterstützt ein Bewässerungsprojekt für neu angelegte Felder, doch allein von der Landwirtschaft kann auf Porto Santo kaum jemand leben. Einige wenige Getreidemühlen bzw. ihre Ruinen erinnern an die Zeit, als hier noch Mehl produziert wurde. 1603 gab es 37 solcher Getreidemühlen, in denen die Pächter ihr Korn mahlen konnten – allerdings mußten sie dem Mühlenbesitzer einen nicht unerheblichen Teil des Mehls abtreten.

Weinprobe auf dem Feld

Der Weinanbau ist noch der produktivste Teil der Landwirtschaft. Geflochtene Zäune *(paredes de chroché)* schützen die Weinreben in der Nähe der Küste vor Wind und Bodenerosion. Besonders gut gedeihen auf dem warmen, sandigen Boden Muskatellertrauben und Listrão Branco. Der größte Teil der Traubenernte kommt jedoch auf den Markt, nur ein kleiner Teil wird zu Wein verarbeitet (Vinho do Porto Santo). »Es gibt auf dem Archipel keine Trauben, die sich mit denen von Porto Santo messen können, so reich an Zucker, an Süße, an Haltbarkeit und Aussehen ...«, heißt es über die Trauben aus Porto Santo (Eduardo Pereira, ›Ilhas do Zargo‹). Doch auch für den Weinbau existiert das Problem der Bewässerung – mit Hilfe der EU wurden Staubecken angelegt, die jedoch nur etwas nutzen, wenn es im Winter viel regnet (und das ist selten).

Bei einem Besuch in der Markthalle von Vila Baleira kann man sich davon überzeugen, daß auf Porto Santo selbst kaum Fischerei betrieben wird – der frische Fisch wird aus Madeira importiert, wie fast alle anderen Lebensmittel auch. Porto Santo hängt am Versorgungstropf der Hauptinsel. Dabei entpuppte sich die Fischerei in früheren Jahrhunderten immerhin noch als eine Überlebensmöglichkeit, zumindest wenn nicht gerade Stürme über den Atlantik fegten: rund um die Insel gab es reiche Thunfisch- und Sardinengründe. Auch Brassen, Garoupas, Kaiserfisch usw. wurden in den 30er Jahren noch tagsüber in der Nähe der Insel gefangen. Nachts fischte man u. a. Seeaale und die weißfleischigen Chernes. 1956 wurden auf Porto Santo

Im Quellenhäuschen von Fonte da Areia kann man sich mit Heilwasser bedienen

noch 75 Fischer und 54 Boote (davon vier mit Motor) gezählt. Doch ähnlich wie auf Madeira, wo die Fischerei ebenfalls eine untergeordnete Rolle für die Wirtschaft spielt, ist auch auf Porto Santo das Meer als Nahrungslieferant in den Hintergrund getreten – Überfischung, Dynamitfischen und internationale Fischereiabkommen mögen dabei auch eine Rolle gespielt haben.

Zurück aufs Festland: Bei einem Streifzug über die Insel wird man feststellen, daß es auf Porto Santo keine Levadas gibt. Unterirdische Quellen oder Regenwasser, das man in Zisternen sammelt, bewässern das Eiland. Eine Reihe von Brunnen wurden Mitte des 19. Jh. angelegt; früher förderten Schöpfräder das kühle Naß ans Tageslicht, heute wird es hochgepumpt. Wahre Wunder erzählt man sich von der Quelle Fonte da Areia, der ›Sandquelle‹: Sie »entspringt mit starkem Strahl aus dem Felsen, der auf dieser Seite aus weißem Sandstein besteht«, notierte der Chronist Gaspar Frutuoso. Man müsse nur etwas davon trinken und sei von allen Zipperlein befreit und um Jahre verjüngt, so die Sage

Heute haben die medizinischen Mineralwasser von Porto Santo – ›Águas de Porto Santo‹ – keine Bedeutung mehr, doch früher trieb die eigentlich wasserarme Insel damit einen schwunghaften Handel. Zum ersten Mal untersuchten Wissenschaftler 1893 in Paris das Wasser auf seine Wirksamkeit und Bestandteile, und man sagte ihm günstige Auswirkungen auf Hautkrankheiten und Verdauungsprobleme nach. 1905 wurde damit begonnen, das Heilwasser industriell abzufüllen und als Produkt zu kommerzialisieren – allerdings kauften und tranken es nicht die *profetas* selbst, sondern die Madeirenser, und vor allem ihre Erholung suchenden Gäste schluckten große Mengen davon. Als das Heilwasser bei einer internationalen Aus-

Der Flughafen ist einer der größten Arbeitgeber der Insel

stellung in Rio de Janeiro 1908 auch noch die Goldmedaille erhielt, war man allgemein von der Heilkraft des Wassers aus Porto Santo überzeugt: »Und alle Jahre sind wunderbare und erstaunliche Kuren zu verzeichnen, ganz natürlich und ohne ärztliche Überwachung, ohne Anwendung medizinischer Drogen oder Diäten, ein klarer Beweis für die Überlegenheit dieser Wasser gegenüber vielen anderen ...« (Eduardo Pereira, ›Ilhas do Zargo‹). Allerdings wurde die Mineralwasserfabrik in Vila Baleira Mitte der 90er Jahre geschlossen – die internationale Konkurrenz war wohl zu heftig.

Die wichtigste Einnahmequelle von Porto Santo ist der 1960 eröffnete Flughafen. Er wird hauptsächlich von der NATO genutzt, spielt aber auch im zivilen Luftverkehr eine wichtige Rolle, vor allem in den Sommermonaten, wenn die Flugverbindungen zwischen Funchal und Porto Santo oft tagelang ausgebucht sind. Außerdem ist der Flughafen der größte Arbeitgeber auf der Insel: Der Bau selbst und die verschiedenen Erweiterungen (die Landebahn ist heute über 3 km lang) brachte vielen Einwohnern zum ersten Mal in ihrem Leben regelmäßige und bezahlte Arbeit. Auch die militärischen Anlagen und die mit dem Flughafen verbundenen Dienstleistungen bieten Arbeitsplätze.

Der Tourismus spielt während der Sommersaison eine immer größere Rolle für die Inselwirtschaft, im Winter dagegen ist davon nichts mehr zu spüren. Momentan gibt es auf Porto Santo etwa 800 Gästebetten. In den Sommermonaten Juli–September verbringen viele Madeirenser hier ihre Ferien, doch die meisten gehen nicht in Hotels, sondern mieten oder besitzen Häuser auf Porto Santo. Oder sie mieten Privatzimmer, die in allen Regionen der Insel angeboten werden, vor allem natürlich in den strandnahen Orten Campo de Cima und Campo de Baixo. Außerdem kann man in mehreren angenehmen Hotels, die meisten am Strand, Zimmer mieten. Große Befürchtungen hatte man auf Porto Santo, als 1990 Öl aus einem lecken spanischen Tanker auslief. Die Ökokatastrophe hatte eine groß angelegte Rettungsaktion zur Folge. Zum Glück ist von der Verseuchung nichts mehr zu sehen, doch wie weit die Natur tatsächlich aus dem Gleichgewicht gebracht wurde, ist kaum abzuschätzen.

Traditionen

Viele traditionelle Bräuche auf Porto Santo stammen aus dem Alentejo bzw. der Algarve, denn aus diesen beiden portugiesischen Regionen immigrierten die meisten Siedler. Allerdings haben die Massenmedien und die Veränderung der Lebensbedingungen durch technischen Fortschritt und Tourismus auch auf Porto Santo bewirkt, daß viele Traditionen in Vergessenheit gerieten oder ganz verschwunden sind. Dazu gehört auch eine besondere Technik des Getreidedreschens, die man auf der Insel entwickelt hatte. In runden Dreschtennen trampelten in ein Joch gespannte Ochsen die Körner aus den Ähren. Der Bauer mußte allerdings darauf achten, daß der Ochsenkot das Getreide nicht verschmutzte. Anschließend bekamen die Ochsen (manchmal waren auch Esel dabei) ein Dreschbrett umgehängt, den *trilho* aus Nordportugal. Dieses Dreschbrett, in dessen Unterseite spitze Steine eingelassen waren, zogen die Ochsen hinter sich her, der Bauer setzte seinen Fuß darauf, um das Brett zu beschweren, und auf diese Weise wurde in einer zweiten Dreschphase Spreu von Weizen getrennt. Heute stehen diese *trilhos* im Ethnologischen Museum von Ribeira Brava (s. S. 266f.).

Die traditionellen Bauernhäuser aus rohen, unverputzten Steinen dagegen sieht man noch heute auf Porto Santo. Und beim Inselfest am 24. Juni, dem Johannistag (s. S. 74), sowie beim Fest der Nossa Senhora da Graça am 12. und 13. August haben vor allem die alten Leute ihre traditionelle Festtagskleidung angelegt, wie Eduardo Pereira sie in den 30er Jahren beschrieben hat: »Selbst der ärmste Bauer trägt seinen Anzug, bindet sich eine Krawatte um und setzt seinen Hut auf, wenn ihm auch die Schuhe fehlen ... der Hut aus Filz stammt aus dem Alentejo, er ist sehr breit mit flachem Kopf und wird nur sonntags getragen.« Bei der Arbeit trugen Männer wie Frauen einen weißen Strohhut mit schwarzem Band, um sich vor der Sonne zu schützen. Leider werden diese Hüte heute nur noch in kleinen Mengen hergestellt, so daß man etwas Glück haben muß, will man dieses hübsche und praktische Souvenir erstehen.

Anläßlich der beiden großen Feste auf Porto Santo, die mit Böllerschüssen, Feuerwerk, Blumengirlanden, Umzügen und Musikkapellen begangen werden, wird man auch einige der früher verbreiteten Tänze kennenlernen (oder als Fokloredarbietung im Hotel). Auch sie zeigen deutliche Einflüsse von Algarve und Alentejo: der Tanz *Meia Volta* (›Halbe Drehung‹), der pantomimische *Baile do Ladrão* (›Tanz des Diebes‹) und der *Baile Sério* (›Ernster Tanz‹) wurden jahrhundertelang auf Porto Santo getanzt, während der ›Windmühlentanz‹, *Monhos do Vento,* eine zwar lebendige, aber doch neuere Erfindung ist.

Rundgang durch Vila Baleira

■ Der Hauptort **Vila Baleira** (s. S. 263ff.) ist in den Wintermonaten ein sympathisch-verschlafenes Nest, im Sommer scheint er jedoch aus allen Nähten zu platzen, weil der Traumstrand auch für viele Madeirenser ein sehr beliebtes Urlaubsziel ist. Zunächst war Vila Baleira nichts als eine Hafenkommandantur, doch schon 1452 erhielt die Siedlung den Stadtbrief. Der Name ›Baleira‹ kam, ebenso wie viele Siedler, aus der Algarve – so heißt auch ein Ort in der Nähe von Sagres.

Zentrum des kleinen Orts ist der stimmungsvolle Platz **Largo do Pelourinho** mit dem **Rathaus** **1**, der Casa da Câmara. Das schlichte Gebäude aus dem 16. Jh. wurde mehrfach renoviert,

Das schlichte Rathausgebäude aus dem 16. Jh. ist ein schönes Beispiel für die portugiesische Renaissancearchitektur

Vila Baleira *1 Casa de Câmara 2 Igreja Nossa Senhora da Piedade 3 Casa Museu Cristovão Colombo 4 Fortaleza de São José 5 Padrão das Decobertas 6 Cais*

verbreitet aber immer noch Renaissance-Flair. Besonders eindrucksvoll sind die beiden Drachenbäume, die links und rechts vom Eingang im Erdgeschoß stehen. Zwei symmetrisch angelegte Treppen führen zum Eingang im Obergeschoß, über dem das portugiesische Wappen und die Königskrone prangen. Der schöne schattige Platz ist ein beliebter Treffpunkt – früher stand hier, wie auch in Funchal, der Schandpfahl Pelourinho.

Neben dem Rathaus steht die Pfarrkirche **Igreja Nossa Senhora da Piedade** **2**. Die erste Kirche auf Porto Santo, in der auch Bartolomeu Perestrelo, ihr erster Gouverneur, begraben wurde, existiert in ihrer ursprünglichen Form nicht mehr, da sie immer wieder von den Piraten zerstört wurde. Auch der Kirchenschatz wurde 1566 von den französischen Piraten geraubt, und 1617 waren es die Mauren, die die Kirche plünderten. Heute steht man vor einem einschiffigen

Kolumbus auf Porto Santo und Madeira

Das wirkliche Leben des Christoph Kolumbus ist eine Art Rohrschachttest für Historiker. Hieß er Cristóforo Colombo, Columbo oder Cristobál Colón? Seine Unterschrift ist eine Hieroglyphe, die nichts verrät und alles vermuten läßt. War er Italiener, Katalane, Wikinger, spanischer Jude oder vielleicht ein Agent des portugiesischen Königs? Wie sah er aus? Zu Lebzeiten hat er sich nie porträtieren lassen, alle Bilder entstanden aus der Erinnerung nach seinem Tod 1506. Was hat er eigentlich gemacht und was nicht, was *hat* er entdeckt und was *nicht*? Immerhin starb er in dem Glauben, Indien entdeckt zu haben, ohne zu wissen, daß er als erster Europäer Amerika betreten hat. Aber: war er wirklich der erste? Und sein Tagebuch, das berühmte Bordbuch der ersten Entdeckungsreise? In welcher Sprache ist es geschrieben? Das Original ist verschwunden, der überlieferte Text ist eine Abschrift aus der Hand des spanischen Missionars Bartolomé de las Casas, der ohne Bedenken zugegeben hat, es hier und da ein bißchen verändert und gekürzt zu haben. Und was ist aus Kolumbus geworden? Auch nachdem er gestorben war, reiste er nämlich noch viermal über den Ozean, und wo er nun seine letzte Ruhestätte gefunden hat, weiß niemand so genau. Liegt er im spanischen Valladolid, wo er das erste Mal begraben wurde? Oder in der Kathedrale von Santo Domingo in der Dominikanischen Republik, wohin er anschließend gebracht wurde? Oder in Sevilla, wo man behauptet, seine sterblichen Reste zu besitzen, nachdem man sie aus dem unabhängig gewordenen Cuba geholt habe?

aus dem Museu Cristovão Colombo

Kein Wunder, daß sich auch über seinen Aufenthalt auf Madeira und Porto Santo nur bitter wenig herausfinden läßt, denn in den Archiven ist zumindest bis 1942 nichts vermerkt, und auch Kolumbus selbst hat darüber nichts geschrieben. Immerhin scheint die folgende Version historisch abgesichert zu sein: 1476 kam Kolumbus nach Portugal, wo er Kontakt zu reichen Genueser Zuckerhändlern in Lissabon knüpfte und versuchte, sich mit der ›höheren Gesellschaft‹ anzufreunden. Dies gelang ihm recht schnell, denn schon zwei Jahre später schickten ihn die genovesischen Händler Ludovico Centurione und Cazano Dinegro nach Madeira, um Zucker einzukaufen. Daß kein Stadtarchiv von der Ankunft eines x-beliebigen Genueser Zuckereinkäufers namens Colombo Notiz nahm, wird nicht weiter verwundern, denn in Funchal wimmelte es nur so von europäischen Händlern, die schnelles Geld machen wollten. Eine sonderlich glückliche Hand hatte Kolumbus bei diesem Geschäft jedoch nicht – er bekam Probleme, weil das Geld für die Schiffsladung nicht rechtzeitig aus Lissabon eintraf.

Erwiesen ist, daß Kolumbus seine gesellschaftliche Stellung erheblich verbesserte, als er die Tochter des ersten Legatskapitäns von Porto Santo, Filipa Moniz Perestrelo, heiratete. Nur: wann genau und wo die beiden heirateten, ob noch in Lissabon, auf Madeira oder Porto Santo, ist ebenso wenig bekannt wie Jahr und Ort der Geburt des ersten Sohnes, Diogo (wahrscheinlich 1480). Und nun setzen die Spekulationen ein: Was mag Kolumbus von 1478 bis etwa 1482 auf Madeira und Porto Santo getan haben? Lebte er in Funchal bei seinem Freund, dem Zuckermagnaten João Esmeraldo, oder doch auch auf Porto Santo im Haus der Perestrelo-Familie? Was suchte er auf der abgelegenen Insel, deren einziges lukratives Handelsgut die Drachenbäume waren?

Einige Fragen sind leichter zu beantworten als andere. Bei seinem Freund Esmeraldo kann Kolumbus in dieser Zeit nicht gewohnt haben, weil der berühmte Palast des flämischen Kaufmanns in Funchal überhaupt erst 1495 fertiggestellt wurde. Wahrscheinlich ist, daß Kolumbus hier sechs Tage lang wohnte, als er auf seiner dritten Amerika-Reise 1496 auf Madeira Station machte. (Leider wurde das Gebäude 1877 abgerissen, dafür taufte man den Platz auf den Namen des Entdeckers.) Und das winzige ›Kolumbus-Haus‹ in Vila Baleira auf Porto Santo? Zwar kann Kolumbus in diesem Gebäude wiederum nicht gelebt haben, weil es später erbaut wurde, doch es steht auf den Ruinen eines Hauses, in dem die Familie Perestrelo gewohnt haben soll – und es ist wahrscheinlich, daß, wenn Kolumbus sich längere Zeit auf Porto Santo aufgehalten hat, er auch im Haus seiner angeheirateten Familie, die immerhin die mächtigste der Insel war, gewohnt hat.

Nur – was hat Kolumbus auf Porto Santo getan? Die Legende erzählt, der zukünftige Entdecker habe unablässig den Strand nach von der Strömung angespülten Pflanzen, Samen usw. abgesucht, die von unendlich weiter westlich liegenden Inseln oder Kontinenten kamen: Pinienstämme, immense Schilfrohre, kunstvoll bearbeitete Hölzer und merkwürdige Samen (einer tropischen Lianenart) fand er dort. Sicher ist, daß Kolumbus sowohl auf Madeira wie auch auf Porto Santo den Austausch mit Seefahrern und Fischern suchte – auch von Madeira und den Azoren waren schon portugiesische Expeditionen nach Westen aufgebrochen –, daß er die Gezeiten studierte, sich in Schiffstechnik unterrichtete und tatsächlich durch das angespülte Strandgut in seiner Theorie bestätigt wurde, jenseits des Atlantiks existierten fremde Welten.

Allerdings war Kolumbus nicht der einzige, der dies für möglich hielt – Ende des 15. Jh. lag diese Theorie sozusagen in der Luft. Und bei den Perestrelos war Kolumbus genau richtig: Im Nachlaß des alten Haudegen und Seefahrers Bartolomeu Perestrelo fanden sich wohl einige Seekarten und Aufzeichnungen, die Kolumbus brennend interessierten. Wer weiß, ob nicht auch an der Legende etwas dran ist, daß Kolumbus einen auf Porto Santo gestrandeten Seemann, der mit seinem Schiff weit nach Westen abgedriftet war und dort eine ›neue‹ Insel gesehen habe, in sein Haus aufnahm? Aus Dankbarkeit soll ihm der sterbende Seemann die genaue Lage der Insel verraten haben. Zu beweisen ist die Legende natürlich nicht. Doch sicher ist, daß Kolumbus in den wenigen Jahren, die er auf Madeira und Porto Santo verbracht hat, entscheidende Hinweise und Informationen erhielt, um felsenfest an die Existenz unbekannter Kontinente jenseits des Atlantiks zu glauben, und sich von seinem Unternehmen auch durch jahrelanges Hinhalten nicht abbringen ließ.

Kolumbus ahnte nicht, er wußte. Professor Luis Miguel Coin Cuenca von der Seefahrtsschule im spanischen Cádiz glaubt zu wissen, woher: Kolumbus besaß nämlich eine richtige Weltkarte, noch dazu eine, die wirklich stimmte. Und diese Karte ist ihm wahrscheinlich im Hause Perestrelo auf Porto Santo in die Hände gefallen. Vielleicht erhielt er sie auch von einem anderen, unbekannten, anonymen und vor allen Dingen

gescheiterten Karibikfahrer. Damit wird aus dem prophetischen Irren Kolumbus eine Figur mit menschlichem Maß: Nicht der Zeigefinger Gottes hatte ihn auserwählt und aufs Meer geschickt, vielmehr folgte er einer abgesicherten und sehr konkreten Information, die er allerdings geheimhalten mußte, denn sie bedeutete damals viel Geld und viel Macht. Dadurch würden auch die vielen Unstimmigkeiten und ›Irrtümer‹ seines Bordtagebuchs in einem anderen Licht stehen: Sie wären dann geschickt eingebaute falsche Angaben, mit denen er sein Wissen um Kurs und Entfernungen verschleierte. Nebenbei bedeutet dies auch: Kolumbus war zwar der erste Europäer, der einen Teil der ›Neuen Welt‹ für Spanien in Besitz nahm, doch er war nicht der erste Europäer, der dort landete. Damit wäre schließlich noch ein weiteres Rätsel um Kolumbus aufgeklärt: er hat nämlich nicht nur irgendeinen Seeweg über den Atlantik entdeckt, sondern den Seeweg.
Will sagen: Er hat zielsicher die beste und heute noch befahrene Passage von Europa in die Karibik ›gefunden‹.

Wiederaufbau aus dem 17. Jh. Der Hochaltar weist eine schlichte Holzschnitzarbeit auf, das Altarbild zeigt die Barmherzige Jungfrau. Die Seitenbilder stellen Joseph von Arimathia und den hl. Nikodemus dar – es handelt sich um Kopien von Bildern Albrecht Dürers, die der deutsche Maler Max Römer 1943 anfertigte. Auffällig ist der Glockenturm: Seine Spitze ragt in Form einer Pyramide in den Himmel. Von der ehemaligen Kirche blieb nur die Morgada-Kapelle mit ihren gotischen Bögen und den bearbeiteten Tuffsteinrippen an der südlichen Außenseite übrig, die die Familie Baião schon im 16. Jh. erbaut hatte.

In einer kleinen Seitenstraße hinter dem Pelourinho-Platz befindet sich in einem niedrigen, weißgestrichenen Haus die **Casa Museu Cristovão Colombo** 3. Es ist zwar nicht historisch belegt, daß sich der berühmte Entdekker tatsächlich in dem Haus der Familie Perestrelo aufhielt, das hier stand, doch auf Porto Santo geht man einfach mal davon aus, daß der berühmte Besucher mehr als einen Tag auf der Insel zugebracht hat – schließlich war Kolumbus mit einer Tochter des ersten Gouverneurs verheiratet (s. S. 229). Immerhin fand man bei Ausgrabungen im Nebengebäude Mauerreste aus dem 15. Jh. und einen damals typischen in den Boden eingelassenen Kornspeicher. An Kolumbus erinnern zahlreiche alte Seekarten, Stiche und Dokumente seiner Entdeckungsfahrten. Und damit man zumindest eine Vorstellung davon bekommt, wie Kolumbus damals gewohnt haben könnte, baute der einfallsreiche Allround-Künstler José de Jesús Vasconçelos nach historischen Vorbildern eine ›alte‹ Truhe und entsprechendes Mobiliar. Gerne führt er Besucher durchs winzige Museum und erzählt schalkhaft Anekdoten. Hinter dem Museum hat José de Jesús Vasconçelos eine kleine Keramikwerkstatt, wo er fantasievolle Figuren herstellt.

Igreja Nossa Senhora da Piedade

Rechts vom Rathaus führt die Rua de Manuel G. Pestana hinauf zur **Festung São José** 4 – allerdings liegt die Festung hinter hohen Mauern, befindet sich im Privatbesitz und kann nicht besichtigt werden. Erst im 18. Jh. versuchte der portugiesische König Josef I., Porto Santo gegen die Piratenüberfälle zu schützen. Das Gebäude diente außerdem den Inselgouverneuren als Wohnsitz. Das **Denkmal der Entdeckungen** 5 an der palmengesäumten Alameda do Infante wurde feierlich 1960 eingeweiht, entworfen hat es der Architekt Chorão Ramalho. Im Volksmund heißt es respektlos ›Seifenstein‹, *Pau de Sabão.* Der **Schiffsanleger** 6 wurde 1928 gebaut, seitdem müssen Passagiere nicht mehr von den Fischern an Land getragen werden, wie es vorher üblich war.

Rundfahrt über die Insel

Veranschlagen Sie für die Rundfahrt über die ›Ilha Dourada‹ Porto Santo etwa 3 Std., falls Sie im Taxi oder im Mietwagen unterwegs sind (s. S. 278f.).

Zunächst geht es auf den **Pico do Castelo** 1, der mit seinen 438 m Höhe schon ein stolzer Gipfel für die ansonsten sehr flache Insel ist. Hier hatten die Einwohner von Porto Santo eine rudimentäre Festung gebaut, in der sie sich vor den regelmäßigen Piratenüberfällen schützen wollten. Auf dem Nachbarberg Pico do Facho (517 m) waren rund um die Uhr die Wachen postiert, um das Meer nach verdächtigen Schiffen abzusuchen, und falls ein Piratenschiff nahte, entzündeten sie zur Warnung der Einheimischen unzählige Fackeln – die Warnfeuer waren bis Madeira zu sehen. Vom

Zerklüftete Felsenküste bei Fonte da Areia

›Schloßberg‹ bzw. von der Aussichtsterrasse rund 100 m unterhalb des Gipfels sieht man direkt auf den Flughafen mit seiner über 3 km langen Rollbahn, auf die die Leute aus Porto Santo sehr stolz sind, denn auf der winzigen Insel können größere Maschinen landen als auf Madeira.

In dem traditionellen Weinörtchen **Camacha** 2 steht eine 150 Jahre alte Windmühle, wie sie früher auf der ganzen Insel verbreitet waren (theoretisch ist sie auch zu besichtigen). Im Restaurant ›Estrela do Norte‹ gleich neben der Mühle kann man die vorzüglichen Grillhähnchen *(frango asado)* probieren. Ein guter Begleiter zum Essen ist der Wein, der in Camacha wächst, der goldgelbe Verdelho hat sonnengetränkte 13 % Alkohol. Falls Sie sich aber ein Picknick aus Vila Baleira mitgebracht haben, könnten Sie es mit Blick auf zerklüftete Felsen und heftige Brandung in **Fonte da Areia** 3 verzehren – und zum Nach-

tisch vielleicht einen Schluck aus der berühmten Süßwasserquelle nehmen, die, so will es die Legende, ewige Jugend verleiht. Fahren Sie nach Camacha zurück und folgen Sie der Hauptstraße; sie schlängelt sich über grüne und ockerfarbene Felsenbuckel, die man seit einigen Jahren mit viel Mühe aufforstet. Erste Ergebnisse sieht man auch schon rund um die winzigen Orte **Serra de Dentro,** der wasserreichsten Gegend von Porto Santo, und in **Serra de Fora.** Viele Bauern haben hier aber bereits den mühseligen Kampf, die karge Erde zu bebauen, aufgegeben und sind nach Madeira ›ausgewandert‹. Dafür haben einige Ausländer die alten Bauernkaten zu Ferienhäusern umgebaut, mit dem Ergebnis, daß die Gegend wenigstens nicht völlig verlassen daliegt. Vom Aussichtspunkt **Portela** 4 sehen Sie die gesamte Südküste mit dem endlosen Strand vor sich ausgebreitet.

Kurz hinter Portela steht zur Rechten die **Ermida da Nossa Senhora da Graça** 5, eine kleine Kapelle für die Barmherzige Jungfrau, die hier im 15. Jh. errichtet wurde. Natürlich hat auch Porto Santo seine Marienlegende – genau an dieser Stelle soll die Jungfrau zwei Hirtenkindern erschienen sein, worauf aus dem Fels eine Quelle entsprang. Die erste Kapelle war sehr schlicht gebaut und sollte 1813 neu errichtet werden, da sie zu verfallen war. Also begann man 1813 mit ihrer Renovierung. Allerdings gab es einen Dauerstreit zwischen dem Besitzer des Geländes und der Gemeinde, und dieser Zwist legte die Bauarbeiten geschlagene 130 Jahre lahm. Erst 1949 wurde die Ermida erneuert und 1951 eingeweiht. Nicht nur religiöse Eiferer waren davon überzeugt, daß sich die Jungfrau für den langen Verlust ihrer Kapelle durch zahllose Plagen und Seuchen rächte – eine nicht sonderlich barmherzige Heilige!

Hinter Vila Baleira führt die Straße an der Küste und am Strand entlang durch die Ortschaften Campo de Cima und

Bei Campo de Baixo wird deutlich, wie wasserarm Porto Santo ist

Von der Ponta da Calheta blickt man auf die Kalkinsel Ilhéu de Baixo

Campo de Baixo bis zur äußersten Westspitze von Porto Santo, der Ponta da Calheta – ein ebenfalls sehr reizvolles Ziel. Unterwegs sieht man Windmühlen und Ferienhäuser, und vielleicht wirft man in **Campo de Baixo** 6 einen Blick auf die *Capela do Espíritu Santo,* die Heilig-Geist-Kapelle, mit ihrer schlichten Fassade, dem Glockenturm und dem hübschen, mit Palmen bestandenen Kirchplatz. Auch diese Kirche wurde Anfang des 19. Jh. erneuert.

Am Fuß des Berges Pico de Ana Ferreira kurz hinter Campo de Baixo liegt die **Capela São Pedro** 7 mit dem Bild des Schutzheiligen Petrus, das als wundertätig verehrt wird. Die Kapelle selbst ist ein einfacher Bau, der wahrscheinlich Mitte des 17. Jh. datiert und rund 100 Jahre später erneuert wurde. Allerdings ist die Petrus-Kapelle, wie auch fast alle anderen Kapellen auf Porto Santo, meistens geschlossen.

Im Örtchen Ponta kann man im Centro Hípico Pferde oder eine Kutsche mieten und im äußersten Südwestzipfel der Insel, an der **Ponta da Calheta** 8, mit Blick auf zerklüftete Felsinseln ein Glas Madeirawein auf die untergehende Sonne trinken.

Der Hafen von Câmara de Lobos ist den Fischern vorbehalten, da die Bucht sich als zu klein für Frachtschiffe erwies ▷

FN 1359 L
GOLFINHO
FUNCHAL

Information
Unterkunft
Camping
Restaurants
Sehenswert
Aktivitäten
Einkaufen
Festivals
Nachtleben
Bus
Fährverbindung
Flugverbindung

Serviceteil

Serviceteil

So nutzen Sie den Serviceteil richtig

▼ Das erste Kapitel, **Adressen und Tips von Ort zu Ort**, listet die im Reiseteil beschriebenen Orte in alphabetischer Reihenfolge auf. Zu jedem Ort finden Sie hier Empfehlungen für Unterkünfte und Restaurants sowie Hinweise zu den Öffnungszeiten von Museen und anderen Sehenswürdigkeiten, zu Festen, Unterhaltungsangeboten etc. Piktogramme helfen Ihnen bei der raschen Orientierung.

▼ Die **Reiseinformationen von A bis Z** bieten von A wie ›Anreise‹ bis Z wie ›Zeitungen‹ eine Fülle an nützlichen Hinweisen – Antworten auf Fragen, die sich vor und während der Reise stellen.

Bitte schreiben Sie uns, wenn sich etwas geändert hat!
Alle in diesem Buch enthaltenen Angaben wurden von der Autorin nach bestem Wissen erstellt und von ihr und dem Verlag mit größtmöglicher Sorgfalt überprüft. Gleichwohl sind – wie wir im Sinne des Produkthaftungsrechts betonen müssen – inhaltliche Fehler nicht vollständig auszuschließen. Daher erfolgen die Angaben ohne jegliche Verpflichtung oder Garantie des Verlages oder der Autorin. Beide übernehmen keinerlei Verantwortung und Haftung für etwaige inhaltliche Unstimmigkeiten. Wir bitten daher um Verständnis und werden Korrekturhinweise gerne aufgreifen:
DuMont Buchverlag, Postfach 10 10 45,
50450 Köln.
E-Mail: reise.dumont@t-online.de

Inhalt

Adressen und Tips von Ort zu Ort

Cabo Girão

Centro de Animaçao Turística da Fajã dos Padres (Plantage und Weinkeller), ✆ 94 45 38, Fax 6 44 58. Führungen in englisch, Weinprobe möglich. Außerdem Bademöglichkeit am Felsstrand sowie Restaurant. Zur Plantage kommen Sie für 1500 $ pro Person mit einem Aufzug *(elevador).*

Calheta

Gasthof Onda Azul, Praia da Calheta, ✆ 82 30 33, Fax 82 32 30. Zehn schlichte Zimmer. Günstig.

In der Umgebung:
Quinta das Vinhas, Sítio do Lombo dos Serrões, Estreito de Calheta, ✆ 82 00 40, Fax 82 21 87. Sechs Zimmer in einem ehemaligen Herrenhaus. Schön ruhig. Moderat.

Onda Azul, Praia da Calheta, ✆ 82 30 33. Fischgerichte, auch Napfschnecken und Meeresfrüchte, schöne Sonnenterrasse.
Praça Velha, ✆ 82 27 66. Regionale Spezialitäten zu zivilen Preisen.

In Arco da Calheta:
Restaurant Costa Verde, am Aussichtspunkt.

Pfarrkirche Igreja do Espírito Santo: Calheta/Vila, unregelmäßig geöffnet, am besten kurz vor und kurz nach der Messe zu besichtigen.
Dreikönigskapelle (Capela dos Reis Magos): im 400 m höher gelegenen Estreito da Calheta. Falls geschlossen, bekommt man den Schlüssel im Nachbarhaus.

Calheta:
April/Mai: **Zuckerrohrfest** (Festa da Cana de Açúcar);
24. Juni: **Dorffest;**
7./8. September: **Erntedankfest** mit Feuerwerk, Blumenschmuck und Fleischspießen.
Loreto:
8. September: **Fest der Jungfrau von Loreto.**
Arco da Calheta:
3. Februar: **Fest des Dorfpatrons São Brás.**

Calheta eignet sich wunderbar als Ausgangspunkt für **Levada-Wanderungen.** Die EN 211 kreuzt die Levada Calheta–Ponta de Pargo, am Wasserkraftwerk nördlich von Calheta beginnt die Levada Calheta.

Ausflüge: nach **Loreto** (Ortsteil von Arco da Calheta, mit Kapelle Nossa Senhora do Loreto) oder auf den **Pico do Arco** (846 m, s. S. 260), 4 km von Loreto: herrlicher Blick auf Madalena do Mar.

Bus nach Funchal: Linien 80, 107, 115 und 142, ca. 5 x tägl., Fahrzeit ca. 3 Std.
Taxi: Calheta ✆ 82 21 29, Arco da Calheta ✆ 82 25 88, 82 24 23.

Camacha

Estelagem Relógio, Largo da Achada, ✆ 92 27 77, Fax 92 24 15. 24 recht komfortable Zimmer, die nach hinten gelegenen Zimmer bieten einen weiten Blick zur Südküste. Günstig.

Außerhalb:
Quinta da Portada Branca, Casais d'Além, ✆ 92 21 19, Fax 92 21 19. Sechs Zimmer, einfacher Landgasthof mit Garten. Günstig.

Café Relógio, Largo da Achada, ✆ 92 21 44, 92 27 77, Fax 92 24 15, tägl. 12.30–16 und 19–23 Uhr, Bar mit Snacks 9–21 Uhr. Im ersten Stock Restaurant mit Folkloredarbietungen. Der Panoramablick ins Tal beeindruckt mehr als die Kochkünste.

Mai/Juni: besonders schöne **Pfingstprozession;**
August: den ganzen Monat über **Kulturveranstaltungen,** am letzten So **Festa do Senhor,** Fest des Herrn, mit Sommerfeuern;
Oktober/November: **Apfelfest** (Festa da Maçã).

Das **Café Relógio** ist *die* Adresse in Camocho. Auf zwei Etagen stehen die Produkte der Korbflechter zum Verkauf. Riesenauswahl und preiswert. Auf Wunsch wird alles reisefertig verpackt.

Golf: Golfplatz der **Quinta do Palheiro Ferreiro** (s. S. 254); Golfplatz **Santo da Serra** (s. S. 270).

Wandern: Nicht weit von Camacha verlaufen die **Levada do Caniço** (mittelschwer, 6 km bis Assomada) und die **Levada dos Tornos** (leicht, jedoch nur Schwindelfreien empfohlen, 6 km bis Lombo Grande).

Ausflug: Die kurvige Landstraße nach **Santo da Serra** führt über die Bergrücken und bietet wunderschöne Ausblicke.

Bus: Linien 29 und 77 ab Funchal, etwa stündlich, Fahrzeit 40 Min.
Taxi: auf dem Largo Achada oder ✆ 92 21 85.

Câmara de Lobos

Uferpromenade Rocha/Largo do 28 de Maio, ✆ 94 34 70, sehr unregelmäßige Öffnungszeiten!

Übernachtungsmöglichkeiten in **Funchal.**

Riba Mar, Largo da República, ✆ 94 21 13, Di–So 12–23 Uhr. Spezialität dieses Restaurants mit seiner hübschen Terrasse: Fischeintopf mit Meeresfrüchten, Hauptgerichte um 2000 $.

In Estreito de Câmara de Lobos:
Restaurant As Vides, Rua da Achada (an der Kirche), ✆ 94 53 22, tägl. 12–24 Uhr. Seit 1950 werden hier die köstlichen traditionellen Rindfleischspieße *(espetadas)* serviert, aber auch frischer Fisch vom Holzkohlengrill und Hühnchen. Sehr gute Weinkarte.

Kirche Nossa Senhora da Conceiçao bzw. Nossa Senhora dos Pescadores, am Hafen.
Pfarrkirche São Sebastião, im Zentrum.

Markthalle in Hafennähe, tägl. 8–20 Uhr. Wenn auch kleiner als der in Funchal, so ist doch auch dieser *mercado* einen Spaziergang wert.

Câmara de Lobos:
August: **Kulinarische Woche;**
16. Oktober: **Dorffest.**
Estreito de Câmara de Lobos:
Mai: **Kirschenfest** (Festa da Cereja);
August/September: **Weinlese;**
September: **Weinfest.**

Henriques & Henriques, Sítio de Belem, Câmara de Lobos, ✆ 94 15 51, Fax 94 15 90. U. a. preisgekrönte Madeiraweine.

›Ausflug‹ ins höher gelegene **Estreito de Câmara de Lobos.**
Pico da Torre: eine Fahrt auf den ›Turmberg‹ lohnt wegen des herrlichen Blicks auf Câmara de Lobos (Straße Richtung Estreito de Câmara de Lobos).

Câmara de Lobos:
Bus: Häufige Busverbindung von und nach Funchal (4–5 x tägl.), Linien 3, 4, 6, 7, 96, 107, 148, 154, Fahrzeit 15 Min.
Taxi: ✆ 94 52 29 (Stand gegenüber der Kirche); ✆ 94 27 00 (Sítio do Espíritu Santo e Calçada); ✆ 94 24 07 (Markt).

Estreito de Câmara de Lobos:
Bus: Linien 4, 6, 7, 96, 107, 148, 154 von und nach Funchal.
Taxi: an der Kirche, ✆ 6 94 52 29.

Caniçal

Residencial Praínha Sol, Palmeira Cima (an der Hauptstraße), ✆ 96 24 38. Schlichte Pension. Günstig.

Außerhalb:
Quinta do Lorde ****, Sítio da Piedade, ✆ 96 02 00, Fax 96 02 02. Der Zufahrtsweg zweigt von der Straße Caniçal/Ponta de S. Lourenço ab. Ein ehemaliger Landsitz mit neun Zimmern, eingerichtet mit edlem Design und viel moderner Kunst an den Wänden. Von den Zimmern und der Sonnenterrasse hat man einen herrlichen Blick auf die Bucht. Mit Meerwasserschwimmbekken und Wassersportangeboten. Sehr gutes Restaurant. Moderat.

O Pescador, beim Walmuseum. Fisch – einfach, aber frisch und lecker zubereitet. Preiswert.
Praínha Sol, Palmeira Cima (Hauptstraße), ✆ 96 14 38. Ebenfalls frischer Fisch, ca. 2000 $ für ein Hauptgericht.

Museu da Baleia, am Hafen, Di–So 10–12 und 13–18 Uhr, im Winter bis 17 Uhr. Das kleine ›Walmuseum‹ zeigt Interessantes rund um die Pottwaljagd. Ein 45minütiger Dokumentarfilm (auch auf deutsch) zeigt Greuel und Gefahren des Walfangs. Spektakulär: das lebensgroße, 12 m lange Wachsmodell eines Pottwals und daneben ein im Vergleich geradezu winziges Walfängerboot.

Caniçal:
20. Januar: **Fest des Ortsheiligen Sebastião,** dem Patron der Fischer.
Ponta de São Lourenço:
drittes Wochenende im September: **Festa Nossa Senhora da Piedade,** Bootsprozession zu Ehren Unserer Lieben Frau der Frömmigkeit.

Baden: Auf der **Halbinsel São Lourenço** kann man am kleinen Strand Praínha baden. Der schwarze feine Lavastrand ist am Wochenende auch bei den Einheimischen sehr beliebt.

Wandern: auf der **Ponta de São Lourenço,** der Ostspitze Madeiras (s. S. 159f.).

Ausflug auf den **Pico do Facho** (s. S. 154): Vor dem Tunnel nach Caniçal führt rechter Hand eine schmale Straße auf den 329 m hohen ›Fackelberg‹. Bei gutem Wetter Sicht bis Porto Santo. Ideal zum Picknicken – also Proviant nicht vergessen!

Bus: Nr. 113 nach und von Funchal und Machico, 12 × tägl., Fahrzeit 1 Std. 15 Min.
Taxi: ✆ 96 19 89.

Caniço

In Caniço:
A Lareira ***, Sítio da Vargem, ✆ 93 42 84. 17 Zimmer hat diese einfache, aber saubere Pension. Günstig.
Quinta Espléndida ****, Sítio da Vargem (unterhalb des Hauptplatzes), ✆ 93 04 00, Fax 93 04 01, e-mail: quintasplendida a mail.telepac.pt. Suiten, Doppelzimmer, Studios, Ein- und Zweiraumapartments. Kinder bis zu 2 Jahren frei, 2–12 Jahre 50 %. Luxus. Umgeben von einer traumhaften Gartenanlage (mehrfach preisgekrönt) wohnt man in luxuriösen, elegant eingerichteten Bungalows. Im alten Herrenhaus befindet sich das Feinschmecker-Restaurant La Perla mit erstaunlich vernünftigen Preisen. Eigener, biologisch-ökologischer Gemüsegarten, hervorragender Weinkeller. Sehr schön gelegener Süßwasserpool, umfangreiches Relaxprogramm (Massage, Fußreflexzonenmassage, Aromatherapie) und eine neue Kunstgalerie.

Im Ortsteil Caniço de Baixo:
Pension Alpino Atlántico, ✆ 93 24 43, Fax 93 45 55. Zimmer und Studios, deutsche Leitung. Günstig/moderat.
Galomar, ✆ 93 45 66, Fax 93 45 55. Eine sehr gut eingeführte Vier-Sterne-Pension unter deutscher Leitung (Familie Fachmeier gehört zu den Hotelpionieren von Caniço). Bildschöne Gartenterrasse, auch Felsbadeanlage. Moderat.
Ondamar ***, ✆ 93 45 66, Fax 93 45 55. 51 Zimmer. Hotel in hübscher Gartenanlage mit Pool und Sauna unter freundlicher deutscher Leitung. Auch für Körperbehinderte geeignet. Moderat.
Rocamar ****, ✆ 93 43 34, Fax 93 40 44. 81 Zimmer, die meisten davon mit schönem Blick aufs Meer. Pool, gesicherter Zugang zum Meer und Solarium. Moderat/teuer.

In Garajau:
Hotel Dom Pedro Garajau *,** ✆ 93 44 21, Fax 93 24 54. Anlage mit schönem Garten und 282 Apartments hoch über der Steilküste. Beheizter Pool und Tennisplatz. Im Hotel befindet sich eine populäre Diskothek, die jedoch sehr gut schallisoliert ist. Moderat.

Am Strand von Reis Magos:
Vila Ventura, ✆ 93 46 11, Fax 93 46 80, 22 Apartments mit Telefon und Kitchenette. Eigene Tauchbasis. Moderat.
Oasis Atlantic ****, ✆ 93 44 44, Fax 93 41 11. 122 behindertengerechte Zimmer mit Kitchenette. Man kann wahlweise im beheizten Pool oder im Meer schwimmen. Teuer.

Caniço:
A Lareira, ebenso empfehlenswert wie die gleichnamige Pension, in der sich dieses Restaurant (mit Kaminzimmer) befindet.
La Terraça, am Hauptplatz, ✆ 93 38 98. Frischer Fisch zu zivilen Preisen.
The Village Pub, ✆ 93 25 96, Di–Sa von 12–2 Uhr geöffnet. Englisches Frühstück und diverse Snacks, sehr freundlich.

Caniço de Baixo:
Inn & Art, R61/R62, ✆ 93 82 00. Restaurant, Café, Weinbar, Kunstgalerie und schönes Hotel auf den Küstenfelsen, elegante Atmosphäre.

Garajau:
Guiseppe Verdi, an der Straße zwischen Garajau und Caniço, ✆ 93 46 63. Hausgemachte Pasta.
Snack Bar California, gegenüber Hotel Dom Pedro. Regionale Küche und Hamburger.
Vistar Mar, ✆ 93 41 10, tägl. 10–23 Uhr geöffnet. Leckere Fischgerichte, wie z. B. die *espada* mit Wein-Knoblauchsauce.

Reis Magos:
Das Fischerlokal am Strand ist empfehlenswert.

Außerhalb:
O Boiero, an der Hauptstraße nach Caniço, Sítio das Figueirinhas, ✆ 93 43 32, tägl. 12–23 Uhr. Als die Ochsenschlitten ausgemustert wurden, kaufte der Besitzer gleich ein paar und serviert den darin sitzenden Gästen Kebab, Fisch und Bohneneintopf. Hauptgerichte ca. 2000–3000 $.

Diskothek im **Hotel Pedro Garajau,** s. o.

Im August: **Gastronomische Woche.**

Baden: in den öffentlichen Badeanlagen **Lido Galomar,** Treppen ins Meer und ein Meerwasserpool, sowie **Lido Rocamar,** dito. Die Anlagen gehören zu den gleichnamigen Hotels. Kiesstrand in der nahegelegenen Bucht Reis Magos (Hl. Drei Könige).

Sport: Fahrrad- und Motorradverleih, Segelausflüge, Glasbodenboot, Hochseefischen, Angeltouren, Tauchen und Hubschrauberflüge bei **Pirata Tours,** Rua Dr. Francisco Peres, Edif. Alberto Teixeira, Loja 5, Sítio da Vargem, Caniço, ✆/Fax 93 57 52, Handy 09 36/57 68 16, 61 31 88.

Tauchen: Tauchbasis Manta-Rainer (im Hotel Lido Galomar), ✆ 93 24 10, 93 20 10. Mit eigenem Tauchkutter.
Scuba-Diving Atalaia, ✆ 93 44 96.

Wandern: Alpin-Schule Innsbruck, Hotel Galomar.
Levada-Tip: Die **Levada do Caniço** verbindet Assomada (bei Caniço, zu erreichen über die EN 204 in östlicher Richtung) mit Camacha.

Ausflüge: Von Caniço aus bieten sich Tagesausflüge nach **Monte** (s. S. 131ff.), **Camacha** (s. S. 139ff.), **Machico** (s. S. 152ff.) und **Caniçal** (s. S. 156ff.) an.

Arzt (deutschspr.): Dr. Pierre Curado, Casa A-I-A, Caniço de Baixo, ✆ 93 22 18, Handy 09 36/57 51 00.

Bus: Linie 2 fährt stündlich von Assomada (Tendeira) nach Funchal, Linie 109 von Moinhos (Adufa), Linie 87 von Eiras, Linie 136 von Var-

gem (über Garajau) und Linie 155 von Ponta da Oliveira nach Funchal.
Taxi: Sítio da Vargem, ✆ 93 46 40, Inter Atlas, ✆ 93 46 06, Onda Mar, ✆ 93 45 22.

Magoscar, Edificio Ventur, Loja E, Caniço de Baixo, ✆ 93 48 18, Fax 93 48 19. Auto- und Motorradvermietung.

Curral das Freiras

Nun's Valley, am Hauptplatz, ✆ 71 21 77, 10–23 Uhr. Tief im Talkessel kann man leckere Kastaniensuppe, Kastanienkuchen und Kastanienlikör probieren; letzteren verkauft das Restaurant auch flaschenweise. Aber auch der Kirsch- und der Walnußlikör sind ein Gläschen wert. Ebenfalls zu empfehlen: die Hühnersuppe, das in Knoblauch und Wein geschmorte Schweinefleisch und die Rindfleischspieße. Angemessene Preise.

Auf dem Weg nach Curral das Freiras liegt der ca. 1000 m hoch gelegene Aussichtspunkt **Eira do Serrado.** Vom Parkplatz mit den Souvenirständen führt ein Fußweg (leicht bergauf, ca. 15 Min.) zum *miradouro,* der Aussichtsterrasse – und hier kann einem schnell schwindelig werden angesichts der atemberaubenden Aussicht auf das Tal und die rundum liegenden Berge. Absolut lohnend!

1. November: **Festa da Castanha,** Kastanienfest. Straßenstände verkaufen alle Spezialitäten zum Probieren oder Mitnehmen.

Wandern: die **Levada do Curral e Castelejo** führt von Curral das Freiras in 5–6 Std. bis Funchal (nur für absolut schwindelfreie und trittfeste Wanderer geeignet!). Im Vergleich dazu ein Spaziergang ist der Weg vom Aussichtspunkt **Eira do Serrado** nach Curral das Freiras (2,5 km, teilweise sehr steil bergab, etwa 400 m Höhenunterschied).

Linie 81 von Funchal, Haltestelle Fortaleza de São Lourenço, 3–8 × tägl., Fahrzeit ca. 1 Std.

Encumeada-Paß

Pousada dos Vinháticos, ✆ 95 21 48, Fax 95 25 40. 15 bequem eingerichtete Zimmer, die besonders bei Wanderern sehr beliebt sind. Mit Restaurant und herrlicher Aussichtsterrasse. Rechtzeitig reservieren. Günstig.

Restaurant in der **Pousada dos Vinháticos,** s. o.

In den winzigen Dörfern der Serra d'Água, zu der der Encumeada-Paß gehört, wird am 15. August das **Fest der wundertätigen Nossa Senhora da Ajuda** gefeiert.

Spaziergang entlang der **Levada das Rabaças** (s. S. 197).
Bergwandern: Vom Encumeada-Paß führt eine eindrucksvolle, aber recht anstrengende Wandertour (ca. 6 Std.) über die Berggipfel im Osten: den Pico Topeiro (1331 m), Pico do Jorge (1692 m), Pico das Torrinhas (1509 m) und Pico Ruivo (1862 m) nach **Achada do Teixeira** (1592 m, s. auch S. 167ff.).

Linien 6 und 139 ab Funchal, Fahrzeit ca. 2 Std., 6 × tägl.

Faial

Unterkunftsmöglichkeiten in Santana und Porto da Cruz.

Casa de Chá do Faial, Lombo Baixo, hinter São Roque do Faial, ausgeschildert, ✆ 5 72 23. Von diesem ›Teehaus‹ mit seiner Glasveranda hat man einen herrlichen Blick auf São Roque do Faial. Daneben kann man auch den Kaffee und das exzellente – wenn auch nicht gerade billige – Essen (z. B. frische Forellen) genießen. Sehr empfehlenswert!

Kirche Nossa Senhora da Natividade: zur Wallfahrtskirche (18. Jh.) im Dorf, die der wundertätigen Jungfrau der Geburt gewidmet ist, pilgern jedes Jahr Tausende Menschen, vor allem, wenn sie sich Nachwuchs wünschen.
Vom Aussichtspunkt oberhalb des Dorfes sieht man den **Adlerfelsen** besonders gut. Auch auf dem Penha d'Águia selbst befinden sich mehrere Aussichtsplattformen.

In **São Roque do Faial:** März/April: **Festa da Anona** – aus der tropischen Cherimoya-Frucht läßt sich so manche Gaumenfreude zaubern ...

Falls Sie die Nachbarorte **Santana** (s. S. 162ff.) und **Porto da Cruz** (s. S. 160) schon gesehen haben: eine wunderschöne Strecke führt über das Bergdörfchen **São Roque do Faial** nach **Ribeiro Frio** (s. S. 164f.). Folgen Sie der EN 103 weiter, bietet sich ein Abstecher auf den **Pico do Arieiro** (s. S. 166) an. Ein alternativer Rückweg führt über **Monte** (s. S. 131ff.) nach **Funchal** (s. S. 94ff.).

Bus: Faial liegt auf der Strecke von und nach Santana; Buslinien 103 und 138, 3–6 × tägl.
Taxi: ✆ 57 24 16.

Funchal

Touristeninformation: Avenida Arriaga 18, ✆ 22 90 57, Fax 23 21 51. Mo–Fr 9–19, So und feiertags 9–13 Uhr.
Região Autónoma da Madeira, Governa Regional, Quinta Vigía, Avenida do Infante, Funchal, ✆ 23 02 00, Fax 23 18 68, Mo–Fr 9–20, Sa 9–18 Uhr. U.a. zur Reservierung von Unterkünften in staatlichen Forsthäusern.

Hotels und Pensionen **/***:
Estrelícia ***, Caminho Velho da Ajuda, ✆ 76 51 31, Fax 76 10 44. Angenehmes Hotel mit 148 einfachen, aber gemütlichen Zimmern, dazu ein beheizter Pool, Solarium, Sauna, Tennis und Fitnessraum. Moderat.
Orca Praia ***, Praínha do Aneiro, ✆ 76 33 22, Fax 76 33 11. 128 Zimmer, alle mit Meerblick. Ein ruhiges, modernes Mittelklassehotel, ca. 7 km vom Stadtzentrum entfernt, aber mit Shuttle-Bus. Direkt an einem Kiesstrand gelegen, kleiner Süßwasserpool. Moderat.
Orquídia ***, Rua dos Netos 71, ✆ 22 60 91, Fax 22 71 57. 70 Zimmer, schnörkellos und angenehm. Moderat.
Pension Vila Camacho ***, Beco da Amoreira 26, ✆ 76 54 59, Fax 76 47 25. 30 Zimmer. Hübsche Pension mit kleinem (unbeheiztem) Pool und schönem Garten. Günstig.
Pension Vila Terezinha ***, Rua das Cruzes 21, ✆ 74 17 23, Fax 74 45 15. Elf Zimmer, oberhalb des Stadtzentrums gelegen. Ausnehmend freundliche Pen-

sion mit geschmackvoll eingerichteten Zimmern. Auf der Sonnenterrasse läßt es sich mit Blick über die Stadt herrlich frühstücken. Einige Zimmer mit Balkon und Stadtblick sind geringfügig teurer. Man sollte frühzeitig reservieren. Günstig.

Residencial Americana **, Largo do Chafariz, ✆ 23 10 40, Fax 23 12 99. Zwölf kleine, einfach eingerichtete Zimmer (Bad/WC, Wasserkocher, Telefon, Kühlschrank). Am Rande der Fußgängerzone an einer lebhaften Straße gelegen, daher nicht gerade ruhig. Günstig.

Hotels ***:**

Carlton Palms, Rua do Gorgulho (gegenüber vom Lido-Schwimmbad), ✆ 76 61 00, Fax 76 62 47. 186 Zimmer und Apartments. Sehr ruhig und direkt am Meer gelegen. Rezeption und Bar sind in einem hübschen alten Herrenhaus untergebracht, die Apartments liegen im rückwärtigen Gebäude, die Zimmer dagegen in einem futuristisch anmutenden Rundbau auf der Uferklippe. Sehr komfortabel, freundlicher Service. Im Panorama-Restaurant frühstückt man mit Blick auf die Wellen. Gute Bademöglichkeiten: Treppen ins Meer und ein großzügiger Pool mit Bar und Grill. Teuer/Luxus.

Carlton Village, Estrada Monumental 194, ✆ 70 16 00, Fax 76 39 88. 200 großzügige und komfortabel eingerichtete Apartments mit Kitchenette und Balkon bzw. Terrasse. Sehr geflegte, moderne Anlage mit beheiztem Pool, die sich harmonisch in eine üppig blühende Gartenlandschaft einfügt. Auch Sauna und Massage. Abends spielt ein erstklassiges Jazztrio (außer Mi). Teuer/Luxus.

Madeira Panorámico, Rua Estados Unidos de América 34, ✆ 76 61 13, Fax 76 54 41. 81 Zimmer, alle mit Panoramablick über die Stadt, denn die moderne Anlage liegt auf einem Hügel oberhalb des Hotelviertels. Trotzdem zentral, außerdem mehrmals täglich Shuttle-Bus ins Zentrum. Teuer.

Monumental Lido, Estrada Monumental, Tel. 76 64 66, Fax 766 34 43. 169 Doppelzimmer und 32 Apartmentstudios (für max. vier Personen) mit amerikanischer Küche, Wohnraum, Schlafzimmer und Bad. Moderne Anlage, oberhalb der Lido-Schwimmbäder gelegen, mit direktem Übergang zum Lido-Einkaufszentrum. Durch geschickte Aufteilung sind selbst die Apartments in den unteren Etagen trotz der Durchgangsstraße nicht laut. Mit Pool und Sonnenterrasse, Health-Club, Billard und Tiefgarage. Moderat/teuer.

Hotels ***:**

Casino Park, Rual Imperatriz Dona Amélia, ✆ 23 31 11, Fax 23 20 76. Elegantes Hotel mit 373 großzügigen Zimmern, Restaurant, Pools etc. Für Körperbehinderte geeignet. Direkt neben dem Spielcasino. Luxus.

Cliff Bay, Estrada Monumental 147, ✆ 7 07 07 07, Fax 76 25 25. 201 selbstverständlich luxuriöse Zimmer und Suiten – direkt am Meer mit verschiedenen Pools und gesichertem Meereszugang (Badeterrassen), *in-* und *outdoor*-Pool, Tauchbasis, Wasserski, Tennisplätzen, Squash, Health-Club, Massage, Sauna, Physiotherapie, kostenlosem Kindergarten und allem erdenklichen Luxus – das ganze in einer herrlichen Gartenanlage. Ebenfalls auf die Bedürfnisse körperbehinderter Menschen eingestellt. Luxus.

Reid's Palace Hotel, Estrada Monumental, ✆ 76 30 01, Fax 76 44 99. Eine Hotellegende und ein veritabler Palast in einem riesigen Paradiesgarten. 168 Zimmer (Typ B ist der luxuriöseste) und Suiten, umfangreiches Fitneß- und Sportangebot. Beauty-Salon, Health-Club, Sauna, Massage, Wassersportaktivitäten mit ausgebildetem Personal. Zwei beheizte Meerwasserschwimmbäder, Naturschwimmbecken, Badeplateaus auf Meereshöhe, zwei Tennisplätze und hinreißender Meerblick. Berühmt sind auch der Tea-Room und die Tea-Terrasse – beide auch Nicht-Gästen zugänglich. Einmal zum *Five-o'clock-Tea* mit den phantastischen Sandwichs gehört einfach zu einem Madeira-Urlaub dazu. Luxus.

Savoy, Avenida do Infante, ✆ 22 20 31, Fax 22 31 03. 361 Zimmer und Suiten, *very british*. Ein traditionsreiches First-Class-Hotel mit herrlichem subtropischen Garten, 1 km vom Stadtzentrum. Ein Lift bringt die Gäste zur Sonnenterrasse am Meer. Außerdem zwei Pools, auch für Kinder geeignet. Hoteleigene Tauchschule, Wasserski. In der Bar spielen abends hervorragende Jazzmusiker. Luxus.

Wohnen in Quintas:

A Casa do Caseiro ****, Caminho do Monte 62, ✆ 4 90 25, Fax 22 71 13. Sieben Zimmer, große Terrasse und kleiner Pool auf dem Terrain eines ehemaligen Herrenhauses nahe Monte. Man hat von diesem stilvollen Landsitz einen herrlichen Panoramablick über das 2,5 km unterhalb gelegene Funchal. Moderat/teuer.

Estelagem Casa Velha do Palheiro *****, Palheiro Golf, São Gonçalo, ✆ 79 49 01, Fax 79 49 25. 8 km außerhalb von Funchal, gleich neben dem Palheiro Golfplatz, liegt diese luxuriöse ehemalige Jagdvilla. Mit Feinschmecker-Restaurant und 25 großen, stilvoll antik eingerichteten Zimmern und einem Traumblick auf die Stadt. Luxus.

Quinta da Bela Vista *****, Caminho Avista Navios 4, ✆ 76 41 44, Fax 76 50 90. 66 Zimmer und Suiten, z. T. mit antiken Möbeln und Gobelins eingerichtet. Renoviertes Herrenhaus und moderner Trakt in einer wunderschönen Parkanlage, mit Tennisplatz, beheiztem Pool und Panorama-Terrasse. Luxus.

A Caravela, Avenida do Mar 15, ✆ 22 84 64. Im ersten Stock mit Blick auf die Promenade – falls man sich nicht mehr für die köstlichen Vorspeisen *(petiscos)*, den Fisch, die frischen Meeresfrüchte und die traditionellen Fleischgerichte (z. B. Schweinefleisch in Wein und Knoblauch) interessiert ... Vorspeisen um 500–1000 $, Hauptgerichte um 1500–2000 $, gute offene Weine.

Bio-Logos, Rua Nova de São Pedro 34, ✆ 23 68 68, Fax 22 41 26. Vegetarisches Restaurant (leckere Tagesgerichte!) und gut bestückter Bioladen zugleich. Das Restaurant ist nur von 12–15 Uhr auf Mittagessen eingestellt, Snacks gibt es von 9–19 und Sa bis 14 Uhr. Laden: Mo–Fr 9–20, Sa 9–14 Uhr. Recht preiswert.

Bombay-Palace, Rua do Gorgulho, ✆ 76 31 10. Wem der Sinn nach indischer Küche steht, der wird nicht enttäuscht: leckere Tandoori-Gerichte, z. B. mit Garnelen oder Huhn, Lammcurrys und leckere Vorspeisen. Hauptgerichte um 2000 $.

Café do Teatro, Avenida Arriaga, ✆ 23 64 00. Elegante Bar mit hervorragender Musik (Jazz, Latin, Klassik) und beliebtes Straßencafé, in dem ebenso großzügige wie leckere Snacks serviert werden. Hier treffen sich Künstler, Journalisten und Bohemiens zum gemütlichen Apéritif. Kleine Gerichte (Suppe, Sandwichs) zwischen 500 und 800 $.

Casa Velha, Rua Imperatriz D. Amélia, ✆ 22 57 49, von 12–15 und 19–23 Uhr geöffnet, die Bar schließt um 2 Uhr. Elegantes Spitzenrestaurant in einem liebevoll restaurierten Stadthaus. Köstliches Fischfrikassee, Hühnchen auf Brunnenkresse, geräucherter Schwertfisch. Erlesene Weinkarte. Edel und teuer, jedoch angemessene Preise.
Combatentes, Rua São Francisco 1, ✆ 22 13 88. Ein einfaches Restaurant mit traditioneller Küche, gleich am Stadtgarten. Mittags kann es voll werden, denn auch die Einheimischen mögen die schmackhaften und preiswerten Gerichte.
Golden Gate, Avenida Arriaga 29, ✆ 23 45 67, tägl. 7–23 Uhr. Ein herrliches ›altes‹ Café, in dem sich früher die Literaten und Dichter von Funchal trafen. Erst 1998 wurde es nach gründlicher Renovierung neu eröffnet – zum Glück im alten Stil. Urgemütliche Korbsessel, innen und oben, in der ersten Etage, Kaffeehausatmosphäre. Bei schlechtem Wetter muß man auf ›Leute gucken‹ nicht verzichten: von den großen Fenstertüren in der ersten Etage sieht man alles, was sich auf der belebten Avenida Arriaga abspielt. Der Service ist freundlich, allerdings etwas schleppend.
O Almirante, Largo do Poço 1–2, ✆ 22 42 52. Preiswerte leckere Fischsuppe, gleich um die Ecke vom Markt.
Proa Azul, Estrada Monumental 240, ✆ 6 66 89, 9–24 Uhr geöffnet. Im blauweiß gestylten Restaurant serviert man köstliches Fischfilet mit fritierter Banane, die Spezialität des Hauses. Freundlich und preiswert.
Romana, Largo do Corpo Santo 15, ✆ 23 25 64, tägl. 12–23 Uhr. Zwar ein Touristenrestaurant direkt am Eingang zur Altstadt, aber kein Nepp. Leckere Hühnersuppe, zarter Tintenfischspieß, keine übertriebenen Preise (Imbiß und Getränk rund 1000 $).
Salsa Latina, Rua Imperatriz D. Amélia 101, ✆ 22 51 82, von mittags bis 3 Uhr nachts geöffnet. Unter der Woche kann man tagsüber und abends in dieser Szenekneipe ausgezeichnet essen. Vom feinen Carpaccio bis hin zu leckeren Salaten und Fischgerichten mit wunderbaren Saucen – alles hat einen leicht französischen Touch. Ab Do allerdings wird es eng wegen der hervorragenden Live-Musik mit Latino-Einschlag (allerdings keine echte Salsa) – dann wird zwischen den Tischen getanzt und selbst auf der großen Terrasse läßt sich kein Stuhl mehr ergattern. *Der* Musikertreffpunkt in Funchal. Nicht ganz billig, Snacks wie Carpaccio um 1000 $, Hauptgerichte um 1500–2000 $.
Solar da Santola, im Yachthafen, ✆ 22 72 91. Frischen Fisch und Meeresfrüchte serviert dieses zu einer großen Kette gehörende Restaurant. Solide und nicht überteuert, Hauptgerichte um 1500 $.
Summertime, Estrada Monumental 318, ✆ 76 24 76, durchgehende Küche bis ca. 23 Uhr. Am Eingang bieten freundliche Damen in Trachten ein Gläschen Madeira auf Kosten des Hauses an, in den beiden Gasträumen und auf der schönen Meerblick-Terrasse serviert man solide zubereitete Gerichte. Sehr empfehlenswert sind Avocado mit Krabben oder die hausgemachte Hühnersuppe (Vorspeisen ca. 400–800 $) und als Hauptgericht der gegrillte Tintenfisch oder eines der vielen anderen guten Fischgerichte (um 1200 $).
Vagrant, Avenida do Mar, ✆ 22 35 72. Ein schwimmendes Restaurant, dem man seine Besonderheit nicht ansieht: das Boot war mal im Besitz der Beatles. Wem die etwas krachige Atmosphäre

gefällt, kann sich hier an mittelmäßigen Pizzen und einigen lokalen Gerichten stärken. Um 1500–2000 $.

Casino da Madeira, ✆ 23 11 21, 17–3 Uhr. Im Erdgeschoß unzählige Automaten, in der ersten Etage Roulette etc. Für einen Besuch im Casino sollte Mann Krawatte und Jackett im Koffer haben, Frauen dagegen dürfen tragen, was sie wollen (wenn auch vielleicht nicht gerade den Wanderdress ...). Zum Spielen Ausweis mitnehmen! Im Untergeschoß befindet sich die sehr beliebte **Diskothek Copacabana,** für die keine Bekleidungsvorschriften gelten. Auch Tanzshows und Live-Musik mit Latin-Einschlag.
Casino Park Hotel, Avenida do Infante, ✆ 23 31 11. Renommierte Shows im Nachtclub, außerdem **Diskothek Baccara.**
Disco Pub Fórmula 1, Rua do Favilha, ✆ 6 57 55, tägl. 21–4 Uhr.
Diskothek Vespas, Avenida de Sá Carneiro, tägl. 23–4 Uhr.
Hotel Madeira Carlton, Largo António Nobre, ✆ 23 10 31. Verschiedene Shows und Tanzvorstellungen folkloristischer Art. In der hauseigenen, populären Diskothek **O Farol** werden Do–Sa 21.30–3 Uhr Oldies und aktuelle Hits aufgelegt.
Hotel Savoy, Avenida do Infante, ✆ 22 20 31. Gute Jazzbands, Tanzveranstaltungen und die folkloristische Show ›So ist Madeira‹.
Salsa Latina, siehe Restaurants. Vor allem am Samstagabend geht es hoch her.

Quinta Vigía, Avenida do Infante, oberhalb des Parque de Santa Catarina. Der dazugehörige Garten ist während der Dienststunden (ca. 10–16 Uhr) zu besichtigen. Das rosafarbene Herrenhaus aus dem 17. Jh. ist heute Sitz der Regionalregierung.
Alfándega Velha, Rua da Alfándega bzw. Rua de António José d'Almeida. Heute ist die Alfándega Velha Teil des Parlamentsgebäudes und kann nur außerhalb der Parlamentszeiten besichtigt werden (Infos beim Tourismusamt).
Mercado dos Lavradores, Rua Latino Coelho, Mo 7–14, Di–Do und Sa 7–16, Fr 7–20 Uhr. Der Bauernmarkt mit dem schönen alten Kachelbild auf der Eingangsseite ist ein lohnendes Ziel, nicht nur für Selbstversorger.

Kirchen:
Kathedrale Sé, am östlichen Ende der Avenida Arriaga, tägl. ab 6.30 Uhr geöffnet.
Jesuitenkolleg und Igreja do Colégio (Kollegiumskirche), an der Nordseite der Praça Municipal. Heute befindet sich im ehemaligen Kolleg eine Abteilung der Universität von Funchal. Die barocke Kollegiumskirche mit ihren schönen Kacheln kann man nur zwischen 17 und 18 Uhr und während der Gottesdienste (Sa 17, So 10, 12, 19 und 20 Uhr) besichtigen.
Capela Corpo Santo, über die Rua D. Carlos I. zu erreichen, Travessa do Porto.
Igreja do Socorro, auch Santa María Maior, Largo de Santa María, während der Gottesdienste zu besichtigen: Sa 17, So 8, 9 und 11 Uhr.
Igreja de São Pedro, Rua das Pretas, nur während der Gottesdienste (Sa 18.30, So 12.30 und 16 Uhr) zu besichtigen. Die Wände sind vollständig mit wertvollen Kacheln aus dem 17. Jh. bedeckt.
Convento de Santa Clara, Calçada de Santa Clara. Die Kirche des Klarissinnenklosters kann werktags von 9–12

und von 15–17 Uhr besichtigt werden, der Kreuzgang des Klosters normalerweise nicht (fragen kann sich trotzdem lohnen). Das Kloster aus dem 15. Jh. wurde von zwei Enkelinnen Zarcos begründet. Sehr wertvolle Kachelverzierungen (17. Jh.).
Anglikanische Kirche, Rua do Quebra Costas 18, und britischer Friedhof **Old Burial Ground**, Rua da Carreia 235, beide von Sonnenaufgang bis -untergang geöffnet. Im wunderschönen Garten erinnert die Büste von Philippa von Lancaster an die historisch enge Verbindung zwischen Portugal und England.

Museen:
Quinta das Cruzes, Calçada do Pico 1, Di–So 10–12.30 und 14–18 Uhr. Ein Highlight der Sehenswürdigkeiten in Funchal: prachtvolles Herrenhaus mit umfangreicher Sammlung von Kunst- und Einrichtungsgegenständen. Schränke und Möbel aus brasilianischen Zuckerkisten, Uhren, Krippen, sehr alte Kacheln, die Silbersammlung und kostbares chinesisches Porzellan. Zur Quinta gehört ein märchenhafter Garten, der zugleich ein **archäologischer Park** ist (Fensterbögen aus manuelinischen Zeiten, Wasserspeier und Basaltkreuz vom Alten Zollhaus, jahrhundertealte Grabplatten, Wappensteine aus diversen Herrenhäusern der Insel, marmorne Weihwasserbecken, Fragmente von Stadttoren, alte Trinkbrunnen und ein Stück vom alten Schandpfahl Pelourinho). Im Gewächshaus seltene Orchideenzucht.
Museu Municipal do Funchal História Natural im **Palast São Pedro,** Rua da Mouraría 31, Di–Fr 10–20, Sa, So 12–18 Uhr. Das Stadtmuseum ist der Naturkunde gewidmet – ausgestopfte Fauna und ein Aquarium voller Meeresbewohner. Auch das Gebäude, das Stadtpalais des Grafen Carvalhal, ist sehenswert.
Museu Photographía ›Vicentes‹, Rua da Carreia 43, Di–Fr 14–18 Uhr. Selbst wenn das Museum geschlossen sein sollte, ist es wegen seines herrlichen Patios mit dem Café ein beliebtes Ziel. Guter Buchkiosk, auch viele englische und deutschsprachige Bücher. Im Museum selbst dokumentiert eine umfangreiche Sammlung die Arbeit der Fotopioniere.
Museu de Arte Sacra, Rua do Bispo 21, Di–Sa 10–12.30 und 14.30–19 Uhr, So 10–13 Uhr. Ein großartiges Museum religiöser Kunst im alten Bischofspalast. Atemberaubende Sammlung von Gemälden flämischer Maler, kostbaren sakralen Gegenständen, Silberkunst, Skulpturen und Priestergewändern. Nicht versäumen!
Núcleo Museológico a Cidade do Açúcar (Museu Cidade do Açúcar), Praça Colombo, Di–Sa 10–12.30 und 14–18 Uhr. Das Zuckermuseum informiert über die reichste Blütezeit der Insel. Außerdem einige Ausstellungsstücke aus dem im 19. Jh. abgerissenen Stadtpalast, an dessen Stelle das heutige Gebäude errichtet wurde.
Museu da Cidade, Stadtmuseum im Rathaus (Câmara Municipal), Praça do Municipio, Mo–Fr 9–12.30 und 14–17.30 Uhr. Im ersten Stock ist die Stadtgeschichte Funchals dokumentiert.

Festung São Tiago/Museu de Arte Contemporánea, Mo–Sa 10–12.30 und 14.30–17.30 Uhr, an Feiertagen geschlossen. Kleines, aber sehenswertes Museum für Moderne Kunst, in erster Linie portugiesische Künstler.
Casa Museu Frederico Freitas, Calçada de Santa Clara 7, Di–So 10–12.30 und 14–18 Uhr. Möbel,

Porzellan, Gemälde und seltene *azulejos* des berühmten Sammlers. Stadtpalais aus dem 18. Jh., Speisezimmer mit Originaleinrichtung und schweren Lüstern, Eingangshalle mit Art-nouveau-Akzenten, am Ende des Gartens ein Lustpavillon.

Museu do I.B.T.A.M., Rua Visconde do Anadia 44, Mo–Fr 10–12.30 und 14.30–17.30 Uhr. Eine obligatorische Adresse für alle an Kunsthandwerk interessierten Besucher Madeiras: das IBTAM-Institut für Kunsthandwerk ist nicht nur ein staatliches Schulungsinstitut für verschiedene Techniken, sondern zeigt in dem kleinen Museum auch besonders kunstvolle Stickereien, edle Gobelins und schöne Korbflechtarbeiten.

Museu Henrique e Francisco Franco, Rua João de Deus, Di–Sa 10–12.30 und 14–18 Uhr. Werke des Bildhauers Francisco Franco und seines Bruders Henrique, der viele Inselmotive malte.

Kolumbus-Museum im Diogos Wine Spirits Shop, Mo–Fr 9.30–13 und 15–19 Uhr. Kurioses kleines Privatmuseum.

Museu do Vinho, Rua 5 de Outubro, Mo–Fr 9.30–12 und 14.30–17 Uhr, an Feiertagen geschlossen. Anmeldung für Gruppen ✆ 22 05 81. Die korrekte Bezeichnung des staatlichen Weinmuseums lautet Instituto do Vinho da Madeira. Hier dreht sich alles um den kostbaren Tropfen: Gerätschaften und Handwerkszeug aus vergangenen Jahrhunderten, die zur Weinproduktion benutzt wurden, viele Informationen über den Weinanbau und -handel, allerdings keine Weinproben.

Museu da Wine Association, Avenida Arriaga 28, am Stadtgarten D. Amélia, Mo–Fr 9–19, Sa 9–13 Uhr, Führungen um 10.30 und 15.30 Uhr. Anmeldung für Gruppen ✆ 74 21 21 , 74 12 78. Privates Weinmuseum und Kellerei, Weinproben und Verkauf.

Gärten und Quintas:

Quinta do Palheiro Ferreiro, auch **›Blandy's Garden‹**, 8 km östl. von Funchal Richtung Camacha, Mo–Fr 9.30–12.30 Uhr. Buslinie 36 ab Avenida do Mar, Fahrzeit ca. 20 Min. Traumhaft schöner Garten. Die Quinta grenzt an den Golfplatz do Palheiro Ferreiro und wurde teilweise zu einem exklusiven Hotel umgebaut.

Jardim Botânico – Quinta do Bom Succeso, Caminho do Meio, am östl. Stadtrand, tägl. 9–18 Uhr, **Museum** 9–12.30 und 13.30–17 Uhr. Buslinien 29, 30, 31 ab Avenida do Mar, Fahrzeit ca. 30 Min. Auf dem früheren Sitz der Familie Reid ist heute ein kleines **Naturhistorisches Museum** eingerichtet. Im **Botanischen Garten** findet man kunstvoll angelegte Blumenbeete, alle endemischen Pflanzen Madeiras, eine eindrucksvolle Orchideenzucht sowie ein Treibhaus mit Bromelien. Herrlicher alter Baumbestand und Papageienpark. Drei hübsche Aussichtsterrassen, plätschernde Springbrunnen und Vogelvolieren machen den Spaziergang durch den berühmten Jardim Botânico zu einem romantischen Erlebnis.

Quinta Magnólia, Rua do Dr. Pita, tägl. 8.30–18 Uhr. In der jetzigen Hotelfachschule kann man zu Mittag essen (Mo–Fr 13–14 Uhr, Anmeldung ✆ 22 90 83/84) oder spontan Tee trinken (Mo–Fr ab 16 Uhr). Schöner Park, viele Sporteinrichtungen.

Quinta da Boa Vista, Rua L. F. de Albuquerque, Mo–Sa 9–17.30 Uhr. Seltene Pflanzen und eine preisgekrönte Orchideenzucht.

Park Santa Catarina, zwischen den Avenidas do Infante und Sá Carneiro.

Park Dona Amélia, Avenida Arriaga.

Fado:

Casa de Fado Marcelino, Travessa da Torre 22 A, ✆ 23 08 34, tägl. 22.30–4 Uhr.

Arsenio's Restaurant, Rua de Santa María 169, ✆ 22 40 07, tägl. 12–2 Uhr.

O Pitéu, Rua da Carreira 182 A, ✆ 22 08 19, Di, Fr und Sa.

Im **Teatro Municipal,** Avenida Arriaga, finden häufig Konzerte statt – auf Plakate und Ankündigungen achten!

Feste s. S. 74.

Antiquitäten: Rund um die **Igreja de São Pedro** findet man in den Antiquitätengeschäften z. B. alte *azulejo*-Kacheln.

Blumen:

Außer im **Mercado dos Lavradores** kann man auch bei **A Rosa,** Rua Imperatriz D. Amélia 126, die Blumen reisefertig verpacken lassen.

Briefmarken:

CTT (Hauptpost), Avenida do Zarco. Hier werden Madeira-Briefmarken ausgestellt und im rechten Bereich der Schalterhalle verkauft.

Centro Filatélico, Rua 31 de Janeiro.

Bücher:

Livraría Esperança, Rua dos Ferreiros 119. Große Auswahl an englisch- und deutschsprachigen Büchern.

Patio Bookshop, Rua da Carreira 43, am Eingang des Museu Photographía Vicentes. Auf winzigem Raum ein gutsortiertes Angebot an Reiseführern, Karten etc. auf deutsch, englisch und französisch.

Lederwaren:

Sämtliche Lederartikel bekommt man in Portugal erheblich preiswerter als in Deutschland.

Godiva, Avenida Arriaga 11–13. Taschen, Gürtel, Jacken etc. aus bestem Leder.

Gonçalves & Silva, Rua do Portão de São Tiago 22, Zona Velha. Manufaktur für die typischen Madeira-Stiefel, die Sie in vielen Souvenirgeschäften finden.

Pele, Rua das Murcas 26. Qualitativ hochwertige Lederbekleidung und Accessoires.

Mode:

Designermode ist in Portugal viel erschwinglicher als hierzulande; das Angebot in Funchal ist zwar kleiner als in Lissabon, doch in jedem Fall lohnt es, sich umzusehen.

Fatima Lopes und Zekita Design, Rua do Surdo 34, ✆ 22 14 76, ›kreative‹ Öffnungszeiten. Originelle, aber durchaus tragbare Stücke, auch Auftragsarbeiten und ausgefallene Schuhe.

Zara, Rua do Aljube 21. Preiswerte, originelle Mode der auch in Portugal stark vertretenen spanischen Kette. Man sollte etwas auf die Verarbeitung achten, doch vor allem in den Schlußverkäufen kann man hier gute Schnäppchen machen.

Souvenirs:

Casa do Turista, Rua do Conselheiro José Silvestre Ribeiro (unterhalb des Stadttheaters an der Avenida do Mar). *Die* Adresse für hochwertige Souvenirs: Töpfer- und Glaswaren, Porzellan, Stickereien, kleine Möbelstücke etc.

Stickerei:

Bazar Oliveiras, Rua dos Murcas 2–6. Viel Kunsthandwerk und schöne Stickereien.

Maria L. Kiekeben, Rua da Carreira 194. Traditionsreiches Geschäft für Gobelin-Stickerei.

Madeira Sun, Avenida Zarco 4. Große Auswahl.
Patrício & Gouveia Sucessors, Rua do Visconde de Anadia 33. Man kann die einzelnen Arbeitsschritte verfolgen und schöne Stickereien kaufen.

Wein:
Diogos, Avenida Arriaga 48, durchgehend geöffnet. Die kostbaren Tropfen werden reisefertig verpackt und ins Hotel geliefert.
D'Oliveiras, Rua dos Ferreiros 107. Traditionsreiche Weinhandlung.
Henriques & Henriques, Rua dos Ferreiros 125. Dito, mit schönem Innenhof.

Baden:
Felsbadeanlage Barreirinha, zu Füßen der Kirche Santa María Maior am Rande der Altstadt. Gesicherter Meereszugang und Pool. Im Sommer 8.30–19 Uhr, im Winter 9–18 Uhr.
Clube de Turismo, Estrada Monumental 179, ✆ 76 25 59, dito.
Piscina do Lido, Rua do Gorgulho, ✆ 76 22 17, dito.
Clube Naval do Funchal, Estrada Monumental 235, ✆ 76 22 53, dito.

Hochseefischen:
Madeira Sportsfishing, Kontakt über das Büro der deutsch/englischen Zeitschrift ›Madeira Life‹, Monumental Lido Shopping Center, Loja Nr. 8, 2. Etage, ✆ 76 33 04, Handy 09 36/48 44 85. Auch Exkursionen zur Delphin-Beobachtung.
Costa do Sol, im Yachthafen/Marina do Funchal, ✆ 23 85 38, 22 43 90, Fax 23 57 35. Auch Schiffstouren nach Ribeira Brava, Caniçal, Machico, Cabo Girão und Ponta do Sol.
Turipesca, José Brás, Verkaufskiosk am Yachthafen, ✆ 23 10 63.

Tauchen:
Tauchbasis im **Hotel Atlantic Palms,** Praia Formosa, ✆ 7 00 10 00, Fax 76 19 94.

Wandern, Exkursionen:
Viele Agenturen bieten Levada-Wanderungen und Exkursionen per Schiff oder per Bus an, z. B. Portitours, Avenida Arriaga 34, 4. Etage, ✆ 22 47 29, 22 04 66. Auch Helikopterflüge über Funchal und nach Ribeira Brava (etwa 100 bzw. 160 DM pro Person). Viele deutschsprachige *Guides.*

Ausflüge:
Kurze Ausflüge kann man von Funchal aus z. B. nach Monte (s. S. 131ff.), Camacha (s. S. 139ff.), Curral das Freiras (s. S. 137f.) und Câmara de Lobos (s. S. 174ff.) unternehmen.

Apotheke mit englischsprachigem Personal: Botica Inglesa, Rua Câmara Pesteria 23–25, ✆ 22 01 58.
Ambulante Behandlung im **Centro Médico da Sé,** Rua dos Murcas 42, ✆ 23 01 27–29.
Deutschsprachiger **Allgemeinarzt,** Dr. Zino, Avenida do Infante 26, ✆ 74 22 27.
Clínica de Santa Luzia, Rua da Torrinha 5, ✆ 20 00 00, Fax 20 00 05. Privatklinik, 24-Stunden-Notservice, Operationen möglich, Intensivstation.
Clínica de Santa Catarina, Rua 5 de Outubro 115, ✆ 74 11 27, Fax 74 20 56. Privatklinik mit umfassendem Therapie-Programm.
Deutsch-/englischsprachiger **Zahnarzt:** Dr. António Cardoso, Rua Mercés 19 A, ✆ 3 53 48.
Medicina Dentária, zahnärztlicher Notservice für Sonn- und Feiertage, ✆ 998 99 87 31.

Bus, Leihwagen, Taxi: s. Informationen von A–Z, Reisen auf Madeira.

Fähren: von und nach Porto Santo s. Informationen von A–Z, Reisen auf Madeira.

Machico

Forte Nossa Senhora do Amparo, ✆ 96 22 89, Mo–Fr 9–12.30 und 14–17, Mi ab 9.30, Sa 9–12.30 Uhr.

Dom Pedro Baía ****, Estrada de São Roque, ✆ 96 57 51, Fax 96 68 89. 218 Zimmer. Hervorragend ausgestattetes Hotel mit Meereszugang, großer Poolanlage, Garten, Restaurants. Sehr komfortabel und mit schönem Blick über die Bucht. Teuer.
Pensão Amparo, Rua da Amargura, ✆ 96 81 20, Fax 96 60 50. Zwölf Zimmer mit Telefon und TV. Günstig.
Pensão do Facho, Praça do 25 de Abril, ✆ 96 27 86, Fax 96 16 56. Elf Zimmer, schlicht eingerichtet, doch funktional. Mit Restaurant. Günstig.
Pensão Machico, Praça do 25 de Abril, ✆ 96 35 11. Pension mit sechs einfachen Zimmern. Günstig.

El Padrino, Serra Agua, ✆ 96 24 33. Feines Fischlokal mit vielen Spezialitäten (Hummer, Meeresfrüchte), exzellent zubereitet. Nicht billig, aber angemessene Preise (Hauptgericht ab 2000 $).
Marisqueira de Machico, Praça Gil, ✆ 96 27 92, 10–24 Uhr, Di geschlossen. Spezialist für frische Meeresfrüchte, doch auch der Fisch ist nicht zu verachten. Angemessene Preise.
Mercado Velho, Praça Mercado Velho, tägl. 10–24 Uhr. Am ehemaligen Marktgebäude liegt diese beliebte Caféterrasse; hier läßt es sich bei Snacks und kleinen Gerichten hervorragend ausruhen. Preiswert.
O Xadrez, Caramachão, ✆ 96 58 89, tägl. außer Mo 19–22 Uhr. Traditionelle Küche. Preiswert.
Restaurante Família, Sítio Pé-da-Ladeira (gegenüber vom Dom Pedro Hotel Baía), ✆ 96 69 39, tägl. 8–24 Uhr. Traditionelle Küche: Rindfleischspieß und *espada* zu zivilen Preisen.

Diskothek La Barca, Praceta 25 de Abril, ✆ 96 53 87, tägl. 23–4 Uhr.

Capela do Senhor dos Milagres, Largo dos Milagres. Ein romantischer Platz mit der berühmten Kapelle von 1815.
Capela de São Roque, am Ende der Bucht unterhalb des Hotels Dom Pedro. Leider ist die Rochus-Kapelle meistens geschlossen. Im Innern herrliche Kachelbilder mit Szenen aus dem Leben des hl. Rochus (Schutzpatron gegen die Pest). Unterhalb der Kapelle entspringt die **Rochus-Quelle,** deren Wasser heilende Kräfte nachgesagt werden.
Igreja Nossa Senhora da Conceição, Largo do Municipio. Frühes 16. Jh., das älteste größere Gebäude der Stadt. Schönes gotisches Portal, zwei Seitenkapellen im Innern, die zur ursprünglichen Form der Kirche gehören. Grabstätte der Familie Vaz Teixeira. Wertvolle vergoldete Holzschnitzereien aus dem 17. Jh.
Miradouro Francisco Alvarez de Nóbrega. Vom Aussichtspunkt auf dem Hügel schweift der Blick über die Bucht und das Tal von Machico.

Avó do Fado, Sítio da Torre, ✆ 96 22 30. Restaurant mit Fado-

Vorstellungen;
am letzten Julisonntag: **Fackelzug** zur Kirche Nossa Senhora da Conceição zur Erinnerung an die Piratenüberfälle;
August: **Gastronomische Woche;**
8./9. Oktober: nächtliche **Pilgerprozession** zur Capela do Senhor dos Milagres.

Casa das Bordadeiras de Machico, Sítio da Pontinha (Ausfallstraße nach Caniçal), ✆ 96 66 55. Manufaktur und Geschäft für feinste Stickereien.

Surfen: Nautileste, am Kiesstrand. Verleih von Surfbrettern und Tretbooten.

Tauchen: Dive College International, im Hotel Dom Pedro Baía, ✆/Fax 96 61 80.

Ausflüge:
Ins ehemalige Walfängerdorf **Caniçal** (s. S. 156ff.) und auf die **Ponta de São Lourenço** (s. S. 158ff.) ist es nur ein Katzensprung. Vom **Pico do Facho** sieht man mit etwas Glück bis Porto Santo. Durch eindrucksvolle Berglandschaften führt die Strecke über den **Portela-Paß** (s. S. 160) nach **Porto da Cruz** (s. S. 160). Oder man fährt ins nahegelegene **Santo da Serra** (s. S 150), um Höhenluft zu schnuppern und/oder Golf zu spielen.

Bus: Linien 20, 23, 53, 78, 113, 156 von und nach Funchal, etwa stündlich.
Taxi: Innenstadt: ✆ 96 24 80, 96 21 38, an der Post: ✆ 96 22 20.

Madalena do Mar

Bar dos Amigos, eine einfache Dorfkneipe mit regionaler Küche.
Diskothek Estúdio, in **Livramento.** Die Dorfjugend zieht es Fr und Sa ab 23 Uhr in die Disco – weit und breit die einzige Ausgehmöglichkeit.

8. September: **Dorffest**, wie auch im Nachbarort **Ponta do Sol.**

Bus: Linien 4 und 107 von und nach Funchal, 6 × tägl., ca. 2 Std. Fahrzeit.
Taxi: ✆ 9 79 21 10.

Monte

Casa Cantareira do Monte, Caminho do Monte 150 D, ✆ 7 80 00 00, Fax 7 80 00 08. Sieben sehr kleine, aber gemütliche Zimmer im Hauptgebäude der ehemaligen Quinta das Camélias. Moderat.
Casa do Caseiro ****, Caminho do Monte 62, ✆ 4 90 25, Fax 22 71 13. Zwischen Bananenstauden und blühenden Gärten liegt dieser renovierte Landsitz mit acht komfortablen Schlafzimmern, großer Terrasse und kleinem Pool. Sehr empfehlenswert für Ruhesuchende. Günstig/moderat.

Im **Café do Parque,** am Largo da Fonte, kann man sich unter Schatten spendenden alten Bäumen gemütlich mit Snacks und einfachen Gerichten stärken.

Igreja Nossa Senhora do Monte, tägl. 9.30–13 und 15–18 Uhr. Die berühmte Wallfahrtskirche der

Schutzpatronin von Madeira. Kaiser Karl I. von Österreich ist in einer Seitenkapelle begraben.

Jardim do Monte, Caminho do Monte 174, Mo–Fr 9–17 Uhr. Der schöne alte Park des früheren Hotels Monte Palace ist eine Attraktion – ein Japanischer und ein Orientalischer Garten, Palmfarne und die größte jemals auf einer Töpferscheibe gedrehte Vase der Welt, das ›Cleopatra-Gefäß‹. Hübsches Café. An der Kasse bekommt man einen Miniführer auf deutsch.

14./15. August: **Fest der Nossa Senhora do Monte.** Der Jahreshöhepunkt für die Katholiken Madeiras: Schon am Abend des 14. August beginnt die größte Wallfahrt der Insel – die Pilger rutschen die zahlreichen Stufen zur Kirche auf ihren Knien hoch. Am 15. dann feierliche Prozession, außerdem Feuerwerk und Musikkapellen.

Auf dem **Largo da Fonte** werden Wollpullover, traditionelle Stiefel und Gesticktes verkauft.

Korbschlittenfahren, von Monte nach Livramento und Funchal – *die* Attraktion von Monte. Die ›Station‹ liegt unterhalb der Kirche. Nach Livramento dauert die Fahrt etwa 10 Min., nach Funchal etwa 20 Min. Preis: 1500 bzw. 2500 $ plus Trinkgeld und Kauf eines Polaroidfotos, das die Schlittenfahrer von den Passagieren machen.

Wandern: Die **Levada dos Tornos** beginnt bei Monte und führt u. a. durch Obstgärten in die Gegend von Santo da Serra. Wanderstiefel und eine Taschenlampe sind notwendig, da die Levada durch einige Tunnel führt. Die Gesamtdauer für die Wanderung liegt bei 5–6 Std., doch man kann jederzeit auf den Straßen 201 und 202 zurückkehren.

Ausflug: Terreiro da Luta liegt nur 300 m oberhalb von Monte. 5 m hohe Mariensäule für die Nossa Senhora da Paz. Der um den Sockel gewickelte ›Rosenkranz‹ der Jungfrau besteht aus Flußsteinen, die mit den Gliedern der Ankerkette des Schiffes La Surprise verbunden sind. Von der Endstation der stillgelegten Zahnradbahn haben Sie einen herrlichen Blick auf Funchal. (Bus: Linie 103 von und nach Funchal, 4 × tägl., Fahrzeit etwa 30 Min.)

Bus: Linien 20 und 21, alle 30 Min. von und nach Funchal, Avenida do Mar, Fahrzeit ca. 30 Min. **Taxi:** am Largo da Fonte, ✆ 78 21 58.

Paúl da Serra

Auf der Hochebene können Sie zelten oder im **Staatlichen Forsthaus Bica da Cana** übernachten. Nur im voraus zu buchen bei der Região Autónoma da Madeira (s. Funchal).

Flor de Úrze, vor der Abzweigung nach Rabaçal. Spezialität: *poncha.*

Ende Juni: **Festa das Tosquias,** großes Schafschurfest.

Paúl do Mar

Keramikwerkstatt: Paula Gomes und Jorge Meco bemalen in ihrer kleinen Werkstatt an der

Hauptstraße (das Haus gegenüber dem Denkmal für Dr. João Mauricio) Kacheln mit traditionellen und modernen Mustern. Die Werkstatt ist meistens nachmittags zwischen 15 und 19 Uhr geöffnet. Handy: 09 36/2 61 55 29, Verständigung auf Englisch oder Französisch.

Pico do Arieiro

Pousada Pico do Arieiro, ✆ 23 01 10, Fax 22 86 11. 21 komfortable Zimmer, im Sommer besonders am Wochenende schnell ausgebucht, da die herrlich gelegene Pousada ein beliebter Ausgangspunkt für Wanderungen in die Bergwelt ist. Unbedingt resevieren!

Restaurant der Pousada, Spezialität: *poncha.*

Wanderung zum **Pico Ruivo,** (s. S. 167ff.).

Pico Ruivo

Die **Berghütte** ist ganzjährig bewirtschaftet, es gibt allerdings nur Getränke zu kaufen. Proviant muß man selbst mitbringen. Für Übernachtungen in der Schutzhütte **Abrigo da Montanha** Voranmeldung bei Região Autónoma da Madeira (s. Funchal). Es empfiehlt sich außerdem, Schlafsäcke mitzunehmen.

Poiso-Paß

Im Gästehaus **Casa do Abrigo do Poiso** stehen drei Gästezimmer zur Verfügung, ✆ 22 77 85. Garantiert ruhig. Moderat.

Casa de Abrigo do Poiso, ✆ 78 22 69, 8–24 Uhr geöffnet.

Achtung: Der Poiso-Paß gehört zum Nationalpark Montado do Barreiro, weshalb die Straße nur zwischen 8 und 19 Uhr befahren werden darf!

Ponta Delgada

Solar de Boaventura, im Nachbarort Boaventura, ✆ 86 38 88, Fax 86 38 77. Kleiner Landsitz mit wenigen Zimmern, vorher reservieren. Moderat.
Estelagem Corte do Norte ****. Sítio do Lugar, ✆ 86 20 70, 86 20 71, Fax 86 20 72. Landsitz mit elf Zimmern, umgeben von Grün. Moderat.

Igreja do Senhor Bom Jesús mit dem Fragment des wundertätigen Holzkreuzes. Jedes Jahr am ersten Septembersonntag ist die Kirche das Ziel vieler Pilger, die mit Lorbeerbögen und Blumengirlanden in die Kirche ziehen, um dem wundertätigen Jesus zu danken.

Erster Sonntag im September: **Wallfahrt und Fest des Senhor Bom Jesús,** das ganze Dorf wird mit Blumen geschmückt.

Nortiflor, Lameiros, ✆ 86 38 82, Fax 86 38 82. Blumen und Kunsthandwerk sowie Snackbar **As Pedras.**

Baden: Meerwasserschwimmbecken (kann sehr bewegt sein).

Linie 6 ab Funchal, 3 × tägl., Fahrzeit ca. 3 Std.

Ponta do Pargo

Leuchtturm. Der Weg zum Turm auf dem Felsenkap ist ausgeschildert. Herrliche Aussicht!

Im September feiert man das Spitzapfelfest **Festa do Pêro.**

Wandern: Die von farbenprächtigen Blumen bewachsene **Levada Nova** führt von Ponta do Pargo nach Calheta (insgesamt 20 km). Da die Straße 101 immer in der Nähe ist, kann man die Wanderung jederzeit bequem abbrechen.

Ausflug: Von Ponta do Pargo führt eine steile Straße hinunter an die Küste nach Paúl do Mar.

Linien 80 und 107, 3 × tägl. von und nach Funchal; nach Porto Moniz Linie 142 nur 1 × tägl., Fahrzeit ca. 4,5 Std.

Ponta do Sol

Kirche Nossa Senhora da Luz (Unsere Liebe Frau des Lichts) im Ortszentrum, tagsüber (meistens) geöffnet. Ungewöhnlich prächtige Kirche für solch einen kleinen Ort. Alte Kacheln und ein Taufbecken von König Manuel I.
Haus der Vorfahren von John dos Passos, Rua Príncipe D. Luís I., bergan hinter der Kirche. An der Vorderfront ein Wappen mit dem Sternbild des Kleinen Wagens, Gedenktafel.
Parque Infante Dom Henrique, oberhalb der Kirche. Aussichtsterrasse.

8. September: **Dorffest,** wie auch in **Madalena do Mar.**

Baden: Mutige wagen sich an dem kleinen Strand mit seinen groben Kieseln in die Fluten.

Wandern: Wanderfreunde gelangen über Ponta do Sol und Canhas nach **Rabaçal.** Oberhalb von Ponta do Sol verläuft die **Levada Nova** bis **Arco da Calheta.**

Ausflüge: Lombada da Ponta do Sol, ein höher gelegenes Fleckchen, wo früher eine der größten Zuckerplantagen der Insel lag. Heute befindet sich in dem Gebäude eine Schule. Daneben die leider meist verschlossene Capela do Espírito Santo, Heilig-Geist-Kapelle (im Innern *azulejos* und Holzschnitzereien). **Nach Canhas:** entlang der Straße ist ein Kreuzweg mit 14 Stationen eingerichtet, der zum Heiligtum der hl. Theresa führt.

Bus: Linien 4 und 107 von und nach Funchal, etwa 6 × pro Tag. Fahrzeit: ca. 2 Std.
Taxi: ✆ 97 21 10; Canhas: ✆ 97 24 70.

Portela

Casa da Portela, ✆ 96 61 69, nur tagsüber geöffnet. Leckere Tomatensuppe, Rindfleischspieße und kräftiger Rotwein. Um 1500 $ für ein Hauptgericht.

Leichte **Levadawanderung** von Portela nach **Ribeiro Frio** (11 km, gesamt ca. 3,5 Std.). Sie zweigt über einen Steig von der Landstraße 101 oberhalb des Gasthauses ab (ausgeschildert), führt an einem schönen Forsthaus mitten im Wald vorbei, teilweise an einer Levada entlang, in der sich Forellen tummeln. Das Ziel ist das

Restaurant Victor's Bar in Ribeiro Frio (s. S. 164f.).

Porto da Cruz

Albergaría do Penedo, ✆ 56 30 11, Fax 56 30 12. Einfache Pension im Stadtzentrum, direkt am Meer. Günstig.
Quinta da Capela, Foldahal, ✆/Fax 56 24 91. Wenige schöne Zimmer im renovierten Landhaus. Moderat.

Penha d'Ave, Casas Próximas, im Ortskern, ✆ 56 21 27. Leckere regionale Gerichte, um 2000 $ für ein Hauptgericht.

15. August: Fest der **Nossa Senhora de Guadalupe** mit Feuerwerk und viel Wein.

In der Probierstube der kleinen **Zuckermühle** *(engenho)* nahe des kleinen Strandes gibt es *aguardente* (Schnaps) und *mel* (Zuckersirup) zu kosten und zu kaufen.

Baden: Porta da Cruz hat einen kleinen **Strand,** an dem man bei ruhiger See baden kann. Geschützter schwimmt man im **Hafenbecken**, wo es auch eine Dusche gibt.

Wandern: Die **Levada do Caniçal** führt von Porto da Cruz über Boca do Riso nach **Caniçal.** (12,5 km, gut 4 Std.). Der Weg ist weder einfach zu finden noch leicht zu laufen, man muß wandererfahren und absolut schwindelfrei sein. Außerdem sollte man sich einer Gruppe anschließen und die Tour nicht nach starken Regenfällen unternehmen.

Bus: Linien 53, 78 über Machico nach Funchal, ca. 5 × tägl., Fahrzeit ca. 1 Std. 45 Min., Linie 56 über Faial nach Funchal, 1 × tägl.
Taxi: gegenüber der Kirche, ✆ 56 24 11.

Porto Moniz

Am Campingplatz, ✆ 85 25 94, Mo–Fr 9.30–13 und 14.30–17.30, Sa 9.30–12 Uhr.

Orca, neben dem Meeresschwimmbecken, ✆ 85 23 59, Fax 85 23 20. 16 Zimmer mit Terrasse, einige davon mit Meerblick. In der Pension gibt es auch ein Restaurant. Moderat.
Residencial Calhau, neben dem Meeresschwimmbecken, ✆ 85 31 04, 85 37 04, Fax 85 34 43. 15 Zimmer mit Meerblick. Die Lage ist spektakulär: die Pension scheint direkt über dem Wasser zu hängen, und die Gäste werden vom Rauschen der Brandung in den Schlaf gewiegt. Moderat.

Parque de Campismo, Vila Porto Moniz, ✆ 85 34 47. Mitten im Ort, zwischen Fischerhafen und Meerespool gelegen. Preise pro Person: 180 $, Zelt: bis 3 m^2 170 $, 3–12 m^2 230 $, darüber: 450 $ pro Nacht. Leichte Erhöhung ab Sommer 1999 angekündigt (trotzdem noch extrem günstig).

Orca, s. Pension, ✆ 85 00 00, Fax 85 00 19, tägl. 7–23 Uhr. Panorama-Restaurant direkt neben dem Meeresschwimmbad. Viel frischer Fisch. Zivile Preise (1500–2000 $).
Polo Norte, neben dem Meeresschwimmbad, ✆ 85 23 22, bis 23 Uhr. Eine *churrasqueira*, ein Fleischgrill,

der auch Meeresfrüchte anbietet. Um 1500 $ pro Hauptgericht.

Die **Meerwasserpools** sind die größte Attraktion in Porto Moniz.

Mai: **Fest der hl. Rita;**
Juni: **Fest des hl. Antonius;**
22. Juli: **Dorffest** und **Fest der hl. Magdalena;**
an einem Augustwochenende: **Festa de Gado,** traditioneller Viehmarkt mit gegrillten Spießen und Wein;
September: **Fest des Allerheiligsten Sakraments** mit Prozession, Feuerwerk und Musik.
Im Sommer findet außerdem die **Semana do Mar** statt, mit Jet-Ski-Rennen durch die Brandung sowie der traditionellen Bootsregatta Porto Moniz–Seixal.

Z. B. bei **Bodarte** und **Casa Regional Souvenirs** bekommt man bestickte Taschentücher, Blusen, Servietten, Maisstrohpüppchen, Hüte und was man sonst an Souvenirs braucht. Täglich 10–20 Uhr, im Winter 10–18 Uhr.

Porto Moniz ist Ausgangspunkt für viele **Wanderungen,** z. B. vom **Wasserreservoir** oberhalb des Orts oder von **Lamaceiros** aus entlang der **Levada Central da Ribeira da Janela** (9 km, Hinweg 2 Std. 30 Min.; leichte Wanderung, falls man schwindelfrei ist) bis ins Tal der **Ribeira da Quebrada.**

Bus: Linien 80 und 139 von und nach Funchal, 2 × tägl., 3 Std. Fahrzeit. Linie 150 nach São Vicente, 3 × tägl., knapp 30 Min. Fahrzeit.
Taxi: ✆ 85 22 43.

Porto Santo/Vila Baleira

Ave. Henrique Vieira de Castro, ✆ 98 23 61/2, Durchwahl -203, -238, Mo–Fr 9–17.30, Sa und feiertags 10–12.30 Uhr, So geschlossen. Die Angestellten des kleinen Informationsbüros helfen kompetent und außerordentlich liebenswürdig weiter.
Post: in der Ave. Vieira de Castro, ✆ 98 21 40 (schräg gegenüber vom Tourismusbüro).

Pensão Central ***, Rua José S. Moura Caldeira, ✆ 98 22 26, Fax 98 34 60. 42 Zimmer. Am schönsten ist die Suite im zweiten Stock mit Veranda und Meerblick (moderat). Ansonsten einfache, funktionale Zimmer, besonders preiswert sind die im Parterre. Günstig.

Am Strand:
Alojamentos Particulares Rita Correia, Cabeço da Ponta, ✆ 98 48 72. Vier Apartments für zwei, zwei für vier Personen, gegenüber dem Hotel Luamar. Günstig.
Alojamentos Particulares Zita Garton, Campo de Baixo, ✆ 98 45 53 und für Reservierungen in Funchal 22 94 41. Drei Apartments für zwei, eins für vier Personen, direkt am Strand, neben dem Hotel Porto Santo. Günstig.
Hotel Porto Santo ****, Campo de Baixo, ✆ 98 23 81, Fax 98 26 11. 96 Zimmer und Suiten, alle mit Terrasse. Direkt am Strand liegt dieses bekannte und sehr komfortable Hotel. Sonnenterrassen und ein Stück Kunstrasen bis zum Sandstrand. Mit Tennisplatz, Minigolf, Volleyballfeld, Windsurfmöglichkeiten. Moderat/teuer.
Luamar Suite Hotel ****, Cabeço da Ponta, ✆ 98 41 03, Fax 98 31 00. 113 Apartments, jeweils mit Schlafzimmer,

Wohnraum, Kitchenette und Terrasse. Direkt am Strand, ca. 4 km vom Ortszentrum entfernt. Kostenloser Transferbus ins Zentrum. Moderat/teuer.
Praia Dorada ***, Rua D. Estevão d'Alencastre, ✆ 98 23 15, Fax 98 24 87. Ein einfaches, aber sehr angenehmes und erst kürzlich renoviertes Strandhotel mit 110 Zimmern und freundlicher Atmosphäre. Kleiner Pool, Bar und TV-Räume (auf den Zimmern nur Radio und Telefon). Moderat.
Higino Santos, Handy 0 91 09/ 36 51 13 90. Vermittlung von Wohnungen und Häusern am Strand.
Torre Praia Suite Hotel ****, Rua Goulart Medeiros, ✆ 98 52 92, Fax 98 24 87. 66 Zimmer und Suiten. Das moderne Standhotel wurde um einen alten Schmelzofen herum gebaut. Originell die Panorama-Bar oben im Turm, wo man leckere Cocktails und *poncha* mit Blick auf den Strand schlürfen kann. Sehr freundliche Atmosphäre. Mit beheiztem Pool, Strandzugang, Sauna, Fitnesscenter, Squash und Tennisplatz. Moderat/teuer.
Villa Ramos ****, Lugar de Baixo, ✆ 98 48 66, für Reservierungen: ✆ 76 26 16, Fax 76 21 92. Gemütliche kleine Residenz auf einem Hügel, mit schöner Terrasse und Meerblick. Etwa 100 m zum Privatstrand. Moderat.

Parque de Campismo do Porto Santo, Rua Goulart Medeiros, Vila, ✆ 98 31 11. Pro Tag und Erwachsenem 200 $, je nach Zeltgröße zwischen 180 und 280 $, pro Quadratmeter 180 $, Caravans je nach Größe 300–400 $.

In Vila Baleira:
Arsenio's, Ave. Dr. Manuel Pestano Júnior, ✆ 98 43 48. Italienische Küche, Menü um die 3000 $.
Café Baiana, Rua Dr. Nuno S. Teixeira, ✆ 98 46 49, tägl. von 8–24 Uhr. Zentral am kleinen Platz vor dem Rathaus gelegenes Café-Restaurant, ein beliebter Treffpunkt. Besonders angenehm ist die überdachte Terrasse. Sehr beliebt bei den Einheimischen, gute Toasts, kleine Gerichte und traditionelle Küche. Suppen um 300 $, Hauptgerichte schon ab 700 $. Man kann auch halbe Portionen bestellen *(meia dose).*
Esplanada da Praia, Vila, ✆ 98 44 11. Auf der ›Strandterrasse‹ gibt es leckeren Fisch (um 1500 $), die frische Brise und der Meeresblick sind umsonst. Angenehmer Ort.
O Forno, Rampa da Fontinha, ✆ 98 51 41. Hier kommt man leicht ins Schwärmen: köstliche Fleisch- und Fischgerichte vom Holzkohlengrill, dazu warmes Knoblauchbrot und der rustikale Inselwein ... Um die 1500–2000 $.

Am Strand und außerhalb:
Campo de Baixo:
Mar e Sol, ✆ 98 22 69. Frischer Fisch und Meeresfrüchte, direkt am Strand. Um die 2000 $.
Calheta:
Pôr do Sol, ✆ 98 43 80, 98 20 02, tägl. 9.30–22 Uhr, manchmal auch länger. Wer auf dieser Terrasse direkt am Meer (mit Blick auf die Felsinseln) einen *sundowner* genießen will, aber kein Auto hat, ruft einfach an: die freundlichen Menschen vom ›Sonnenuntergang‹ holen Sie aus Vila Baleira ab und bringen Sie auch wieder zurück. Grandiose Kulisse! Moderat.
Camacha:
Estrela do Norte, ✆ 98 34 00, bis 2 Uhr morgens geöffnet. Eine Inselspezialität, die man sich nicht entgehen lassen sollte: Hähnchen vom Holzkohlengrill. Außerdem hausgemachter Wein. Günstig.

Campo de Cima:
Gazela, ✆ 98 51 41. Einfache, ländliche Küche. Günstig.

Diskothek Challenger, Rua D. Estevão de Alencastre, Vila, ✆ 98 34 80, tägl. ab 22 Uhr. Ein populärer Treffpunkt.
Bar João do Cabeço, Sítio do Cabeço, ✆ 98 21 37, tägl. 16–4 Uhr. Fröhliche Gesellschaften halten es lange aus in dieser Bar mit ihrer guten Oldie-Musik und der netten Bedienung. Gegen den kleinen Hunger helfen Kohlsuppe *(caldo verde),* Muscheln oder Sandwichs.

Igreja Nossa Senhora da Piedade, Vila Baleira, neben dem Rathaus. Die erste Kirche auf Porto Santo wurde immer wieder von den Piraten zerstört, so daß man heute vor einem Wiederaufbau aus dem 17. Jh. steht.
Casa Museu Cristovão Colombo (Kolumbus-Museum), Rua Cristovão Colombo, ✆ 98 34 05, Mo–Fr 9.30–17.30, Sa 9.30–12 Uhr, So und feiertags geschlossen.
Rathaus, Largo do Pelourinho, ✆ 98 26 47, geöffnet zu den normalen Bürozeiten.
Der **Keramikkünstler José de Jesús Vasconcelos** hat hinter dem Museum eine kleine Werkstatt, wo er seine phantasievollen Figuren herstellt. Fragen Sie im Museum nach ihm – falls er nicht ohnehin gerade dort arbeitet.

Am 24. Juni feiert Porto Santo das **Inselfest** – mit Böllerschüssen, Feuerwerk, Blumengirlanden, Umzügen und Musikkapellen.
Am 15. August **Fest der Nossa Senhora da Graça.**

Baden: Grandios und berühmt ist der 8 km lange goldgelbe Sandstrand; selbst im Winter hat das Wasser hier noch eine sehr angenehme Temperatur.

Tauchen: Scuba Diving Center, Rua João Gonçalves Zarco 5, Vila, ✆ 98 21 62, Fax 98 21 63. Auch Boot-Trips.

Reiten: Centro Hípico de Porto Santo, Sítio da Ponta, ✆ 98 31 65.

Rundfahrten: Agentur Lazermar, Higino Santos, Handy 09 36/51 13 90.

Feuerwehr und Ambulanz: ✆ 98 23 54, 98 23 79.
Gesundheitszentrum, Centro de Saúde, Rua Dr. José D. Lima, ✆ 98 22 11, 98 22 99.

Bus: Vila/Camacha 6 × tägl., Vila/Ponta 4 × tägl. (zurück: 3 ×), Vila/Campo de Baixo und Campo de Cima 4 × täglich (zurück: 3 ×), Vila/Serra de Fora 6 × tägl.
Sa und So nur 2 × tägl. Busverbindungen nach Camacha und Ponta.
Tägl. um 10.20 und um 16 Uhr Bus zum Hafen. Vom Hafen in die Stadt: 11.05, 16.10 Uhr, (185 $).
Taxi: Stand in der Rua Dr. Nuno Silvestre Teixeira, Vila, ✆ 98 23 34.

Leihwagen: Budget, im Flughafen, ✆ 98 30 08, 3500 $ pro Tag.
Cristovão Colombo, Rua Dr. Manuel Gregório Pestana Júnior, ✆ 98 22 80, Fax 98 28 20. Rund 5000 $ pro Tag.
Rodavante, im Flughafen, ✆ 98 29 25, Fax 74 19 98. 4500 $ pro Tag.

Flugverbindungen: (s. S. 279).
Flughafen: ✆ 98 23 79.

Hafenverwaltung: ✆ 98 25 77.
Porto Santo Line (Fährschiffe nach Madeira): ✆ 98 25 56 im Hafen. In Vila Baleira: Rue B. Perestrelo, ✆ 98 25 43.

Prazeres

Estelagem Casa de Chá, Sítio da Estacada, ✆ 82 30 70/1, Fax 82 30 72. Das Landgasthaus ist ein guter Ausgangspunkt für Levada-Wanderungen. Moderat.
Hotel Jardím Atlántico ****, Lombo da Rocha, ✆ 82 22 00, Fax 82 25 22. 97 moderne Apartments mit Meerblick, Panoramalage auf der Steilküste, 1,5 km von Prazeres. Restaurant mit vegetarischer und Vollwertkost, Fitnesscenter, Hallenbad, Sauna, Massage, Beautysalon. Moderat/teuer.

Rabaçal

Staatliche Schutzhütte (Casas de Abrigo), Vorbuchung bei Região Autónoma (s. Funchal).

Rabaçal ist der Ausgangspunkt für **Wanderungen** entlang der **Levado do Risco** und der **Levada das 25 Fontes.**

Ribeira Brava

Tourismusbüro im **Forte de São Bento** an der Uferpromenade, ✆ 95 16 75, Mo–Fr 9–12 und 14–17, Sa 9.30–17 Uhr.

Brava Mar ***, Cmte Camacho Freitas, ✆ 95 22 20, Fax 95 31 32. 70 Zimmer. Schnörkelloses Stadthotel, in dem man viele Wanderer trifft. Günstig.
Vale Mar Apart Hotel ***, Sítio do Muro, ✆ 93 45 66, 95 15 23, Fax 93 45 55. 20 Zimmer mit Kitchenette. Moderat.

Água Mar, am Ende der Uferpromenade, ✆ 95 11 48, 95 15 70. Auf der riesigen Sonnenterrasse oder im Panorama-Restaurant gibt es teure Meeresfrüchte und (preiswerten) Fisch, Schnecken, Suppen. Die Fischsuppe lohnt sich besonders (500 $).
Marginal, Uferpromenade, ✆ 95 25 43, 95 15 70. Spezialität dieses einfachen Kneipenrestaurants sind die frischen Fischgerichte (um 1000–1500 $), doch die Hühnersuppe (300 $) ist auch nicht zu verachten. Beliebt bei Einheimischen.
Vista Alegre, Estrada Nacional 101, ✆ 95 36 14, 95 37 65, tägl. 8–24 Uhr. Leckere Grillgerichte und ein ›fröhlicher Blick‹ bei Personal und Gästen. Um die 2000 $.

Igreja de São Bento, Pfarrkirche. Glockenturm mit blauen und weißen *azulejos.* Taufstein von König Manuel I. Wertvolles Gemälde aus der Flämischen Schule (Geburt Christi) und Marienfigur aus dem 16. Jh.
Cámara Municipal, Rathaus. Gleich hinter der Kirche liegt dieses Herrenhaus aus dem 18. Jh. mit seinem wunderschönen Garten.
Museu Etnográfico da Madeira, Rua de São Francisco 24, ✆ 95 25 98, tägl. außer Mo und feiertags 10–12.30 und 14–18 Uhr. Das Alltagsleben vergangener Jahrhunderte ist in diesem hoch-

interessanten neuen Volkskundlichen Museum dokumentiert. Mo zwischen 10 und 12.30 Uhr Führungen, Reservierung erforderlich. Eintritt 350 $.

29. Juni: **Fest des hl. Petrus,** dem Schutzpatron der Fischer. Eindrucksvolle Bootsprozession, Feuerwerk, Musik und Volksfeststimmung. Höhepunkt des Festes ist der berühmte – und von der Folkloregruppe aus Ribeira Brava meisterhaft dargestellte – Schwerttanz *(Dança das Espadas).*

Mercado, 7–19 Uhr. Der Markt in Ribeira Brava ist zwar wesentlich kleiner als der in Funchal, doch die bunten Stände sind durchaus einen Spaziergang wert. In den Straßen zwischen Kirche und Museu Etnográfico viele kleine Kramläden. **Souvenirgeschäfte** an der Uferpromenade.

Wandern: Über Apresentação und Tábua kann man zur **Levada Nova** wandern, die wieder an die Küste zurückführt (12,5 km, teilweise sehr steil, ca. 4,5 Std.). Oder man folgt der Levada Nova bis **Lombada da Ponta do Sol** (15 km, knapp 6 Std.; recht anstrengend, nur für gut trainierte Wanderer). Könner – Schwindelfreiheit und absolute Trittsicherheit unbedingte Voraussetzung! – wandern von Ribeira Brava über die **Levado do Lombo do Mouro** auf den **Encumeada-Paß;** sehr anstrengend wegen heftiger Steigungen (15,5 km, etwa 6 Std.).

Bus: Linien 4, 6, 7, 107, 139 von und nach Funchal, etwa jede Std., Fahrzeit entlang der Küste 1,5 Std. **Taxi:** ✆ 95 18 00, 95 26 06 (Praça do 1° de Maio), ✆ 95 23 49 (Largo do Eredia), ✆ 95 36 01 (Ortsteil Campanario). Taxistand an der Uferpromenade.

Ribeiro Frio

Bei Ribeiro Frio steht ein **Staatliches Forsthaus** zur Verfügung, das man nach Voranmeldung benutzen kann. Reservierung bei Região Autónoma da Madeira (s. Funchal).

Victor's Bar, ✆ 57 58 98, 9–19 Uhr geöffnet. Rustikales Ambiente herrscht in diesem ›Teehaus‹ (*casa do chá*), unwiderstehlich duften die leckeren, speziell geräucherten Forellen (zwischen 1500 und 2000 $) – sie werden warm serviert, man kann sie aber auch mitnehmen (am besten 1 Std. vorher bestellen).

Cold River Souvenirs, schräg gegenüber von Victor's Bar. Riesiges Angebot an dicken Wollpullis mit z. T. originellen Designs (um 5000 $), ansonsten das vertraute Souvenirangebot.

Wandern: Von Victor's Bar führt eine ausgeschilderte **Levada** nach **Portela** (insgesamt 12 km, gute Wegbeschreibung und Ausrüstung notwendig), doch bieten einem die ersten 20 Min. einen interessanten Spaziergang. Besonders lohnend ist die Strecke zu einem ausgeschilderten **Aussichtspunkt** *(balcões),* von dem aus man bei klarem Wetter sowohl das Zentralgebirge als auch den markanten Adlerfelsen bei Faial sehen kann.

Linie 103 von/nach Funchal, 2–3 × tägl., Fahrzeit 1 Std. 15 Min.

Santa Cruz

Im Flughafen, 52 49 33, i .d. R. geöffnet 9.30–22 Uhr.

Santo António ***, Rua Cónego, César de Oliveira, ✆ 52 41 98, Fax 52 42 64. 14 Zimmer hat diese recht komfortable Pension. Günstig/moderat.
Hotel Santa Catarina ****, Rua do Bom Jesús, ✆ 5 20 00 00, Fax 5 20 00 01. 40 Zimmer und Suiten in einer schönen Gartenanlage. Mit Pool und Spielsalon. Zum Hotel gehört das bekannte Restaurant Loural. Sehr komfortabel und auch für körperbehinderte Menschen geeignet. Teuer.

Albatroz, Sítio da Terça, ✆ 52 41 42. Feinschmeckerparadies in einem ehemaligen Landsitz. Die edle Küche hat jedoch auch ihren Preis: um 3000 $ für ein Hauptgericht. Das Restaurant verfügt über einen Privatstrand und einen schönen Pool, in dem der Inhaber Adelino Belo Rodrígues 1976 zu seiner Überraschung eine Mönchsrobbe fand. Zwei Wochen lang ernährte er das Tier mit frischen Fischen, die er eigens fing, dann schenkte er das seltene Exemplar dem Aquarium in Lissabon, doch die Robbe überstand den Flug nicht und wurde daraufhin einbalsamiert. Zum Andenken an das Tier nannte Rodrígues sein zweites Restaurant in Santa Cruz ›A Foca‹ – die Robbe.

Igreja São Salvador, im Ortskern. Eindrucksvolle gotische Gewölbe, manuelinisches Zwillingsportal, kostbare *azulejos* (16. Jh.) in der Sakristei.

Am 15. Januar feiert Santa Cruz das **Stadtfest.**

Mercado, in der Nähe der Strandpromenade, Mo–Sa 7–16, So 7–12 Uhr. Blumen, Obst, Gemüse, Fisch – alles bunt und frisch. Am Eingang befindet sich ein modernes Fliesenbild.

Baden: Praia das Palmeiras, tägl. 9–19 Uhr. Öffentliche Meeresbadeanlage mit eigenem Pool für Kinder.

Linien 20, 23, 25, 53, 78, 113, 156 stündlich von und nach Funchal und Machico, Fahrzeit knapp 1 Std.

Santana

(Unterkünfte nur außerhalb!):
Cabanas de S. Jorge Village, Sítio da Beira da Quinta, 8 km von Santana, ✆ 57 62 91, 57 61 00, Fax 57 60 32. 25 Bungalows in rustikalem Stil, jedoch renoviert und recht komfortabel ausgestattet. Die strohgedeckten Rundhäuser liegen sehr schön auf einem Felsplateau über dem Ozean. Großes Restaurant. Moderat/teuer.
Casa D. Clementina, Achada Simão Alves, ✆ 57 41 44. Kleine ländliche Pension mit fünf Gästezimmern und einem hübschen Garten. Ruhig und freundlich. Moderat.
Quinta do Furão ****, Achada do Gramacho, 2 km vom Ortszentrum Santanas, ✆ 57 21 30/2, Fax 57 21 31. 43 Zimmer, drei Junior-Suiten, alle mit Balkon zum Meer. Auf dem Gelände der Quinta der Grafen Furão entstand 1996 dieses elegante Hotel. Park, Aussichtsterrassen, Restaurant und Weinkeller der Anlage sind ohnehin ein touristisches Ausflugsziel. Mit Pool und Hallenbad, eleganten Salons und atemberaubender Panoramalage über der Steilküste. Teuer.

O Colmo, Serrado, ✆ 57 24 78, Fax 57 43 12. Liebhaber der tradi-

tionellen Küche werden sich hier wohlfühlen: sehr schmackhafte Fleischgerichte *(z. B. carne de vinho e alhos)* und leckere Nachspeisen. Hauptgerichte um 2000 $. Dem Restaurant ist auch eine kleine Pension (17 Zimmer, einfach und preiswert) angeschlossen.
Restaurant As Cabanas, hier gibt es – trotz der sehr kommerziellen Atmosphäre – gute Rindfleischspieße und Salate. Um 2000–2500 $.

Casas de Colmo, neben dem Rathaus an der Hauptstraße. Eines der typischen Santana-Häuschen zeigt, wie die Menschen in diesen einfachen Behausungen gelebt haben.
Arco de São Jorge. Auf dem Weg zu diesem ›Felsbogen‹ bzw. der Felsnase liegt der hübsche Aussichtspunkt **As Cabanas** (s. Unterkunft Cabanas de S. Jorge Village) – nicht zu verfehlen wegen der Reisebusse. Souvenirstände, Kiosk und Restaurant (s.o.)

Auf der ganzen Insel beliebt ist die **Festa dos Compadres,** das ›Gevatternfest‹ in Santana eine Woche vor Karneval mit seinem satirischen Puppenspiel;
25. Mai **Dorffest;**
Ende Juni: Schafschurfest **Festa das Tosquias.**

Souvenirs: Die Strohhäuschen gibt es in Miniaturform in jedem Andenkenladen von Santana zu kaufen.

Wandern: Der nahegelegene **Naturpark von Queimadas** ist ein lohnendes Ziel für Spaziergänger und Wanderer, die von hier aus sanft zum **Pico Ruivo** steigen können. Ebenfalls sehr interessant ist eine Wanderung entlang der **Levada do Caldeirão Verde.** Im Park befinden sich zwei kleine Pousadas, die im Sommer auf Voranmeldung vermietet werden (Região Autónoma da Madeira, s. Funchal).

Ausflug: São Jorge, dessen Pfarrkirche von 1761 mit ihren kunstvollen, mit Gold belegten Holzschnitzereien unbedingt einen Besuch wert ist.

Bus: Linien 103 und 138 von und nach Funchal, 3–6 × tägl., Fahrzeit ca. 2 Std.; Linie 132 nach São Vicente, 1 × tägl.
Taxi: ✆ 57 25 40.

Santo da Serra

A Quinta ****, Casais Próximos, ✆ 55 00 30, Fax 55 00 49. Elf Zimmer im komfortablen Gasthaus mit Restaurant und schönem Garten. Moderat/teuer.
Estelagem do Santo ****, Sítio dos Casais Próximos, ✆ 55 26 11, Fax 55 25 96. Zwischen dem Golfclub und dem Naturpark Santo da Serra liegt dieses ehemalige Herrenhaus mit 36 Zimmern in einer ebenfalls sehenswerten Gartenanlage. Ein idealer Ort zum Entspannen, mit türkischem Bad, Jacuzzi, Hallenschwimmbad, gemütlichem und exzellentem Restaurant. Luxus.
Quinta do Pântano, Casais Próximos, ✆ 55 25 77. Nur zwei Zimmer hat dieses kleine Landhaus, dafür viel private Atmosphäre. Moderat.

A Nossa Aldeia, im Zentrum. Preiswerte regionale Küche, für 1500 $ wird man rundum satt.
Gute Restaurants auch in den Hotels **A Quinta** und **Do Santo** (s. o.).

Quinta do Santo da Serra, gleich hinter der Kirche. Ehemaliges Herrenhaus der Blandy-Familie, schöner Park mit kleinem zoologischen Garten. Spiel- und Picknickplätze. **Miradouro dos Ingleses,** Aussichtsbalkon im hinteren Teil des Parks.

Golfplatz Santo da Serra, 18 Löcher und atemberaubende Aussicht, 6015 m, ✆ 55 23 45. Im Januar finden hier die ›Madeira Open‹ statt, und an den Wochenenden ist der Golfplatz Treffpunkt der Reichen und Schönen aus Funchal. Unter der Woche dagegen ist es angenehm ruhig.

Wandern: Von Santo da Serra aus kann man verschiedene Levada-Wanderungen unternehmen, z. B. entlang der **Levada do Furado** nach Ribeiro Frio (s. S. 164f.) oder nach Portela (s. S. 160).

Bus: Linie 77 von/nach Funchal, 6 × tägl., 1 Std. 20 Min.; Linie 20 über Machico von und nach Funchal, 5 × tägl., Fahrzeit 1 Std. 45 Min.
Taxi: ✆ 55 21 00.

São Vicente

Casa do Lanço, Sítio do Lanço, ✆ 84 60 73 (Vertretung in Funchal: ✆ 74 24 12). 200 Jahre altes kleines Landhaus, liebevoll restauriert und von viel Grün umgeben.

An der Küste:
Estelagem do Mar, Juncos, Fajã da Areia, ✆ 84 00 10, Fax 84 00 19. 75 Zimmer und acht Junior-Suiten, alle mit Meerblick. Direkt am Meer, mit Meerwasserpool und beheiztem Süßwasserpool (innen), Jacuzzi, Sauna, Tennisplatz. Günstig/moderat.

Estelagem Praia Mar, Calhau, ✆ 84 23 83, Fax 84 27 49. 20 gemütlich eingerichtete Zimmer mit Blick aufs Meer – die Pension liegt gleich an der Uferpromenade Richtung Seixal. Günstig/moderat.

Ferro Velho, Rua da Fonte Velha, ✆ 84 27 63, tägl. von 8–6 Uhr geöffnet. Traditionelle Küche, Snacks, Drinks und Nachtleben gibt es in diesem zentral gelegenen Pub-Restaurant.
Frente Mar, Calhau, ✆ 84 28 71, tägl. von 7–24 Uhr. An der Uferpromenade Calhau, mit kleiner Terrasse. Leckere Hühnchen vom Grill, Schnecken, Rindfleischspieße, Meeresfrüchte und Fisch – alles sehr frisch und lecker zubereitet. Hauptgerichte zwischen 1000 und 1500 $.

Igreja São Vicente, Largo da Igreja. Prachtvolle Kirche mit vergoldeten Holzschnitzereien, farbig bemalte Decke, Kachelbilder in den Seitenschiffen.
Capela da Nossa Senhora do Livramento. Die kleine Marienkapelle von 1692 wird gerade renoviert.
Grutas de São Vicente, Sítio do Pé do Passo, ✆/Fax 84 24 04. Die unterirdischen Höhlen sind im Sommer von 9–21 Uhr geöffnet, im Winter von 9–19 Uhr. 700 m langer Rundgang (auf Wunsch mit Führung).

22. Januar: **Dorffest;** Pfingstsonntag: **Festa do Espíritu Santo:** Mit roten Westen bekleidete *mordomos* und *saloias* (Ehrenjungfrauen) in bunten Trachten sammeln Spenden für die rituelle Armenspeisung nach der Pfingstmesse – heutzutage ein feucht-fröhliches Gelage mit viel Musik und Tanz.

Fajão do Rente, ✆ 84 22 60, tägl. von 9–22 Uhr (Bar) bzw. von 9–19 Uhr (Geschäft) geöffnet. Touristischer Komplex an der Küste Richtung Seixal mit Goldschmiedezentrum, Stickereimanufaktur, großem Kunsthandwerksgeschäft, Restaurant mit Terrasse und Bar. Große Auswahl an Schmuck und Stickereien sowie traditionellen Gerichten.

Ausflüge: Geradezu ein ›Muß‹ ist die **Küstenstraße** von São Vicente über Seixal (s. S. 205f.) nach Porto Moniz (s. S. 206ff.).

Bus: Linien 6 und 139 von und nach Funchal, etwa 5 × tägl., Fahrzeit ca. 2 Std. 40 Min.
Taxi: ✆ 84 22 38.

Seixal

Brisa Mar, am alten Kai, ✆ 85 44 76, Fax 85 44 77. Ein gemütliches, familiär geführtes Haus mit zwölf Zimmern und direktem Meereszugang. Moderat.
Casa dos Ramos, Sítio do Ribeiro da Laje, ✆ 85 40 25. Fünf Zimmer, ländlich und einfach. Günstig/moderat.
Sol Mar, Sítio do Lombinho, am alten Kai, ✆ 85 25 00, Fax 85 25 04. Sechs hübsche Zimmer mit Satelliten-TV und Telefon, familiär. Moderat

Brisa Mar, (s. o.). Großer, hübsch eingerichteter Gastraum, sehr gute Fisch- und Meeresfrüchtekarte, sorgfältig zubereitete Gerichte und Blick auf die Atlantikwellen. Hauptgerichte 1000–2000 $.
Sol Mar, (s. o.), tägl. von 8–2 Uhr. In der Nähe der alten Kais von Seixal genießt man exzellente Madeirenser Küche, vom Rindfleischspieß bis zu köstlichen Fischgerichten und Meeresfrüchten. Hauptgericht um 2000 $

An einem Wochenende der zweiten Januarhälfte findet **Comes e Bebes** (›Iß und trink‹) statt, das traditionelle Fest des hl. Antonius – ein opulentes Gelage, an dem auch die umliegenden Weiler teilnehmen;
August: Fest des Allerheiligsten Sakraments, **Santíssimo Sacramento,** viertägiges Volksfest ;
zu wechselnden Daten im Sommer: **Angelwettbewerb, Kanuregatta** (die gesamte Insel wird umkreist), und **Semana do Mar,** ›Meereswoche‹, organisiert vom Clube Naval do Seixal am Hafen;
im September: **Weinfest** anläßlich der Lese;
November, am Vorabend von St. Martin: **Weinprobe und nächtlicher Umzug;**
an **Heiligabend** spielt man in der Kirche von Seixal die Geburt Christi und seine Anbetung nach.

Baden: Kleines **Meeresschwimmbecken,** immer offen, Baden je nach Brandung.

Linie 150 nach São Vicente und Porto Moniz, 3 × tägl.

Terreiro da Luta

s. Monte

Vila Baleira

s. Porto Santo

Reiseinformationen von A bis Z

Anreise

... mit dem Flugzeug

Funchal bzw. der ca. 20 km außerhalb der Stadt gelegene Santa Catarina-Flughafen ist der Zielflughafen auf Madeira. Dorthin fliegen von verschiedenen deutschen Flughäfen: LTU, Condor, Hapag Lloyd direkt (Flugdauer rund 3,5 Std.) und die portugiesische TAP via Lissabon. Von Österreich aus fliegen TAP und Lauda-Air von Wien nach Funchal. Aus der Schweiz kommt man mit Swissair und TAP von Genf und Zürich hierher.

Falls der Transfer vom Flughafen nicht ohnehin im Pauschalarrangement enthalten ist, können Sie folgende Verbindungen nutzen: der **Flughafenbus** fährt um 8.15, 11.15, 14 (nur Fr), 16.30, 18, 20.15 und 23 Uhr nach Funchal, Fahrzeit etwa 45 Min. Zum Flughafen kommt man von der Haltestelle zwischen Avenida do Mar und Rua D. Carlos I. (blaugelbes Schild) um 7.15, 9.15, 12.45 (nur Fr), 14.45, 19.15 und 21.15 Uhr. Mit dem **Taxi** sind Sie in 20 bis 30 Min. in Funchal, die Fahrt bis ins Stadtzentrum kostet etwa 7 DM.

... mit dem Schiff

Dieses Vergnügen ist lediglich Kreuzfahrtpassagieren und Bootsbesitzern vorbehalten.

Apotheken

Die *farmácias* erkennt man an dem Schild mit weißem Kreuz auf grünem Grund. Bei kleineren Gesundheitsproblemen kann man sich statt an einen Arzt auch an einen Apotheker wenden; normalerweise ist die Beratung ausführlich und kompetent. Es sind mehr Medikamente rezeptfrei erhältlich als in Deutschland. Normalerweise geöffnet Mo–Fr 9–13 und 15–19, Sa 9–13 Uhr. In jeder Apotheke hängen die Notdienst-Apotheken aus. Apotheke mit englischsprachigem Personal s. Funchal.

Ärztliche Versorgung

Im Notfall:
Notruf, Feuerwehr, Ambulanz: 1 15.
Feuerwehr *(Bombeiros)* in Funchal: 22 21 22. Polizei *(Polícia)* in Funchal: 22 20 22, Camacha 92 25 30, Machico 96 55 74, Santa Cruz 52 43 55.
Rotes Kreuz *(Cruz Vermelha)* in Funchal: 74 11 15.

Jeder größere Ort hat ein **Gesundheitszentrum** *(Centro de Saúde)*. Hotels und Tourismusbüros informieren über deutsch-, englisch- und französischsprachige Ärzte. Behandlungen müssen bar bezahlt werden. Ambulante Behandlung im Centro Médico da Sé, Rua dos Murcas 42, Funchal, ✆ 23 01 27–29. (Weitere Adressen von Kliniken und deutschsprachigen Ärzten s. Funchal).

Auskunft

Fremdenverkehrsämter

... in Deutschland

Portugiesisches Fremdenverkehrsamt, Schäfergasse 17, 60313 Frankfurt, ✆ 0 69/23 40 94 und 29 05 49, Fax 0 69/23 14 33.

... in Österreich

Stubenring 16/3, 1010 Wien, ✆ 01/5 13 26 70, Fax 01/51 22 88 28.

... in der Schweiz

Badenerstr. 15, 8004 Zürich, ✆ 01/2 41 00 01–05, Fax 01/2 41 00 12.

Touristeninformation

... in Funchal

Avenida Arriaga 18, ✆ 22 90 57, Fax 23 21 51; Mo–Fr 9–19, Sa 9–18, So und feiertags 9–13 Uhr. Weitere Büros im Flughafen Santa Catarina, in Machico, Câmara de Lobos und in Vila Baleira auf Porto Santo.

Baden

Außer in den meist großzügigen Hotelschwimmbecken kann man auf Madeira an vielen Küstenabschnitten schwimmen, wo ein Hotel oder die kommunale Verwaltung einen Zugang zum Meer in die steilen Felsen gebaut hat. Bei bewegter See oder Wind ist allergrößte Vorsicht angeraten. In Funchal gibt es zwei Freibäder mit großem Schwimmbecken und Meereszugang (s. S. 256). In Porto Moniz lockt das natürliche Meeresschwimmbad viele Einheimische und Touristen an.

Einen feinen weißen Sandstrand von 8 km Länge hat dagegen Porto Santo; in den Ferienmonaten Juli und August ist dieser allerdings ziemlich voll, da auch viele Madeirenser ihren Urlaub auf der Nachbarinsel verbringen.

Banken und Geld

Die portugiesische Währung ist der Escudo, abgekürzt mit dem Dollarzeichen $. 100 Centavos sind 1 Escudo. 1000 $ sind rund 9,80 DM, 686 öS, 7,98 SFR. Es gibt Bronzemünzen zu 50 Centavos, 1, 5 und 10 $, Nickelmünzen zu 2,5, 20, 50, 100 und 200 $ sowie Banknoten zu 500, 1000, 2000, 5000 und 10 000 $. Umgangssprachlich nennt man Escudos auch *paus,* Stöcke, und 1000 $ ein *conto.*

Sehr praktisch sind die Multibanco-Geldautomaten (MB), bei denen mit Euroscheckkarte und Geheimnummer bis zu 30 000 $ pro Tag abgehoben werden können (Transaktionen in deutsch, englisch und französisch). Sämtliche gängigen Kreditkarten werden auf Madeira problemlos akzeptiert. In allen Banken kann auch Geld gewechselt werden (Ausweis mitnehmen); der Wechselkurs ist dort normalerweise günstiger als im Hotel. In jedem Fall lohnt es sich, vor Ort zu tauschen, da der Kurs günstiger ist. Öffnungszeiten: Mo–Fr 8.30–15 oder 8.30–11.45 und 13–14.45 Uhr. Die großen Banken in Funchal haben auch Automaten, bei denen man rund um die Uhr Geld tauschen kann.

Behinderte

Auch wenn der Flughafen über Rollstühle für Gehbehinderte verfügt, haben es Körperbehinderte Menschen auf Madeira nicht gerade leicht. Einige Luxushotels in Funchal wie das Madeira Palácio und das Savoy sind behindertengerecht eingerichtet, außerhalb der Hauptstadt sind es das Ondamar und das Oasis in Caniço bzw. Garajau, das Hotel Santa Catarina in Santa Cruz und das Lumar Hotel auf Porto Santo.

Diplomatische Vertretungen

Deutsches Konsulat: Honorarkonsulin Elisabeth Gesche, Largo do Phelps 6, ✆ 2 03 38. Mo–Fr 10–12.30 Uhr.

Österreichisches Konsulat: vertreten von Firma Veiga Franca, Avenida M. Arriaga 107, ✆ 2 10 57, Mo–Fr 9–12.30 und 14.30–18 Uhr.

Die **Schweiz** hat keine Vertretung auf Madeira.

Einkaufen

Beliebte Souvenirs aus Madeira sind Blumen, Wein und Stickereiarbeiten sowie handgeflochtene Korbwaren. Die Adressen sind unter den jeweiligen Orten angegeben. In Funchal hat man die bei weitem größte Auswahl (s. S. 255f.).

Einreise- und Zollbestimmungen

Deutsche, Österreicher und Schweizer benötigen einen Personalausweis oder den Reisepaß, Kinder einen Kinderausweis (ab 14 Jahren mit Lichtbild) oder einen Eintrag im Reisepaß der Eltern. Deutsche dürfen sich unbegrenzt lange, Österreicher und Schweizer maximal 90 Tage auf Madeira bzw. in Portugal aufhalten.

Für Bürger aus EU-Ländern gelten keine Beschränkungen für Reiseartikel, man muß jedoch die Einfuhrbeschränkungen der Heimat beachten: Reisende über 17 Jahren dürfen 300 Zigaretten oder 150 Zigarillos oder 75 Zigarren oder 400 g Pfeifentabak, 1,5 l Spirituosen über 22 %, 3 l Spirituosen unter 22 % oder 3 l Schaum- und Likörwein sowie zusätzlich 5 l andere Weine nach Deutschland mitnehmen. Für die Schweiz und Österreich gilt: 1 l Spirituosen mit mehr oder 2 l mit weniger als 22 % Alkohol, 200 Zigaretten, 250 g Tabak oder 50 Zigarren. Souvenirs bis 200 SFR bzw. 2500 ÖS sind zollfrei.

Essen und Trinken

(s. auch Landeskundlicher Teil, S. 86)
Vor allem in und um Funchal und Calheta wird man keine Schwierigkeiten haben, interessante Fisch- und Spezialitätenrestaurants zu finden. Auch in den Dörfern an der Nord- und an der Südwestküste gibt es immer frischen Fisch oder Rindfleischspieße. Wer eher die bäuerliche Küche schätzt (oder sie kennenlernen will), sollte in die einfachen *tascas* (Kneipen) gehen, wo auch kräftige Eintöpfe auf der Speisekarte stehen. Fast-food amerikanischer Prägung findet man dagegen selten. Insgesamt ist die Küche auf Madeira stark portugiesisch und britisch geprägt – wie auch die Geschichte ...

Feste und Feiertage

(s. auch Landeskundlicher Teil, S. 74)

Kulinarischer Sprachführer – einige Madeirenser Spezialitäten

Açorda de mariscos	Meeresfrüchte in einer Art Brotmasse, lauwarm mit Ei
Amêijoas na cataplana	Eintopfgericht aus Venusmuscheln, Rauchspeck, Wurst, Gemüse, Chili und Wein, zubereitet im Kupferwok
Arroz de mariscos	Meeresfrüchtereis
Atum	Thunfisch
Bacalhau	Stockfisch in unzähligen Zubereitungsarten
Bacalhau à Brás	Stockfischauflauf mit Kartoffelbrei und Ei
Bolo de Caco	Fladenbrot aus Mehl und Süßkartoffeln, eine beliebte Beilage zu traditionellen Gerichten (z. B. espetada)
Bolo de Mel	Honigkuchen, traditioneller Lebkuchen aus Zuckersirup
Caldeirada de Peixe	Fischeintopf mit Kartoffeln, Zwiebeln, Tomaten, Fisch und Meeresfrüchten
Caldo verde	Kohlsuppe mit Knoblauchwurst (choriço)
Caramujos	Schnecken
Carne de porco com amêijoas	Schweinefleisch mit Venusmuscheln
Carne de vinhos e alhos	Schweinefleisch, in Rotwein, Knoblauch und Gewürzen mariniert; traditionelles Weihnachtsessen
Castanhas	Kastanien (werden zu Suppen, Likör und Kuchen verarbeitet)
Cozido	Eintopf aus allem, was gerade zur Hand ist, meistens Gemüse und Kartoffeln, verschiedene Fleischsorten und Wurst
Espada com banana	Degenfisch mit Banane; meistens wird der Fisch im Teigmantel gebacken und mit einer Banane serviert, ein afrikanisches Erbe
Espetada	Rindfleischspieß, gewürzt mit Lorbeer und Knoblauch, traditionell auf einem Lorbeerspieß gegrillt
Ginja	Kirsche (gleichnamiger Likör)
Lapas	Napfschnecken, typische Vorspeise, mit Knoblauchbutter
Lulas	Tintenfisch (meist gegrillt oder gebraten)
Milho frito	fritierter Maisgrieß, vergleichbar mit der italienischen Polenta, traditionelle Beilage
Pargo	Seebrasse
Pastelaría	Konditorei
Pescada	gekochter Schellfisch mit Salzkartoffeln, grünen Bohnen und Ei
Polvos	große Tintenfische (Kraken)
Polvo recheado	gefüllte Krake

Poncha	Mixgetränk aus Zuckerrohrschnaps (aguardente de cana), Honig, Zitronensaft und Zucker, heiß oder kalt getrunken; traditionell in Câmara de Lobos verbreitet
Prego no prato	kräftiges Landbrot, mit Knoblauchbutter bestrichen und mit einem kleinen Steak belegt
Salmonete	Seebarbe
Sopa alentejana	Knoblauchsuppe mit Brot, frischem Koriander und pochiertem Ei
Sopa de tomate	Tomatensuppe, meist mit einem pochierten Ei
Kleine Kaffeekunde	
bica *oder* café	schwarzer Espresso
café grande	große Tasse Espresso
carioca	Espresso mit Wasser verdünnt
chinesa	große Tasse Milchkaffee
café branco	Milchkaffee (mehr Kaffee als Milch)
galão	Glas Milchkaffee (mehr Milch als Kaffee)
garoto	wörtl.: ›Erhängter‹, kleiner Kaffee mit etwas Milch
cortado	Kaffee mit einem Schuß süßem Madeirawein und Zitronenschale
quentinha	›Aufwärmer‹: Kaffee, Zuckerrohrschnaps, Honig, Zitronenschale

Fotografieren

In Funchal bekommt man problemlos Filme, auch die Entwicklung geht sehr schnell; viele Fotoläden bieten 1-Stunden-Service an.

Kinder

Die Madeirenser sind ausgesprochen kinderfreundlich, auch in Hotels und Restaurants wird man gern auf die Bedürfnisse der Kleinen eingehen. Im Jardim de Santa Catarina in Funchal steht ein Kinderspielplatz zur Verfügung, alle Hotels und sogar einige Pensionen haben beheizte Pools. Freizeitparks oder ›Fun-Bäder‹ wie in z. B. Portugal gibt es auf Madeira nicht.

Kleidung

Das milde Klima erfordert selbst im Winter keine warme Kleidung. Ein dikkerer Pullover und Regenschutz – falls man wandern möchte, auch feste Schuhe – sollten jedoch im Koffer sein. Baumwolle und Naturfasern sind bei der etwas höheren Luftfeuchtigkeit angenehmer als Kunstfasern.

Kriminalität

Madeira ist eine ausgesprochen ruhige und sichere Insel. Verbrechen und Diebstahl sind relativ selten. Man sollte dennoch die üblichen Sicherheitsvorkehrungen treffen, die man auch zu Hause beachtet: das Auto (ohne Wertsachen darin) stets abschließen, im Hotel den Safe benutzen. Falls doch einmal etwas passiert, wenden Sie sich an die Polizei.

Öffnungszeiten

Postämter (PTT): Mo–Fr 8.30–12.30 und 14.30–18 Uhr, die Hauptpost in Funchal Mo–Fr 8.30–20, Sa 9–13 Uhr.
Geschäfte: an Werktagen 9–13 und 15–18, mitunter auch bis 19 Uhr, große Einkaufszentren bis 21 Uhr und später. Normale Geschäfte haben Samstagnachmittag geschlossen.
Museen sind häufig Mo geschlossen.

Post und Telefon

In der **Hauptpost** (PTT, *Correios*) in Funchal in der Avenida de Zarco (oberhalb des Denkmals) stehen Telefonkabinen zur Verfügung, die werktags von 9–22 Uhr geöffnet sind. Briefe und Postkarten von Madeira nach Deutschland kosten 60 $ und brauchen wenige Tage. Im Postamt gibt es auch besonders schöne **Madeira-Sondermarken.** Neben dem Hotel Lido Monumental im Hotelviertel gibt es ein weiteres Postamt (Estrada Monumental 318, Mo–Fr 9–18 Uhr). Viele Postbeamten sprechen Englisch, doch auch wenn es mit der Verständigung nicht klappt, wird man sich sehr freundlich bemühen, Ihnen zu helfen.

Ferngespräche sind von *internacionais*-Telefonzellen billiger als vom Hotel oder von Cafés. Telefonkarten (ab 750 $) bei der Post (PTT) und an Kiosken. PTT-Postämter haben auch Faxgeräte. Für Auslandsgespräche: 00 + Landesvorwahl + Ortsvorwahl ohne Null + Teilnehmernummer. Landesvorwahl D: 00 49, AU: 00 43, CH: 00 41. Vorwahl Portugal/Madeira vom Ausland aus:
00 35 1 91. **Telefonauskunft** Inland: 118, Ausland: 098.

Reisen auf Madeira ...

... mit dem Bus

Innerhalb von Funchal und auf der ganzen Insel gibt es ein umfangreiches, aber auch recht kompliziertes Bussystem, das zudem eher auf die Bedürfnisse der Madeirenser eingerichtet ist als auf die der Touristen. Trotzdem kann man sich auf Madeira ganz gut per Bus *(autocarro)* fortbewegen, vorausgesetzt, man hat es nicht allzu eilig. Falls Sie in Funchal häufiger die orangefarbenen Stadtbusse benutzen, sollten Sie in den Fahrkartenhäuschen einen preiswerten **passe turístico** kaufen, der sieben Tage gilt. Ansonsten bezahlt man beim Fahrer. Einen Fahrplan und eine Übersicht über das Streckennetz gibt es beim Tourismusamt in der Avenida Arriaga und in der englischsprachigen Beilage der Zeitung Diário de Notícias de Funchal. Vorsicht: An den Bushaltestellen sind weder die Abfahrtszeiten noch die Nummern der Busse angegeben!

Fünf verschiedene Busgesellschaften unterhalten das Überlandnetz: **SAM** (grüne oder cremefarbene Busse) hat die Linien 20 (nach Machico und Santos da Serra), 23, 53 und 78 (nach Machico und Faial), 60 (nach Bouqueirão), 113 (über Santa Cruz und Machico nach Caniçal) und 156 (über Machico nach Maroços) und startet vom Busbahnhof in der Avenida Calouste Gulbenkian.

Die **Rodoeste**-Busse sind rot, grau und weiß und fahren vom Campo-da-

Barca-Parkhaus in der Rua Dr. Manuel Pestana Júnior los. Sie haben die Nummern 1, 4 (nach Ribeira Brava und Ponta do Sol), 6 und 139 (nach Encumeada und Boaventura), 7, 96 (über Estreito de Câmara de Lobos nach Corticeiras) und 107 (nach Ponta do Pargo).

Drei weitere Gesellschaften teilen sich die Strecken 2, 29 und 77 (nach Camacha und Santo da Serra), 103 (nach Poiso, Santana und Boaventura). Die Fahrpreise werden von den Gesellschaften festgesetzt.

Leider ist das Bussystem auch deshalb so unübersichtlich, weil die Gesellschaften nur in der Tagespresse angekündigte Änderungen vornehmen, Nummern austauschen oder wechseln und Fahrpläne ändern. **Vorsicht:** Aufgrund der häufigen Fahrplanänderungen ist auch auf die im Buch angegebenen Abfahrtszeiten nicht immer Verlaß! Am besten informiert man sich im Tourismusamt. Selbst wenn auch dort keine gültigen Busfahrpläne vorliegen, können Sie auf Hilfsbereitschaft setzen.

... mit dem Mietwagen

Wer sich nicht vor unbefestigten schmalen Straßen, Haarnadelkurven, extremen Steigungen und Gefällen fürchtet, kann die Insel problemlos mit dem Mietwagen erkunden. Rechnen Sie jedoch immer damit, daß Ihnen in einer unübersichtlichen Kurve ein Auto entgegenkommt. **Geschwindigkeitsbegrenzungen:** 60 km/h in geschlossenen Ortschaften, 90 km/h auf Landstraßen – auf manchen Streckenabschnitten ist es unmöglich, die zu erreichen.

Um ein Auto zu mieten, benötigen Sie den nationalen Führerschein, müssen mindestens 21 Jahre alt sein und ein Jahr Fahrpraxis haben. Normalerweise wird, wie international üblich, eine Kaution fällig, die man entweder per Kreditkarte oder in bar hinterlegt. Rechnen Sie mit rund 70 DM Miete pro Tag plus Steuer, oder nutzen Sie besondere Angebote und Wochenendtarife. Preiswerter ist es, Hotel und Mietwagen im Paket beim Reiseveranstalter zu Hause zu buchen. Einige Firmen bieten eine ›Super-CDW‹-Versicherung an, die für knapp 900 $ jegliche Selbstbeteiligung ausschließt. Falls Sie um Weihnachten oder Silvester auf Madeira sind, empfiehlt es sich unbedingt, im voraus zu reservieren.

Internationale Autovermieter wie Avis, Europcar und Hertz sind auf Madeira (Hauptbüros in Funchal) vertreten, außerdem gibt es lokale Anbieter wie Atlas, Brava Car, Insular und O Moinho. Die wichtigsten Mietwagenanbieter unterhalten Büros im Flughafen. Avis, ✆ 52 43 92, Europcar ✆ 52 46 33, Hertz, ✆ 52 43 60. Die deutsche Firma Magos (Caniçal) vermietet für rund 100 DM pro Tag Motorräder, bei Bedarf auch Helme in den Größen 53–62.

Pannenservice: Automóvel Clube de Portugal, Avenida M. Arriaga 43, Funchal, ✆ 22 36 59.

Madeira ist im Süden und Südosten recht gut mit **Tankstellen** ausgestattet, während der Norden ›tankstellenfreie Zone‹ ist; vor einer Rundfahrt sollte man auftanken.

Die GALP-Stationen von Ort zu Ort: Calheta: 7–22.30 Uhr; Câmara de Lobos: 7–24 Uhr, am Hafen (nur Diesel): 24 Std.; Estreito de Câmara de Lobos: 7–24 Uhr; Ponta Delgada: 7.30–13 und 15–20.30 Uhr; Ribeira Brava: 6–24 Uhr; São Vicente: 6.30–22 Uhr; Tábua: 6–24 Uhr; Camacha: 7–22 Uhr; Caniçal: 8–17 Uhr; Machico: 9–24 Uhr, in Serra d'Agua: 6–24 Uhr; Porto da Cruz: 7.30–23 Uhr; Santo da Serra: 7–23 Uhr; Porto de Abrigo (nur Diesel): 9–12, 14–18 Uhr; Porto Santo/Vila Baleira:

Rua Dr. Pestana Júnior 7–22 Uhr, Levado da Canha 9–19 Uhr; in Funchal gibt es mehrere Tankstellen, von denen zwei auch an Sonn- und Feiertagen geöffnet haben: Ribeira de Santa Luzia, werktags 7–23 Uhr, So und feiertags 8–20 Uhr; Rotunda do Infante, werktags 7–23, So und feiertags 8–20 Uhr.

... mit dem Taxi

Taxifahren ist auf Madeira preiswerter als in Deutschland, Österreich und der Schweiz. Taxistände findet man in der Innenstadt Funchals und bei den Hotels mühelos. Wenn Sie eines auf der Straße anhalten, achten Sie auf das Schild *livre* (frei). Die Taxis in Funchal haben einen Taxameter bzw. eine ›Uhr‹, für Überlandstrecken gibt es eine Liste mit Pauschalpreisen, die man im Taxi oder auch an der Hotelrezeption und beim Tourismusamt einsehen kann.

Nach Porto Santo:

... per Flugzeug

TAP/Air Portugal, Information ✆ 52 43 62 (Funchal) und ✆ 98 21 46 (Porto Santo). Preise schwanken stark je nach Reisezeit, Richtwert: Hin- und Rückflug 15 000 $.

... per Schiff

Porto Santo Line, Rua da Praia 45, Funchal, ✆ 22 65 11/23 01 95. Passagier- und Autofähre (872 Passagiere, 120 Pkw); Abfahrt Funchal/Hafen: tägl. außer Di 8 Uhr, Fr 17 Uhr; Abfahrt Porto Santo/Hafen: tägl. außer Di 18 Uhr, Fr 21 Uhr. Fahrplanänderungen vorbehalten. Preis (je nach Saison) ca. 9000 $.

Reisezeit

... ist eigentlich immer, denn Madeiras mildes Klima verwöhnt das ganze Jahr über mit frühlingshaften Temperaturen um die 22 °C und Sonne (fünf bis acht Sonnenstunden täglich in Funchal).
In den Wintermonaten muß man mit etwas mehr Regen und stürmischen Böen ab und an rechnen, und die Berge und die Hochebene Paúl da Serra können im Nebel verschwinden. Verständlich, daß die Blütenpracht Madeiras auch ein bißchen Wasser braucht: es regnet regelmäßig auf Madeira, allerdings meistens nur kurz und nicht gleichmäßig auf der ganzen Insel: die sonnenverwöhnte Südküste bekommt meistens weniger Regen ab als der Norden.

Da die Wetterverhältnisse nicht nur jederzeit, sondern auch von Ort zu Ort wechseln können, erscheinen in den Tageszeitungen sehr differenzierte Wetterberichte, und wer es ganz genau wissen will, kann das Centro Meteorológico in Funchal (✆ 22 67 56, 22 14 74) oder auf Porto Santo (✆ 98 21 38) anrufen, Auskunft auf Portugiesisch und Englisch. Gute Wetterfrösche sind auch die drei Desertas-Inseln vor der Südküste (s. S. 16f.).

Über Weihnachten und an Silvester ist Madeira ein beliebtes Reiseziel für Touristen aus aller Welt, die vor dem Winter flüchten und das großartige Feuerwerk in der Bucht von Funchal erleben möchten.

Sprache – kleiner Portugiesischführer

Aussprachehilfen:

Die zahlreichen Nasal- und Zischlaute des Portugiesischen machen es dem Reisenden nicht gerade leicht, sich zu verständigen. Hier die wichtigsten Ausspracheregeln:

- die Betonung liegt auf der letzten Silbe eines Wortes, außer: das Wort endet auf *a, e, m, o* und *s* – dann wird die vorletzte Silbe betont. Durch einen Akzent oder eine Tilde (~) gekennzeichnete Silben werden immer betont
- die Endungen *-am, -em, -om* und *-um* werden nasal ausgesprochen
- *e* (unbetont) wie *i*
- *o* (unbetont) wie *u*
- *ch* wie deutsches *sch*
- *g* vor *a, o* und *u* wie im Deutschen, vor *e* und *i* wie in Massa*ge*
- *gu* wie in *G*ans
- *h* bleibt stumm
- *j* wie in Massa*ge*
- *lh, hn* wie *lj* bzw. *nj*
- *qu* vor *a* und *u* wie *ku*, sonst wie *k*
- *x* wie *s, sch* oder *ks*
- *z* am Silbenanfang wie *s* in Saphir, am Ende wie *sch*

Die wichtigsten Sätze:

Bitte helfen Sie mir.	Ajude-me por favor.
Bitte sagen Sie mir.	Informe-me por favor.
Bitte rufen Sie diese Nummer an.	Por favor chame este número.
Wie ist die Adresse?	Qual é o endereço?
Wie ist die Telefonnummer?	Qual é o número de telefone?
Wieviel kostet das?	Quanto custa?
Wo ist die Toilette?	Onde ficam os lavabos?
Ich fühle mich schlecht.	Sinto-me mal disposto (disposta).
Haben Sie ein freies Zimmer mit Bad/Dusche für eine Nacht?	Tem um quarto com banho/chuveiro para uma noite?
Ich habe Hunger/Durst.	Tenho fome/sede.
Warum?	Porqué?
Wo ist ...?	Onde fica ...?

Formeln:

Guten Morgen	Bom dia
Guten Tag (ab mittags)	Boa tarde
Gute Nacht	Boa noite
Auf Wiedersehen	Adeus
Bis bald	Até logo
Ja	Sim
Nein	Não
Bitte	Por favor, se faz favor
Danke	Muito obrigado (obrigada)
Entschuldigen Sie	Com licença

Es tut mir leid	Desculpe
Das macht nichts	Não faz nada

Notfall

Rufen Sie bitte eine Ambulanz, einen Arzt, die Polizei.	Chame, se faz favor, uma ambulância, um médico, a polícia.
Wir hatten einen Unfall.	Tivemos um acidente.
Wo ist das nächste Polizeirevier?	Onde fica o posto de polícia mais próximo?
Man hat mich bestohlen.	Fui robado(-a).
Das Auto wurde aufgebrochen.	Assaltaram-me o carro.

Orientierung

rechts	à direita
links	à esquerda
geradeaus	direito
langsam	de vagar
schnell	de pressa
Gibt es hier eine Touristeninformation/ ein Hotel/ein Restaurant?	Há por aquí uma informação turística/ um hotel/um restaurante?
Haben Sie einen Stadtplan/ ein Hotelverzeichnis?	Tem um mapa da cidade/uma lista dos hotéis?
Wann ist das Museum/die Kirche geöffnet (geschlossen)?	A qué horas o museu/a igreja está aberto (fechado)?

Wochentage

Sonntag	domingo
Montag	segunda-feira
Dienstag	terça-feira
Mittwoch	quarta-feira
Donnerstag	quinta-feira
Freitag	sexta-feira
Samstag	sábado

Im Hotel:

Ich suche ein gutes/ nicht zu teures Hotel.	Estou procurando um bom hotel/ um hotel económico.
Ich habe ein Zimmer reserviert.	Eu reservei um quarto.
Ich suche ein Zimmer für ... Personen.	Estou procurando um quarto para ... pessoas.
...mit Dusche und Toilette	com chuveiro e toalete
...mit Blick aufs Meer	... com vista para o mar
...mit Balkon	... com varanda
Wieviel kostet es pro Nacht?	Quanto é a diária?

Kann ich das Zimmer sehen?	Posso ver o quarto?
Haben Sie ein anderes Zimmer?	Não têm outro quarto?
Das Zimmer gefällt mir.	Eu gostei deste quarto.

Im Restaurant:

Die Speisekarte/die Weinkarte/ die Rechnung, bitte.	A ementa/a lista dos vinhos/a conta faz favor.
das Menü	a ementa
das Frühstück	o pequeno almoço
das Mittagessen	o almoço
das Abendessen	o jantar

Verständigung:

Sprechen Sie deutsch?	Fala alemão?
...englisch?	... inglês?
Ich spreche nicht portugiesisch.	Não falo português.
ein wenig	um pouco
Ich verstehe Sie nicht.	Não percebo.
Ich möchte mit einem Dolmetscher sprechen.	Quero falar com um intérprete.

Nützliche Adjektive:

gut/schlecht	bom, boa/mau
schön/häßlich	bonito/feio
billig/teuer	barato/caro
schwierig/einfach	difícil/fácil
schwer/leicht	pesado/ligeiro
warm/kalt	quente/frio
viel/wenig	muito/um pouco
groß/klein	grande/pequeno
schmutzig/sauber	sujo/límpido
lang/kurz	largo, comprido/corto
hoch/niedrig	alto/baixo
oben/unten	acima/abaixo
alt/neu	velho/novo
jung	jóvem, novo
schnell/langsam	rápido/devagar

Zahlen:

0	zero
1	um, uma
2	dois, duas
3	três
4	quatro
5	cinco
6	seis
7	sete
8	oito
9	nove
10	dez
11	onze
12	doze
13	treze
14	catorze
15	quinze
16	dessaseis
17	dessasete
18	dezoito
19	dezanove
20	vinte
21	vinte e um
30	trinta
40	quarenta
50	cinquenta
60	sessenta
70	setenta
80	oitenta
90	noventa
100	cem
200	duzentos
300	trezentos
400	quatrocentos
500	quinhentos
600	seiscentos
700	setecentos
800	oitocentos
900	novecentos
1000	mil
2000	dois mil
1Mio.	um mil hão
1Mrd.	um bilhao

Strände

Auf Madeira gibt es einige wenige Kieselstrände. Die ›Strandinsel‹ ist Porto Santo, mit einem 8 km langen Traumstrand.

Stromspannung

220 Volt. Adapter mitbringen oder im Hotel leihen.

Trinkgeld

In Restaurants und im Taxi werden etwa 10 % Trinkgeld erwartet.

Unterkünfte

Das Angebot an Unterkünften auf der Insel ist derart umfassend, daß wohl für jeden etwas dabei ist. Für den besser gefüllten Geldbeutel bieten sich nicht nur die weltweit vertretenen **Luxushotels** an, sondern auch **quintas,** restaurierte Herrenhäuser, oder **pousadas,** wo man in historischen Gemäuern nächtigen kann. Besonders hervorzuheben sind hier die zum TH (Turismo de Habitação) gehörenden Land- und Herrenhäuser, in denen man die wunderschöne Landschaft in edel-romantischer Atmosphäre genießen kann.

Doch auch für weniger Geld kann man es sich in Mittelklassehotels, Bungalows, Apartments oder einfachen Pensionen gut gehen lassen. Für **Hotels** und die ebenfalls sehr unterschiedlich ausgestatteten **Apartmentanlagen** (Apartamentos Turísticos) vergibt die staatliche Tourismusbehörde einen bis fünf Sterne und überprüft die Häuser in regelmäßigen Abständen.

Meist etwas weniger komfortabel, dafür aber um so gemütlicher und typischer sind die weit verbreiteten **Privatunterkünfte: estelagems,** Herbergen, und **albergarias,** Gasthäuser, gibt es von unterschiedlicher Qualität. **Pensãos** bieten in der Regel einfache, aber saubere Zimmer, manchmal mit Gemeinschaftsbad, die häufig mitten in der Stadt liegen und wo man – anders als in den ebenfalls privat geführten **residências** – meist auch frühstücken kann. Hat man – der Kosten und/oder der Gemütlichkeit zuliebe – keine Probleme, auf Komfort zu verzichten, so sollte man nach Schildern *quartos* (Zimmer) oder *camas* (Betten) Ausschau halten.

Campingfreunde müssen sich auf Madeira mit einem einzigen offiziellen Platz, dem **parque de campismo** direkt auf den Klippen bei Porto Moniz, begnügen. Mit Genehmigung des jeweiligen Forstwächters kann man aber auch direkt in den Forstparks zelten. Hier gibt es Wasser, sanitäre Anlagen sowie Feuerstellen.

Unsere Kategorien: Für eine Übernachtung im Doppelzimmer mit Frühstück muß man pro Person in etwa rechnen (zu Weihnachten und Silvester steigen die Preise):

günstig	bis 5000 $
moderat	5000–10 000 $
teuer	über 10 000 $.

Zeitdifferenz

MEZ minus 1 Stunde (= Greenwich Time). Von Ende März bis Ende September wird die Uhr wie bei uns eine Stunde vorgestellt.

Abbildungs- und Quellennachweis

Abbildungen:

AKG (Berlin) S. 41
Camacho, Rui (Madeira) S. 76
aus: João Maurício Marques: **Os faunos do cinema madeirense,** Editorial Correio da Madeira S. 85
aus: **Roteiro histórico turístico da cidade Funchal,** Câmara Municipal do Funchal, 1997 S. 50, 61, 69, 83, 97, 100/101

Alle übrigen Abbildungen stammen von **Gonzalez,** Miquel (laif, Köln)

Karten und Pläne: **Berndtson & Berndtson,** Productions GmbH, Fürstenfeldbruck

Quellen:

Carvalho Homem, Maria Aurora: Para ouvir Albinoni, Erzählungen. Editorial Éter/Jornal de Cultura, Ponta Delgada, 1995. (Übersetzt von Ulli Langenbrinck.)
de Freitas Branco, Francisco: Porto Santo – Registros Insulares.
Freitas Branco, Jorge : Camponeses da Madeira, as bases materiais do quotidiano no arquipélago (1700–1900), Publicações Dom Quixote, Lisboa, 1987.
Marquez, Helena: Raquels Töchter, übersetzt von Karin von Schweder-Schreiner, Beck & Glückler, Freiburg, 1997
Pereira, Eduardo C. N.: Ilhas de Zarco, 2 Bände, Ediçaõ da Câmara Municipal do Funchal, 1989.

Register

Personen- und Sachregister

Ortsregister

PS = Orte auf Porto Santo

DUMONT

KUNST-REISEFÜHRER

Der Klassiker – neu in Form: »Man sieht nur, was man weiß« – wer gründlich informiert reisen will, greift seit Jahren aus gutem Grund zu den DUMONT Kunst-Reiseführern. Seit 1968 setzen die DUMONT Kunst-Reiseführer Maßstäbe mit sorgfältig recherchierten Informationen von erfahrenen Autoren. Die neue Gestaltung ist übersichtlicher – die Qualität ist geblieben.

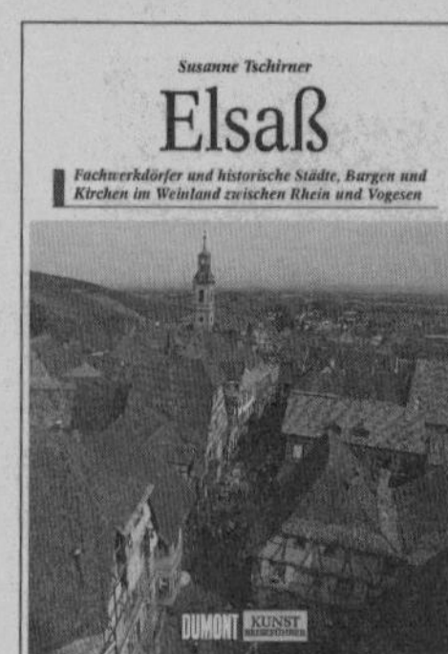

»... brillante Fotografien, detaillierte Zeichnungen und farbige Karten machen den neuen zu einem würdigen Nachfolger des alten Kunst-Reiseführers. Wer ihn benutzt, wird keinen zusätzlichen Museumsführer oder Ortsplan brauchen. Der gelbe Teil mit reisepraktischen Tips wurde ausgeweitet.« Die Zeit

»Die neu gestaltete Reihe ist auch für Laien leicht lesbar.«
Süddeutsche Zeitung

»...besser kann ein Kunst-Reiseführer heute nicht sein.« FAZ

Weitere Informationen über die Titel der Reihe DUMONT Kunst-Reiseführer erhalten Sie bei Ihrem Buchhändler oder beim DUMONT Buchverlag • Postfach 10 10 45 • 50450 Köln • http://www.dumontverlag.de

Titelbild: Curral das Freiras
Umschlaginnenklappe: Ponta de São Lourenço
Umschlagrückseite: Auf dem Markt von Funchal

Über die Autorin: Ulli Langenbrinck ist Journalistin und lebt in Köln. Sie hat zahlreiche Film-, Radio- und Magazinreportagen über Portugal und die Karibik veröffentlicht, mit den Themenschwerpunkten Musik, Literatur und Religion. Im DuMont Buchverlag erschienen von ihr außerdem die Bände RICHTIG REISEN ›Cuba‹, DUMONT EXTRA ›Algarve‹, ›Madeira‹ und ›Dominikanische Republik‹.

Die Deutsche Bibliothek – CIP-Einheitsaufnahme

Langenbrinck, Ulli:
Madeira/ Ulli Langenbrinck – Köln: DuMont, 1999
(Richtig Reisen)
ISBN 3-7701-4409-0

Satz und Druck: Rasch, Bramsche
Buchbinderische Verarbeitung: Bramscher Buchbinder Betriebe

Printed in Germany ISBN 3-7701-4409-0